高等教育会计类创新应用型规划教材
国家级一流本科课程

Financial Management

财务管理学

许慧　蒋瑜峰　主编

东北财经大学出版社
Dongbei University of Finance & Economics Press
大连

图书在版编目(CIP)数据

财务管理学 / 许慧，蒋瑜峰主编. —大连：东北财经大学出版社，2023.10

(高等教育会计类创新应用型规划教材)

ISBN 978-7-5654-4968-0

Ⅰ.财… Ⅱ.①许… ②蒋… Ⅲ.财务管理-高等学校-教材 Ⅳ.F275

中国国家版本馆CIP数据核字(2023)第187795号

东北财经大学出版社出版

(大连市黑石礁尖山街217号 邮政编码 116025)

网　址：http://www.dufep.cn

读者信箱：dufep@dufe.edu.cn

大连日升彩色印刷有限公司印刷　　东北财经大学出版社发行

幅面尺寸：185mm×260mm　字数：458千字　印张：19.5

2023年10月第1版　2023年10月第1次印刷

责任编辑：王 莹 刘慧美　责任校对：那 辛

封面设计：原 皓　版式设计：原 皓

定价：49.00元

教学支持 售后服务 联系电话：(0411)84710309

如有印装质量问题，请联系营销部：(0411)84710711

前　言

党的二十大报告提出："我们要坚持以推动高质量发展为主题，把实施扩大内需战略同深化供给侧结构性改革有机结合起来，增强国内大循环内生动力和可靠性，提升国际循环质量和水平，加快建设现代化经济体系，着力提高全要素生产率，着力提升产业链供应链韧性和安全水平，着力推进城乡融合和区域协调发展，推动经济实现质的有效提升和量的合理增长。"加快建设现代化经济体系离不开财务管理的支持，在此背景下，国务院国有资产监督管理委员会印发《关于中央企业加快建设世界一流财务管理体系的指导意见》，财务管理学的重要性可见一斑。

经过一个多世纪的发展，现代财务管理已经形成较为完整的理论体系和方法体系。要完善中国特色现代企业制度、弘扬企业家精神、加快建设世界一流企业，就需要企业转变经营方式和经营理念，将货币时间价值观念、风险管理观念和资本运营观念内化成为现代企业财务管理的基石；围绕着资本的保值与增值，将净资产收益的提升置于管理的核心，通过优化配置、资本流通、资本重组来提高资本运营效益，最终实现企业价值最大化的目标。

财务管理学兼具理论性和实践性特征：一方面，它突破传统财务会计原则的束缚，吸收了当代管理学、金融学、投资学和统计学等相关学科的最新理论与成果；另一方面，在企业的管理实践中也较迅速地创新了方法与内容。这些理论和实践的发展需要在教学中得到较好的体现。与此同时，财务管理学已成为会计学、财务管理、工商管理、市场营销等管理类专业的核心课程。在党中央立足全面建成社会主义现代化强国、实现第二个百年奋斗目标、以中国式现代化全面推进中华民族伟大复兴的重大战略部署下，为了引导学生理论联系实际、深刻理解企业财务的理论问题和实践创新内容、熟练掌握财务管理的技能和方法，财务管理学课程教学改革迫切需要更新课程内容、调整课程结构。

本教材在内容安排上以现代财务管理的"时间价值"和"风险报酬"两大基本价值观念为基础，以"财务管理基本理论和方法"和"财务管理基本内容"两大板块为基本框架，在理论性与应用性并重的指导思想下，系统地阐述了财务管理的基本理论、基本方法和基本内容。

为了便于学生更好地理解相关知识要点，本教材在各章均设置了学习目标、专业知识导引、章节主体内容、学习要点研讨和学思践悟拓展五个模块。本教材的特点在于：其一，每章内容之前都设置了小型引导案例并提出思考问题，有利于启发学生带着问题学习，引导学生养成研究性学习的习惯；第二，每章的学习要点研讨均便于学生有针对性地巩固学习内容；第三，每章均设计了学思践悟拓展模块，该模块力求应用较新的案例内容与资料，以增强学生对习近平新时代中国特色社会主义思想指引下的国家战略、法律法规和相关政策在企业财务管理中应用的感性认识，也有利于较好地应用讨论式教学法和启发式教学法，进一步提升学生的财务素养，增强学生的学习兴趣。

本教材的编写得到了武汉工程大学教务处、管理学院领导和老师的大力支持，在此表示感谢。本教材在写作过程中参阅了国内外许多财务专家、学者的研究成果，引用了一些网站和媒体的资料，他们的思想和观点对本教材的完稿起到了重要作用，在此一并致谢。

由于编者水平有限，本教材难免存在一些缺点和不足之处，恳请广大读者批评指正。

编者

2023 年 8 月

本书课程思政元素

本书以习近平新时代中国特色社会主义思想为指导，运用马克思主义的立场、观点、方法，结合财务管理学课程教学内容，积极融入中华优秀传统文化思想，强化社会主义核心价值观在财务管理理论与实践中的引领作用。本书注重将思政元素自然融入课程内容，以“随风潜入夜，润物细无声”的方式将先进的思想引领与正确的价值追求传递给学习者，提高学生明事理、辨是非的能力，助力培养德智体美劳全面发展的高素质财会专门人才。

财务管理学课程具有很强的专业性，本书设计的思政元素均由专业知识点展开，将专业知识传授与思政育人有机结合。每个思政教学活动都包括专业知识导引、学习要点研讨、学思践悟拓展等模块。在教学过程中，教师可参考附表1中的案例，启发学生进行思考与研讨，深入开展课程思政教学。

附表1　专业知识框架与思政元素

序号	案例	启发与拓展	思政元素
1	深陷财务风险，新华信托被宣告破产	（1）进一步查阅资料，详细说明导致新华信托破产的原因； （2）新华信托破产对我国企业有哪些启示； （3）通过案例学习，说明财务管理环境对公司财务管理的影响； （4）新华信托违规操作中，是否存在会计人员的违规行为？作为新时代的财会工作者，应该怎么做	诚实守信 廉洁自律 质疑理念 科学精神
2	货币时间价值在经济生活中的应用	（1）探讨一下经济生活中常见的资金时间价值问题还表现在哪些方面； （2）在这些经济现象中是否需要考虑风险问题？应该如何应用风险报酬的观念； （3）财务人员应当如何提升自己的技能来应对各种风险	专业精神 风险意识 提高技能

续表

序号	案例	启发与拓展	思政元素
3	比亚迪公司财务评价	(1) 收集比亚迪公司近三年的财务资料，对公司进行四大财务能力分析，并运用杜邦财务分析方法说明比亚迪公司净资产收益率变动的原因； (2) 结合汽车行业的特征，对比亚迪公司的财务状况进行整体分析； (3) 党的二十大报告提出，坚持把发展经济的着力点放在实体经济上，加快建设制造强国。请分析比亚迪公司近几年发展迅速的原因	服务社会 大国复兴 民族自豪
4	又见华泰证券配股再融资	(1) 比较“定增”和“配股”两种融资方式的不同，并探讨华泰证券选择“配股”的原因； (2) 分析上市券商融资意愿强烈的原因； (3) 作为一名新时代的财会工作者，如何帮助企业降低财务风险	诚实守信 遵守法规 服务社会
5	海航集团陷入财务困境	(1) 结合案例分析财务杠杆的作用，评述财务杠杆的利益和财务风险； (2) 请说明最佳资金结构的内涵，并明确其衡量的标准； (3) 党的二十大以来，我国提出要加快建设世界一流企业，国资委相应提出要建设世界一流财务管理体系，而财务工作作为其中的重要一环，发挥着巨大作用。试从财务管理角度，探讨海航集团陷入财务困境的原因	专业精神 诚信意识 风险意识
6	东环公司新建项目投资决策	(1) 如果你是该企业的财务总监，会作出什么样的决策； (2) 如果你是公司的独立董事，又会如何决策； (3) 作为新时代的财会工作者，应该如何做投资项目预算	职业道德 风险意识
7	新经济下的“半公益”投资理念	(1) 你认为在我国资本市场中这样高市盈率的市场长线投资是否有效； (2) 你如何看待如下投资观点：一定数量的分散投资能降低非系统风险，但不能获得超越市场平均值的利润； (3) 请收集相关资料谈谈对于“半公益”投资理念的理解	服务社会 社会责任
8	航天环宇的应收账款隐患	(1) 结合案例说明应收账款过高有何隐患，并探讨应收账款管理的重要意义； (2) 航天环宇的应收账款管理该如何改进	职业规范 终身学习
9	“三支箭”背景下的房企商业信用融资	(1) 查阅资料了解“三道红线”和“三支箭”政策； (2) 分析商业信用融资在实际工作中的其他具体应用形式； (3) 2022年3月29日，中共中央办公厅、国务院办公厅印发了《关于推进社会信用体系建设高质量发展促进形成新发展格局的意见》，由此可见，信用越来越重要，而信用融资自然也需要信用的支持，请谈谈对于新时代信用的理解	职业道德 信用建设

续表

序号	案例	启发与拓展	思政元素
10	建设银行的利润分配方案	(1) 请说明中国建设银行股份有限公司2022年的利润分配方案采用了什么样的股利分配政策； (2) 请收集资料并根据中国建设银行股份有限公司的业绩情况评价其2022年的利润分配方案； (3) 请分析中国建设银行股份有限公司近五年的现金分红情况，并讨论其变化的原因	社会责任 共建共享

需要说明的是，财务管理学课程思政元素非常丰富，本表所提供的只是其中具有代表性的一部分，供各位同行专家参考，不当之处敬请批评指正。

目 录

第一章 总论 / 1
【学习目标】 / 1
【专业知识导引】 / 1
第一节 财务管理的概念和内容 / 2
第二节 财务管理的目标 / 8
第三节 财务管理工作的组织 / 15
第四节 财务管理的环境 / 20
【学习要点研讨】 / 26
【学思践悟拓展】 / 27
第二章 价值观念与证券估价 / 29
【学习目标】 / 29
【专业知识导引】 / 29
第一节 货币的时间价值 / 30
第二节 风险价值 / 42
第三节 利率的测算 / 52
第四节 证券估价 / 55
【学习要点研讨】 / 61
【学思践悟拓展】 / 61
第三章 财务分析 / 63
【学习目标】 / 63
【专业知识导引】 / 63
第一节 财务分析概述 / 64
第二节 财务分析方法 / 71
第三节 财务指标分析 / 76
第四节 财务综合分析 / 91

【学习要点研讨】 / 98
【学思践悟拓展】 / 98
第四章 长期筹资方式 / 99
【学习目标】 / 99
【专业知识导引】 / 99
第一节 长期筹资概述 / 100
第二节 权益性筹资方式 / 106
第三节 债务性筹资方式 / 117
第四节 其他筹资方式 / 128
【学习要点研讨】 / 130
【学思践悟拓展】 / 130
第五章 长期筹资决策 / 132
【学习目标】 / 132
【专业知识导引】 / 132
第一节 资金成本的测算 / 133
第二节 杠杆效应分析 / 141
第三节 资金结构决策 / 147
【学习要点研讨】 / 161
【学思践悟拓展】 / 161
第六章 项目投资原理 / 163
【学习目标】 / 163
【专业知识导引】 / 163
第一节 项目投资概述 / 163
第二节 项目投资的现金流量 / 167
第三节 项目投资的评价指标 / 174
【学习要点研讨】 / 186
【学思践悟拓展】 / 187
第七章 项目投资决策 / 192
【学习目标】 / 192
【专业知识导引】 / 192
第一节 项目投资决策 / 193
第二节 风险投资决策 / 204
【学习要点研讨】 / 209
【学思践悟拓展】 / 209
第八章 短期资产管理 / 210
【学习目标】 / 210
【专业知识导引】 / 210
第一节 营运资金管理概述 / 211

第二节　现金管理 / 216
第三节　短期金融资产管理 / 226
第四节　应收账款管理 / 229
第五节　存货管理 / 239
【学习要点研讨】 / 246
【学思践悟拓展】 / 246
第九章　短期筹资 / 248
【学习目标】 / 248
【专业知识导引】 / 248
第一节　筹资组合政策 / 249
第二节　商业信用筹资 / 253
第三节　短期借款筹资 / 256
第四节　短期融资券筹资 / 260
【学习要点研讨】 / 264
【学思践悟拓展】 / 264
第十章　利润分配管理 / 266
【学习目标】 / 266
【专业知识导引】 / 266
第一节　利润分配概述 / 267
第二节　股利理论 / 275
第三节　股利政策 / 279
第四节　股票股利、股票分割与股票回购 / 283
【学习要点研讨】 / 292
【学思践悟拓展】 / 292
参考文献 / 294
附录 / 295

第一章　总论

【学习目标】

•了解财务管理的产生与发展。

•掌握财务管理的概念。

•掌握财务管理目标的主要观点。

•了解企业的组织形式、财务管理体制。

•了解企业的财务职业生涯。

•了解财务管理的环境。

【专业知识导引】

中石化积极响应国资委建设一流财务管理体系精神

财务管理是企业管理的中心环节，是企业实现基业长青的重要基础和保障。近年来，中央企业认真贯彻落实党中央、国务院决策部署，高度重视财务管理工作，持续优化管理手段，不断创新管理模式，积极应用先进管理工具，财务报告、全面预算、资金管理、财务信息化、财务内控、财会队伍建设等工作取得显著成效，前瞻性、有效性稳步增强，规范化、标准化明显提高，有力支撑了中央企业持续健康发展。同时也要看到，部分中央企业集团化财务管控建设不到位、财务管理功能发挥不充分、财务管理手段落后于技术进步，与新时期中央企业高质量发展目标不匹配、不适应。为推动中央企业进一步提升财务管理能力水平，加快建设世界一流财务管理体系，国务院国有资产监督管理委员会于2022年提出《关于中央企业加快建设世界一流财务管理体系的指导意见》，并举办了财务管理专题网络培训班。中国石油化工股份有限公司（以下简称“中国石化”）积极响应指导意见精神，于2023年5月23日在总部召开财务风险防控工作会议，总结近3年的财务风险防控工作，分析风险防控的新形势、新任务，对防范化解财务风险工作进行再部署、再落实，切实提高财务管理能力水平。中国石化的财务系统坚决落实党组决策部署，坚持稳字当头、预防为主，持续完善财务风险管理架构体系，健全风险预警和应急机制，各类风险整体可控，抵御风险能力稳步提升。

资料来源：闫坪卉. 中国石化召开财务风险防控工作会议［N］. 中国石化报，2023-05-24.

思考：财务管理的目标是什么？财务管理为何如此重要？国资委为何提出要建设世界一流财务管理体系？

第一节 财务管理的概念和内容

企业兴衰，财务为本，企业财务管理能力是企业竞争力的重要表现。企业的管理活动离不开资金，资金的运动过程也就是政府、企业和个人获取经济利益的过程。然而财务管理的主体并不是所有的经济利益主体，而是特指企业或者公司。

一、财务管理的产生与发展

财务管理作为企业的一项独立经济活动，是伴随着公司制的产生和发展而逐渐形成发展起来的。

（一）财务管理的产生

财务管理的萌芽可追溯到15世纪，当时商业在地中海沿岸一带的城市得到了迅猛的发展，在一些城市中出现了以商人、王公大臣乃至一般市民为股东主体的城市商业组织。这种股份组织，一般都由官方设立并监督其业务，股份不能随意转让，但投资者可以收回投资，国外一些学者称其为“原始的股份形式”。商业股份经济的发展，要求企业做好筹集资金、股利分配和利润回收等工作。只是当时这些活动尚未从商业经营中分离出来，也不具备独立的财务管理职能，只能视为财务管理的萌芽。

现代财务管理产生于19世纪末的西方发达资本主义国家。17—18世纪，随着资本的原始积累和生产规模的扩大，股份公司逐渐发展成为一种典型的企业组织形式。尤其是在19世纪50年代以后，随着西方国家产业革命的完成、制造业的迅速崛起，股份公司已处于国民经济的主导地位，企业的规模越来越大，生产经营所需资金显著增加，财务关系日益复杂。同时，金融市场逐步建立与发展，企业越来越频繁地发行股票和债券，财务管理工作日趋增多，使得各公司纷纷设立财务管理机构并配备专门的财务管理人员，让财务管理从企业管理中分离出来，成为一项独立的专门工作。财务管理实践的发展也促使财务管理理论和方法逐渐成形。1897年，美国著名经济学家格林（Thomas L. Greene）出版了《公司财务》（Corporate Finance）一书，标志着财务管理学科的初步形成。

（二）财务管理的发展

20世纪以来，财务管理实践与理论的发展主要经历了以下几个阶段。

1.以筹资管理为重心的外向型财务管理阶段

20世纪初期，随着经济和科学技术的发展，新兴行业不断涌现，企业迅速发展壮大，竞争也逐步加剧。为了扩大规模、拓展经营领域，股份公司急需在资本市场寻求新的资本。例如，当时美国钢铁公司、雷诺烟草公司等大公司面临的主要问题是，如何尽快取得资本进行扩张。然而，由于资本市场初具规模，不规范的操作令人担忧：一方面，上市公司会计报表存在着虚假成分，公司提供给投资者的盈余指标和财务状况不实；另一方面，公司的内部管理者和股市操纵者相互配合，造成股价与公司价值相差太大，经常出现股价大幅波动。资本市场不能取信于中小投资者，造成了投资者对股票和债券的望而却步，公司陷入了在资本市场融资难的困境。但与此同时，资本雄厚的大公司通过合并与兼并取得了一定的经营和财务的协同效应。例如，美国历史上发生过五次兼并浪潮，其中前两次浪潮就发生在此时期。这个阶段的财务管理是以筹资为重心的初级财务管理阶段，如何做好筹资工作、合理预计企业资金需要量，并选择合适的融资方式筹集企业所需要的资金、尽量降低资金成本，是这一阶段财务管理的重要职能。

2.以内部控制为重心的内涵式财务管理阶段

20世纪30年代爆发了世界性的经济危机，严重的经济萧条引发了大规模的公司倒闭事件，使得公司的管理层深刻认识到，首先应考虑生存，然后才能考虑发展。西方各国政府为维护投资者的利益，加强了对证券市场的监管，如美国政府于1933年和1934年分别颁布了《证券法》和《证券交易法》，要求公司公布财务信息。政府监管的加强客观上要求企业把财务管理的重心转向内部控制。同时，对公司财务管理者而言，要想尽快走出经济危机的困境，不仅要关注公司的资本存量，更要关注资本的流量和资产的变现能力，进行有效的内部控制。因此，外向型财务管理阶段逐渐转为以内部控制为重心的内涵式财务管理阶段。本阶段的财务管理更加注重合理运用企业拥有或控制的经济资源，加强财务分析和预测，提高资本的利用效益。

3.以投资管理为重心的拓展式财务管理阶段

第二次世界大战以后，企业规模越来越大，生产经营日趋复杂，再加上国际大资本集团和跨国公司的大量涌现、通货膨胀和市场竞争的日益激烈，使得企业的生存和发展不仅取决于筹资和内部控制，还取决于投资管理。随着投资管理越来越受到重视，投资决策在公司财务管理中逐渐取得主导地位。于是，财务管理的重心由内部控制转向投资管理。在该阶段，财务管理强调投资决策程序科学化，并逐步建立科学的风险投资决策理论和方法，为企业正确进行投资决策提供了科学的依据。

4.以资本运作为重心的综合财务管理阶段

20世纪80年代以后，随着市场经济和经济全球化的发展，特别是资本市场的不断发展，企业集团化与国际经营已经成为必然趋势，财务活动和财务关系日益复杂，财务管理开始朝着综合性管理的方向发展。在这一时期，财务管理的特点是以资本运作为重心的综合管理。其主要表现是：①财务管理被视为企业管理的中心，资本运作被视为财务管理的中心，财务管理广泛关注以资本运作为中心的资本筹集、资本运用和收益分配，追求资本收益的最大化；②财务管理方式综合化，预测、决策、计划、控制、分析和评价等在实践中得到综合应用；③财务管理的视野不断拓展，新的财务管理领域不断出现，如通货膨胀财务问题、跨国经营的国际财务问题、企业并购财务问题、网络财务问题等；④财务管理的定性和定量方法不断得到创新，计算模型在财务管理中的运用变得越来越普遍；⑤计算机的应用促进了财务管理手段的重大变革，极大地提高了财务管理的效率。

（三）我国财务管理的发展

我国财务管理理论与实践同样也是逐步发展演变的。中华人民共和国成立后，企业财务管理的发展大致经历了以下三个阶段。

1.从20世纪50年代初到70年代后期

我国在这一时期实施的是计划经济体制，政府对企业实行统收统支的财务制度，企业财务管理具有较强的政府干预色彩。因此，本阶段的财务管理没有充分发挥其应有的职能。

2.从20世纪70年代末到90年代初

这一时期我国企业的所有权与经营权已实现适当分离，但并没有实现真正的自主经营、自负盈亏，资金的筹集和使用不能由企业自主决定，加之企业产权关系不清、分配关系不顺，企业财务管理仍然处于初级阶段。

3.从20世纪90年代到现在

随着我国市场经济和资本市场的不断发展和日趋完善，财务管理在企业管理中的地位愈来愈重要，必将引起财务管理思想、理论和方法的重大变革。这些变革为财务管理注入了新的思想和活力，不断拓展和延伸财务管理的职能，使我国企业的财务管理朝着现代化方向迈进。

二、财务活动与财务关系

财务管理是企业组织财务活动、处理各种财务关系的一项经济管理工作。因此，要了解财务管理的概念，必须先理解企业的财务活动和财务关系。

（一）财务活动

在企业生产经营过程中，实物商品或服务在不断地转化，其价值形态也相应地发生变化，周而复始、不断循环，形成了资金运动。资金运动以价值形式综合地反映企业的生产经营过程，它构成企业生产经营活动的一个部分，具有独特的运动规律。资金运动不仅以资金周转的形式存在，而且伴随生产经营过程不断地循环，因此资金运动也表现为一个不断循环的周转过程。资金的循环具体表现为资金的收支，它是企业经济活动的一个独立方面。企业的财务活动（Financial Activities）是以现金收支为主的企业资金收支活动的总称。

企业财务活动一般包括筹资活动、投资活动、资金营运活动和利润分配活动四个方面。

1.企业筹资引起的财务活动

企业筹资引起的财务活动，是指企业根据一定时期内资金投放和资金运用的需求，通过吸收投资者的直接投资、发行股票、发行债券、银行借款等方式，从金融市场和其他渠道获取资金的过程。在这个过程中，企业一方面获得投资者的资金，表现为企业资金的流入；另一方面为了获取资金而付出手续费、佣金等各种筹资费用，还需要支付利息并偿还借款本金，表现为企业资金的流出。这种因资金筹集而产生的资金流入和流出，就是企业的筹资活动。

2.企业投资引起的财务活动

在企业取得资金后，必须将资金投入生产经营过程，以谋求资金的不断增值，即进行投资。投资的概念可以从广义和狭义两个角度进行理解。广义的投资是指所有企业将筹集的资金投入生产经营的过程，包括将资金投入企业内部的过程（如购置流动资产、固定资产、无形资产等）和对外投放资金的过程（如购买其他企业的股票、债券，与其他企业联营等）；而狭义的投资仅指对外投资。无论是购置内部经营所需资产，还是对外购买各种有价证券，企业都需要支付资金，这表现为企业资金的流出，而当企业出售其固定资产、无形资产、有价证券或者回收其对外投资时，都会产生资金的流入。这种因企业投资活动而产生的资金流入和流出，就是企业的投资活动。

3.企业经营引起的财务活动

企业在生产经营过程中，会发生一系列的资金流入和流出。首先，企业要采购材料或者商品，以从事生产和销售活动，同时还要为保证正常的生产经营而支付工资和其他的营业费用；其次，当企业把产品或商品售出后，就可以取得收入，收回资金；再次，如果现有资金不能满足企业经营的需要，企业还要采用短期借款、赊购材料商品或者发行短期融资券等方式来筹集所需资金。这些资金的流入和流出就是因企业经营而产生的财务活动，又称资金营运活动。

4.企业利润分配引起的财务活动

企业通过投资活动和资金营运活动会实现资金的增值，取得一定的收益。企业收益分配活动必须依据现行法律和法规对企业取得的各项收入进行分配。所谓的收益分配，从广义上来理解，是指对各项收入进行分割和分派的过程，该过程的分配对象包括股东和债权人：对股东分配股利（从企业税后净利润中支付），对债权人支付利息（从企业税前利润中支付）。狭义上，收益分配仅指净利润的分配过程，即只包括对股东分配的股利。

本书中的企业收益分配活动指的是狭义上的收益分配，而将支付给债权人的利息归入筹资活动。值得一提的是，会计角度的财务活动将所有的收益分配均归入了筹资活动，所以在会计报表的现金流量表中，三大主要内容只有经营活动、投资活动和筹资活动产生的现金流量。

上述财务活动的四个方面不是孤立的，而是互相联系、相互依存、互相影响的，但又有一定区别，这四个方面构成了完整的企业财务活动。

（二）财务关系

企业财务关系（Financial Relationship）是指企业在组织财务活动过程中与各利益相关主体所发生的经济利益联系。企业的筹资活动、投资活动、营运活动、利润及其分配活动与企业各利益相关者有着广泛的联系，具体包括以下七个方面的内容。

1.企业与投资者之间的财务关系

企业的投资者有广义和狭义之分，广义上的投资者是指所有向企业提供资金来源的组织或者个人，包括所有者和债权人；狭义上的投资者仅指企业的所有权主体（所有者）。此处的企业的投资者即所有权主体，包括国家、法人和个人等。企业与投资者之间的财务关系是指企业的投资者向企业投入资本金，企业向其投资者分配投资收益所形成的经济利益关系。

投资者作为财产所有者代表，履行出资义务。投资者除了拥有重大经营决策权、参与企业收益分配权、对剩余财产的分配权等权利之外，还承担着一定的风险。作为接受投资的企业，对投资者承担资本保值增值的责任。企业利用资本进行运营，实现利润后按照投资者的出资比例或合同、章程的规定，向其所有者支付报酬。两者之间的财务关系体现了所有权的性质及所有者在企业中的利益。

2.企业与债权人之间的财务关系

企业除利用投资者投入的资本进行经营活动外，还要借入一定数量的资金，以扩大经营规模，降低资金成本。企业与债权人之间的财务关系是指企业向债权人借入资金，并按借款合同的规定按时支付利息和归还本金所形成的经济利益关系，在性质上属于建立在契约关系之上的债务债权关系。

3.企业与受资者之间的财务关系

企业与受资者之间的财务关系是指企业以购买股票或者直接投资的形式向其他企业投资所形成的经济利益关系。企业作为投资者要按照投资合同、协议、章程的约定履行出资义务，以便及时形成受资企业的资本金。受资企业利用资本进行经营，实现利润后应按照出资比例或合同、章程的规定向投资者分配利润。随着市场经济的不断深入发展、企业经营规模和经营范围的不断扩大，企业向其他单位投资的这种关系会越来越广泛。企业与受资者之间的财务关系是体现所有权性质的投资与受资的关系。

4.企业与债务人之间的财务关系

企业与债务人之间的财务关系是指企业将其资金以购买债券、提供贷款或赊销材料商品等形式出借给其他单位所形成的经济利益关系。企业将资金出借后，有权要求其债务人按约定的条件支付利息和归还本金。企业同其债务人之间的财务关系是一种债权债务关系。

5.企业内部各经济责任主体之间的财务关系

企业内部各经济责任主体，既是履行特定经营、生产和管理等不同职能的组织，又是以责权利相结合原则为基础的企业内部经济责任单位。企业内部各经济责任主体既分工又合作，共同形成一个企业系统。只有这些子系统的功能协调，才能实现企业预期的经济效益。企业内部各经济责任主体之间的经济往来不仅要进行企业内的经济核算，而且要分清经济责任，进行绩效考核与评价，落实约束与激励措施。企业内部各经济责任单位之间的财务关系体现了它们之间的利益交换与转移关系。

6.企业与其员工之间的财务关系

企业员工是企业的经营管理者和劳动者，他们以自身提供的劳动作为参与企业资金分配的依据。企业根据员工的职务、能力和经营业绩的优劣，用其收益向员工支付劳动报酬，并提供必要的福利和保险待遇等。企业与员工之间的财务关系是以权、责、劳、绩为依据的劳动成果上的分配关系。

7.企业与国家行政管理部门之间的财务关系

企业与国家行政管理部门之间的财务关系，并不在于政府是企业的出资者，而在于政府行使其行政职能，为企业生产经营活动提供公平竞争的经营环境和公共设施等条件。政府在行使其社会行政管理职能时，为维护社会正常秩序、保卫国家安全、组织和管理社会活动等付出了一定的代价，要参与企业的资金分配。企业必须按照税法规定缴纳各种税款，包括所得税、流转税、资源税、财产税和行为税等，从而形成企业与国家行政管理部门之间强制与无偿的经济利益支付关系。

企业财务关系体现了企业财务的本质，处理和协调好各种财务关系是财务管理者必须遵循的一项基本原则。

三、财务管理的特点与内容

综上所述，财务管理的概念可以概括为：企业财务管理是企业管理的一个组成部分，它是根据财经法规制度，按照财务管理的原则，组织企业财务活动，处理财务关系的一项经济管理工作。

（一）财务管理的特点

企业生产经营活动的复杂性必然决定了企业管理包括多方面的内容，如生产管理、技术管理、人力资源管理、设备管理、销售管理、物流管理和财务管理等。各项工作是互相联系、紧密配合的，同时又有科学的分工，具有各自的特点。财务管理有三个方面的特点。

1.财务管理能迅速反映企业的生产经营状况

在企业管理中，决策是否恰当、经营是否合理、技术是否先进、产销是否顺畅，都可以迅速地反映在企业财务数据中。例如，若企业生产的产品适销对路、质量优良可靠，就可以带动生产发展，实现产销两旺，加快资金周转，增强盈利能力——这一切都可以通过各种财务指标迅速地反映出来。这也说明，财务管理工作既有其独立性，又受到整个企业管理工作的制约。财务部门应通过自己的工作，向企业领导及时汇报有关财务信息的变化情况，以便把各部门的工作都纳入提高经济效益的轨道，努力实现财务管理的目标。

2.财务管理是一项综合性管理工作

企业在实行分工、分权的过程中形成了一系列专业管理，有的侧重于使用价值的管理，有的侧重于劳动要素的管理，有的侧重于信息的管理。社会经济的发展要求财务管理主要运用价值信息对经营活动实施管理，通过价值形式把企业的一切物质条件、经营过程和经营结果都合理地加以规划和控制，达到企业效益不断提高、财富不断增加的目的。因此，财务管理既是企业管理的一个独立方面，又是一项综合性的管理工作。

3.财务管理与企业各方面有着广泛的联系

在企业的日常经营活动中，一切涉及资金的收支活动都与财务管理有关。事实上，企业内部各部门与资金不发生联系的情况是很少见的。因此，财务管理的触角常常伸向企业经营的各个角落。

每一个部门都会通过资金的使用与财务部门发生联系，每一个部门也都要在合理使用资金、节约资金支出等方面接受财务部门的指导，受到财务制度的约束，以此来保证企业经济效益的不断提高。

（二）财务管理的内容

财务管理是基于企业在生产经营过程中客观存在的财务活动和财务关系而产生的，企业筹资、投资、资金营运和收益分配构成了完整的企业财务活动，相应地，企业筹资管理、投资管理、营运资金管理和收益分配管理便成为企业财务管理的基本内容。

1.筹资管理

筹资管理是企业财务管理的首要环节，是企业投资活动的基础。筹资管理主要解决的问题是如何取得企业所需要的资金，即在何时通过何种渠道获取多少资金。事实上，在企业的发展过程中，筹资及筹资管理是贯穿始终的。企业无论是在创立之初，还是在成长过程中，甚至在日常经营周转过程中，都可能需要筹措资金。可见筹资是企业为了满足投资和用资的需要，筹措和集中所需资金的过程。在筹资的过程中，企业一方面需要根据战略发展的要求和投资规划来确定各个时期企业总体的筹资规模，以保证企业投资经营所需的足够资金；另一方面，还需要分析不同筹资渠道和筹资方式的利弊，合理确定筹资结构，不断降低筹资成本和风险，提高企业的筹资效果，这些就是企业的筹资管理。

2.投资管理

投资是企业资金的运用，是为了获得收益或者避免风险而进行的资金投放活动。在投资过程中，企业必须考虑投资规模是否合适；同时，企业还必须通过投资方向和投资方式的选择，来确定合理的投资结构。在投资过程中，企业需要科学地进行投资项目的可行性分析，根据企业经营的目标和对投资报酬的需求，选择合适的投资项目，有效规避风险，提高投资效益。投资是企业实现财务管理目标的重要途径，投资决策的成败对企业未来经营的前景具有根本性影响，因此，企业需要对投资活动进行有效的管理。

3.营运资金管理

在资金营运过程中，企业将为满足日常经营活动的需要而垫支流动资金，营运资金管理主要是对企业短期资产的管理，包括对现金、短期有价证券投资、应收账款和存货的管理。因为，短期资产在企业经营中随着经营过程的进行不断变换形态，营运资金的周转与生产经营周期应具有一致性，在一定时期内，资金周转的速度越快，就越能利用相同数量的资金生产出更多数量的产品，短期资产的周转速度和使用效率直接影响企业的经营效益。因此，企业必须对其短期资产的周转速度和使用效率进行管理，即进行营运资金管理。营运资金管理就是要在保证企业生产经营顺利进行的同时，节约使用资金，提高资金利用效率。

4.收益分配管理

利润是企业在一定会计期间的经营成果，也是企业在一定会计期间内实现的收入减去费用后的净额。企业实现的利润，必须在企业的各利益相关者之间进行合理的分配，这关系到国家、企业所有者、债权人、经营者、员工及社会各方面的利益。一方面，企业取得的净利润（税后利润）主要是在所有者和企业之间进行分配，不同的所有者由于投资目的不同，对待分配的利润和企业留存利润的态度也不尽相同，这将直接影响企业的利润分配决策；另一方面，随着利润分配方案的实施，资金退出或者留存企业，必然影响企业的资金运动，这不仅表现在资金运动的规模上，也表现在资金运动的结构上，如筹资的结构。企业利润的留存是企业的内部筹资活动，而对利润分配的管理又直接影响企业的筹资决策。

因此，在国家法律、法规允许的范围内，如何合理确定企业税后利润的分配对象、分配方式和分配规模，以提高企业的潜在收益能力，进而提高企业的价值，是企业财务管理的一项重要内容。

第二节 财务管理的目标

财务管理目标是企业财务活动所希望实现的结果，是评价企业财务活动是否有效的基本标准，也是制约企业财务工作运行基本特征和发展方向的关键要素，它决定着财务管理主体的行为模式。

一、企业目标对财务管理目标的影响

财务管理是企业管理的一个组成部分，是对企业资金获取和有效使用的管理工作，财务管理的目标取决于企业的总体目标。企业是具有一定目标，在生产或流通领域从事特定

活动，向社会提供商品和劳务，实现自主经营、自负盈亏、自我约束、自我发展，获取盈利的经济组织。企业管理是一个复杂的系统工程，为了解决这一复杂系统的相关问题，首先要建立系统的总体目标。

企业是营利性经济实体，其出发点和归宿是获利。企业自成立之初就会面临竞争，并始终处于生存和倒闭、发展和萎缩的矛盾之中。企业必须生存下去才能获利，只有不断发展才能生存。因此，概括地说，企业的目标有三个层次：首先是生存，其次是发展，最后则是获利。

（一）生存

企业的首要目标是生存。企业生存的条件是：第一，以收抵支。企业只有在经营过程中做到收入大于支出，企业的生产经营活动才能不断地重复进行；否则，企业的再生产活动将会因收不抵支而难以为继，迫使投资者退出生产经营活动。第二，到期偿债。企业如果负债经营，则必须保证债务的按期还本付息；否则，将由于不能偿还到期的债务而导致债权人行使法律权利，迫使企业破产。

因此，企业生存的威胁主要来自两个方面：一是长期亏损，这是企业终止的内在原因；二是不能偿还到期债务，这是企业终止的直接原因。亏损企业为维持运营被迫进行偿债性融资，借新债、还旧债，如不能扭亏为盈，迟早会因借不到钱而无钱周转，资金链断裂，无法偿还到期债务。盈利企业也可能出现"无力支付"的情况，主要是因为使用借款扩大业务规模失败，为偿债必须出售经营的核心资产，如厂房和设备等，使得生产和经营无法继续下去。

企业要想生存下去，对财务的要求就是保持以收抵支和到期偿债的能力，减少破产的风险，从而使企业能够长期、稳定地生存下去。

（二）发展

企业不仅要生存，还要不断地发展，增强竞争能力。企业的生产经营如逆水行舟，不进则退。在科技不断进步的现代经济中，产品不断更新换代，企业必须不断推出更好、更新、更受顾客欢迎的产品，才能在市场中立足。在竞争激烈的市场上，各个企业此消彼长、优胜劣汰。一个企业如不能发展，不能提高产品和服务的质量，不能扩大自己的市场份额，就会被其他企业挤出市场。企业的发展对财务的要求就是能够及时足额地筹集到发展资金，满足研发创新和市场拓展对企业资源的需求。

（三）获利

企业生存、发展的最终目标是获利，只有获利的企业才有存在的价值。获利是最具综合能力的目标，它不仅体现了企业的出发点和归宿，还可以综合反映其他目标的实现程度，并有助于其他目标的实现。企业要想实现获利，就需要正确地进行投资、有效地使用资金、取得较高的投资报酬率。

因此，在正常的生存前提下谋求企业的发展，在发展的基础上再去获利，才能实现企业成长的良性循环。这三个层次的企业目标影响着财务管理工作的内容与方向，进而决定了企业财务管理的目标。

二、财务管理目标的发展

财务管理目标直接反映了理财环境的变化，并需要据其变化作出适当的调整。不同的财务管理目标会产生不同的财务管理运行机制。科学地设置财务管理目标，对优化理财行为、实现财务管理工作的良性循环具有重要意义。企业的根本目标是通过生产经营活动创造更多的财富，不断增加企业的价值。但是，不同国家的企业面临的财务管理环境不同，财务管理目标在体现该根本目标的同时又有其不同的表现形式，最具代表性的财务管理目标主要有以下四种。

（一）以利润最大化为目标

利润最大化目标就是假定在投资预期收益确定的情况下，财务管理行为将朝着有利于企业利润最大化的方向发展。该目标是在19世纪初形成和发展起来的，其起源于亚当·斯密的“经济人”假说，时至今日，这种观点在实务界和理论界仍然存在着较大的影响。该观点认为，利润代表了企业新创造的财富，利润越多说明企业的财富增加得越多，越接近企业的目标。以利润最大化为目标有其合理性，原因在于：①人类从事生产经营活动的目的是创造更多的剩余产品，在商品经济条件下，剩余产品的多少可以用利润这个价值指标来衡量；②在自由竞争的资本市场中，资本的使用权最终属于获利最多的企业；③只有每个企业都最大限度地获得利润，整个社会的财富才可能实现最大化，从而带来社会的进步和发展。

然而，随着商品经济的发展，企业的组织形式和经营管理方式发生了深刻的变化，随着现代企业制度的建立，所有权和经营权相分离，企业利益主体呈现了多元化的趋势，在这种情况下，把利润最大化作为企业财务管理目标的缺点就逐渐显现出来了。这种观点的主要缺点有：

（1）利润最大化没有考虑利润实现的时间，即项目报酬的时间价值。投资项目收益价值的大小，不仅取决于其收益总额的大小，还要受取得收益的时间的制约。早取得收益，就能早进行再投资，进而早获得新的收益。例如，同样是获利800万元的两家企业，A企业今年获利，B企业明年获利，若不考虑时间价值，就很难将两者进行比较。

（2）利润最大化不能有效地考虑风险问题。高额利润往往要承担较高的风险。例如，企业有两个投资备选方案，一个是投资国库券，将获利100万元；另一个是投资期货，将获利105万元，该企业应该选择哪个投资方案呢？如果不考虑风险问题，企业也许会作出错误的决策。

（3）利润是一个会计度量指标，将其用于衡量企业经营成果存在一定的局限性。一方面，利润是一个绝对值指标，该指标没有考虑投入和产出之间的关系，难以在不同资本规模的企业间进行比较。另一方面，利润指标是基于历史角度的，反映的是企业过去某一期间的盈利水平，并不能反映企业未来的盈利能力，而且对于同一经济问题的会计处理方法的多样性和灵活性使利润并不一定能真实反映企业的实际经营情况。例如，有些企业通过出售资产增加现金收入，表面上增加了利润，但实际上企业财富并没有增加。

（4）利润最大化往往会使企业财务决策产生短期行为的倾向。利润最大化往往会诱使企业只顾实现目前的最大利润，而忽视企业的长远发展，比如企业可能会减少产品开发、技术研发、人员培训或者技术装备改造等方面的支出来提高当年的利润，这将背离企业发展的战略目标。

（二）以每股收益最大化为目标

20世纪60年代，随着资本市场逐渐完善，股份制企业组织形式不断发展，每股收益最大化逐渐成为西方企业的财务管理目标。这种观点认为，所有者作为企业投资者，其投资目标是取得资本收益，具体表现为净利润与普通股股份数的对比关系，该关系可以用每股收益这一指标来反映，也可以用资本利润率来反映。每股收益是指归属于普通股股东的净利润与发行在外的普通股股数的比值，它的大小反映了所有者投入资本获得回报的能力。

每股收益最大化目标的优点是将企业实现的利润额与股东投入资本或股本联系起来考虑，这样就可以将不同资本规模的企业或同一企业的不同期间进行比较，揭示其盈利水平差异，克服了“利润最大化”目标“未考虑投入和产出”的缺陷。

但是这种观点仍然未能解决以下问题：既没有考虑资金的时间价值和风险问题，也不可避免地存在企业的决策短期行为，还可能会导致企业战略目标无法实现。

（三）以股东财富最大化为目标

股东（所有者）作为企业的投资者，承担着企业的全部风险，其投资目标是利用投入的资本创造尽可能多的财富，企业对投资者注入的资本进行合理经营，从而使股东财富达到最大。在股份公司，股东财富是由其所持有的股票数量和股票市场价格两个方面的因素决定的，在股票数量一定的前提下，当股票价格不断上升时，股东财富也会随之增加。因此，股东财富最大化也就演化为股票价值最大化。股东财富最大化目标的优点表现在以下几个方面：

（1）股东财富最大化目标考虑了现金流量的时间价值和风险因素，由于公司获得收益产生现金流量的时间早晚和风险的高低不同，会对股票价格产生重要的影响，从而影响股东财富最大化目标。

（2）由于股票市价是一个预期值，股东财富最大化目标在一定程度上能够克服企业在追求利润上的短期行为，保障了企业的长期发展。

（3）股东财富最大化目标反映了资本与报酬之间的关系。因为股票价格是对每股股份的标价，反映的是单位投入资本的市场价格。

（4）股东财富最大化目标也是判断企业财务决策是否正确的标准。因为企业的投资、筹资决策和股利政策的优劣将通过股票的市场价格表现出来，企业在作出财务决策时就要综合考虑多种因素，以符合股东的最大利益。

虽然股东财富最大化的观点已得到了普遍认可，但是随着债权人、供应商、客户、雇员、政府等利益相关者在企业运营中的作用越来越重要，有人提出了在相关者利益均衡条件下的股东财富最大化目标。持该观点的学者认为，企业不能单纯以实现股东利益为目标，而应把股东利益置于与利益相关者（如债权人、政府、经营者、员工和供应商等）相同的位置，即要在考虑这些相关者利益的条件下实现股东财富最大化。

但是，持有股东财富最大化观点的学者提出，追求股东财富最大化实际上并不损害其他相关者的利益，恰恰相反，该目标是以保证其他相关者利益为前提的。因为企业要实现股东财富最大化目标，也就增加了企业的整体财富，其他相关者的利益也会得到更有效的满足。如果企业不追求股东财富最大化，相关者的利益也会受损。另外，根据法律规定，股东所持有的投资报酬要求权是“剩余财产请求权”，是在其他相关者利益得到满足之后的剩余权益，企业只有在向供应商支付了货款、向雇员发放了薪酬、向债权人偿还了债务本息、向政府支付了税款之后，才能够向股东支付剩余财产。

因此，基于以上观点，再加上股价具备客观、明确、容易计量的优势，以股东财富最大化为企业财务管理目标仍然是目前西方财务界所认可的主流观点。然而，该目标也存在着以下缺点：

（1）股东财富最大化目标的适用性有一定的局限，它只适用于上市公司，对非上市公司很难适用。

（2）由于股票价格的变动不仅仅受公司业绩的影响，而是受诸多因素影响的综合结果，因而股票价格的高低实际上不能完全反映股东财富的多少。特别是在资本市场效率低的情况下，股价很难反映企业所有者权益的价值，只有当资本市场高度发达、有效时，上市公司把股东财富最大化作为财务管理的目标才是比较好的选择。

（3）股东财富最大化目标在实际工作中可能会导致公司所有者与其他利益主体之间产生矛盾与冲突。

（四）以公司价值最大化为目标

这一目标起源于著名经济学家莫迪格莱尼（Modigliani）和米勒（Miller）于1958年和1963年提出的MM理论。他们认为企业存在一个最佳资金结构，可使公司价值最大化。公司价值就是企业全部资产的市场价值，是企业所能创造的预计未来现金流量的现值，反映了企业潜在或预期的获利能力和成长能力。公司价值不同于利润，利润只是新创造价值的一部分，而公司价值不仅包含了新创造的价值，还包含了潜在或者预期的获利能力，兼顾了债权人和股东的利益，其表达式如下：

公司价值=债券市场价值+股票市场价值

公司价值最大化目标的内涵包括：强调了股东的首要地位，创造企业与股东之间利益的协调关系；强调风险与报酬的均衡，将风险限制在企业可以承受的范围内；关心本企业一般雇员的利益，创造优美和谐的工作环境和合理恰当的福利待遇，使雇员长期努力地为企业工作；加强对企业经营者的监督和控制，建立有效的激励机制以便企业战略目标的顺利实施；不断加强与债权人的联系，请债权人参与重大财务决策的讨论，培养可靠的资金供应链关系；关心客户的长期利益；加强与供应商的合作，遵守承诺，讲究信誉；保持与政府部门的良好关系。

以公司价值最大化为财务管理目标，其优点主要表现在以下几个方面：

（1）公司价值最大化目标考虑了资金的时间价值和风险报酬。

（2）该目标反映了对企业资产保值增值的要求。从某种意义上而言，股东财富越多，企业市场价值就越大，追求公司价值最大化的结果可促使企业资产保值或增值。

（3）该目标有利于克服管理上的片面化和短期行为。

（4）该目标有利于社会资源合理配置。社会资金通常流向公司价值最大化或者股东财富最大化的企业或行业，有利于实现社会效益最大化。

以公司价值最大化作为财务管理目标，也存在其局限性：

（1）尽管对于上市公司而言，股票价格的变动在一定程度上揭示了公司价值的变化，但是股价是受多方面因素影响的结果，特别是在资本市场不够完善的情况下，股票价格很难反映企业所有者权益的价值。

（2）为了控股或稳定购销关系，不少现代企业采用环形持股的方式，相互制约。法人股东对股票市价的敏感程度远不及个人股东，对股票价值的增加没有足够的兴趣。

（3）对于非上市公司，只有对企业进行专门的评估才能确定其价值，而在评估企业的资产时，由于受评估标准和评估方法的影响，这种估价不易做到客观和准确。

目前，公司价值最大化目标已被理论界和实务界广泛接受，本书采纳以公司价值最大化作为企业财务管理目标的观点。

三、财务管理目标与利益冲突

在两权分离的现代企业制度中，股东和债权人都为企业提供了财务资源，但是他们处在企业之外，只有经营者即管理当局在企业里直接从事管理工作。股东、经营者和债权人之间构成了企业最为重要的财务关系，企业必须处理、协调好这三者之间的矛盾与利益关系。

(一) 委托-代理问题与利益冲突

传统的委托-代理问题是指由于企业所有权与经营权的分离而产生的股东与管理层之间、股东与债权人之间的代理问题，然而随着公司治理情况的变化，目前大股东与中小股东之间的关系也成为主要的代理问题。委托-代理问题的存在必然带来相应的委托人与代理人之间的利益冲突，该冲突能否得到解决直接关系到财务管理目标实现的程度。

1.所有者与经营者之间的矛盾与协调

公司属于所有者，公司价值最大化代表了所有者的利益。现代公司制企业所有权与经营权完全分离，经营者不持有公司股票或者仅持有微量股票，其经营的积极性就会降低，因为经营者拼命工作的所得不能全部归自己所有，而是由全体股东分享，因此，经营者希望在提高公司价值的同时获得更多的利益，如增加报酬、休闲时间和尽可能多地利用职务消费，即经营者希望其享有成本（同时是所有者的管理成本）能够最大化。但是，所有者则希望以最少的管理成本获得最多的公司价值，由此便产生了经营者个人目标和所有者目标的冲突。

为了协调所有者与经营者的矛盾，防止经营者背离所有者的目标，企业一般可以采取监督、激励和惩罚机制。

（1）监督。经营者背离所有者目标的条件是，双方的信息不对称。经营者掌握企业实际的经营控制权，对企业财务信息的掌握远远多于所有者。为了协调解决这种矛盾，所有者除要求经营者定期对其公布财务报表外，还应尽量获取更多信息，对经营者进行必要的监督。但是监督只能减少经营者违背股东意愿的行为，因为所有者是分散的，得不到充分的信息，全面监督实际上很难做到，也会受到合理成本的制约。

（2）激励。将经营者的管理绩效与其报酬相关联，使得经营者能分享企业增加的财富和价值，鼓励他们自觉采取符合所有者目标的措施。激励方式主要有两种：一是发放绩效股，即企业运用一定的业绩评价指标考核经营者的业绩，根据其业绩的优劣给予经营者相应数量的股票作为报酬。二是管理层股票期权计划，即允许经营者在未来以事先约定的价格购买一定数量的本公司股票。当经营者采取有效的措施提高每股收益、资产报酬率、净资产收益率以及资产流动性指标等考核指标后，公司股票的市场价格理论上应该提高，从而使经营者自然获取股票涨价带来的收益。但是，激励作用与激励成本相关，报酬太低，起不到激励作用；报酬太高，又会增加所有者的管理成本，减少所有者自身的利益。因此，激励也只能减少经营者违背所有者意愿的行为，不能解决全部问题。

（3）解聘。如果经营者的工作出现严重失误，或者出现严重违反法律、法规的情况，可能会被所有者解聘。

通常情况下，企业采用监督和激励相结合的办法使经营者的目标与企业的目标相互协调，力求使监督管理成本、激励成本和经营者背离所有者目标的损失之和最小。

2.大股东与中小股东之间的矛盾与协调

大股东通常指企业的控股股东，他们持有企业大多数股份，能够左右股东大会和董事会的决议，往往还拥有聘任企业的最高管理者的权力，从而掌握企业的重大经营决策权，拥有对企业的控制权。为数众多但持有股份数量很少的中小股东基本没有机会接触到企业的经营管理，尽管他们按照各自的持股比例对企业的利润拥有索取权，但由于与控股股东之间存在严重的信息不对称，因此他们的权利很容易受到控股股东各种形式的侵害。这样就产生了大股东与中小股东之间的代理冲突，其表现形式包括：

① 大股东利用关联交易转移上市公司的利润，如大股东向上市公司高价出售低质量的资产，或者大股东以较低价格购买上市公司的优质资产。

② 大股东非法占用上市公司巨额资金，或利用上市公司进行各种恶意的担保或筹资。

③ 大股东发布虚假信息，操纵股价，欺骗中小投资者。

④ 大股东向其委派的高级管理者支付过高的薪酬或者特殊津贴。

⑤ 大股东利用不合理的股利政策，掠夺中小股东的利益。

在我国，这种矛盾冲突尤为突出，目前保护中小股东利益的具体措施包括：

（1）规范上市公司的信息披露制度，保证信息的完整性、真实性和及时性。信息的完整性是指所有影响投资者作出购买或出售股票决定的信息均应予以披露；信息的真实性是指公开的信息应该如实反映上市公司经营的实际情况；信息的及时性是指公开的信息传递速度要快，以利于投资者能够迅速作出决策。同时，应完善会计准则体系和信息披露规则，加大对信息披露违规行为的处罚力度，对信息披露的监管也要有所加强。

（2）完善上市公司的治理结构。建立股东大会、董事会和监事会之间的有效协作机制，形成相互制约的治理结构。在采取法律措施增强中小股东的投票权、知情权和裁决权的同时，可以尝试建立完善的股东分类表决机制；提高董事会中独立董事的比重，独立董事可以代表中小股东的利益，在董事会中行使表决权；此外，还应该建立健全的监事会，真正实现监事会对董事会和管理层的监督，保证监事会在实质上的独立性，并赋予监事会更大的监督和起诉权。

3.所有者与债权人之间的矛盾与协调

当企业向债权人借入资金后，所有者与债权人就形成了委托-代理关系。债权人追求的目标是借款本金的安全与固定的利息回报；而所有者则追求公司价值最大化，要实现该目标，所有者借入的本金就可能要冒着风险进行投资，在投资于比债权人期望风险更高的项目后，就会在一定程度上损害债权人的利益。因为这些高风险的项目一旦成功，额外的利润会被所有者独享；但若失败，债权人却要与所有者共同负担由此造成的损失，这对债权人而言，风险与收益是不对称的。而且，所有者还有可能未征得现有债权人同意，要求经营者发行新债券或者借入新的债务，这就增加了企业破产的风险，致使旧债券或原有债务的价值降低，从而侵犯债权人的利益。因此，在企业财务拮据时，所有者和债权人之间的利益冲突会加剧。

所有者与债权人的上述矛盾，一般通过以下方式解决：

（1）限制性借款，即通过限制借款的用途、设置担保条款和信用条件等来防止和迫使所有者不能利用这些方法降低债权人的债权价值。

（2）收回借款或不再借款，指当债权人发现公司有侵蚀其债权价值的意图时，采取收回债权和不给予公司重新放款等措施来保护自身的权益。

（二）社会责任与利益冲突

根据古典经济学理论，在一个有效的市场中，市场机制这只“看不见的手”使价值增加与履行社会责任趋于一致。例如，股东在为自己创造财富（通过投资等活动增加收益）的同时，也为社会创造更多的就业机会，提供更多的产品，从而实现履行社会责任的目标。但是，市场机制也有失效的时候，企业在追求价值最大化的同时，也可能给社会带来不同的负面效应，如为了公司自身利益生产各种污染环境的产品或损害公共利益的产品等。如果这些负面效应不能以成本的方式追索到特定的公司，虽然从短期看可能增加了股东财富，但从长远来看会阻碍企业价值的长期可持续增长，最终减少公司的收益。

因此，实现公司价值最大化与其承担的社会责任是息息相关的。企业只有给员工提供合理的薪酬和安全的工作环境，才能调动员工的积极性，进而提高劳动生产率，增加企业的利润，否则终将损害所有者的利益。同时，企业要为顾客提供合格的产品和优质的服务，否则就会面临失去顾客和遭遇诉讼的风险，这必然将提高企业的成本，最终也会损害所有者的利益。企业在满足自身利益的同时，也要维护供应商的利益，否则供应商会提高供货价格，或者取消对企业的赊销政策。企业还要承担必要的社会公益责任，因为良好的社会形象有利于企业的长远发展，许多消费者也更愿意购买对社会负责的企业的产品。

但是，要求企业自觉承担所有的社会责任是不现实的，还必须通过法律来监督企业承担社会责任，并让所有企业均衡地分担成本，以维护那些自觉承担社会责任的企业的利益。此外，还可以通过社会道德评判来促使企业维护社会的公共利益。

第三节 财务管理工作的组织

财务管理的基础是企业组织形式，企业组织的性质和特点决定企业目标及其相应的财务目标。不同类型的企业，其资金来源结构不同，所适用的法律规范不完全相同，财务管理活动开展的空间范围也不同，财务管理职业工作的内容也就不尽相同。

一、企业组织形式

企业究竟采取什么样的形式来管理自身的财务活动，直接关系到企业的生存和发展。企业是市场经济的主体，企业组织形式决定着企业的财务结构、财务关系、财务风险等。企业的组织可以根据不同方式进行分类：根据产权所有可以分为全民所有制企业、集体所有制企业、私营企业和外资企业；根据企业的规模大小可以分大型企业集团、中型企业和小微企业；根据投资组合形式可以分为独资企业、合伙企业和公司制企业。这里主要介绍最后一种分类方法。

（一）独资企业（Sole Proprietorship）

独资企业是指依法设立，由一个自然人投资，财产为投资者个人所有，投资人以其个人财产对公司债务承担无限责任的经营实体。独资企业是最简单的企业组织形式。企业不具有独立法人资格，依附于业主存在。其财务优势主要有：①企业设立、转让、终止的手续简便。②企业主自负盈亏，对企业的债务承担无限责任，没有委托-代理矛盾，企业主会竭力经营好企业。③企业只需要缴纳个人所得税，税负较轻。④企业在经营管理上制约因素较少，经营方式灵活，决策效率高。⑤没有信息披露的限制，企业的技术和商业信息保密容易。

然而，独资企业也有无法克服的财务劣势：①筹资较困难。独资企业规模小，企业主个人由于财力有限，对债权人缺少吸引力，其取得贷款的能力也比较差，因而难以投资经营一些资金密集、宜规模化经营的行业。②企业存续期短。一旦企业主死亡、丧失民事行为能力或不愿意继续经营，企业的生产经营活动就只能终止。③抗风险能力差。由于受到企业主个人素质、资金规模、信息把握等影响，独资企业抵御经营和财务风险的能力较弱。

基于以上财务特点，个人独资企业的财务管理活动相对而言是比较简单的。

（二）合伙企业（Partnership）

合伙企业是依法设立，由各个合伙人订立合伙协议，共同出资，合伙经营，共享收益，共担风险，并对合伙企业债务承担无限连带责任的营利组织。合伙企业一般由两个以上的合伙人，依照书面合伙协议享有权利、承担责任、分配利润和分担亏损。

根据合伙人的责任不同，合伙企业包括普通合伙企业和有限合伙企业两种。普通合伙企业的合伙人均对企业的债务承担无限连带责任。有限合伙企业由普通合伙人和有限合伙人组成，有限合伙人以其出资额为限对债务承担有限责任。但是，有限合伙企业中要求至少有一个普通合伙人，而且有限合伙人不直接参与企业的经营管理活动。

合伙企业具有设立程序简单、设立费用低等财务优势，但是也存在债务无限、权力分散、产权转让困难等财务劣势。

与个人独资企业相比，合伙企业的资金来源和信用能力都有所增加，盈利分配也就更加复杂，因此合伙企业的财务管理工作要复杂一些。

（三）公司制企业（Corporation）

公司是依照公司法登记设立，以其全部法人财产依法自主经营、自负盈亏的企业法人。公司制企业的主要特征包括：①公司设立的手续较为复杂，必须依据法律规范制定公司章程，规定企业成立的目的、可发行的股票数量、董事会组成形式。②公司是独立法人实体，有独立的名称、地址和相应的财产，公司可以独立向金融机构借款、发行公司股票或债券。③公司实行有限责任制，即股东对公司的债务只负有限责任，在公司破产清算时，股东所承受的损失以其在该公司的出资额为限。④所有权和经营权分离，即公司的所有权属于全体股东，经营权委托给职业的经营者，这种管理的专门化有利于加强公司的经营能力。⑤具有无限的存续期，即股东投入的资本长期归公司支配，股东一般不得从公司财产中抽回投资，只能通过转让其拥有的股份收回投资。这种资本的长期稳定性决定了公司只要不解散、不破产，就能够独立于股东而持续、无限期地存在下去，这将有利于企业实施战略管理。

根据我国《公司法》规定，公司可以分为有限责任公司和股份有限公司。两者的主要区别在于：①成立条件和募集资金的方式不同。有限责任公司的成立条件相对而言比较宽松，而股份有限公司的成立条件比较严格。有限责任公司只能由发起人集资，不能向社会公开募集资金；股份有限公司可以向社会公开募集资金，资本平均分为股份，每股金额相等，同股同权、同股同价。②股权证明不同。股份有限公司的股权证明就是股东持有的股票；而有限责任公司则根据注册会计师的验资报告给股东开具出资证明。③股东的数量不同。有限责任公司的股东人数有最高和最低的要求，我国的法律规定有限责任公司由五十个以下股东出资设立；而股份有限公司的股东人数只有最低要求，没有最高的限制。④股份转让的限制条件不同。有限责任公司的股份转让要经股东会讨论通过；股份有限公司的股票可以自由转让，具有充分的流动性。

以上三种企业组织形式中，公司制企业虽然存在双重税收（企业所得税和个人所得税）的负担和设立费较高的缺陷，但是存续时间长、对资本的吸引力较大、有规模优势，成为目前企业普遍采用的组织形式。因此，现代财务管理学的分析与研究均是基于公司制企业这种组织形式的。本书所介绍的也是公司财务管理。

二、企业财务管理体制

财务管理体制分为宏观和微观两个层面，宏观财务管理体制是协调财政部门与社会个人、经济组织之间财务关系的基本规则和制度安排，主要由国家以法律规范的形式予以确立；微观的财务管理体制是指企业财务管理体制，是协调企业利益相关主体之间财务关系的基本规则和制度安排，是构建企业财务管理制度的基础和框架，是由所有者和经营者通过企业章程、内部财务制度等来确立的。本书中介绍的财务管理体制就是微观的财务管理体制。

财务管理在所有工商业组织（如工业企业和商业企业）中都非常重要，在政府机关及非营利组织（如学校、医院）中也很重要。财务管理人员的工作是帮助其所在单位评估投资项目，或者帮助单位筹集项目所需要的资金，也可能是与银行谈判贷款事项、参与协商租赁厂房或者大型设备，财务分析人员也可以参与监督和控制风险，如为企业的厂房和设备投保，或者协助购买和出售期权、期货以及其他金融衍生工具。财务人员中最重要的职务是财务经理。

微观的财务管理体制具体包括所有者财务和经营者财务两个方面的内容。在大型企业中，通常由董事会代表所有者来完成与“所有者财务”相关的决策与管理；“经营者财务”则由总裁与副总裁、财务经理和其他经理等高层管理人员来实施。具体而言，公司董事会聘任总裁（即首席执行官）直接全面地管理企业的生产与经营；总裁下设的副总裁负责不同部门的经营与管理；负责向财务总监报告的是财务经理和会计经理，如图 1-1 所示。会计经理主要负责财务信息的记录和更新，以及会计报表的编制；而财务经理的工作是在企业与金融市场之间进行资金运作，如前面讲到的筹资中的借款、发售股票和债券、分配股利以及偿还债务等，并配合公司经营活动安排资金收支，如进行流动资产和流动负债的管理，进行固定资产的投资决策等。

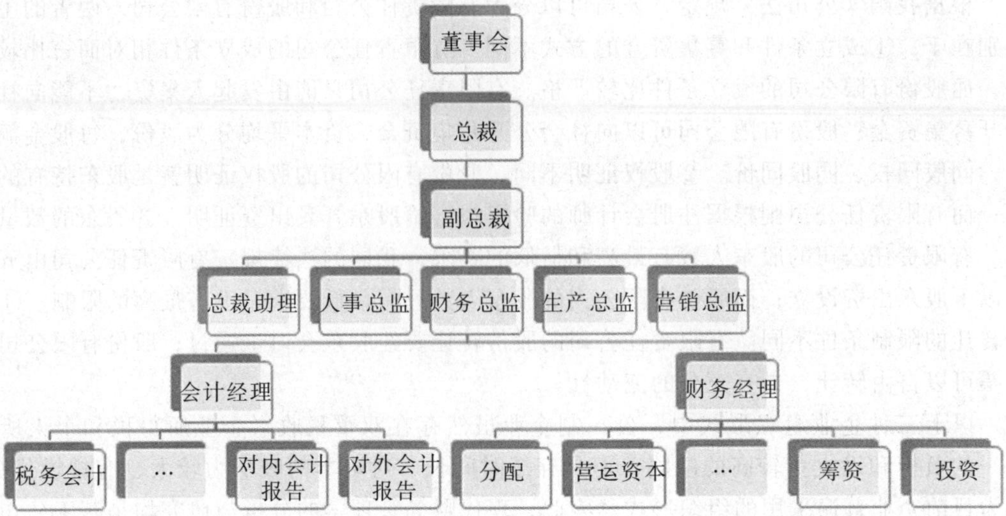

图1-1 企业组织结构图

(一) 所有者的财务管理职责

所有者对企业进行财务管理，主要手段是利用对若干重大事项的控制权，约束经营者财务行为，以确保企业资本的安全和增值，最终实现所有者财富的最大化。

1.决策权

所有者的决策权包括基本管理事项决策权和重大财务事项决策权。

基本管理事项主要包括审议批准企业内部财务管理制度、财务战略、财务规划和财务预算。这四个事项都是所有者掌握财务控制权的基本体现，因此，其最终决定权必须由所有者行使。

重大财务事项包括筹资、投资、担保、捐赠、重组、经营者报酬、利润分配等。企业拥有自主经营权，所有者不能直接干预企业的经营。所有者不可能取代经营者作出每一项具体事项的决策，只能对一些重大财务事项掌握最终决策权。

2.建立财务总监制度

财务总监制度是在企业所有权与经营权分离、组织规模和经营规模扩大和复杂化、财务管理体制层级增多的情况下，所有者为了保障自身利益，按照一定程序向其全资或者控股的企业派出特定人员或机构，代表所有者进行财务监督而形成的制度，是企业法人治理结构的有机组成部分。

建立财务总监制度的根本目的是保障所有者的利益，财务总监的具体职责包括：督促、指导、协助企业建立健全内部财务监督制度；督促企业按照国家规定和所有者战略去从事财务活动；及时发现和制止企业违反国家规定和可能造成所有者损失的行为；审核企业重要财务报表；参与拟订涉及企业财务方面的重大计划、预算和方案；参与企业重大投资项目的可行性研究；参与企业重大财务决策活动；监督、检查企业重要的财务运作和资金收支情况；对经营者的选拔、任用和考核提出意见等。

西方国家的公司制企业一般设立财务总监，我国的国有企业则一般设立总会计师，二者之间的区别见表1-1。

表 1-1 财务总监与总会计师的区别

比较项目	财务总监	总会计师
适用范围	治理结构健全的公司制企业	我国国有独资或国资占控股或主导地位的大中型企业
公司治理地位	对董事会负责，一般属于董事会成员	对厂长或总经理负责
产生方式	由股东会、董事会委派或董事会聘任	由政府主管部门任命或聘任
职责	兼具所有者监督职责和企业价值管理职责	履行经营者的内部财务监督管理职责
工作层面	协调企业内外部各利益相关者的关系	协调企业内部各利益相关者的关系，直接影响会计工作的外部利益相关者
组织结构定位	是企业财务资源的第一把关人，与总经理一起对企业财务的安全运行负责	协助厂长或总经理管理企业财务工作、调配企业财务资源
工作侧重点	侧重于价值管理、财务监督和财务审计	侧重于财务管理和会计核算

3.所有者的管理授权

在一定条件下，所有者可以通过一定方式将某些财务管理职责授权给经营者。一般情况下，投资者行使对所有者权益有重大影响的财务决策权，但在现实中，由于企业规模大、业务复杂、所有权结构分散、投资者管理能力和精力不允许等多重原因，所有者往往无法履行全部财务管理职责。在此情况下，所有者可以授权经营者行使部分财务管理职责，从而形成委托代理关系。

所有者对经营者的授权应该是有限的，不可能也不应该将所有的财务管理职责都委托给经营者，否则就失去了企业实际控制权。例如，财务监督、财务考核，以及重大财务决策中的经营者报酬、利润分配等事项，应当由所有者作出决策。

（二）经营者的财务管理职责

经营者凭借企业法人财产的经营权行使财务管理职责。履行经营者职责的主体包括公司的董事会、财务总监、财务经理和会计主管。在企业正常经营情况下，经营者（包括企业经理、厂长以及负责实际经营管理的其他领导成员）直接掌握企业财务的控制权。为实现企业价值最大化的财务目标，经营者应履行以下四个方面的财务管理职责。

1.遵守国家统一规定

根据国家有关企业财务管理的规章制度，拟定企业内部财务管理制度；编制并向主管财政机关和所有者提供企业财务会计报告，如实反映财务信息和有关情况；依法缴纳税费；配合有关机构依法做好审计、评估、财务监督等工作。

2.执行所有者的重大决策，实施财务控制

按照企业章程和投资者的决策，组织实施企业筹资、投资、担保、捐赠、重组和利润分配等财务方案；拟定企业的财务战略、财务规划，编制财务预算；组织进行财务预测和财务分析；统筹运用企业资金，对企业各项资源的配置实施财务控制。

3.保障债权人合法权益

诚信履行企业偿债责任，不得拖延履行甚至逃避债务偿付义务，维护企业的良好信用形象。

4.保障员工合法权益

执行国家有关员工劳动报酬和劳动保护的政策规定，依法缴纳社会保险费、住房公积金等；按规定应由员工（代表）大会审议或者听取员工意见的事项，应当严格履行相关程序。

第四节 财务管理的环境

企业的财务管理环境又称理财环境，是指对企业财务活动和财务管理产生影响作用的企业内外部条件。任何理财活动都是在一定环境之下开展的，企业资金的取得、运用以及收益的分配会受到环境的影响，资金的配置和利用效率会受到环境的影响，企业成本的高低、利润的多少、资本需求量的大小也会受到环境的影响，企业的兼并、破产、重组与环境的变化同样有着千丝万缕的联系。因此，企业的财务管理要获得成功，其必须深刻认识和认真研究自己所面临的各种环境。

企业的内部财务环境是企业可以从总体上采取一定的措施予以控制和改变的因素；而对于外部财务环境——无论是有形的硬环境，还是无形的软环境——对企业财务行为的影响企业都难以控制和改变，更多的是适应和因势利导。所以，本节主要介绍外部财务环境。影响企业外部财务环境的因素有政治、经济、金融、法律和文化等，其中最主要的有经济环境、法律环境、金融环境和社会文化环境等。

一、经济环境

企业的理财活动必须融入宏观经济运行中，微观理财主体的投入产出效益和宏观经济环境是密切相关的。经济环境是企业进行财务活动的客观经济状况，主要指国民经济发展目标与政策，如经济周期、经济发展状况、经济体制及政策、通货膨胀状况和市场竞争等。无论是哪一方面，对其作出正确的分析、评估，是企业采取适应性财务行为、规避风险的基本要求。

（一）经济周期

经济周期是指总体经济活动的扩张和收缩交替反复出现的过程，也称经济波动。每一个经济周期都包括上升和下降阶段。上升阶段也称为繁荣期，最高点称为顶峰。然而，顶峰也是经济由盛转衰的转折点，此后经济就进入下降阶段，即衰退期。经济衰退严重则进入萧条期，衰退期的最低点称为谷底。当然，谷底也是经济由衰转盛的拐点，此后经济进入上升阶段，即复苏期。经济从一个顶峰到另一个顶峰，或者从一个谷底到另一个谷底，就是一次完整的经济周期。企业在经济周期的不同阶段要采取相应的财务管理策略，具体见表1-2。

表1-2 经济周期不同阶段的企业财务管理策略

阶段	复苏期	繁荣期	衰退期	萧条期
财务管理策略	1.增加厂房设备 2.实行长期租赁 3.增加存货 4.开发新产品 5.增加劳动力	1.扩充厂房设备 2.继续增加存货 3.提高产品价格 4.开展营销规划 5.继续增加劳动力	1.停止扩张 2.处置闲置设备 3.停产不利产品 4.停止长期采购 5.减少库存 6.停止增加雇员	1.建立投资标准 2.保持市场份额 3.减少管理费用 4.放弃次要利益 5.继续减少库存 6.裁减员工

（二）经济发展状况

经济发展状况是指宏观经济的短期运行特征。国家统计部门会定期公布经济发展状况的各种经济指标，如经济增长速度、失业率、物价指数、进出口贸易增长率和各个行业的景气指数等。当经济发展处于繁荣期时，经济发展速度较快，市场需求旺盛，销售额大幅度上升。企业为了扩大生产，需要增加投资，相应地要筹集大量的资金以满足投资扩张的需要。当经济发展处于衰退期时，经济发展速度缓慢，甚至出现负增长，企业的产销量下降、投资锐减、资金紧缺与闲置不规则出现，财务运作出现较大困难。

（三）经济体制及政策

现行的经济体制主要有计划经济体制和市场经济体制两种。在计划经济体制时期，企业在筹资、投资和收益分配等方面只有执行权，没有决策权，财务管理的内容比较单一，方法比较简单；而在市场经济体制下，企业拥有筹资、投资的自主权，可根据自身条件和外部环境作出各种财务决策并组织实施，财务管理的内容比较丰富，方法比较复杂，发展水平较高。

经济政策是政府对宏观经济进行干预的重要手段，主要包括产业政策、金融政策和财政政策等。政府通过宏观经济政策的调整引导微观财务主体的经济行为，达到调控宏观经济的目的。这些宏观经济调控政策对企业财务管理的影响是直接的，企业必须按照国家政策办事，否则将寸步难行。例如，当国家采取收缩的调控政策时，会导致企业的现金流入减少、现金流出增加、资金紧张、投资压缩。反之，当国家采取扩张的调控政策时，企业财务管理会出现与之相反的情形。所以，作为微观的市场竞争主体，企业必须关注宏观经济政策的取向及其对企业经济行为的影响，并根据宏观经济政策的变化及时调整自身的行为，以规避企业财务运行的政策性风险。

（四）通货膨胀状况

通货膨胀对企业财务活动的影响主要表现为：引起资金占用增加、利率上升，导致企业成本增加；引起有价证券价格下跌，给筹资带来困难；引起利润虚增，造成资金流失。财务人员必须对通货膨胀有所预测，并采取相应措施以减少损失。例如，通货膨胀加剧会使企业负债利率上升和证券市场价格下降、企业产品成本增加、资金周转困难、产生虚假利润、增加税负、增加筹资压力等。为此，企业需要对通货膨胀开展预期分析，提前购进或延期出售存货与设备，减少通货膨胀带来的损失。

（五）市场竞争

市场竞争是市场经济的推动力，涉及产品、技术、管理、人才、营销等各方面的竞争。财务管理活动的决策在很大程度上取决于企业的竞争环境。不了解企业所处的市场环境，就不可能深入地了解企业的运营状况，也就很难作出科学的行之有效的财务决策。各种财务策略的谋划和运用应注意相通性，企业欲取得竞争优势，就必须正确制定和实施科学的财务管理策略，并关注竞争对手的财务管理策略。

二、法律环境

财务管理的法律环境是指企业和外部主体发生经济关系所应遵守的各种法律法规。企业在经营活动中，要和国家政府、其他企业或社会组织、企业员工，以及国外的经济组织或个人发生经济关系。国家管理这些经济活动和经济关系的手段包括行政手段、经济手段和法律手段。在市场经济条件下，行政手段逐步减少，法律手段日益增多，越来越多的经济关系和经济活动的准则用法律的形式固定下来。同时，众多的经济手段和必要的行政手段的使用，也必须逐步做到有法可依，从而转化为法律手段的具体形式，真正实现国民经济管理的法治化。一方面，法律提出了企业从事一切经济业务所必须遵守的规范，从而对企业的经济行为进行约束；另一方面，法律也为企业合法从事各项经济活动提供有效的保护。

（一）企业组织法律规范

企业组织必须依法成立。组建不同类型的企业，要依照不同的法律规范，具体的法律规范包括《中华人民共和国公司法》《中华人民共和国全民所有制工业企业法》《中华人民共和国个人独资企业法》《中华人民共和国合伙企业法》《中华人民共和国外商投资法》等。这些法律规范既是企业的组织法，又是企业的行为法。

（二）财务会计法律规范

财务会计法律规范主要包括《中华人民共和国会计法》《企业财务通则》《企业会计准则》《企业会计制度》等。《企业会计准则》是针对所有企业制定的会计核算规则，分为基本准则和具体准则，实施范围是大中型企业，自2007年起在上市公司中实施，自2008年起在国有大中型企业中实施。为规范小企业的会计行为，财政部还颁布了《小企业会计制度》，自2005年起在全国小企业范围内实施。《企业财务通则》明确适用于“在中华人民共和国境内依法设立的具备法人资格的国有及国有控股企业”。金融企业在资产管理、财务运行、财务风险控制、财务监管等方面具有一定特殊性，财政部专门颁布了《金融企业财务规则》，该规则适用于在我国境内依法设立的国有及国有控股金融企业、金融控股公司、担保公司、城市商业银行、农村商业银行、农村合作银行和信用社。

除上述法规之外，与企业财务管理有关的经济法规还包括证券法规、结算法规等。财务人员要在遵守法律法规的前提下完成财务管理的职能，实现企业财务管理的目标。

（三）税务法律规范

任何企业都有法定的纳税义务。有关税收的立法分为三类：所得税的法规、流转税的法规、其他地方税的法规。税负是企业的一种费用，会增加企业的现金流出，对企业财务管理有着重要的影响。企业均有在不违反税法的前提下减少税务负担的需求。税负的减少，只能靠精心安排、筹划投资及利润分配等财务决策，而不允许在纳税行为已经发生时去偷税漏税。例如，前述的个人独资企业和合伙企业均缴纳个人所得税，所得税税负较轻；而公司制企业则缴纳企业所得税和个人所得税双重税收，所得税税负较重，但如果在利润分配时不采用现金股利分配形式，就可以回避掉个人所得税。由此可见，精通税法对财务管理人员有重要的意义。

三、金融环境

企业需要不断地从事投资和经营活动，而资金的取得除了靠自有资金外，主要源于金融市场和金融机构。金融政策的变化必然影响企业的筹资、投资和资金运营活动，因此金融环境是企业重要的环境因素之一。

（一）金融市场

金融市场是指资金融通的场所。广义的金融市场是指一切资本（包括是物质资本和货币资本）流动的场所，具体的交易行为包括货币借贷、票据承兑和贴现、有价证券交易、黄金和外汇交易、办理国内外保险、产权交易等。狭义的金融市场一般指有价证券市场，即股票和债券的发行和买卖市场。

1.金融市场对财务管理的影响

金融市场对财务管理的影响主要表现在以下几个方面：

（1）金融市场为企业提供了有效的投资和筹资场所。金融市场能够为资本所有者提供多种投资渠道，为资金需要方提供多种可供选择的筹资方式。当企业需要资金时，可以到金融市场选择合适的方式筹资。企业有了剩余资金，也可以在市场上选择合适的投资方式，为其资金寻找增值的途径。

（2）促进企业资金的灵活转换。企业可以通过金融市场将长期资金转化为短期资金，如将股票、债券变现；也可以通过金融市场将短期资金转化为长期资金，如购买股票、债券等。

（3）金融市场为企业财务管理提供有效的信息。金融市场的利率变动反映了资金的供求状况，有价证券市场的行情反映了投资者对企业经营状况和盈利水平的评价。这些都是企业生产经营和财务管理的重要依据。

2.金融市场的分类

金融市场可以根据不同的标准进行分类，常见的分类方法如下。

（1）以融资对象为标准，金融市场分为外汇市场、资本市场和黄金市场。外汇市场是以各种外汇信用工具为对象开展投融资活动；资金市场是以货币和资本为交易对象；黄金市场则是集中进行黄金买卖和金币兑换的交易市场。

（2）以期限为标准，金融市场可以分为短期资本市场和长期资本市场。短期资本市场又称货币市场，是指融资期限在一年以内的资金市场，包括短期借贷市场、同业拆借市场、票据市场和短期证券市场；长期资本市场又称为资本市场，是指融资期限在一年以上的资金市场，包括长期借贷市场、长期证券市场和保险市场。

（3）以功能为标准，金融市场分为发行市场和流通市场。发行市场又称为一级市场或初级市场，是指新发行证券的市场，这类市场处理证券发行与最初购买者之间的交易；流通市场又称为二级市场或次级市场，主要处理金融证券资产在不同持有者之间的交易。

3.金融市场的构成要素

金融市场的构成要素有：

（1）交易主体，也就是参与金融市场交易活动而形成买卖双方关系的交易者，这些交易者可分为五大类，即政府部门、货币当局、金融机构、产业公司和消费者个人。

（2）交易客体，即金融工具，也就是借以进行金融交易的工具，一般包括债券凭证、债务凭证和所有权凭证等。从性质上可划分为四类：一是货币类金融工具，如黄金、外汇、单证、票据；二是债权类金融工具，如信贷、债券、同业拆借；三是权益类金融工具，如股票、基金、股权证；四是衍生类金融工具，如金融远期合约、金融期货合约、金融期权合约、金融互换合约、信用衍生品及证券化的信贷合约、保险合约和其他各种金融交易合约。

（3）交易中介，是指在金融市场上专门从事经纪业务，为金融商品买卖双方成交撮合，帮助其顺利完成交易，从中赚取佣金和手续费的商人或机构，如证券公司。金融市场的交易中介按性质可分为两类：一类是自然人经纪人；另一类是法人经纪人。

（4）交易价格，是反映在一定时期内转让货币资金使用权的报酬。由于金融商品性质的特殊性，它的价格往往有不同的表现。尽管金融商品的价格最终是以货币单位来计价，但具体的金融商品的交易价格是不同的。

（二）金融机构

社会资金从资金供应者手中转移到资金需求者手中，大多要通过金融机构。金融机构包括中央银行、政策性银行、商业银行和非银行金融机构。

1.中央银行

中央银行代表政府管理全国的金融机构和金融活动、经理国库。其主要职责是制定和实施货币政策，保持货币币值稳定；依法对金融机构进行监督管理，维持金融业的合法、稳健运行；维护支付和清算系统的正常运行；持有、管理和经营国家外汇储备及黄金储备；代理国库和其他与政府有关的金融业务；代表政府从事有关的国际金融活动等。我国的中央银行是中国人民银行。

2.政策性银行

政策性银行是指由政府设立，以贯彻国家产业政策和区域发展政策为目的，不以营利为目的的金融机构。与商业银行相比，政策性银行的特点在于：不面向公众吸收存款，而以财政拨款和发行政策性金融债券为主要资金来源；资本主要由政府拨付；不以营利为目的，经营时主要考虑国家的政策导向和社会效益需求；服务主要面向对国民经济发展和社会稳定有重要意义的领域，而商业银行出于盈利性考虑不愿借贷的领域；一般不普遍设立分支机构，其业务由商业银行代理。然而，政策性银行的贷出资金并非财政拨款，也必须有偿使用，对贷款也要进行严格审查，并要求还本付息、周转使用。我国目前有国家开发银行、中国进出口银行、中国农业发展银行三家政策性银行。

3.商业银行

商业银行是以经营存款、贷款、办理转账结算为主要业务，以盈利为主要经营目标的金融企业。我国的商业银行可以分为三类：①国有控股商业银行，是由国家专业银行演变而来的，包括中国银行、中国农业银行、中国工商银行、中国建设银行。这四大银行过去分别在外汇业务、农业、工商业和固定资产贷款领域提供服务，近年来其业务交叉进行，传统的分工已经淡化。②股份制商业银行，是1987年以后发展起来的，包括交通银行、平安银行、中信银行、中国光大银行、华夏银行、招商银行、兴业银行、上海浦东发展银行、中国民生银行以及各地方的商业银行、城市信用合作社等。③外资银行。按照我国与世界贸易组织签订的协议，金融市场要逐渐对外开放，外资银行可以在中国境内设立分支机构或营业网点，可以经营人民币业务。

4.非银行金融机构

我国目前主要的非银行金融机构有金融资产管理公司、保险公司、信托投资公司、证券机构、财务公司和金融租赁公司。

金融资产管理公司的主要使命是收购、管理、处置商业银行剥离的不良资产。我国于

1999年相继设立了4家金融资产管理公司，即中国华融资产管理公司（CHAMC）、中国长城资产管理公司（GWAMCC）、中国信达资产管理公司（CINDAMC）和中国东方资产管理公司（COAMC），它们分别收购、管理和处置四家国有商业银行和国家开发银行的部分不良资产，同时还肩负着推动国有企业改革的使命，也就是运用债权转股权、资产证券化、资产置换和转让销售等市场化债权重组手段，实现对扶持企业的重组，推动国有大中型企业优化资金结构、转变经营机制，最终建立现代企业制度，达到推动国企脱困的目标。

保险公司主要经营保险业务，包括财产保险、责任保险、保证保险和人身保险。目前，我国保险公司的资金运用被严格限制在银行存款、政府债券、金融债券、股票和投资基金范围内。

信托投资公司主要是以受托人的身份代理委托方理财。其主要业务有经营资金、财产委托、代理资产保管、金融租赁、经济咨询以及投资等。

证券机构是指从事证券业务的机构，主要包括证券公司、证券交易所和登记结算公司等三类。证券公司的主要业务是推销政府债券、企业债券和股票，代理买卖和自营买卖已上市流通的各类有价证券，参与企业收购和兼并，充当企业财务顾问等。证券交易所为证券交易提供场所，制定证券交易的业务规则，接受公司上市申请并安排上市，组织、监督证券交易，对会员和上市公司进行监管等。登记结算公司主要是办理股票交易中所有权转移时的过户和资金的结算。世界各国对证券公司的划分和称呼不尽相同，美国对其的通俗称谓是投资银行，英国则称其为商人银行。以德国为代表的一些国家实行银行业与证券业混业经营，通常由银行设立公司从事证券业务。日本等一些国家和中国一样，将专营证券业务的金融机构称为证券公司。

财务公司通常类似于投资银行。财务公司又称金融公司，于20世纪初兴起，是为企业技术改造、新产品开发及产品销售提供金融服务，以中长期金融业务为主的非银行机构。财务公司在各国的名称不同，业务内容也有差异，但多数是商业银行的附属机构，主要吸收存款。我国的财务公司不是商业银行的附属机构，是隶属于大型集团的非银行金融机构，由企业集团内部各成员单位入股，它的业务被限定在本集团内，不得从企业集团之外吸收存款，也不得对非集团单位和个人贷款。

金融租赁公司是办理融资租赁业务的公司组织。其主要业务有动产和不动产的租赁、转租赁和售后租回等。

（三）金融工具

金融工具（Financial Instruments）是指在金融市场中可交易的金融资产，是用来证明贷者与借者之间融通货币余缺的书面证明，其最基本的要素为支付的金额与支付条件。例如，股票、期货、黄金、外汇、保单等是在金融市场可以买卖的产品，故又称金融产品；因为它们有不同的功能，能达到不同的目的，如融资、避险等，故称金融工具；在资产的定性和分类中，它们属于金融类资产，故称金融资产；它们是可以证明产权和债权债务关系的法律凭证，故称有价证券。绝大多数的金融工具或产品、资产和有价证券具有不同程度的风险。金融工具的基本分类如图1-2所示。

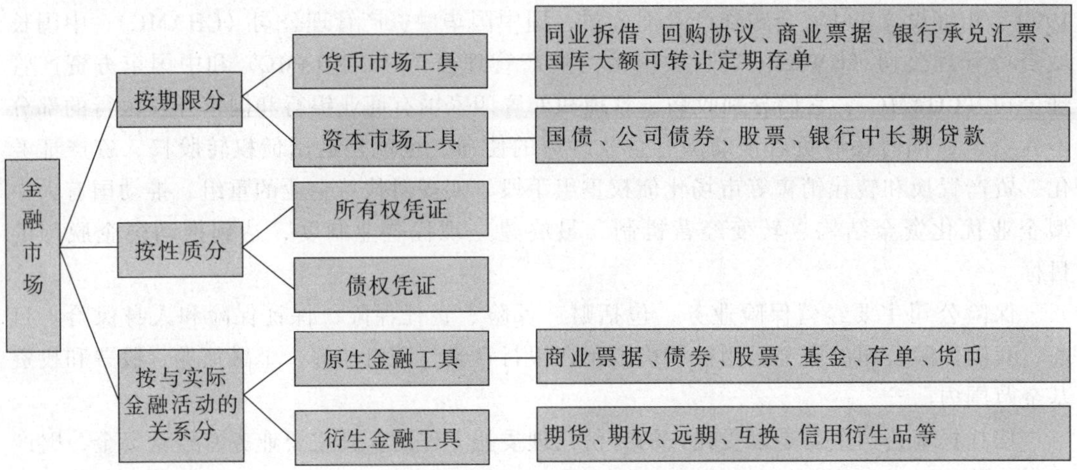

图1-2 金融工具的基本分类

四、社会文化环境

社会文化环境包括教育、科学、文学、艺术、新闻出版、广播电视、卫生体育、世界观、理想、信念、习俗，以及同社会制度相适应的权利义务观念、道德观念、组织纪律观念、价值观念和劳动态度等。企业的财务活动不可避免地受到社会文化的影响，但是社会文化的各方面对财务管理的影响程度不尽相同——有的影响是直接的，有的影响是间接的，有的影响比较明显，有的影响微乎其微。

比如，科学的发展对财务管理理论的发展与完善起着重要的作用。经济学、数学、统计学和计算机科学等诸多学科的发展，都在一定程度上促进了财务管理理论的进步。随着社会的发展，财务管理工作的内容越来越丰富，社会整体的教育水平将越来越重要。事实上，在教育落后的情况下，为提高财务管理水平所做的努力往往收效甚微。此外，社会的诚信程度也会影响财务管理的活动。当社会诚信程度较高时，企业间的信用往来会加强，会促进彼此之间的合作，并减少企业的坏账损失，有利于降低企业运营的成本。

因此，随着全球经济一体化的到来，将有越来越多的企业跨国经营。在不同的文化环境中经营，需要对企业员工进行文化差异方面的培训，并且在可能的情况下雇用文化方面的专家。忽视社会文化对公司财务活动的影响会给公司的财务管理带来不利的后果。

【学习要点研讨】

1. 财务管理包括哪些主要内容？
2. 企业的主要财务关系有哪些？企业应该如何处理与各方的财务关系？
3. 阐述不同组织形式的财务管理特点。
4. 财务管理的主要目标有哪些？
5. 你认为企业最合理的财务管理目标是什么？为什么？

6. 所有者与经营者之间有哪些矛盾冲突？该如何解决？
7. 所有者与债权人之间的矛盾冲突是什么？该如何解决？
8. 请介绍财务管理体制的主要内容。
9. 请介绍财务人员的职业生涯内容。
10. 请用案例说明企业财务管理所处的环境。

【学思践悟拓展】

深陷财务风险，新华信托被宣告破产

2023年5月26日，重庆市第五中级人民法院裁定宣告新华信托股份有限公司破产。新华信托由此成为自2001年《中华人民共和国信托法》颁布以来首家破产的信托公司，业内持牌信托机构缩减至67家。

新华信托于1998年4月20日登记成立，公司类型为股份有限公司（中外合资），登记机关为重庆市市场监督管理局（原重庆市工商行政管理局），注册资本为42亿元。2020年7月17日，新华信托因触发《中华人民共和国银行业监督管理法》第三十八条和《信托公司管理办法》第五十五条规定的接管条件而被原银保监会接管，接管期限为一年。2021年7月16日，原银保监会决定延长新华信托接管期限一年，自2021年7月17日起至2022年7月16日止。2022年6月16日，《新华信托股份有限公司关于破产清算的请示》获得原中国银保监会批复，同意新华信托进入破产程序。2022年7月6日，重庆市第五中级人民法院裁定受理新华信托股份有限公司破产清算申请并指定新华信托清算组为管理人；同年7月14日，裁定受理对天津新华创富资产管理有限公司（以下简称"天津创富"）的破产清算申请并指定新华信托清算组为管理人。2022年7月15日，重庆市第五中级人民法院裁定对新华信托及天津创富进行实质合并破产清算。2023年5月15日，管理人向法院申请宣告新华信托及天津创富破产。时间来到2023年5月26日，新华信托和天津创富被宣告破产。

新华信托为何会走向破产？2022年下半年，原重庆银保监局曾对新华信托开出二十余张"罚单"。"罚单"显示，新华信托存在十余项违法违规事实，包括：未事前报告关联交易；发放不当激励；通过关联方违规开展实业投资；全面风险管理失效；超权限审批与关联方的业务；违规审批代关联方投资造成巨额损失；违规通过关联方资产虚假出表；向禁止性或限制性领域提供融资；"三查"严重不尽职；资产风险分类不准确、减值准备计提不足；未按规定进行信息披露；信托受益权违规转让；委托非金融机构推介；违规为银行提供通道业务等。新华信托作为我国重要的信托公司，其经营业务的主要方向是资产管理业务、功能信托业务等。新华信托担任受托人管理的主动管理类信托产品共56只，在有两个及以上受益人的20只产品中，底层资产均涉及房地产，包括马鞍山亿丰环球商业中心项目、惠州候鸟酒店、宁波强人置业、昆明呈贡新都昌广场、临沂金世纪新城东区项目、吉林保障房（棚户区/危旧房改造）建设等，而房地产项目财务风险大，或多或少地

被卷入了房地产行业深度调整的风暴中。新华信托走向破产，受房地产行业的影响不小。

资料来源：谢艺观．业内首家！新华信托被宣告破产，有何警示［EB/OL］．［2023-05-30］.https://baijiahao.baidu.com/s?id=1767335010011195136&wfr=spider&for=pc.

启发与拓展

（1）进一步查阅资料，详细说明导致新华信托破产的原因。

（2）新华信托破产对我国的企业有哪些启示？

（3）通过案例学习，说明财务管理环境对公司财务管理的影响。

（4）在新华信托的违规操作中，是否存在会计人员的违规行为？作为新时代的会计工作者，应该怎么做？

第二章　价值观念与证券估价

【学习目标】

- 掌握时间价值的概念及其计算方法。
- 掌握风险价值的概念及风险的衡量方法。
- 掌握资产投资组合的意义及方法。
- 熟悉资本资产定价模型及证券市场线的含义及应用。
- 理解利率的概念和分类。
- 了解利率的构成和测算。
- 理解证券的价值评估方法。

【专业知识导引】

若干年后价值不菲的红军“借谷证”

在中国共产党成立一百周年之际，国务院国资委联合中央广播电视总台共同推出百集微纪录片《信物百年》，其中便提到“借谷证”这一“红色”物件。1932年，中央苏区的部分地方发生了粮荒，无良奸商乘机囤积粮食、哄抬物价，而同时，国民党当局不断对苏区实行军事“围剿”和经济封锁，导致红军的粮食供应更加紧张。1933年的春天，为了解决粮食问题，苏区政府向群众借用谷物，并以借谷证为凭证，承诺一定会如数奉还。以红色政权的信誉做担保的借谷证，就在这样的历史背景下诞生了。在那段艰苦的岁月里，中央苏区先后三次向群众借谷共100余万石，不仅缓解了军粮紧缺的局面，还为红军战略转移提供了坚实的保证。新中国成立后，政府继续履行红军当年的承诺，作出规定，凡持有借谷证的群众，可以按时价兑换粮食或者现金。之后几十年，群众手中的借谷证，陆续得到了超出借谷金额甚至是十倍以上的兑换。

资料来源：国资小新．一诺千金的红军“借谷证”，奠定大国粮仓的信用基石！[EB/OL]．[2021-07-15]．https://m.thepaper.cn/baijiahao_13607954.

思考：从时间价值角度分析，为什么我国政府会以数倍借谷金额兑换借谷证呢？作为会计人员，这个故事给了我们什么启示？

第一节　货币的时间价值

企业的财务活动是在一定的时空中展开的，为了正确地计算不同时期的财务收支，合理地评价企业的盈亏状况，需要考虑货币在不同时点上的换算关系，也就是需要对货币的时间价值进行合理的计量。

一、基本概念和符号

为了更好地分析时间价值，这里先介绍一些基本的概念和符号，包括时间价值的概念、单利和复利、现值和终值、时间轴以及单一支付款项和系列支付款项等。

（一）货币时间价值的概念

西方经济学家认为在没有风险和通货膨胀的条件下，现在1万元钱的价值要高于一年后1万元钱的价值。比如，银行资本家借给职能资本家1万元钱，就失去了当时使用或者消费这1万元钱的权利或机会。根据借出时间计算的这种权利或机会应该获得的报酬，就被称作“时间价值”，但这种解释未能说明时间价值的本质。试想，银行资本家没有将这1万元发放贷款，而是将其放在银行的保险柜中，能否产生报酬呢？显然，“摇钱树”和“聚宝盆”在现实中是没有的，也就是这1万元如果不作为资本投入生产经营过程，就不能增值，也就没有时间价值。只有将资金投入生产经营过程，劳动者制造出新的产品，产品销售后得到比原投入资金更多的货币，才会创造新的价值，形成资金的增值，也就产生了货币的时间价值。所以说，货币的时间价值是在生产经营过程中产生的，来源于劳动者新创造的价值。

货币的时间价值（Time Value of Money）是指资金在周转使用过程中随着时间的推移而产生的增值，也就是一定量资金在不同时间点上价值量之间的差额。然而，由于投资者在经营过程中不可避免地要承担或高或低的风险，而且现在世界上通行的货币——纸币——不具备实际价值，也就不可避免地会产生通货膨胀，所以资金在生产经营过程中产生的增值并不完全是货币的时间价值。投资者承担风险，就需要获得相应的报酬；同时，在存在通货膨胀的条件下，资金的供应者必然会要求更高的报酬以补偿其购买力产生的损失，即通货膨胀贴水。因此，货币在生产经营过程中产生的报酬不仅包括时间价值，还包括风险报酬和通货膨胀贴水。出于分析问题由简到繁的需要，在本节对货币时间价值的测算中，假定不存在风险和通货膨胀。时间对于社会上任何个人或组织都是公平的，因此时间价值一般用社会平均资金利润率或平均报酬率水平来衡量。

货币的时间价值一般有两种表现形式：①相对数形式，即时间价值率，是指扣除风险报酬和通货膨胀贴水后的社会平均报酬率。②绝对数形式，即时间价值额，是指资金与时间价值率之积。这两种形式在实际工作中没有严格的区分，都可以使用。

（二）单利和复利

单利和复利是两种不同的利息计算方法。在单利（Simple Interest）计算法下，只有本金计算利息，利息不再重复计算利息；而在复利（Compound Interest）计算法下，除本金计算利息之外，每经过一个计算期所得到的利息也要计算利息，逐期滚算，俗称“利滚利”。

资金的循环和周转以及因此实现的货币增值，需要或多或少的时间，每完成一次循环，货币就增加一定数额，周转的次数越多，增值额也就越大。因此，随着时间的推移，货币总量在循环和周转中按几何级数增长，使得货币具有了时间价值，也就是说货币的时间价值需要使用复利的方法进行计量。

（三）现值和终值

现值即现在的价值，是一个或多个发生在未来的现金流相当于现在时点的价值，一般可用PV（Present Value）表示。终值即未来值，是一个或多个现在发生或未来发生的现金流相当于未来某个时点的价值，一般可用FV（Future Value）表示。

（四）时间轴

时间轴（也称为时间线）是时间价值应用的一种工具。在解决时间价值问题，甚至是整个公司的各种财务问题时，绘制时间轴总是第一个步骤。

如果在不同时间点上发生的现金流不能直接进行比较，那么在比较现金价值的时候，就必须同时强调现金发生的时间点。时间轴就是能够表示各个时间点的数轴，一般完整的时间轴包括三个基本的要素：①数轴线，是分为等距离（代表相等的时间）若干段的数轴；②时间数字，对应着各等距离端点的时点数字，一般用字母t表示，位于数轴上方；③现金流量，发生在各个时点上的现金流入和流出的数量，一般放在数轴的下方。具体如图2-1所示。

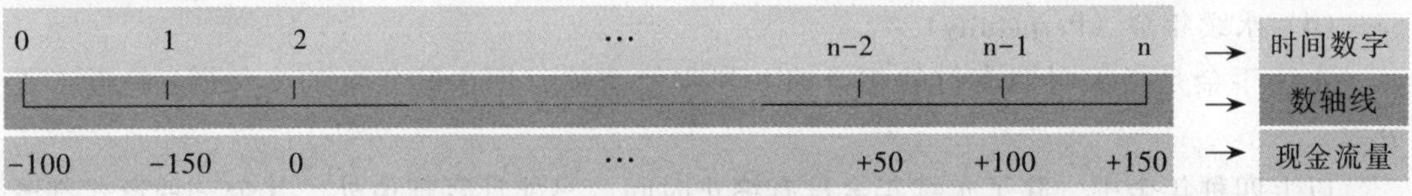

图2-1 货币时间价值时间轴的基本要素图

这里需要注意两点：①除0点以外，数轴线上每个时间点都代表两个含义，即当期的期末和下一期的期初，如时间数t=2对应的时间点就表示第2期的期末和第3期的期初。然而为避免产生歧义，这两重含义一般在分析实际问题并绘制时间轴的时候使用，而一旦绘制好时间线后，每一个时间数字最好只考虑其期末的含义。②现金流量之前的正负号表示的是现金流入或者现金流出的方向，其中正号表示的现金流量是从公司外部流入公司内部的，如收回的货款、出售固定资产获得的现金等；而负号表示的现金流量则是从公司内部流到外部的，如项目开始建设时购买设备的支出、购买材料支付的现金等。

为了简化计算，决策所处的时间均为时点t=0，即“现在”，也就是所有的现值均是计算到t=0这个时间点，所有的终值均是计算到最后一期的期末，如上图中的t=n这个时间点。

（五）单一收付款项和系列收付款项

1.单一收付款项

单一收付款项是指在某一特定时间只发生一次的简单现金流量，如银行的整存整取储蓄业务，就是在期初一次性存入本金。

2.系列收付款项

系列收付款项是指在n期内多次发生现金流入或现金流出。年金是系列收付款项的特殊形式，是在一定时期内每隔相同时间（如一年）发生相等金额的现金流量，如折旧、租金、利息、保险金等通常都采用年金的形式。年金是有别于单一收付款项的系列支付款项，具有金额多次发生、每次发生金额相等、资金同收同付、发生金额的时间距离相等这四个特点。年金（Annuity，一般用A表示）可以分为以下四种形式：

（1）普通年金（Ordinary Annuity）

普通年金又称为后付年金，是指在一定时期内每期期末发生的等额现金流量。例如，银行的零存整取储蓄业务是每期期末存入相等金额的本金，这些本金就属于普通年金。

（2）预付年金（Annuity Due）

预付年金又称为先付年金，是指一定时期内每期期初发生的等额现金流量。例如，对租入的设备，如果要求每年年初支付相等的租金，那么该租金就属于预付年金。

（3）递延年金（Deferred Annuities）

递延年金又称为延期年金，是指在最初若干期没有收付款项的情况下，后面若干期有等额的系列收付款项的年金。一般情况下，假定递延年金的金额发生在每期期末。在实际工作中，递延年金的资金也可能发生在每期期初，借助时间轴中时间点的双重含义，可以通过人为的调整使之发生在前一期的期末。

（4）永续年金（Perpetuity）

永续年金是指无限期支付的相等的系列收付款项，即永续年金的支付期n趋近于无穷大。

以上四种年金中，除了永续年金没有终止时间，只能计算现值外，其余三种形式都既可以计算终值也可以计算现值。

二、终值和现值的计算

为方便起见，本书在介绍资金时间价值的计算方法时，假定有关字母的含义如下：P表示现值；F表示终值；FV_n表示第n期期末的复利终值；PV表示复利现值；FVA_n表示普通年金的终值；PVA表示普通年金的现值；i表示期利率（贴现率、折现率）；n表示计息期数；I表示每期利息额。此外，若无特殊说明，给出的利率均为年利率。

（一）单利终值和现值的计算

单利只对本金计息，其终值与现值的计算比较简单。

1.单利终值的计算

单利终值的计算公式为：

$$F = P \times (1 + i \times n)$$

【例2-1】某储户将一笔1 000元的现金存入银行，银行三年期定期存款利率为2.75%。目前银行整存整取采用单利法计算利息。请问该储户存满3年后能从银行取出的本利和为多少？

$$F = P \times (1 + i \times n) = 1\,000 \times (1 + 2.75\% \times 3) = 1\,082.50(\text{元})$$

从以上计算可以看出，单利计息时本金不变，利息随时间的变化呈正比例变化，一般将这种变化称之为算术级数增长，这种增长速度是比较缓慢的。

2.单利现值的计算

单利现值的计算公式为：

$$P=\frac{F}{1+i\times n}$$

【例2-2】某人希望5年后获得34 500元本利和，银行整存整取的五年期存款利率为3%，请计算此人现在需要存入银行多少资金？

$$P=\frac{F}{1+i\times n}=\frac{34\,500}{1+3\%\times 5}=30\,000(元)$$

以上求现值的计算，也可称为贴现值的计算，贴现使用的利率称为贴现率。

（二）复利终值和现值的计算

复利属于单一收付款项，其计算方法也是货币时间价值的计算方法。

1.复利终值的计算

复利终值的计算公式为：

$$FV_n=PV\times(1+i)^n=PV\times FVIF_{i,n}=PV\times(F/P,\ i,\ n)$$

上式中，$(1+i)^n$称为**复利终值系数**，可用英文缩写$FVIF_{i,n}$（Future Value of Interest Factor）或者符号（F/P，i，n）表示。

为简化计算，本书附录展示了部分复利终值系数，表2-1是其中的一部分。

表2-1　**复利终值系数表（简表）**

利率i / 时间n	1%	2%	3%	4%	5%	6%
1	1.010	1.020	1.030	1.040	1.050	1.060
2	1.020	1.040	1.061	1.082	1.103	1.124
3	1.030	1.061	1.093	1.125	1.158	1.191
4	1.041	1.082	1.126	1.170	1.216	1.262
5	1.051	1.104	1.159	1.217	1.276	1.338
6	1.062	1.126	1.194	1.265	1.340	1.419
7	1.072	1.149	1.230	1.316	1.407	1.504
8	1.083	1.172	1.267	1.369	1.477	1.594
9	1.094	1.195	1.305	1.423	1.551	1.689
10	1.105	1.219	1.344	1.480	1.629	1.791

【例2-3】某人现在将10 000元存入银行，银行一年期理财产品报酬率为4%，此人在一年到期后将本利和一并转入下一期理财，共计存5年，请问5年后他可以取出的本利和为多少？

$$FV_5=PV\times(1+i)^n=10\,000\times(1+4\%)^5=12\,166.53(元)$$

或　$$=PV\times FVIF_{i,n}=10\,000\times FVIF_{4\%,5}=10\,000\times 1.217=12\,170(元)$$

上面两种计算方法的差异是因为复利终值系数都是保留三位小数，与实际计算值之间有一定的误差。

复利终值与时间和利率正相关。在其他条件一定的情况下，现金流量的终值与利率和时间呈同方向变动，现金流量时间间隔越长，利率越高，终值越大。

2.复利现值的计算

计算公式为：

$$PV = FV_n \times \frac{1}{(1+i)^n} = FV_n \times PVIF_{i,n} = FV_n \times (P/F, i, n)$$

上式中，$(1+i)^{-n}$称为复利现值系数，可用英文缩写$PVIF_{i,n}$（Present Value of Interest Factor）或者符号（P/ F，i，n）表示。

为简化计算，本书附录中列示了部分复利现值系数，表2-2是其中的一部分。

表2-2 复利现值系数表（简表）

时间n \ 利率i	5%	6%	7%	8%	9%	10%
1	0.952	0.934	0.935	0.926	0.917	0.909
2	0.907	0.890	0.873	0.875	0.842	0.826
3	0.864	0.840	0.816	0.794	0.772	0.751
4	0.823	0.792	0.763	0.735	0.708	0.683
5	0.784	0.747	0.713	0.681	0.650	0.621
6	0.746	0.705	0.666	0.630	0.596	0.564
7	0.711	0.665	0.623	0.584	0.547	0.513
8	0.677	0.627	0.582	0.540	0.502	0.467
9	0.645	0.592	0.544	0.500	0.460	0.424
10	0.614	0.558	0.508	0.463	0.422	0.386

【例2-4】某人希望5年后获得10 000元现金，银行一年期理财产品报酬率为6%，此人在一年到期后将本利和一并转入下一期理财，共计存5年，请问现在他需要存入多少钱?

$$PV = FV_n \times (1+i)^{-n} = 10\,000 \times (1+6\%)^{-5} = 7\,472.58(\text{元})$$

或 $$PV = FV_n \times PVIF_{i,n} = 10\,000 \times PVIF_{6\%,5} = 10\,000 \times 0.747 = 7\,470(\text{元})$$

上述计算表明，在折现率为6%的条件下，5年后的10 000元与现在的7 470元在价值上是相等的。

复利现值系数与时间和利率负相关。在其他条件不变的情况下，现金流量的现值与折现率和时间呈反方向变动，现金流量间隔的时间越长，折现率越高，现值越小。

（三）年金终值和现值的计算

在现实经济生活中，年金的具体应用多种多样，如保险费、折旧费、租金、养老金、零存整取或整存零取储蓄等都属于年金，这里将分别计算普通年金、预付年金、递延年金和永续年金的终值和现值。

1.普通年金的终值和现值计算

（1）普通年金终值 FVA_n 的计算

由图2-2可知，普通年金终值的计算公式为：

$$FVA_n = A(1+i)^0 + A(1+i)^1 + A(1+i)^2 + \cdots + A(1+i)^{n-2} + A(1+i)^{n-1}$$

$$= A \cdot \frac{(1+i)^n - 1}{i}$$

$$= A \cdot FVIFA_{i,n}$$

$$= A \cdot (F/A, i, n)$$

上式中，$\frac{(1+i)^n - 1}{i}$ 称为**年金终值系数**，可用英文缩写 $FVIFA_{i,n}$（Future Value Interest Factor of Annuity）或者符号（F/A，i，n）表示。

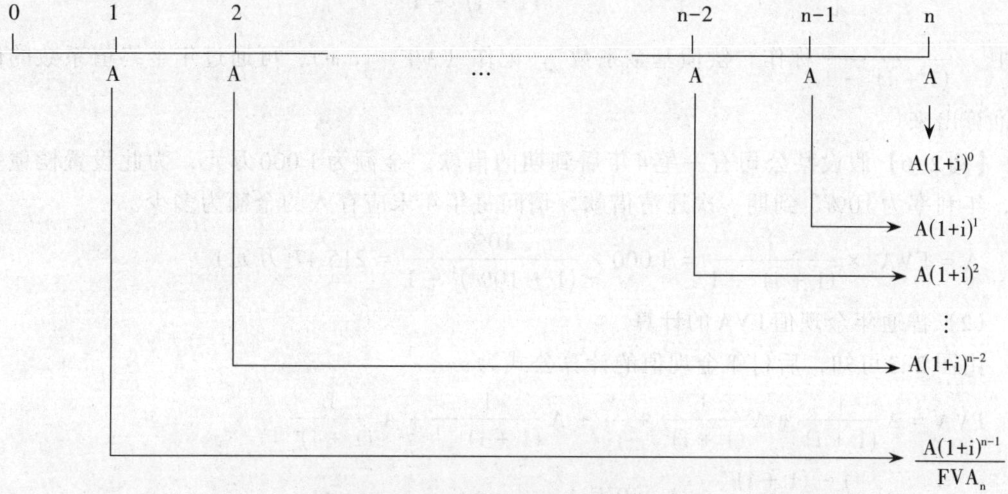

图2-2　普通年金终值的计算示意图

为简化计算，本书附录列示了部分年金终值系数，表2-3是其中的一部分。

表2-3　**年金终值系数表（简表）**

利率i / 时间n	5%	6%	7%	8%	9%	10%
1	1.000	1.000	1.000	1.000	1.000	1.000
2	2.050	2.060	2.070	2.080	2.090	2.100
3	3.152	3.183	3.214	3.246	3.278	3.310
4	4.310	4.374	4.439	4.506	4.573	4.461
5	5.525	5.637	5.750	5.866	5.984	6.105
6	6.801	6.975	7.153	7.335	7.523	7.715
7	8.142	8.393	8.654	8.922	9.200	9.487
8	9.549	9.879	10.259	10.636	11.028	11.435
9	11.026	11.491	11.977	12.487	13.021	13.579
10	12.577	13.180	13.816	14.486	15.192	15.937

【例2-5】假设某企业投资某项目，在5年内每年年末从银行借款100万元，借款利率为9%，则该企业第5年年末应偿还给银行的本息总额为多少？

$$FVA_n = A \times \frac{(1+i)^n - 1}{i} = 100 \times \frac{(1+9\%)^5 - 1}{9\%} = 598.47(\text{万元})$$

或 $$FVA_n = A \times FVIFA_{i,n} = 100 \times FVIFA_{9\%,5} = 100 \times 5.984 = 598.4(\text{万元})$$

在实际工作中，公司可根据要求在贷款期内建立偿债基金，以保证在期满时有足够的现金偿还贷款的本金或兑现债券。此时的债务实际上等于年金终值FVA_n。也就是说，年偿债基金的计算实际上是年金终值的逆运算。其计算公式为：

$$A = FVA_n \cdot \left[\frac{(1+i)^n - 1}{i}\right]^{-1} = FVA_n \cdot \frac{i}{(1+i)^n - 1}$$

式中，$\frac{i}{(1+i)^n - 1}$称作“偿债基金系数”，记作（A/F，i，n），可通过年金终值系数的倒数推算出来。

【例2-6】假设某公司有一笔4年后到期的借款，金额为1 000万元，为此设置偿债基金，年利率为10%，到期一次还清借款，请问每年年末应存入的金额为多少？

$$A = FVA_n \times \frac{i}{(1+i)^n - 1} = 1\,000 \times \frac{10\%}{(1+10\%)^4 - 1} = 215.47(\text{万元})$$

（2）普通年金现值PVA的计算

由图2-3可知，后付年金现值的计算公式为：

$$PVA = A\frac{1}{(1+i)} + A\frac{1}{(1+i)^2} + \cdots + A\frac{1}{(1+i)^{n-1}} + A\frac{1}{(1+i)^n} = A \cdot \frac{1-(1+i)^{-n}}{i} = A \cdot PVIFA_{i,n}$$

上式中，$\frac{1-(1+i)^{-n}}{i}$称为年金现值系数，可用英文缩写$PVIFA_{i,n}$（Present Value Interest Factor of Annuity）或者符号（P/A，i，n）表示。

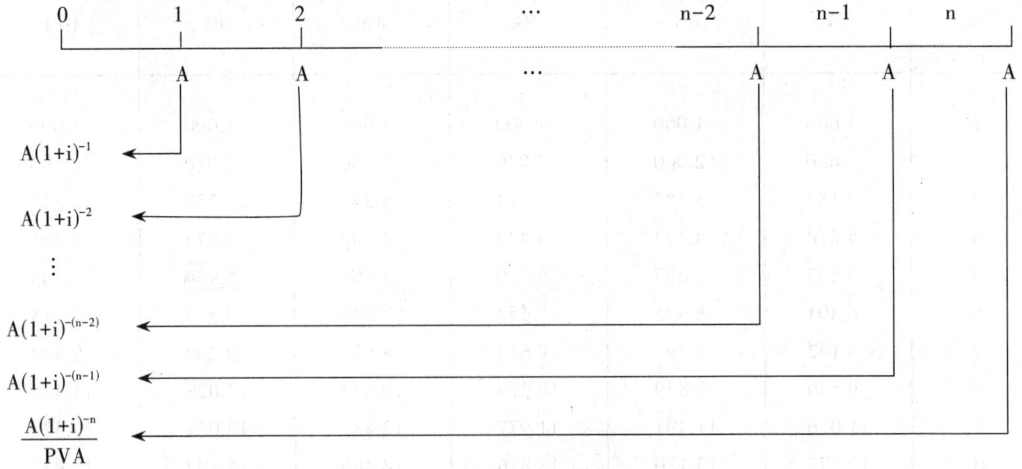

图2-3　后付年金现值计算示意图

为简化计算，本书附录中列示了部分年金现值系数，表2-4是其中的一部分。

表2-4　**年金现值系数表（简表）**

时间n \ 利率i	3%	4%	5%	6%	7%	8%
1	0.970	0.962	0.952	0.943	0.935	0.926
2	1.913	1.886	1.859	1.833	1.808	1.783
3	2.828	2.775	2.723	2.673	2.624	2.577
4	3.717	3.630	3.545	3.465	3.387	3.312
5	4.579	4.452	4.329	4.212	4.100	3.993
6	5.417	5.242	5.075	4.917	4.766	4.632
7	6.230	6.002	5.786	5.582	5.389	5.206
8	7.019	6.733	6.463	6.210	5.971	5.747
9	7.786	7.435	7.107	6.802	6.515	6.247
10	8.530	8.111	7.721	7.360	7.024	6.710

【例2-7】某人希望每年年末取得10 000元，连续取5年，年利率为5%。请问他第一年年初应一次性存入多少元？

$$PVA = A \times \frac{1-(1+i)^{-n}}{i} = 10\,000 \times \frac{1-(1+5\%)^{-5}}{5\%} = 43\,295(\text{元})$$

或　$$PVA = A \times PVIFA_{i,\ n} = 10\,000 \times PVIFA_{5\%,\ 5} = 10\,000 \times 4.329 = 43\,290(\text{元})$$

年金现值的逆运算是年资本回收额的计算。资本回收额是指在给定的年限内等额回收初始投入的资本或清偿所欠债务的金额。年资本回收额的计算公式为：

$$A = PVA \cdot \left[\frac{1-(1+i)^{-n}}{i}\right]^{-1} = PVA \cdot \frac{i}{1-(1+i)^{-n}}$$

式中，$\frac{i}{1-(1+i)^{-n}}$称作“资本回收系数”，记作（A/P，i，n），可通过年金现值系数的倒数推算出来。

【例2-8】假设某公司现在借到1 000万元的贷款，要按年利率12%在10年内等额偿还，那么该公司每年应支付的金额是多少？

$$A = PVA \times \frac{i}{1-(1+i)^{-n}} = 1\,000 \times \frac{12\%}{1-(1+12\%)^{-10}} = 177(\text{万元})$$

2.预付年金的终值和现值计算

如图2-4所示，预付年金与普通年金的区别在于收付款的时点不同，普通年金的款项（A）发生在每期期末，预付年金的款项（B）发生在每期期初。

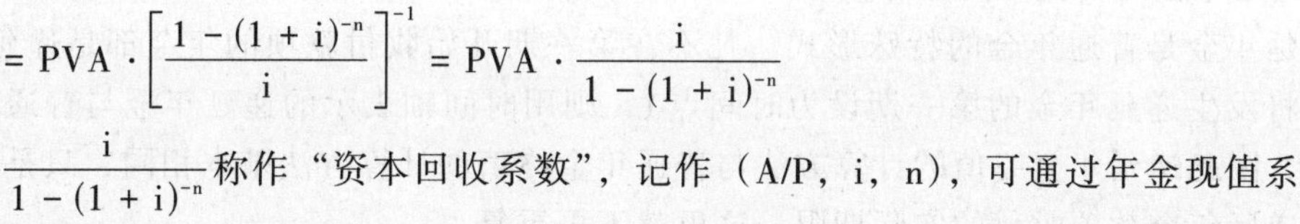

图2-4　预付年金和普通年金的区别示意图

（1）预付年金终值的计算

由于付款时间不同，n期预付年金终值要比n期普通年金终值多计一期的利息。因此，在普通年金终值的基础上再乘（1+i）便可计算出预付年金的终值，其计算公式为：

$V_n = A \cdot FVIFA_{i,n} \cdot (1+i)$

$\quad = A \cdot (FVIFA_{i,n+1} - 1)$

【例2-9】假设某企业投资某项目，在5年内每年年初从银行借款100万元，借款利率为9%，则该企业第5年年末应偿还给银行的本息总额为多少？

$V_n = A \cdot FVIFA_{i,n} \cdot (1+i)$

$\quad = 100 \times FVIFA_{9\%,5} \times (1+9\%)$

$\quad = 100 \times 5.984 \times (1+9\%)$

$\quad = 652.26$（万元）

或 $V_n = A \times (FVIFA_{i,n+1} - 1)$

$\quad = 100 \times (FVIFA_{9\%,6} - 1)$

$\quad = 100 \times (7.523 - 1)$

$\quad = 652.3$（万元）

（2）预付年金现值的计算

虽然n期预付年金现值与n期普通年金现值的期限相同，但由于其付款时间不同，n期预付年金现值比n期普通年金现值少折现一期，因此预付年金现值的计算公式为：

$V_0 = A \cdot PVIFA_{i,n} \cdot (1+i)$

$\quad = A \cdot (PVIFA_{i,n-1} + 1)$

【例2-10】某人希望每年年初从银行取得10 000元，连续取5年，年利率为5%。请问他第一年年初应一次性存入银行多少元？

$V_0 = A \cdot PVIFA_{i,n} \cdot (1+i)$

$\quad = 10\,000 \times PVIFA_{5\%,5} \times (1+5\%)$

$\quad = 10\,000 \times 4.329 \times (1+5\%)$

$\quad = 45\,454.5$（元）

或 $V_0 = A \times (PVIFA_{i,n-1} + 1)$

$\quad = 10\,000 \times (PVIFA_{5\%,4} + 1)$

$\quad = 10\,000 \times (3.545 + 1)$

$\quad = 45\,450$（元）

3.递延年金的终值和现值计算

递延年金是普通年金的特殊形式。凡不在第一期开始收付款项的年金都是递延年金，但如果将发生递延年金的第一期设为时间点1，则用时间轴表示的递延年金与普通年金完全相同，因此递延年金终值的计算方法与普通年金终值的计算方法基本相同，只是发生的期间是递延年金款项收付的实际期限。这里就不再重复。

递延年金现值的计算方法有两种：

（1）分段法

该方法的基本思路是将递延年金分段计算（如图2-5所示）。第一步先计算n期普通年金在第m期期末的现值；第二步将n期普通年金在第m期期末的现值折现计算到第1期期初（0点）的现值。

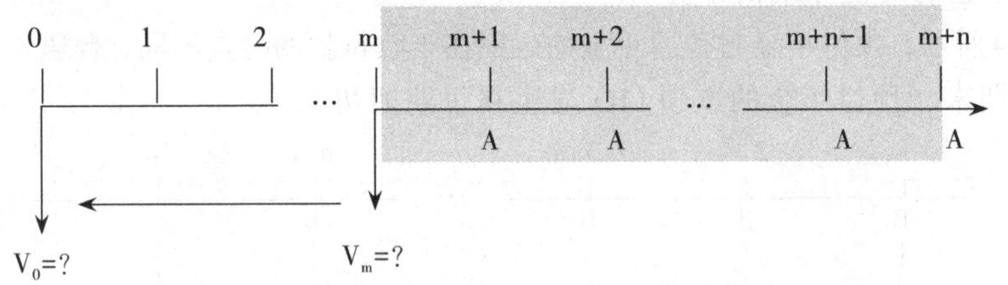

图2-5 递延年金现值计算分段法示意图

其计算公式为：

$V_0 = A \cdot PVIFA_{i,n} \cdot PVIF_{i,m}$

（2）填全法

该方法的基本思路是假定递延期中也发生款项的收付（如图2-6所示）。第一步先计算m+n期年金现值；第二步计算m期年金现值；第三步将计算出的m+n期年金现值减去m期年金现值，得出n期递延年金现值。

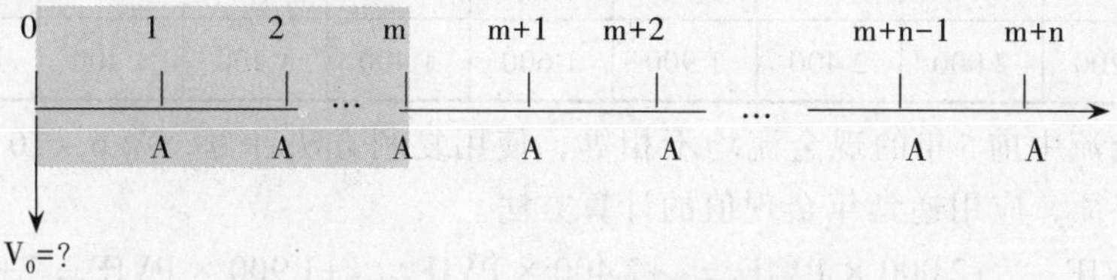

图2-6 递延年金现值计算填全法示意图

其计算公式为：

$$V_0 = A \cdot (PVIFA_{i,\ m+n} - PVIFA_{i,\ m})$$

【例2-11】假设某公司计划在年初存入一笔资金，从第4年起每年年末取出100万元，至第9年年末取完，在年利率为10%的情况下，该公司第一次应该存入多少钱？

该递延年金现值计算如下：

$$\begin{aligned} V_0 &= A \cdot PVIFA_{i,\ n} \cdot PVIF_{i,\ m} \\ &= 100 \times PVIFA_{10\%,\ 6} \times PVIF_{10\%,\ 3} \\ &= 100 \times 4.355 \times 0.751 \\ &= 327.06(\text{万元}) \end{aligned}$$

或

$$\begin{aligned} V_0 &= A \cdot (PVIFA_{i,\ m+n} - PVIFA_{i,\ m}) \\ &= 100 \times (PVIFA_{10\%,\ 9} - PVIFA_{10\%,\ 3}) \\ &= 100 \times (5.759 - 2.487) \\ &= 327.2(\text{万元}) \end{aligned}$$

4.永续年金的现值计算

$$V_0 = A \cdot PVIFA_{i,\ n} = \frac{1 + (1 + i)^{-n}}{i}$$

永续年金的现值可以通过普通年金现值的计算公式推导得出。

其中，$n \to \infty$，则$(1 + i)^{-n} \to 0$。因此，永续年金现值的计算公式为：

$$V_0 = \frac{A}{i}$$

【例2-12】假设某公司拟设立一项永久性奖学金，每年计划发放10 000元奖金资助某大学学生。如果利率为5%，那么该公司现在应该存入多少钱？

$$V_0 = \frac{10\,000}{5\%} = 200\,000(\text{元})$$

三、货币时间价值计算中的几个特殊问题

前面介绍的是货币时间价值计算的基本原理，以下说明几个特殊的计算问题。

(一) 年金和不等额现金流量混合情况下的现值计算

年金每次收入或者付出的款项都是相等的，但是在财务管理实践中，更多的情况是每次发生的金额不一定相等，甚至会出现有些时间段的金额相等，有些时间段的金额不同。对于这种情况，具备年金四个特点的现金流可以用年金公式计算，不符合年金特点的现金流则用复利公式计算，然后与用年金计算的部分汇总，便可以得出全部现金流的现值。

【例2-13】某公司正考虑买入一台机器，预计产生的现金流量见表2-5，如果确定的年贴现率为14%，则该现金流的现值是多少？

表2-5　**项目现金流量表**　单位：元

年次t	1	2	3	4	5	6	7	8	9	10
现金流	1 200	2 000	2 400	1 900	1 600	1 400	1 400	1 400	1 400	1 400

该笔现金流中前5年的现金流均不相等，使用复利方法计算，第6～10年的现金流量满足年金的特征，应用递延年金现值的计算方法。

V_0=1 200 × $PVIF_{14\%,1}$+2 000 × $PVIF_{14\%,2}$+2 400 × $PVIF_{14\%,3}$+1 900 × $PVIF_{14\%,4}$+1 600 × $PVIF_{14\%,5}$ +1 400 × $PVIFA_{14\%,5}$ × $PVIF_{14\%,5}$

=1 200 × 0.877+2 000 × 0.769+2 400 × 0.675+1 900 × 0.592+1 600 × 0.519+1 400 × 3.433 × 0.519

=8 660.02（元）

（二）折现率的计算

在前面计算现值和终值时，都假定利率是给定的，但实际工作中经常会遇到已知计算期数、终值和现值，求折现率的问题。一般而言，求折现率可以分为两步：第一步求出换算系数；第二步根据换算系数和有关系数表求折现率。换算系数可根据如下公式计算：

$$FVIF_{i,n}=\frac{FV_n}{PV}$$

$$PVIF_{i,n}=\frac{PV}{FV_n}$$

$$FVIFA_{i,n}=\frac{FVA_n}{A}$$

$$PVIFA_{i,n}=\frac{PVA}{A}$$

【例2-14】将100元存入银行，10年后可获得本利和259.4元，请问银行存款的利率为多少？

$$FVIF_{i,10}=\frac{FV_{10}}{PV}=\frac{259.4}{100}=2.594$$

查阅附表1，在与10年相对应的复利终值系数中，10%的系数为2.594，因此，利息率应为10%。

【例2-15】假设现在向银行存入10 000元，请问折现率为多少才能保证在以后的10年中每年年末都能够从银行取出2 000元？

$$PVIFA_{i,10}=\frac{PVA}{A}=\frac{10\ 000}{2\ 000}=5.000$$

查阅年金现值系数表，当利率为15%时，系数是5.019；当利率为16%时，系数是4.833，可见利率应该在15%～16%之间，假设x为超过15%的利率，用插值法计算x的值如下：

利率i			$PVIFA_{i,10}$		
15%	x%	1%	5.019	0.019	0.186
i			5.000		
16%			4.833		

$$\frac{x}{1}=\frac{0.019}{0.186}$$

$x=0.102$

$i=(15+x)\%=15.10\%$

故银行利率为15.10%。

以上方法还可以用于计算计息期数n。在已知终值、现值和利率的情况下，即可求出计息期数n，其基本方法与上述折现率的确定方法相同。

（三）计息期短于一年的货币时间价值的计算

前面的终值和现值计算通常是以年为单位时间来计算的，但在有些时候，也会遇到计息期短于一年的情况。例如，债券利息一般每半年支付一次，股利有时候会每季度支付一次，这就出现了以半年、1个季度、1个月份，甚至以天为期间的计息期。与计息期相对应的一个概念是复利计息频数，即利息在一年中累计复利多少次。

若以r表示期利率，i表示年利率，m表示每年的计息频数，n表示年数，t表示换算后的计息期数，则计息期数和计息利率存在如下换算关系：

$$r=\frac{i}{m}$$

$$t=m\cdot n$$

在各种计算公式中，利率与期数必须相匹配，应用上述公式，然后用r和t替换原来的i和n，代入前面的现值和终值公式进行计算。

【例2-16】某公司向银行借款1 000元，年利率为16%，试计算：（1）如果每年计息一次，两年后应向银行偿付多少本息？（2）若按季计息，两年后又应向银行偿付多少本息？

（1）如果每年计息一次，则

$$FV_2=PV\cdot FVIF_{i,n}=1\,000\times FVIF_{16\%,2}=1\,346(\text{元})$$

（2）如果每个季度计息一次，即m =4，则

$$r=\frac{i}{m}=\frac{16\%}{4}=4\%$$

$$t=m\cdot n=4\times 2=8$$

$$FV_8=PV\cdot FVIF_{i,n}=1\,000\times FVIF_{4\%,8}=1\,367(\text{元})$$

从以上计算可以看出，计息频次越高，其利息也就越多。

（四）有效年利率和简单年利率之间的换算

在上面计息期短于一年的货币时间价值问题中，每年的复利次数超过了一次，这时候的年利率i称为有效年利率（Effective Annual Rate，EAR），而每年只复利一次的年利率叫作简单年利率（Annual Percentage Rate，APR）。设1年复利次数为m次，则有效年利率和简单年利率之间的换算关系如下：

$$EAR=\left(1+\frac{APR}{m}\right)^m-1$$

表2-6说明了简单年利率为12%时有效年利率与简单年利率之间的关系。

表2-6 100元在不同计息期下名义利率与实际利率的关系表

简单年利率	计息期	1年后终值（元）	利息（元）	有效年利率
12%	一年	112.00	12.00	12.00%
	半年	112.36	12.36	12.36%
	一个季度	112.55	12.55	12.55%
	一个月	112.68	12.68	12.68%

在实际生活中，往往也将有效年利率称为实际利率，将简单年利率称为名义利率。

第二节 风险价值

企业的经济活动大多是在有风险和不确定的情况下进行的，离开了风险因素就无法正确评价企业收益水平的高低。风险价值原理揭示了风险和报酬之间的关系，它同时间价值原理一样，是财务管理的基本观念。

一、风险与决策

对于大多数投资者而言，个人或企业在当前投入资金是因为期望在未来获得报酬，产生更多的资金流入。报酬是投资者衡量投资项目财务绩效的有效方式，然而项目在不同的领域产生的报酬是不同的，比如投资一家刚成立的高科技公司，其报酬就无法准确地估计，即投资面临风险。

（一）风险的含义

通常，风险是指在特定的环境和时期，某一事件产生的实际结果与预期结果之间的差异程度。比如，在现今条件下，如果将10万元存入我国工农中建这些银行，年利息率为2%，那么在1年后就可以获得本利和10.2万元，也就是预期结果为10.2万元，实际也将得到10.2万元，这样就不存在风险；然而，假如在2007年将资金存入美国雷曼兄弟银行，在2008年该银行宣布破产后，可能就无法获得预期的本金和利息，这就是风险。财务管理中的风险，主要是指实际现金流量与预期现金流量之间的差异程度。

（二）财务决策的类型

公司的财务决策几乎都是在包含风险和不确定的情况下作出的。风险是客观存在的，按财务决策面临风险的程度，可以把公司的财务决策分为三种类型。

1.确定性决策

决策者对未来的情况是完全肯定的或已知的决策，称为确定性决策。例如，投资者将资金投资于我国政府发行的国库券，由于国家实力雄厚，到期得到的报酬几乎是肯定的，因此，一般认为这种决策为确定性决策。

2.风险性决策

决策者对未来的情况不能完全确定，但不确定性出现的可能性——概率的具体分布——是已知的或可以估计的，这种情况下的决策称为风险性决策。

3.不确定性决策

决策者不仅对未来的情况不能完全确定，而且对投资项目可能出现多少种结果，或者对每一种结果出现的可能性不太清楚，这种情况下的决策称为不确定性决策。

从理论上讲，不确定性是无法科学衡量的，但在实际管理决策中，通常应用专门的方法为不确定性规定一些主观概率，以便进行定量分析。不确定性在被规定了概率之后，就与风险性决策十分相似了。因此，在公司管理过程中，对风险性决策与不确定性决策并不做严格区分，当提到风险时，可能是风险性决策，也可能是不确定性决策。

（三）风险报酬的概念

决策者一般都讨厌风险，并尽可能地回避风险。愿意取得确定的某一报酬率，而不愿取得不确定的某一报酬率，是决策者的共同心态。这种反感风险的现象普遍存在，因而提到风险时，多数人都将其理解为损失。事实上，风险不是只能带来超出预期的损失，呈现其不利的一面；还可能带来超出预期的收益，呈现其有利的一面。风险报酬指投资者在承担风险进行投资时，所获得的那部分超过时间价值的额外报酬。其表现形式既可以是相对数形式的风险报酬率，也可以是绝对数形式的风险报酬额。

要注意的是风险报酬的概念中暂时未考虑通货膨胀。

二、单项资产投资的风险报酬

一般而言，投资者对意外损失比意外收益更加关注，因而在研究风险时主要从不利的方面来考察，经常把风险看作不利事件发生的可能性。从财务管理的角度理解，风险是对企业目标产生负面影响的事件发生的可能性，这种可能性就是投资报酬的概率分布。在投资决策中，投资者必须要考虑风险，即需要对项目的风险程度进行衡量。风险的大小与未来各种可能结果的变动程度的大小有直接关系，人们在对风险进行计量时，往往采用概率和数理统计的方法。

（一）确定概率分布

在经济活动中，某一事件在相同的条件下可能发生，也可能不发生，这类事件被称为随机事件。概率就是用来表示随机事件发生的可能性大小的数值。通常，把必然发生的事件的概率定为1，把不可能发生的事件的概率定为0。将随机事件的各种可能结果按其可能性数值的大小顺序排列，并列出各种结果的相应概率，这一完整的描述，称为概率分布。

如果随机变量（如报酬率）只取有限个值，并且这些值对应有确定的概率，则称随机变量是离散型分布。如果随机变量的取值为无数多个，也对应着无数个概率，则随机变量的概率分布为连续型分布，如正态分布就是连续型分布的一种常见形态。在进行投资分析时，为了简化计算，通常假设经济情况的个数是有限的，并为每一种经济情况赋予一定的概率，这种概率分布属于离散型分布。

离散型概率分布必须符合以下两个规则：

（1）所有的概率（P_i）都在0和1之间，即$0 \leqslant P_i \leqslant 1$。

（2）所有的概率之和必须等于1，即

$\sum_{i=1}^{n} P_i = 1$（n为可能出现的结果的个数）

（二）计算期望报酬率

在投资活动中，一般用概率来表示每一种经济情况出现的可能性，即各种不同期望报酬率出现的可能性。在这里，报酬率作为一个随机变量，受到多种因素的影响和制约。但为了简化计算，一般假设其他的因素都相同，只有经济情况这一个因素影响报酬率。

需要注意的是，实际上出现的经济情况往往有无数种可能性，如果对每种情况都赋予一个概率，并分别测定其报酬率，则可以用连续型分布描述。在统计上，常应用正态分布这种连续型分布。虽然实际上并非所有的问题都符合正态分布，但是，根据统计学的理论，无论总体分布是正态还是非正态，当样本量很大时，其样本平均数都呈正态分布。一般而言，如果被研究的变量受彼此独立的大量偶然因素的影响，并且每个因素在总的影响中只占很小部分，那么，这个总影响所引起的数量上的变化就近似服从于正态分布。

随机变量的各个取值以相应的概率为权数的加权平均数，叫作随机变量的期望值（数学期望或均值），它反映随机变量取值的平均化。在投资活动中，一般以各种经济情况出现的概率（即各种报酬率出现的概率）为权数计算报酬率的加权平均数，即期望报酬率，其计算公式如下：

$$\overline{R}=\sum_{i=1}^{n}R_iP_i$$

式中，$\overline{R}$表示预期报酬率，P_i表示第i种经济情况出现的概率，R_i表示第i种结果出现后的期望报酬率，n表示所有可能的经济情况的数目。

【例2-17】某企业现有A、B两个投资项目，假设未来的市场景气程度有三种：繁荣、一般和萧条。根据预测，两个项目在不同经济情况下的期望报酬率和概率分布见表2-7。

表2-7 两个投资项目的期望报酬率与概率分布表

经济景气程度	概率P_i	投资报酬率	
		项目A	项目B
繁荣	0.3	90%	20%
一般	0.4	15%	15%
萧条	0.3	-60%	10%

根据公式可以分别计算出投资项目A和B的期望报酬率：

A项目期望报酬率$\overline{R_A}=\sum_{i=1}^{n}R_iP_i=0.3\times90\%+0.4\times15\%+0.3\times(-60\%)=15\%$

B项目期望报酬率$\overline{R_B}=\sum_{i=1}^{n}R_iP_i=0.3\times20\%+0.4\times15\%+0.3\times10\%=15\%$

期望报酬率仅代表一个投资项目获利水平的高低，反映预计报酬的平均化水平。在各种不确定因素的影响下，它代表着投资者的合理预期，但不能反映投资项目的风险程度。如【例2-17】中A和B两个项目，虽然其期望报酬率相同，但其概率分布不同。因此，还需要通过一系列指标衡量投资项目的风险程度。

（三）计算标准离差

实际生活中存在着很多投资机会，它们的期望报酬率相同，但是报酬率的概率分布差别很大，也就是说它们能否获得期望报酬的可能性相差很大，这也就是人们所说的投资风险。为了衡量风险的大小，还需要使用统计学中衡量概率分布离散程度的指标，这里主要介绍标准离差和标准离差率。

标准离差也叫均方差，是各种可能的报酬偏离期望报酬的综合差异。通常情况下，用标准离差描述投资项目报酬的离散程度，以反映投资项目的风险程度。如果用σ表示标准离差，其计算公式为：

$$\sigma = \sqrt{\sum_{i=1}^{n}(R_i - \overline{R})^2 P_i}$$

【例2-18】根据【例2-17】提供的资料，可以计算出投资项目A和B的标准离差：

$$\sigma_A = \sqrt{\sum_{i=1}^{n}(R_i - \overline{R})^2 P_i}$$

$$= \sqrt{(90\% - 15\%)^2 \times 0.3 + (15\% - 15\%)^2 \times 0.4 + (-60\% - 15\%)^2 \times 0.3}$$

$$= 58.09\%$$

$$\sigma_B = \sqrt{\sum_{i=1}^{n}(R_i - \overline{R})^2 P_i}$$

$$= \sqrt{(20\% - 15\%)^2 \times 0.3 + (15\% - 15\%)^2 \times 0.4 + (10\% - 15\%)^2 \times 0.3}$$

$$= 3.87\%$$

从以上计算结果可以看出A项目的风险远远高于B项目的风险。

然而，要注意的是该例子比较特殊，A和B两个项目的预期报酬率均为15%，是相等的。只有在预期报酬率相等的时候，才能直接使用标准离差比较项目之间的风险水平高低；否则，就不适用。

（四）计算标准离差率

虽然标准离差能够反映投资项目的风险程度，但不能反映与投资报酬的变化关系。若一个投资项目的标准离差很大，其投资报酬率可能也很大；另一个投资项目的标准离差很小，其投资报酬率可能也很小，那么投资者应该选择哪个方案呢？这就需要使用标准离差率进行分析。该指标等于标准离差除以预期报酬，也叫变异系数。若用V表示标准离差率，其计算公式如下：

$$V = \frac{\sigma}{\overline{R}} \times 100\%$$

【例2-19】根据【例2-17】中期望报酬率和标准离差的计算结果可以计算出投资项目A和B的变异系数：

$$V_A = \frac{\sigma_A}{\overline{R}} \times 100\% = \frac{58.09\%}{15\%} \times 100\% = 3.87$$

$$V_B = \frac{\sigma_B}{\overline{R}} \times 100\% = \frac{3.87\%}{15\%} \times 100\% = 0.26$$

通过计算可以看出，A项目的风险远高于B项目的风险，与前面标准离差判断的结论是相同的。但是，标准离差率是一个相对指标，它以相对数反映决策方案的风险程度，表示每单位预期报酬所包含的风险。对于期望报酬率不同的决策方案，评价和比较其各自的风险程度只能使用标准离差率这一相对数指标。在期望值不同的情况下，标准离差率越大，风险越大；反之，标准离差率越小，风险越小。

（五）计算风险报酬率

在有效市场假设条件下，风险与报酬是相互匹配的，即高风险伴随着高报酬，低风险伴随着低报酬。投资者可以根据自身风险承受能力的大小选择适度风险的投资项目，获取报酬。美国经济学家哈里·马科维茨（Harry M. Markowitz）对投资者的行为特征进行研究，发现理性投资者具有两个基本特征：一是追求收益最大化；二是厌恶风险。这两个特征决定着理性投资者在进行投资决策时必定会遵守以下两条基本原则：①在两个风险水平相同的投资项目中，选择期望报酬率较高的投资项目；②在两个期望报酬率相同的投资项目中，选择风险较小的投资项目。尽管人们对风险的厌恶程度不完全相同——有的人对风险厌恶程度较强，有的人则较弱，还有的人甚至可能偏好风险，但是从理论上来讲，理性投资者一般是厌恶风险的。对于厌恶风险的理性投资者而言，要是只接受风险较大的投资项目，就必须获得风险补偿，风险越大，风险补偿也就越高。

从理论上讲，风险报酬率（R_R）可以表述为风险价值系数（b）与标准离差率（V）的乘积，即：

$$R_R = b \times V$$

标准离差率（V）反映了资产全部风险的相对大小，而风险价值系数（b）则取决于投资者对项目的风险偏好。投资者对风险态度越是回避，要求的补偿也就越高，因而要求的风险报酬率也就越高，风险价值系数的值也就越大；反之，如果投资者对风险的容忍程度较高，则说明其风险承受能力较强，那么要求的风险补偿也就没有那么高，风险价值系数的取值就会较小。

风险价值系数的估计值可以通过采用统计回归方法对历史数据进行分析得出，也可以结合管理人员的经验分析判断而得出。但是，由于风险价值系数受风险偏好的影响，而风险偏好又受风险种类、风险大小及心理因素的影响，因此对于风险价值系数的准确估计就变得相当困难和不够可靠。

（六）计算必要报酬率

必要报酬率是指投资者进行投资（购买资产）必须得到的最低报酬率，通常由无风险报酬率和风险报酬率两个部分构成，前者取决于政府债券利率，后者取决于公司因承担的全部风险所获得的额外报酬，可以用以下模型来确定：

必要报酬率=无风险报酬率+风险报酬率

如果用K来表示必要报酬率，R_F表示无风险报酬率，则必要报酬率的计算公式如下：

$$K = R_F + R_R$$
$$= R_F + b \times V$$

式中，无风险报酬率（R_F）是纯利率与通货膨胀贴水之和，通常用政府债券的利率来近似替代；风险报酬率代表因承担该项资产的风险而要求的额外补偿。

要注意区别期望报酬率与必要报酬率。期望报酬率是投资者在现有市场条件下，进行某一项投资后预期能够获得的报酬率。期望报酬率和必要报酬率在时间点上都是面向未来的，都具有不确定性，但必要报酬率是投资者主观上根据投资项目的风险评价确定的，期望报酬率是由市场交易条件决定的，即在当前市场价格水平下投资者可获得的收益。如果投资者的主观评价与市场的客观交易不一致，就会形成两个报酬率的差异。但在一个完善的市场上，市场套利行为很快会消除这种差异，使两者趋于一致，此时，投资的期望报酬率等于必要报酬率。

三、证券组合投资的风险报酬

投资者在进行证券投资时，一般不会把所有资金投资于一种证券，而是投资于由两种或两种以上证券所构成的投资组合，即证券的投资组合，简称证券组合。这种组合会降低风险水平，报酬率高的证券会抵消报酬率低的证券带来的负面影响。绝大多数法人投资者，如工商业企业、信托投资公司、投资基金公司等都同时投资于多种证券。因此，了解证券投资组合的风险与报酬对于公司财务人员而言非常重要。

(一) 证券组合的风险

证券组合投资过程中面临的所有风险可以称为证券组合的总风险，具体包括可分散风险和不可分散风险，下面就从这两个角度进行分析。

1.可分散风险

可分散风险也称为公司特有风险或非系统风险，是某些因素对个别证券造成经济损失的可能性。该风险是由某些随机事件导致的，如个别公司员工罢工、公司核心高管人员集体辞职、公司在市场竞争中失败等。这种风险可以通过证券持有的多样化来抵消，即多买几家公司的股票，其中某些公司的股票报酬上升，另一些公司的股票报酬下降，从而将风险抵消。

可分散风险一般可以用两种证券之间的相关系数（ρ）来衡量，也就是用两种证券报酬率之间相对运动的状态来表示。理论上，相关系数在区间［-1，1］内。

当$\rho=1$时，两种证券的报酬率具有完全正相关的关系，即它们的报酬率变化方向和变化幅度完全相同，这时两种证券的风险完全不能互相抵消，所以这样的组合不能降低任何风险。

当$\rho=-1$时，两种证券的报酬率具有完全负相关的关系，即它们的报酬率变化方向和变化幅度完全相反。这时两者之间的风险可以充分地相互抵消。因此，如果一项投资组合中这两种证券各占50%，就可以最大限度地抵消风险，甚至将可分散风险完全消除掉。

在实际投资中，两种证券的报酬率完全正相关或完全负相关的情况几乎是不可能出现的。绝大多数证券之间都具有不完全的相关关系，即相关系数小于1且大于-1（大多数情况下大于零）。平均而言，随机挑选两只股票，其报酬率的相关系数大约等于+0.6，且对于多数股票而言，其报酬率的两两相关系数ρ都在+0.5～+0.7之间。在此情况下，证券投资组合能够降低风险但不能完全消除风险。

若投资组合包含的股票多于两只，通常情况下，其风险将随所包含证券数量的增加而降低。

2.不可分散风险

任意一种证券所包含的风险，几乎有一半能够通过构建一个适度最大分散化的投资组合而消除。不过，影响所有证券报酬的整个股票市场的波动是不可能消除的，而这些波动就产生了不可分散风险。

不可分散风险也被称为市场风险或系统风险，是指由于某些因素使市场上所有证券产生经济损失的可能性。不可分散风险源于那些影响大多数公司的因素，如经济危机、通货膨胀、经济衰退以及市场货币供给收紧等。由于这些因素会对大多数股票产生负面影响，因此无法通过分散化投资消除市场风险。

（1）单项资产的系统风险系数（β系数）

市场风险水平通常用β系数来衡量。如果以ρ_{iM}表示第i种证券的报酬率与市场组合报酬率的相关系数，σ_i表示第i种证券报酬率的标准差，σ_M表示市场组合报酬率的标准差，则该种证券的β系数可由下式得出：

$$\beta_i = \left(\frac{\sigma_i}{\sigma_M}\right)\rho_{iM}$$

从上式中可以看出，对于标准差σ_i较高的证券而言，其β系数也较大。因为在其他条件都相同的情况下，高风险的证券将给投资组合带来更多的风险。同时，与市场组合间相关系数ρ_{iM}较高的证券也具有较大的β系数，从而风险也更高，这意味着分散化的作用不大，该证券将给投资组合带来较多风险。

也就是说β系数的直观经济意义可以表示如下：

$$\beta_i = \frac{\text{第i种证券的风险报酬率}}{\text{市场组合的风险报酬率}}$$

将整个证券市场视为一个特殊的证券组合（市场组合），则其β系数为1。根据上述定义，与市场水平同步波动的证券可视为平均风险证券，此类证券的β系数为1.0。这就意味着，如果市场报酬率上升10%，通常该证券的报酬率也将上升10%；如果市场报酬率下降10%，该证券报酬率也将下降10%。由β系数为1的证券所组成的投资组合将随整体市场指数上下波动，其风险水平也与这些市场指数相同。若β=0.5，则该证券的波动水平仅为市场波动水平的一半；若β=2，则该证券的波动水平为平均证券波动水平的2倍，因此该类证券投资组合的风险水平也是市场组合的2倍。

（2）证券组合的系统风险系数（β_P系数）

证券组合的β_P系数是单个证券β系数的加权平均数，权数为各种证券在组合中所占的比重，其计算公式是：

$$\beta_P = \sum_{i=1}^{n} W_i\beta_i$$

式中，β_P表示证券组合的β系数，W_i表示证券组合中第i种证券所占的比重，β_i表示第i种证券的系统风险系数，n为证券组合中证券的数量。

【例2-20】现有某股票投资组合，三种股票A、B、C在证券组合中所占的比重及其各自的β值如表2-8所示。要求：计算该证券组合的β_P系数。

表2-8 **某证券组合的风险构成情况表**

股票种类	股票在证券组合中的比重	β_i
A	40%	1.00
B	25%	0.75
C	35%	1.30

上述证券组合的β系数计算如下：

$$\beta_P = \sum_{i=1}^{n} W_i\beta_i = 1.00 \times 40\% + 0.75 \times 25\% + 1.30 \times 35\% = 1.04$$

通过上述公式及例子可以得出结论：证券组合的β_P系数取决于各种证券在组合中所占的比重（W_i）和单个证券的β值两个因素。如果证券组合中的权数不变，投资于系统风险更低的证券，则整个组合的系统风险系数（β_P）相应降低，反之亦然。同样地，改变投资比重也可以影响投资组合的β系数，进而改变其风险报酬率。通过减少系统风险大的证券的比重、增加系统风险小的证券的比重，能达到降低投资组合总体风险水平的目的。

证券组合的总风险构成如图2-7所示。

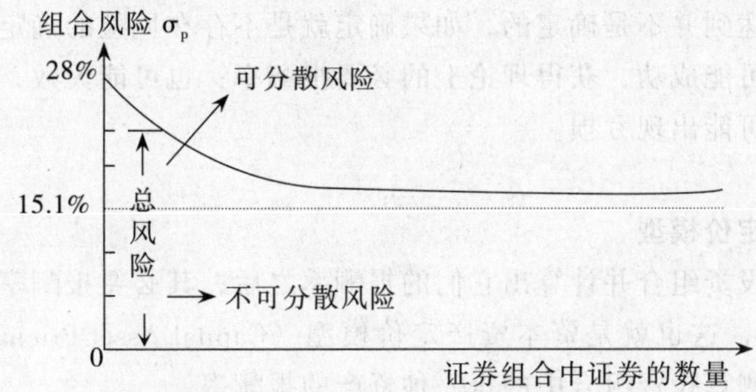

图 2-7　证券组合的风险构成图

（二）证券组合的风险报酬率

投资者进行证券组合投资与进行单项投资一样，都要求对所承担的风险进行补偿，证券的风险越大，要求的报酬率越高。但是，与单项投资不一样的是，证券组合投资只要求对不可分散风险进行补偿，而不要求对可分散风险进行补偿。这主要是因为如果可分散风险的补偿也存在，善于科学地进行投资组合的投资者会购买这部分证券，并抬高其价格，使得这部分补偿失去意义，所以最终的报酬率仍然只反映市场风险。因此，证券组合的风险报酬率是投资者因承担不可分散风险而要求的超过时间价值的那部分额外报酬率，可用以下公式计算：

$$R_P = \beta_P(R_M - R_F)$$

式中，R_P表示证券组合的风险报酬率；β_P表示证券组合的系统性风险系数；R_M表示所有证券的平均报酬率，即市场组合平均报酬率，简称市场报酬率；R_F表示无风险报酬率，一般用政府债券的利率来衡量。

【例 2-21】某公司共持有三种股票，其β系数分别为1.2、2、1.8，占投资组合的比重分别为70%、20%、10%。市场平均报酬率为12%，政府债券的利率为8%。要求：确定这种证券组合的风险报酬率。

计算该证券组合的β系数：

$$\beta_P = \sum_{i=1}^{n}\beta_i X_i = 1.2 \times 70\% + 2 \times 20\% + 1.8 \times 10\% = 1.42$$

计算该证券组合的风险报酬率：

$$R_P = \beta_P(R_m - R_F) = 1.42 \times (12\% - 8\%) = 5.68\%$$

计算出风险报酬率后，便可根据投资额和风险报酬率计算出风险报酬额。

从【例 2-21】可以看出，在其他因素不变的情况下，风险报酬取决于证券组合的β系数，β系数越大，风险报酬率越高；反之亦然。或者说，β系数反映了证券报酬率对于系统性风险的反应程度。

（三）证券组合的必要报酬率

根据上述必要报酬率的计算原理可知，证券组合的必要报酬率（K_P）应该由无风险报酬率（R_F）和证券组合的风险报酬率（R_P）两个部分构成，其计算公式如下：

$$\begin{aligned} K_P &= R_F + R_P \\ &= R_F + \beta_P(R_M - R_F) \end{aligned}$$

该模型可以反映投资者进行证券组合投资时在考虑了市场上的时间价值、通货膨胀贴水以及不可分散风险的水平高低等因素后，在理论上应该获得的报酬率水平。然而该报酬率水平实际是否能达到并不是确定的，如果确定就是不存在风险的确定性决策了，正是因为存在风险，所以可能成功，获得理论上的必要报酬率；也可能失败，获得低于必要报酬率的报酬率，甚至可能出现亏损。

四、资本资产定价模型

在构造了证券投资组合并计算出它们的报酬率之后，其必要报酬率计算方法可以扩展到所有的资产投资，这也就是资本资产定价模型（Capital Asset Pricing Model， CAPM），该模型可以进一步测算投资组合中的每一种资产的报酬率。

（一）资本资产定价模型的形式

资本资产定价模型是基于如下假设的：①所有的投资者都追求单期最终财富的效用最大化，他们根据投资组合预期报酬率和标准离差来选择优化投资组合；②所有的投资者都能以给定的无风险利率借入或贷出资本，其数额不受任何限制，市场上对卖空行为无任何约束；③所有的投资者对每一项资产报酬的均值和方差的估计相同，即投资者对未来的展望相同；④所有的资产都可完全细分，并可完全变现，即可按市价卖出，且不发生任何交易费用；⑤无任何税收；⑥所有的投资者都是价格的接受者，即所有投资者各自的买卖活动不影响市场价格；⑦所有资产的数量都是确定的。

资本资产定价模型的一般形式为：

$$R_i = R_F + \beta_i(R_M - R_F)$$

式中，R_i表示第i种资产的必要报酬率，R_F表示无风险报酬率，β_i表示第i种资产的系统风险系数，R_M表示市场平均报酬率。

【例2-22】KL公司股票的β系数是1.45，无风险报酬率是8%，市场上所有股票的期望报酬率是13%，那么该股票要求的报酬率是多少？

$$R_i = R_F + \beta_P(R_M - R_F) = 8\% + 1.45 \times (13\% - 8\%) = 15.25\%$$

也就是说，只有当KL公司股票的报酬率达到或者超过15.25%时，投资者才愿意进行投资，如果低于15.25%，则投资者不会购买其股票。

（二）证券市场线

资本资产定价模型通常可以用图形来表示（如图2-8所示），证券市场线（Security Market Line，SML）用于说明必要报酬率与不可分散风险水平β系数之间的关系。

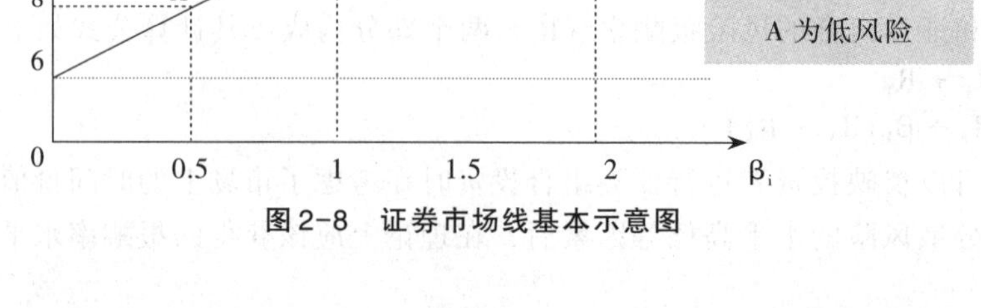

图2-8 证券市场线基本示意图

由上图可知，在无风险报酬率为6%的条件下，β系数不同的股票有不同的风险报酬率。当β=0.5时，风险报酬率为2%，股票的必要报酬率为8%；当β=1.0时，风险报酬率为4%，股票的必要报酬率为10%，等于市场报酬率；当β=2.0时，风险报酬率为8%，股票的必要报酬率为14%。也就是说，要求的风险报酬率越高，在无风险报酬率不变的情况下，必要报酬率也就越高。

（三）证券市场线的影响因素

根据资本资产定价模型可以知道，影响证券市场线的因素有无风险报酬率（R_F）、市场平均报酬率（R_M）和投资资产的系统风险水平（$β_i$）。投资资产的系统风险水平包括通货膨胀水平、投资者风险回避程度和投资对象的风险水平三个因素。

从投资者的角度来看，无风险报酬率是其投资的报酬率；而从筹资者的角度来看，无风险报酬率则是其支出的无风险成本，也称无风险利率。现在市场上的无风险利率由两部分构成：一是无通货膨胀的纯利率K_0，这是真正的时间价值部分；二是通货膨胀贴水IP，它等于预期的通货膨胀率。因此，无风险报酬率$R_F = K_0+IP$。在图2-8中，无风险报酬率为6%，假设其包括3%的纯利率和3%的通货膨胀贴水，则有：

$R_F = K_0 + IP = 3\%+3\% = 6\%$

如果预期通货膨胀率上升2%，增加到5%，将使R_F上升到8%，如图2-9所示。通货膨胀贴水的增加也会引起所有资产报酬率的增加，所以，市场平均报酬率R_M也将增加2%，上升到12%，这样证券市场线将产生平行移动，平移的幅度取决于通货膨胀贴水的变化幅度。若通货膨胀贴水增加，证券市场线将向上平移；反之，证券市场线将向下平移。

1.通货膨胀对证券市场线的影响

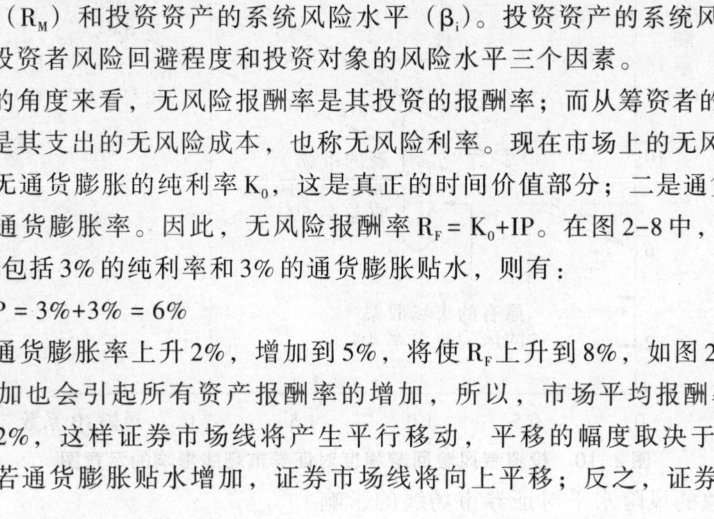

图2-9　通货膨胀对证券市场线影响的示意图

2.投资者风险回避程度对证券市场线的影响

证券市场线也反映了市场上所有投资者对风险规避的程度——直线越陡峭，投资者越规避风险，即在同样的风险水平上，要求的报酬率更高；或者在同样的报酬率水平上，要求的风险水平更低。如果投资者不规避风险，当R_F为6%时，各种证券的报酬率也将是

6%，证券市场线将平行于横轴；当市场上所有投资者都更加谨慎、风险规避增加时，风险报酬率将随之增加，证券市场线的斜率会变大，看起来更加陡峭。图2-10说明了风险回避程度上升的情况：市场风险报酬率上升了2%，此时的市场必要报酬率从10%上升到12%。风险回避程度的影响对高风险的证券更为明显。所以，当市场的风险上升时，投资者也将更加谨慎。

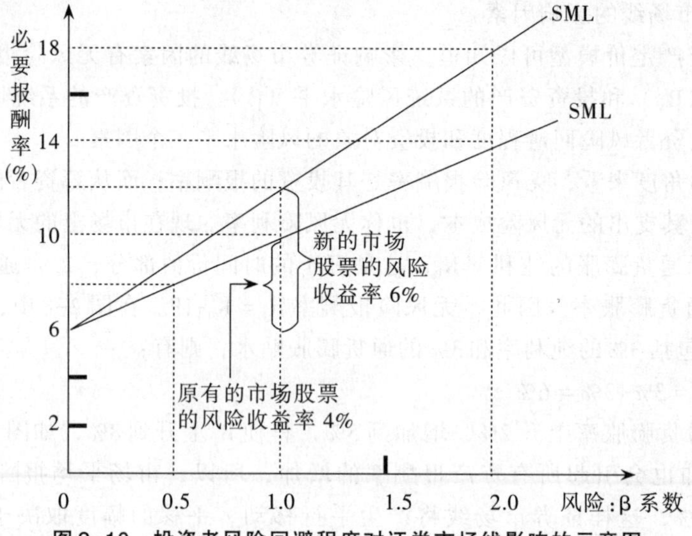

图2-10 投资者风险回避程度对证券市场线影响的示意图

3.投资对象的风险水平对证券市场线的影响

在实际投资过程中，不仅投资的环境会发生改变，更多的时候，投资者的主观选择也会发生变化，这样就使得投资对象即资产组合、负债结构等因素发生改变，进一步影响β系数发生变化，最终使投资的必要报酬率发生改变。如果市场条件不发生改变，则投资对象的变化不会使证券市场线产生移动，而只是在证券市场线上的点与点之间发生移动。如在图2-8中，有的投资者可能选择投资风险水平较低的A项目，有的投资者可能选择投资风险水平较高的C项目。

第三节 利率的测算

企业的各项财务活动均与利率有一定的联系，离开了利率这一因素，就无法正确作出筹资决策和投资决策。因此，利率是进行财务决策的基本依据，利率原理是财务管理中的一项基本原理。

一、利率的含义与类别

（一）利率的含义

利息率简称利率，这个名词在工作与生活中很常见。例如，将货币存入银行，会根据存款时间的长短确定不同档次的利率；从银行或者金融机构取得贷款，要根据不同的利率水平支付利息；国家也会根据市场状况不断地调整基准利率水平。然而，这些基本上都属于狭义角度的利率，是指借款人须为其所借金钱所支付的代价，亦是债权人将资金借给债务人所获得的回报。

从广义角度理解，利率是衡量资金增值量的基本单位，即资金的增值同投入资金的价值之比。前面介绍的资金时间价值是时间作用产生的增值，这种增值与本金之比即时间价值率，属于利率的一种；风险价值是风险存在条件下产生的增值，这种增值与投入资金之比即风险报酬率，也是一种利率。也就是说，实质上一个投资项目因为时间作用、通货膨胀作用和风险作用等因素产生的报酬，都属于资金的增值，这种必要报酬与投入本金之比，即必要报酬率，就是利率。因此，在介绍了财务管理的时间价值和风险价值两大基本概念后，继续介绍利息率，能将财务决策中的基本观念整合在一起。

（二）利率的意义

从资金流通的借贷关系来看，利率是特定时期运用资金这一资源的交易价格。也就是说，资金作为一种特殊商品，其在资金市场上的买卖是以利率为价格标准的，资金的融通借助利率这个价格体系在市场机制作用下进行再分配。因此，利率在资金的分配及个人和企业作出财务决策的过程中起着重要作用。例如，一个公司拥有投资报酬率非常高的投资机会，就可以发行较高利率的证券吸引资金，投资者把过去投资的利率较低的证券卖掉，来购买这种利率较高的证券，这样，资金就从低利率的投资项目不断向高利率的投资项目转移。因此，在发达的市场经济条件下，资金这种资源的合理配置，也就是资金从高报酬项目到低报酬项目依次分配，是由市场机制通过资金的价格——利率——的差异来实现的。另外，在企业的财务决策中，投资者会把资金投向报酬率较高，即利率较高的项目。

（三）利率的分类

利率根据不同的分类标准可以分为多种类别，前面已经介绍的单利和复利、存款利率和贷款利率，这里不再重复介绍了。

1.根据利率之间的变动关系，分为基准利率和套算利率

基准利率是在多种利率并存的条件下起决定作用的利率，在我国，基准利率是中国人民银行对商业银行贷款的利率。

套算利率是指在基准利率确定后，各金融机构根据基准利率和借贷款项的特点而换算出的利率。比如，我国部分银行曾经对于消费者购买二套房的贷款利率上浮10%，也就是二套房贷款的利率为国家规定基准利率的110%。

2.根据与通货膨胀的关系，分为名义利率和实际利率

名义利率是指没有剔除通货膨胀因素的利率，也就是借款合同或单据上标明的利率。

实际利率是指不存在通货膨胀条件下的利率，或者已经剔除通货膨胀因素后的利率，一般是投资者能获得的真实报酬率。

由于纸币的流通、通货膨胀的存在，目前市场上的利率一般属于名义利率。要注意其与简单年利率和有效年利率的区别。

3.根据与市场供求的关系，分为固定利率和浮动利率

固定利率（Fixed Interest Rate）是指在借贷期内不作调整的利率。实行固定利率，对于借贷双方准确计算成本与收益十分方便，是被普遍采用的利率。银行存款就是在存入款项时就设定好固定的利率，在存款期限内，无论市场利率如何变动，银行都按照固定的利率支付利息，不需要“随行就市”。

浮动利率（Floating Interest Rate）是一种在借贷期内可以定期调整的利率。根据借贷双方的协定，由一方在规定的时间依据某种市场利率对利率进行调整，一般调整期为半年或者一年。比如，目前我国银行的“住房贷款”通常是根据国家规定的基准利率每年调整一次。

4.根据确定方式不同，分为官定利率和市场利率

官定利率是指由政府金融管理部门或者中央银行确定的利率。市场利率是指根据市场资金借贷关系的紧张程度所确定的利率。此外还有一种不太常用的公定利率，是指由金融机构或银行业协会按照协商办法确定的利率，这种利率标准只适合于参加该协会的金融机构，对其他机构不具约束力，利率标准也通常介于官定利率和市场利率之间。

二、利率的构成

根据前面的介绍可以知道利率实质上是一种广义的投资必要报酬率，因此资金的利率由两个部分组成，一部分是无风险报酬率，另一部分是风险报酬率。其中，无风险报酬率又包括纯利率和通货膨胀贴水两个内容，风险报酬可以分为违约风险报酬、流动风险报酬和期限风险报酬三种。综上，利率的一般计算公式可以表示为：

$$K = K_0 + IP + DP + LP + MP$$

上式中，K表示利率（指名义利率），K_0表示纯利率，IP表示通货膨胀贴水，DP表示违约风险报酬，LP表示流动风险报酬，MP表示期限风险报酬。

（一）纯利率

纯利率是指无通货膨胀、无风险时的均衡利率，即货币的时间价值。影响纯利率的基本因素是资金供应量和需求量，因而纯利率不是一成不变的，它随资金供求的变化而不断变化。影响纯利率的客观因素是经济中存在的投资机会，这种投资机会取决于经济的长期真实增长率。经济的快速增长使资本有更多和更好的投资机会，并使投资产生正的报酬率。通常，经济的真实增长率和纯利率之间存在着一种正向关系。然而，精准测定纯利率是非常困难的，在实际工作中，通常以无通货膨胀情况下的无风险证券利率来代表纯利率。

（二）通货膨胀贴水

通货膨胀是伴随着纸币的应用而产生的，是当今社会大多数国家经济发展过程中难以根治的“顽疾”。持续的通货膨胀会不断降低货币的实际购买力，对投资项目的投资报酬率也会产生影响。在投资中，如果投资者预期在其投资期内价格水平升高，就会要求报酬率中包含对预期通货膨胀率的补偿。所以，无风险证券的利率应该在纯利率的基础上加上通货膨胀贴水，以补偿通货膨胀所带来的损失。假设投资者对一项无风险投资要求4%的真实报酬率（纯利率），但预计在投资期内价格会上升3%，因此，投资的必要报酬率应达到7%左右。如果不提高必要报酬率，年末其只能获得1%的真实报酬率（纯利率）。实际上，政府发行的短期债券的利率就是由这两部分构成的，其表达式为：

短期政府债券利率 = 纯利率+通货膨胀贴水

即：$R_F = K_0 + IP$

（三）违约风险报酬

违约风险是指债务人无法按照合约规定支付利息或者偿还本金而给债权人带来的风险。违约风险反映了债务人按期支付本金和利息的信用程度。债务人若经常不能按期支付

本息，则说明该债务人的违约风险较高。为了弥补债权人承担的违约风险，必须提高利率，否则，债务人就无法借到资金，债权人也不会投资。国库券等证券由政府发行，可以视同没有违约风险，其利率一般较低。企业债券的违约风险则要根据企业的信用质量来确定，企业的信用质量可以分为若干等级，等级越高，信用越好，违约风险越小，利率水平也就越低；等级越低，信誉不好，违约风险大，利率水平自然就高。

（四）流动风险报酬

流动性风险是指某项资产迅速转化为现金的可能性。衡量流动性的标准有两个：资产出售时可实现的价格和变现时所需要的时间。其判断基础是，资产在价格没有明显损失的条件下，在短期内大量出售的能力。资产的流动性越低，为吸引投资者所需要提供的报酬率就越高，也就是LP越高。

（五）期限风险报酬

期限风险是指因到期期间长短不同而形成的利率变化的风险。例如，在流动性风险和违约风险相同的情况下，五年期国库券利率比三年期国库券利率要高，差别在于到期时间不同。一般而言，证券期限越长，其市场价值波动的风险越高。因此，为鼓励对长期证券的投资，必须给予投资者必要的风险补偿，也就是需要MP的存在。

综上所述，影响某一特定借款或者投资利率的主要是以上五大因素，从债权人或投资者的角度出发，只要运用科学的方法，就能比较合理地预测利率水平。

第四节　证券估价

投资者之所以对证券进行投资，是因为证券具有一定的投资价值。证券的投资价值受多方面因素的影响，并随这些因素的变化而发生相应的变化。例如，债券的投资价值受市场利率水平的影响，并随着市场利率的变化而变化；而影响股票投资价值的因素更为复杂，包括宏观经济、行业形势和公司经营管理等。所以，投资者在决定投资某种证券前，应该首先合理评估该证券的投资价值。

一、证券价值的基本概念

美国投资专家沃伦·巴菲特总结了投资的三项原则：一是在股票的账面价值、内在价值和市场价值之间要着重考虑内在价值；二是按股票的内在价值进行投资；三是以所有者的身份进行投资。那么这些价值有什么区别？什么是证券的内在价值呢？

（一）票面价值（Face Value）

票面价值又称面值，即在证券票面上标明的金额，由发行者规定，一般主要取决于证券发行的数量、融资的总规模、市场利率水平等。

股票的票面价值仅在初次发行时有一定意义，如果股票以面值发行则股票面值总和为公司的资本金总和。随着时间的推移，公司的净资产会发生变化，股票的市场价格会逐渐背离面值，股票的票面价值也逐渐失去其原来的意义，不再被投资者关心。尽管如此，票面价值代表了每一股占总股份的比例，在确定股东权益时仍有一定的意义。

债券面值包括两个基本内容：一是币种；二是票面金额。面值的币种可用本国货币，也可用外币，这取决于发行者的需要和债券的种类。票面金额代表着发行人借入并承诺于未来某一特定日期（如债券到期日）偿付给债券持有人的金额。我们通常所说的债券票面价值就是票面金额。

（二）发行价格（Issuing Value）

发行价格是证券公开发行的销售价格，是在一级市场（发行市场）上表现出来的股票或者债券的价格。发行价格的高低由市场上的供求关系决定。在票面价值确定后，发行价格将依据市场的利率水平、证券的利率水平、发行者的信誉和资金供应状况来确定。发行价格总是围绕票面价值上下波动。当发行价格低于票面价值时，为折价发行；当发行价格高于票面价值时，为溢价发行；只有当发行价格等于票面价值时，才是平价发行。

（三）账面价值（Book Value）

证券的账面价值，又称证券净值，是指某种证券的账面余额减去相关备抵项目后的净额。可以对股票和债券两种最常见的金融证券分别进行理解：股票的账面价值又称股票净值或每股净资产，是每股股票所代表的实际资产的价值，每股账面价值是以公司净资产减去优先股账面价值后，除以发行在外的普通股票的股数求得的；债券的账面价值是指债券持有人的实际投资额，等于价格扣除应计息票收入，即债券的账面余额减去相关备抵项目后的净额，所以债券投资的账面价值是账面余额扣减减值准备后的金额。

一般而言，股票的账面价值等于或者高于其票面价值，而债券则不一定。

（四）市场价值（Market Value）

市场价值是指证券在交易过程中交易双方达成的成交价，也就是在二级市场（交易市场）上表现出来的股票或者债券的价格。股价即股票的市场价值，直接反映股票市场的行情，是股民购买股票的依据。由于受众多因素的影响，股票的市价处于经常性的变化之中。

债券的市场价格常常脱离它的面值，有时高于面值，有时低于面值。也就是说，债券的面值是固定的，但它的市场价格却是经常变化的。发行者计息还本，是以债券的面值为依据，而不是以其市场价格为依据。

（五）内在价值（Intrinsic Value）

内在价值也叫理论价值，指在考虑了影响证券价值的所有因素（预期收益、要求的报酬率和时间等）后，确定的证券的应有价值。证券市场中的价格是由证券的内在价值所决定的，当市场步入调整期时，市场资金偏紧，证券的价格一般会低于其内在价值；当市场处于上升期时，市场资金充裕，证券的价格一般高于其内在价值。总之，市场上证券的价格是围绕证券的内在价值上下波动的。其中，股票价格的表现尤其明显。

二、证券估价的一般模型

从财务学的角度出发，根据资金时间价值的等值性原理我们可知，证券的价值等于该证券投资所产生的所有未来现金流入量的现值之和。影响证券内在价值的因素主要有两个方面：一是投资对象即资产本身的特征要素，具体有该项投资产生预期未来现金流量的多少、预期现金流量持续时间以及预期现金流量的风险水平；二是投资者的态度，具体表现为投资者对资产所产生的现金流量风险的评估，以及投资者对承受风险的态度。这两个方面共同作用于计算现值的关键指标——折现率。

所以，在证券估价过程中，折现率的确定是关键，一般可用投资者要求的必要报酬率来贴现资产预期未来能产生的现金流量，而假如投资者对报酬率的要求不太高，很有可能选择市场平均报酬率作为折现率。也就是说，证券估价模型中的折现率一般可以使用市场报酬率或者投资者要求的必要报酬率。因此，西方的证券估价一般模型如下：

$$V_0=\frac{CF_1}{(1+K_1)^1}+\frac{CF_2}{(1+K_2)^2}+\cdots+\frac{CF_t}{(1+K_t)^t}+\cdots+\frac{CF_n}{(1+K_n)^n}$$

$$=\sum_{t=1}^{n}\frac{CF_t}{(1+K_t)^t}$$

式中，V_0表示证券的内在价值，CF_t表示第t期的现金流量，K_t表示第t期的贴现率，n表示投资的总期限。在这个模型中折现率是变动的，计算非常烦琐，故可将该式进行简化，将折现率统一。简化模型如下：

$$V_0=\sum_{t=1}^{n}\frac{CF_t}{(1+K)^t}$$

接下来介绍的债券和股票的内在价值评估原理均以这个简化模型为基础。

三、债券价值评估

债券是由公司、金融机构或者政府发行的，表明发行人对其承担还本付息义务的一种债务性证券，是公司对外进行筹资的主要方式之一。作为一种有价证券，其发行者和购买者之间的权利和义务是通过债券契约固定下来的，该契约一般包含债券的票面价值、票面利率和到期日等内容。票面利率是债券持有人定期获取的利息与债券面值的比率。

（一）典型债券的价值评估

对于典型的公司债券而言，其票面利率是固定不变的，而且每期计算并支付一次利息。投资该类债券的所有未来现金流入量包括每期收到的债券利息以及到期收回的本金(即债券票面价值)。这种债券的内在价值的计算模型如下：

$$V_0=\frac{F\cdot i}{(1+K)^1}+\frac{F\cdot i}{(1+K)^2}+\cdots+\frac{F\cdot i}{(1+K)^n}+\frac{F}{(1+K)^n}$$

$$=\sum_{t=1}^{n}\frac{I}{(1+K)^t}+\frac{F}{(1+K)^n}$$

$$=I\cdot PVIFA_{k,\ n}+F\cdot PVIF_{k,\ n}$$

式中，V_0表示债券的内在价值，F表示债券的面值，i表示债券的票面利率，I表示债券每期支付的利息，K表示市场利率或者投资者要求的报酬率，n表示债券的付息总期数。

【例2-23】甲债券面值为1 000元，票面利率为10%，期限为5年，每年付息一次。A企业要对这种债券进行投资，要求必须获得12%的报酬率，问债券的价格为多少时才能进行投资？

$$V_0=I\cdot PVIFA_{k,\ n}+F\cdot PVIF_{k,\ n}$$

$$=1\,000\times10\%\times PVIFA_{12\%,\ 5}+1\,000\times PVIF_{12\%,\ 5}$$

$$=100\times3.605+1\,000\times0.567$$

$$=927.5(元)$$

即当该债券的价格低于927.5元时，A企业才能购买，否则就不能获得12%的报酬率。

若付息期短于一年，就需要对贴现率与贴现期进行换算。

【例2-24】乙债券面值为100元，票面利率为6%，期限为2年，每半年付息一次。B企业要对这种债券进行投资，要求必须获得7%的报酬率，问债券的价格为多少时才能进行投资？

$$V_0 = I \cdot PVIFA_{k,n} + F \cdot PVIF_{k,n}$$
$$= 100 \times 6\% \div 2 \times PVIFA_{3.5\%,4} + 100 \times PVIF_{3.5\%,4}$$
$$= 98.16(元)$$

即当该债券的价格低于98.16元时，B企业才能购买，否则就不能获得7%的报酬率。

（二）一次性还本付息债券的价值评估

一次性还本付息的债券每期计算利息但是并不支付，在到期日将所有的利息和本金一起支付给债券持有者。这种债券一般采用单利形式计算期内的利息，因此，该类债券投资的所有未来现金流入量包括一次收到的全部利息和本金。其内在价值的计算公式如下：

$$V_0 = \frac{F + F \times i \times n}{(1 + K)^n}$$
$$= (F + F \times i \times n) \times PVIF_{k,n}$$

式中符号含义同前。

【例2-25】甲企业拟购买乙企业发行的利随本清的债券，其面值为1 000元，期限5年，票面利率为10%，不计复利，当前市场利率为8%。问该债券发行价格为多少时，甲企业才能购买？

$$P = (F + F \times i \times n) \times PVIF_{k,n}$$
$$= (1\,000 + 1\,000 \times 10\% \times 5) \times PVIF_{8\%,5}$$
$$= 1\,020元$$

即当该债券的价格低于1 020元时，甲企业才能购买。

（三）贴现发行债券的价值评估

贴现发行债券也称为零息债券，指没有利息支付、无票面利率、到期按面值偿还的债券。该类债券投资的所有未来现金流量只有到期收回的本金，因此，其估计模型也很简单：

$$V_0 = \frac{F}{(1 + K)^n}$$
$$= F \times PVIF_{k,n}$$

式中符号含义同前。

【例2-26】某债券面值为1 000元，期限为5年，以贴现方式发行，期内不计利息，到期按面值偿还，市场利率为8%。问该债券价格为多少时，企业才能购买？

$V_0 = F \times PVIF_{k,n} = 1\,000 \times PVIF_{8\%,5} = 1\,000 \times 0.681 = 681$（元）

即当该债券的价格低于681元时，企业才能购买。

四、股票价值评估

股票投资是公司进行证券投资的一个重要内容，随着我国股票市场的发展，股票投资已变得越来越重要了。股票投资过程中产生的主要现金流入量包括两部分：每期的预期股利和股票出售时的预期价格。股利是股份有限公司以现金形式从公司净利润中分配给股东的投资报酬，也称为“红利”或者“股息”。但只有当公司有利润并且管理层愿意将利润分配给股东，而不是将其进行再投资时，股东才有可能获得股利。股票出售的预期价格一方面取决于投资者的主观意愿，另一方面也受制于市场行情。

（一）短期持有的未来准备出售的股票价值评估

从理论上讲，通过发行股票筹集的资金属于公司的永久性资金，然而并非所有的投资者都会持有到公司清算，因此，这里的短期并非指一年之内的短期，而是以股票的投资目的区分长短期。一般而言，购入股票是以获得股票低买高卖的差价即资本利得收入为目的，我们称之为短期持有；而如果投资股票是为了获得发行股票公司的股权，则属于长期持有。

短期持有的未来准备出售的股票的未来所有现金流入量包括持有期间预计的股利收入和股票出售的预期价格。其计算公式如下：

$$V_0=\sum_{t=1}^{n}\frac{d_t}{(1+K)^t}+\frac{V_n}{(1+K)^n}$$

式中，V_0表示股票的内在价值，d_t表示预计的第t期的股利收入，V_n表示未来股票出售的预期价格，K表示市场利率或者投资者要求的报酬率，n表示股利支付的总期数。

根据以上公式，股票价值可根据未来预期股利和投资者要求的必要报酬率求得。那么，如何评价一种从未支付过股利的股票的价值呢？在实务中，许多盈利公司很少支付现金股利，而是将所有的收益都用于再投资。公司股东虽然未得到股利，但可以通过出售股票（股价上涨时）获得资本利得。当有利的投资机会减少，公司持有的资本超过投资需要时，公司就会开始支付股利（或回购其股份）。通常，公司通过扩大投资所获得的收益，至少和持股人接受股利所获得的收益相等。因此，在用该公式评估股票价值时，通常假设公司会在未来某一时候支付股利，即当公司清算或被并购时会支付清算股利，当回购股票时会发生现金支付。

【例2-27】投资者购买了某股票，预计该股票未来3年每年每股可获现金股利3元，3年后该股票的预期售价为每股20元，要求的必要报酬率为18%，则该股票的内在价值为多少？

$$V_0=\sum_{t=1}^{n}\frac{d_t}{(1+K)^t}+\frac{V_n}{(1+K)^n}$$

$$=\frac{3}{(1+18\%)^1}+\frac{3}{(1+18\%)^2}+\frac{3}{(1+18\%)^3}+\frac{20}{(1+18\%)^3}$$

$$=18.7(元)$$

根据以上预期，只有在股价低于18.7元时，该投资者才能购买这种股票。

（二）长期持有的零增长股票价值评估

若长期持有某公司股票，该公司每年均发放固定的股利给股东，即预期股利增长率为零，这种股票被称为零增长股票。此时，这项投资的未来所有现金流入量就是各年相等的股利，即一个固定常数（d），其股票价值可按永续年金折现公式计算：

$$V_0=\frac{d}{K}$$

上式中的符号含义同前。

【例2-28】投资者购买了某股票，预计该股票采取固定股利政策，每年每股发放现金股利2元，必要报酬率为12.5%，则该股票的内在价值为多少？

$$V_0 = \frac{d}{K} = \frac{2}{12.5\%} = 16(\text{元})$$

（三）长期持有的固定增长股票价值评估

若长期持有某公司股票，该公司发放的股利在已经发放过的基期股利d_0的基础上，按照一个速度g（常数）不断增长，那么该项投资的未来所有现金流入量就是每年稳定增长的股利，其计算公式为：

$$V_0 = \frac{d_0(1+g)^1}{(1+K)^1} + \frac{d_0(1+g)^2}{(1+K)^2} + \cdots + \frac{d_0(1+g)^n}{(1+K)^n} + \cdots$$

由此可以推导出：$V_0 = \frac{d_0(1+g)}{K-g} = \frac{d_1}{K-g}$

上式中的符号含义同前。

【例2-29】凯乐集团准备购买某实业公司的股票，去年该公司支付的每股股利是2元，投资者预期未来几年公司的年股利增长率是10%。凯乐集团要求的报酬率是15.25%，该公司股票的价格为多少时才可以投资？

$$V_0 = \frac{d_1}{K_1 - g} = \frac{2 \times (1+10\%)}{15.25\% - 10\%} = 41.9(\text{元})$$

因此，只有当该公司的股票价格低于每股41.9元时，凯乐集团才能投资。

（四）长期持有的非固定增长股票价值评估

根据公司未来的增长情况，非固定增长股票可分为两阶段模型或三阶段模型。现以两阶段模型加以说明。该模型将增长分为两个阶段：股利高速增长阶段和随后的稳定增长阶段。在这种情况下，公司价值由两部分构成：高速增长阶段股利现值和固定增长阶段股票价值的现值。其计算公式为：

$$V_0 = \sum_{t=1}^{n} \frac{d_t}{(1+K)^t} + \frac{V_n}{(1+K)^n}$$

其中：$V_n = \frac{d_{n+1}}{K-g}$

上式中，d_t为第t期的股利收入，V_n为第n期期末股票价值（即后面固定增长阶段价值），K为投资者要求的必要报酬率，g为第n期以后股利稳定增长率。

【例2-30】一个投资人持有C公司的股票，他的投资最低报酬率为15%。预计C公司未来3年的股利将高速增长，增长率为20%；之后转为正常增长，增长率为12%。C公司最近支付的股利是2元。要求：计算C公司股票的内在价值。

$$\begin{aligned} V_0 &= d_1 \times PVIF_{15\%,1} + d_2 \times PVIF_{15\%,2} + d_3 \times PVIF_{15\%,3} + \frac{d_3 \times (1+g)}{15\% - g} \times PVIF_{15\%,3} \\ &= 2 \times (1+20\%)^1 \times 0.870 + 2 \times (1+20\%)^2 \times 0.756 + 2 \times (1+20\%)^3 \times 0.658 \\ &\quad + \frac{2 \times (1+20\%)^3 \times (1+12\%)}{15\% - 12\%} \times 0.658 \\ &= 91.44(\text{元}) \end{aligned}$$

因此，C公司股票的内在价值为91.44元。

【学习要点研讨】

1. 请简述货币时间价值的含义、产生过程与来源。
2. 请说明单利和复利的区别。
3. 请介绍年金的特征。
4. 如何理解风险与报酬的关系？
5. 请说明必要报酬率的构成及意义。
6. 请举例说明可分散风险和不可分散风险的含义，并陈述二者的区别。
7. 证券组合的作用是什么？如何计算证券组合的期望报酬率？
8. β系数的含义是什么？它用来衡量什么性质的风险？
9. 请说明证券估价的基本原理。
10. 请说明企业应如何根据风险和报酬选择投资项目。

【学思践悟拓展】

货币时间价值在经济生活中的应用

货币时间价值问题存在于我们日常的经济生活之中，我们经常会遇到这类问题：是花30万元买一幢现房，还是花27万元买一年以后才能住进的期房值呢？我们若想买一辆汽车，是花10万元现金一次性购买，还是每月支付3 000元，分4年付款更划算呢？这些渗透在我们平时的生活和工作中的问题体现了一个金融的基本原理：货币是具有时间价值的，今天的一元钱比明天的一元钱值钱。

例如，已探明一个有工业价值的油田，目前立即开发可获利100亿元，若5年后开发，由于价格上涨可获利160亿元。如果不考虑资金的时间价值，由于160亿元大于100亿元，可以认为5年后开发更有利；如果考虑资金的时间价值，现在获得100亿元，可用于其他投资机会，平均每年可获利15%，则立即开发更有利。

贷款购房也能体现资金的时间价值。目前贷款购房的方式主要有以下几种：

① 住房公积金贷款：对于已缴纳住房公积金的居民而言，贷款购房时应该首选住房公积金低息贷款。住房公积金贷款具有政策补贴性质，贷款利率很低，不仅低于同期商业银行贷款利率（仅为商业银行抵押贷款利率的一半），而且低于同期商业银行存款利率。也就是说，在住房公积金抵押贷款利率和银行存款利率之间存在一个利差。同时，住房公积金贷款在办理抵押和保险等相关手续时收费减半。

② 个人住房商业性贷款：以上贷款方式限于缴纳了住房公积金的单位员工使用，限定条件多，所以，未缴存住房公积金的人无法申请，但可以申请商业银行个人住房担保贷款，也就是银行按揭贷款。只要在贷款银行存款余额占购买住房所需资金额的比例不低于

30%，并以此作为购房首期付款，且有贷款银行认可的资产作为抵押或质押，或有足够代偿能力的单位或个人作为偿还贷款本息并承担连带责任的保证人，就可以申请使用银行按揭贷款。

③ 个人住房组合贷款：住房公积金管理中心可以发放的公积金贷款设有最高限额，通常为10万~29万元，如果购房款超过这个限额，不足部分要向银行申请住房商业性贷款。这两种贷款组合起来称为组合贷款。此项业务可由一家银行的房地产信贷部统一办理。组合贷款利率较为适中，贷款金额较大，因而被较多贷款者选用。

个人住房委托贷款（公积金贷款）最划算，个人住房贷款（商业性贷款）利息负担最重。至于具体的还款差别有多大，我们不妨进行以下比较：

假设某对夫妇欲购买一套总价50万元的住房，以自有资金支付首付款30%，即15万元，其余35万元申请15年贷款。夫妇二人每月总收入为6 000元，公积金缴存比例为20%（企业与个人各负担一半），现公积金总额为4万元。商业性贷款的利率比政策性贷款的利率高得多，月还款额多出10%，总额多出近5万元，这可不是个小数目。如此看来，自然应该选择个人住房委托贷款。但是，这对夫妇不能完全依靠个人住房委托贷款，即便他们现有的公积金达4万元，按10倍的较低倍率计算，可申请40万元的公积金贷款，但因政策性贷款最高限额只有30万元，他们只能选择个人住房组合贷款。那么，他们可以承受每月的还款负担吗？他们每月还款2 781.45元，其中一部分可以由还款期每月缴存的公积金抵付，金额最多可以达到总收入的20%，即1 200元/月，那么他们需要自行支付1 581.45元/月（2 781.45-1 200）。但如果没有公积金的支持，完全依靠商业贷款，他们每月的还款负担还是比较重的。

资金的时间价值为人们的生活带来的便利不容忽视，随着社会经济的发展，越来越多的人了解到它的重要性，并在生活决策中自觉与不自觉地应用着资金的时间价值。

资料来源：佚名.货币时间价值与经济效益评估［EB/OL］.［2014-12-18］.http://www.doc88.com/p-6951870930276.html.

小冯讲历史.攒钱买房和贷款买房哪个更幸福？［EB/OL］.［2018-08-26］.https://www.163.com/dy/article/DQ3J9H1K054309XY.html.

金天经.关于买房贷款有哪几种方式？［EB/OL］.［2013-12-07］.http://www.360doc.com/content/13/1207/15/11060334_335223169.shtml.

启发与拓展

（1）探讨一下货币时间价值还体现在生活中的哪些方面？

（2）在这些经济现象中是否需要考虑风险问题？该如何应用风险报酬的观念？

（3）作为财务人员应如何提升自己的技能来应对各种风险？

第三章　财务分析

【学习目标】

•理解财务分析的基本含义。

•了解企业财务分析的内容、目标、作用和程序。

•理解财务分析的基本方法。

•理解和掌握基本财务指标的含义及计算方法，并能运用这些指标进行企业偿债能力、营运能力、盈利能力和发展能力分析。

•理解杜邦财务分析体系的基本原理。

•了解综合评分法的基本原理。

【专业知识导引】

长投控股接手长沙银行部分股权

2023年2月14日，湖南新华联建设工程有限公司持有的长沙银行约1.39亿股股份在北京产权交易所结束司法拍卖，长沙市投资控股有限公司最终耗资逾10亿元竞得该笔股权。

新华联建设系新华联控股有限公司旗下企业，后者曾有湖南第一民企之称，总资产一度达千亿元。长投控股成立于2021年7月，是长沙市政府出资、市财政局履行出资人职责的国有独资公司，公司注册资本100亿元，定位为长沙市金融发展平台、资本运作平台和产业引导平台。以长沙银行总股本计算，长投控股竞得的该笔股权占比约3.46%。在此之前，长沙市财政局已直接持有该行16.82%的股权，此番拍卖落槌后，长沙市财政局控制的该行股权占比也将升至20.28%，稳居第一大股东位置。

此前，已有3家单位报名该笔股权竞拍，其中，湖南高速集团控股的A股上市公司现代投资于2月13日晚间宣布参与竞拍，并表示，如竞拍成功将有助于增加公司优质金融资产，提升公司盈利能力。

资料来源：马传茂．十亿级银行股权拍卖落槌！这一国企竞得长沙银行3.46%股权，有何打算？[EB/OL]．[2023-02-14]．https://baijiahao.baidu.com/s?id=1757790520190074692&wfr=spider&for=pc.

思考：从财务分析的角度理解，为何数家上市公司热衷于抢食银行股权？

第一节 财务分析概述

随着我国经济改革的不断推进，企业的外部环境发生了巨大变化，财务分析作为一门系统分析企业经营管理成果和财务状况的学科，已经得到整个社会尤其是企业界人士的认同，其分析理论和方法也得到了不断的发展与深化。财务分析是企业内部的一项基础工作，不仅对企业内部计划和控制财务活动、评估企业当前财务状况、评价各种投资机会、提高投资效果和管理水平发挥着重要作用，而且对财政、税务、银行、审计及企业主管部门和广大投资者全面了解企业生产经营情况，正确评价企业绩效，从外部推动企业挖潜增效和改善经营管理起着不可替代的作用。

财务分析是以企业财务报告反映的财务指标为主要依据，采用科学的分析方法，对企业的财务状况、营运能力和经营成果进行评价和剖析，以反映企业在运营过程中的利弊得失、财务状况及发展趋势，为改善企业的财务管理工作和优化经济决策提供重要依据的信息系统。

一、财务分析的内容

尽管不同利益主体进行财务分析有着不同的侧重点，但就企业总体来看，财务分析包括偿债能力分析、营运能力分析、盈利能力分析、发展能力分析四个方面，它们相辅相成，共同构成了企业财务分析的基本内容。

（一）偿债能力分析

偿债能力是企业赖以生存和发展的前提。企业短期偿债能力主要取决于流动资产和流动负债的对比关系；资金结构是企业长期偿债能力的基本反映，企业长期负债、短期负债和股东权益等资金之间是否保持合理的比例关系影响着长期偿债能力。偿债能力直接关系到企业经营的持续性，对偿债能力的分析是判断企业财务状况的重要依据。

（二）营运能力分析

营运能力决定了企业的资产管理水平。企业的资产管理主要体现在资产的运用上，具体表现为资产的周转。合理的经营可以使企业在原有资产的基础上增加收入。因此，只有分析企业是否合理有效地运用了资产，才能判断企业是否具有获取较多收入的能力。

（三）盈利能力分析

盈利能力的强弱是衡量企业经营好坏的重要标志。一般而言，经营良好、管理水平高的企业具有较强的获利能力。因此，良好的获利能力是企业具有活力和良好发展前途的重要保证。

（四）发展能力分析

无论是企业管理者，还是所有者、债权人，都十分关心企业的发展能力，这关系到他们的切身利益。通过对企业发展能力进行分析，可以判断企业的发展潜力，预测企业的经营前景，从而为企业的管理者和决策者进行经营决策和投资决策提供重要的依据。

二、财务分析的目标

财务分析的目标应与财务分析信息使用主体的目标相一致。随着财务分析信息使用主体的增加及信息使用主体目标的多重化，财务分析目标必然出现多样性和多重性。具体而言，财务分析需要满足投资者、债权人、经营管理者和其他利益相关者决策与控制的需要。因此，财务分析的目标主要包括以下四个方面：

（一）企业股权投资者角度的财务分析目标

企业的股权投资者包括企业的所有者和潜在投资者，他们进行财务分析的最根本目标是了解企业的盈利能力，因为盈利能力是投资者资本保值和增值的关键。但是，投资者仅关心盈利能力是不够的，为了确保资本保值增值，他们还应研究企业的权益结构、支付能力及营运状况。只有确认企业有着良好的发展前景，企业的所有者才会保持或增加投资，潜在投资者才能把资金投向该企业；否则，企业所有者会尽可能地抛售股权，潜在投资者会转向其他企业投资。另外，对企业所有者而言，财务分析也能评价企业经营者的经营业绩，发现经营过程中存在的问题，从而通过行使股东权利，为企业未来发展指明方向。

（二）企业债权人角度的财务分析目标

企业债权人包括为企业提供贷款的银行和其他金融机构，以及购买企业债券的单位与个人等。债权人进行财务分析的目标与经营者和投资者不同，银行等债权人一方面从经营或收益目的出发愿意将资金贷给企业，另一方面又要非常小心地观察和分析该企业有无违约或清算、破产的可能性。一般而言，银行等金融机构及其他债权人不仅要求本金能及时收回，而且要得到相应的报酬或收益，而这个收益的大小又与其承担的风险程度相匹配，通常偿还期越长，风险越大。因此，从债权人的角度进行财务分析的主要目标有：第一，观察债务人能否及时、足额地偿还贷款和债券，即研究企业偿债能力的大小；第二，观察债务人的收益状况与风险程度是否相匹配，为此，还应将偿债能力分析与盈利能力分析相结合。

（三）企业经营者角度的财务分析目标

企业经营者主要指企业的经理以及各分厂、部门、车间等的管理人员。他们进行财务分析的目标是综合的和多方面的。从对企业所有者负责的角度，他们首先关心盈利能力，这是他们的总体目标。但是，在财务分析中，他们关心的不仅仅是盈利的结果，还包括盈利的原因及过程，他们会进行资产结构分析、营运状况与效率分析、经营风险与财务风险分析、支付能力与偿债能力分析等。分析的目标是及时发现生产经营中存在的问题与不足，并采取有效措施解决这些问题，使企业不仅用现有资源取得更多盈利，而且使企业盈利能力保持持续增长。

（四）其他利益相关者角度的财务分析目标

其他财务分析的主体或服务对象主要指与企业经营有关的企业单位、审计师和国家行政管理与监督部门。与企业经营有关的企业单位主要指材料供应者、产品购买者等。这些企业单位出于保护自身利益的需要，也非常关心往来企业的财务状况，从而进行财务分析。他们进行财务分析的主要目标在于明确企业的信用状况，包括商业上的信用和财务上的信用。商业信用指按时、按质完成各种交易行为；财务信用指及时清算各种款项。信用状况首先可根据对企业支付能力和偿债能力的评价进行分析；其次可根据对企业利润表中反映的企业交易完成情况进行分析。

审计师对企业的财务报表进行审计，目的是在某种程度上确保财务报表的编制符合公认会计准则，没有重大错误和不规范的会计处理。财务分析程序是审计师获取审计证据时运用的一种具体审计程序，是指审计师通过分析不同财务数据之间的内在关系以及财务数据与非财务数据之间的内在关系，对财务信息作出评价。通过对企业进行财务分析可以尽快地发现会计核算中存在的薄弱环节，以便在审计时重点关注。因为错误和不规范的会计处理会对许多财务、经营和投资关系产生重大影响，所以对这些关系的分析有时能够揭示其潜在内涵。

我国行政管理与监督部门包括市场监管、物价、财政、税务以及审计等部门。它们进行财务分析的目标包括：第一，监督、检查党和国家的各项经济政策、法规、制度在企业单位的执行情况；第二，保证企业财务会计信息和财务分析报告的真实性、准确性，为宏观决策提供可靠信息。

三、财务分析的作用

在我国建立社会主义市场经济体制和现代企业制度的今天，财务分析的意义深远、作用重大。财务分析的作用从不同角度看是不同的。从财务分析的服务对象看，财务分析不仅对企业内部的生产经营管理有着重要作用，而且对企业外部的投资决策、贷款决策、赊销决策等也有着重要作用。从财务分析的职能作用看，它对于正确预测、决策、计划、控制、考核、评价都有着重要作用。这里主要介绍财务分析对评价企业过去、现在及未来的作用。

（一）财务分析可以正确评价企业的过去

正确评价企业的过去是说明现在和揭示未来的基础。财务分析通过对实际会计报表等资料的分析能够准确地说明企业过去的业绩状况，指出企业存在的问题及其产生的原因是主观原因还是客观原因等，这不仅对正确评价企业过去的经营业绩十分有益，而且可对企业投资者和债权人的行为产生积极的影响。

（二）财务分析可以全面反映企业的现状

财务会计报表及管理会计报表等资料是企业各项生产经营活动的综合反映，但会计报表的格式及提供的数据往往是根据会计的特点和管理的一般需要而设计的，不可能提供不同目标报表使用者所需要的所有数据资料。根据不同分析主体的分析目标，采用不同的财务分析手段和方法，可得出反映企业某方面现状的指标，如企业的资产结构指标、权益结构指标、支付能力和偿债能力指标、营运状况指标、盈利能力指标等。这种分析对于全面反映和评价企业的现状有重要作用。

（三）财务分析可以用于估价企业的未来

财务分析不仅可用于评价企业的过去和反映企业的现状，更重要的是可以通过对过去与现状的分析与评价，评估企业的未来发展状况与趋势。财务分析对企业未来的估价体现在三个方面：一是可为企业未来财务预测、财务决策和财务预算指明方向；二是可准确评估企业的价值及价值创造，这对企业进行经营者绩效评价、资本运营和产权交易都有重要作用；三是可为企业进行财务危机预测提供必要的信息。

四、财务分析的程序

无论是企业的管理者，还是所有者、债权人，在作出财务评价和经济决策时，必须遵循科学的程序，进行充分有效的财务分析。财务分析的程序一般包括以下几个步骤:

（一）确定财务分析的范围，收集有关的经济资料

财务分析的范围取决于财务分析的目的，它可以是企业经营活动的某一方面，也可以是企业经营活动的全过程。债权人可能主要关心企业偿还债务的能力，不必对企业经营活动的全过程进行分析；而企业的经营者则需进行全面的财务分析。财务分析的范围决定了所要收集的经济资料的数量：若范围小，所需要的资料也就少些；而全面的财务分析则需要收集企业各方面的经济资料。

（二）选择适当的分析方法，进行财务指标分析

财务分析的目的和范围不同，所选用的分析方法和指标也不同。常用的财务分析方法有比率分析法、比较分析法、趋势分析法、图解法等。这些方法各有特点，在进行财务分析时可以单独使用，也可以结合使用。局部的财务分析可以只选择其中一种方法，全面的财务分析则应该综合运用各种方法，以便进行对比，作出客观和全面的财务评价。选择了财务分析方法之后，就要确定分析的指标。分析指标是根据财务分析的目的而确定的，如分析盈利能力应当采用净资产收益率、总资产报酬率等指标。

（三）进行因素分析，抓住问题的主要矛盾

通过财务分析，可以找出影响企业经营和财务状况的各种因素。这些因素有有利因素，也有不利因素；有外部因素，也有内部因素；有主观因素，也有客观因素。在进行因素分析时，必须抓住主要矛盾，找出存在的问题，即影响该企业生产经营活动和财务状况的主要因素，然后才能有的放矢，提出相应的措施，作出正确的决策。

（四）综合分析评价，提出经济决策建议

综合分析评价即在应用各种财务分析方法的基础上，将定量分析结果、定性分析判断及实际调查情况结合起来，以得出财务分析结论。财务分析的最终目的是为经济决策提供依据。根据综合财务分析的结论，可以提出各种方案，然后权衡其利弊与得失，从中选出最佳方案，作出经济决策。这个过程也是一个信息反馈过程，决策者可以通过财务分析总结经验、吸取教训，以改进工作。

五、财务分析的基础

财务分析的起点是财务分析报告，分析使用的数据大部分来源于会计报表及其附注。因此，财务分析的前提是正确理解会计报表。财务分析的结果是对企业的财务能力作出评价，或找出经营管理中存在的问题。

企业的财务报告由会计报表及其附注和其他应在财务会计报告中披露的相关信息和资料构成。会计报表主要包括资产负债表、利润表、现金流量表等。这些会计报表及其附注集中、概括地反映了企业的财务状况、经营成果和现金流量状况等财务信息，对其进行财务分析，可以更加系统地揭示企业的偿债能力、营运能力、盈利能力和发展能力等财务状况。

（一）资产负债表

资产负债表是反映企业某一特定日期财务状况的会计报表。它以“资产=负债+所有

者权益”这一基本会计等式为依据，按照一定的分类标准和顺序反映企业在某一时点上的资产、负债及所有者权益的基本状况。在我国，资产负债表采用账户式格式，报表分为左右两方：左方列示资产项目，反映全部资产的形态和结构；右方列示负债和所有者权益各项目，反映全部负债和所有者权益的内容及构成情况。资产负债表的结构见表3-1。

表3-1　　资产负债表

编制单位：ZXB股份有限公司　　20××年12月31日　　单位：万元

资　产	年末数	年初数	负债及所有者权益	年末数	年初数
流动资产：			流动负债：		
货币资金	52 693.98	43 450.22	短期借款		
交易性金融资产	235.13	2 205.35	交易性金融负债		
应收票据		7.25	应付票据	3 809.00	4 955.00
应收账款	3 351.23	2 497.87	应付账款	12 013.02	10 351.41
预付款项	2 527.27	3 900.05	预收款项	6 808.80	5 270.18
其他应收款	363.05	637.47	应付职工薪酬	3 481.51	2 359.47
其中：应收利息			应交税费	1734.48	833.09
应收股利			其他应付款	3 019.2	2 390.65
存货	2 080.00	1 366.88	其中：应付利息		
一年内到期的非流动资产			应付股利	298.59	115.13
其他流动资产			一年内到期的非流动负债		
流动资产合计	61 250.66	54 065.09	其他流动负债		
非流动资产：			流动负债合计	30 866.01	26 159.80
债权投资			非流动负债：		
其他债权投资			长期借款		
长期应收款			应付债券		
长期股权投资	2 140.39	2 135.56	长期应付款	188.00	160.00
投资性房地产			预计负债		
固定资产	33 548.24	34 547.17	递延收益		
在建工程	74.82	344.46	递延所得税负债		
生产性生物资产			非流动负债合计	188.00	160.00
使用权资产			负债合计	31 054.01	26 319.80
无形资产	3 848.67	3 915.93	所有者权益：		
开发支出			实收资本（或股本）	26 970.63	26 970.63
商誉			资本公积	31 747.34	31 826.69
长期待摊费用	986.73	1 317.70	减：库存股		
递延所得税资产			盈余公积	8 866.66	8 510.08
其他非流动资产	10.00	10.00	未分配利润	3 220.87	2 708.71
非流动资产合计	40 608.85	42 270.82	股东权益合计	70 805.50	70 016.11
资产总计	101 859.51	96 335.91	负债与所有者权益总计	101 859.51	96 335.91

从资产负债表的结构来看，资产负债表左边反映的是资产，为企业投资活动的结果，说明了企业资金的占用情况；右边反映的是负债与所有者权益状况，为企业筹资活动的结果，说明了企业资金的来源情况，即有多少资金来源于债权人、有多少资金来源于企业所有者的投资。

资产负债表是财务分析的一项重要信息来源，它提供了企业的资产结构、资产流动性、资金来源、负债水平以及负债结构等财务信息。进行资产负债表分析可以了解企业的偿债能力、资金营运能力等情况，为债权人、投资者以及企业管理者提供决策依据。

（二）利润表

利润表，也称损益表，是反映企业在一定会计期间的经营成果的会计报表。利润包括收入减去费用后的净额、直接计入当期利润的利得和损失等。常见的利润表结构主要有单步式和多步式两种。在我国，企业利润表一般采用多步式结构，主要包括营业收入、营业利润、利润总额、净利润和每股收益五个方面的内容。在利润表中，费用按功能分为营业成本、销售费用、管理费用和财务费用等列示。利润表的结构见表3-2。

表3-2 **利润表**

编制单位：ZXB股份有限公司 20××年度 单位：万元

项　目	上年金额	本年金额
一、营业收入	133 795.05	138 108.82
减：营业成本	115 096.12	116 349.57
税金及附加	1 083.49	1 203.34
销售费用	5 225.38	5 735.21
管理费用	8 381.31	9 899.07
财务费用	101.40	-126.98
资产减值损失		
加：公允价值变动收益		
投资收益	660.82	1 237.40
二、营业利润	4 568.17	6 286.01
加：营业外收入	45.59	66.48
减：营业外支出	383.86	620.85
三、利润总额	4 229.90	5 731.64
减：所得税费用	1 374.57	2 165.83
四、净利润	2 855.34	3 565.81
五、每股收益		
（一）基本每股收益（元）	0.11	0.13
（二）稀释每股收益（元）	0.11	0.13

通过分析利润表，可以从总体上了解企业的收入、成本、费用以及利润的实现及构成情况。利润表可以帮助报表使用者评估企业的经营业绩，分析企业的获利能力及利润增减变化的原因，预测企业利润的变化趋势，为投资者及企业经营者等提供财务信息。

（三）现金流量表

现金流量表是反映企业在一定会计期间内现金和现金等价物流入和流出的报表。现金流量可归类为经营活动产生的现金流量、投资活动产生的现金流量和筹资活动产生的现金流量三大类。现金流量表的基本格式见表3-3。

表3-3 **现金流量表**

编制单位：ZXB股份有限公司 20××年度 单位：万元

项目	上年金额	本年金额
一、经营活动产生的现金流量	略	
销售商品、提供劳务收到的现金		155 367.17
收到的税费返还		3 709.29
经营活动现金流入小计		159 076.46
购买商品、接受劳务支付的现金		130 639.87
支付给职工以及为职工支付的现金		5 785.21
支付的各项税费		6 757.03
支付的其他与经营活动有关的现金		7 625.08
经营活动现金流出小计		150 807.19
经营活动产生的现金流量净额		8 269.27
二、投资活动产生的现金流量		
收回投资所收到的现金		4 552.45
取得投资收益所收到的现金		1 094.85
处置固定资产、无形资产和其他长期资产所收回的现金净额		7.35
收到的其他与投资活动有关的现金		815.84
投资活动现金流入小计		6 470.49
购建固定资产、无形资产和其他长期资产所支付的现金		1 126.46
投资所支付的现金		2 444.50
支付的其他与投资活动有关的现金		
投资活动现金流出小计		3 570.96
投资活动产生的现金流量净额		2 899.53
三、筹资活动产生的现金流量		
吸收投资收到的现金		
取得借款收到的现金		
收到的其他与筹资活动有关的现金		
筹资活动现金流入小计		0.00
偿还债务所支付的现金		
分配股利、利润或偿付利息所支付的现金		2 513.59
支付的其他与筹资活动有关的现金		79.35
筹资活动现金流出小计		2 592.94
筹资活动产生的现金流量净额		−2 592.94
四、汇率变动对现金的影响额		
五、现金及现金等价物净增加额		8 575.86
加：期初现金及现金等价物余额		43 450.22
六、期末现金及现金等价物余额		52 026.08

现金流量表提供了企业在一定会计期间内现金及现金等价物的流入和流出信息，以便报表使用者了解和评价企业获取现金和现金等价物的能力，并据以预测企业未来的现金流量。由于现金流量不受会计政策、会计估计的影响，比较难于被企业操纵，使得这一信息能比较客观地说明企业的资金周转情况、资产流动性和支付能力，并从一个侧面反映企业利润的质量。

第二节 财务分析方法

财务分析的基本功能是运用各种分析方法和技术，根据一定的程序和步骤，将财务报告所反映的信息转换成决策有用信息。财务分析的方法和技术种类繁多，在实务中广泛应用的方法有比较分析法、因素分析法、趋势分析法和图解法。

一、比较分析法

比较分析法是指将两个或两个以上的可比数据进行对比，从而揭示差异和矛盾的财务分析方法，是最基本的财务分析方法。比较分析法又可以分为不同的类别。

（一）按比较内容分类

按比较内容分类，比较分析法可以分为三大类。

1.比较会计报表项目法

比较会计报表项目法也可以称为水平分析法，是将反映企业报告期财务状况的信息（特别指会计报表信息资料）与反映企业前期或历史某一时期财务状况的信息进行对比，研究企业各项经营业绩或财务状况的发展变动情况的一种财务分析方法。水平分析法不仅对单项指标进行对比分析，也对反映某方面情况的报表进行全面、综合的对比分析。其基本要点是将报表资料中不同时期的同一项目数据进行对比，对比的方式有以下几种：

（1）绝对值增减变动，其计算公式是：

指标绝对值变动数值=分析期某项指标实际数-基期同项指标实际数

（2）增减变动率，其计算公式是：

$$变动率(\%)=\frac{指标绝对值变动数值}{基期指标实际数值}\times 100\%$$

（3）变动比率值，其计算公式是：

$$变动比率值=\frac{分析期指标实际数值}{基期指标实际数值}\times 100\%$$

上式中所说的基期，可指上年度，也可指以前某年度。

2.比较结构百分比法

比较结构百分比法即垂直分析法，该方法通过计算报表中各项目占总体的比重或结构，反映报表中的项目与总体的关系情况及其变动情况。会计报表经过垂直分析法处理后，通常称为同度量报表，或称为总体结构报表、共同比报表等。例如，共同比资产负债表、共同比利润表、共同比成本表等，都是应用垂直分析法得到的。垂直分析法的一般步骤如下所示。

（1）确定报表中各项目占总额的比重或百分比，其计算公式是：

$$某项目的比重 = \frac{该项目金额}{各项目总金额} \times 100\%$$

（2）通过计算各项目的比重，分析各项目在企业经营中的重要性。一般项目比重越大，说明其重要程度越高，对总体的影响越大。

（3）将分析期各项目的比重与前期同项目比重进行对比，研究各项目的比重变动情况；也可将本企业报告期项目比重和同类企业的可比项目比重进行对比，研究本企业与同类企业的不同，以及成绩和存在的问题。

3.比较财务比率法

财务比率是某些彼此存在关联的项目的比值。财务比率是相对数，采用这种方法能够把某些条件下的不可比指标变为可以比较的指标，以利于分析。按比率的分子和分母之间的关系，财务比率有构成比率、效率比率和相关比率之分。

（1）构成比率

构成比率又称结构比率，是某项经济指标的各个组成部分与总体的比率，反映部分与总体的关系，如企业资产中流动资产、固定资产、无形资产占总资产的比例，企业负债中流动负债占负债总额的比例等。通过构成比率分析，可以考察总体中某个部分的形成和安排是否合理，以便协调各项财务活动。

（2）效率比率

效率比率是某项经济活动的所得与所费的比率，反映投入与产出的关系。利用效率比率指标，可以比较和考察经营成果、评价经济效益。例如，将利润项目与销售成本、销售收入、资本金等项目加以对比，可计算出成本利润率、销售利润率以及资本利润率等指标，从不同的角度观察比较企业的获利能力及其变动情况。

（3）相关比率

相关比率是某个项目和与其相关但又不同的项目的比率，反映有关经济活动的相互关系。利用相关比率指标，可以考察有联系的相关业务安排得是否合理，以保障企业运营活动顺畅进行。例如，将负债总额与资产总额进行对比，计算资产负债率，以判断企业对债务的偿付保障程度。

（二）按比较对象分类

1.与本企业历史比

该方法也称为纵向比较法，是将一个企业分析期的会计报表数据或者财务指标与企业的历史同期进行比较，确定其增减变动的方向、数额和幅度，用以说明企业财务状况、经营成果或现金流量的变动趋势的一种分析方法。采用这种方法，可以分析引起相关变化的主要原因、变动的性质，并预测企业未来的发展前景。

2.与同类企业对比

该方法也称为横向比较法，是将企业会计报表中相同数据或财务指标与行业平均数、行业先进水平或竞争对手比较，以反映企业在行业中的地位，或揭示其与行业先进企业之间差异的一种分析方法。

3.与计划预算比

该方法也称为差异分析法，是将企业会计报表中的相同数据或财务指标与本期的预算或计划比较，以体现企业实际执行结果与预算（计划）的差异、揭示存在问题的一种分析方法。

二、因素分析法

因素分析法是通过分析指标和影响因素的关系，从数量上确定各因素对指标的影响程度。

企业的活动是一个有机整体，每个指标的高低，都受到若干因素的影响。从数量上测定各因素的影响程度，可以帮助分析者抓住主要矛盾，或更有说服力地评价企业经营状况。

因素分析法具体可以分为连环替代法和差额分析法。

（一）连环替代法

连环替代法又称因素替换法，是将分析指标分解为各个可以计量的因素，并根据各个因素之间的依存关系，顺次用各因素的比较值替代基准值，据以测定各因素对分析指标的影响。采用这种方法的出发点在于，当有若干因素对分析对象发生作用时，假定其他各个因素都无变化，顺序确定每一个因素单独变化所产生的影响。

（二）差额分析法

差额分析法是连环替代法的一种简化形式，是利用各个因素比较值与基准值之间的差额来计算各因素对分析指标的影响。

在运用差额分析法进行因素分析时，正确地选用比较值和基准值的要点是：正在分析的因素，要用比较值减基准值；分析过的因素，要用比较值；尚未分析的因素，要用基准值。

三、趋势分析法

趋势分析法是根据企业连续几年或几个时期的分析资料，运用指数或完成率的计算，确定分析期各有关项目的变动情况和趋势的一种财务分析方法。趋势分析法既可用于对会计报表的整体分析，研究一定时期报表各项目的变动趋势，也可对某些主要指标的发展趋势进行分析。趋势分析法的一般步骤是：

（1）计算趋势比率或指数。指数按不同的计算方法分为两种：一是定基指数；二是环比指数。定基指数是指各个时期的指数都是以某一固定时期为基期来计算的。环比指数则是指各个时期的指数都是以前一期为基期来计算的。趋势分析法通常采用定基指数。

（2）根据指数计算结果，评价与判断企业各项指标的变动趋势及合理性。

（3）预测未来的发展趋势。根据企业以前各期的变动情况，研究其变动趋势或规律，从而预测企业的未来发展变动情况。

四、图解分析法

图解分析法是财务分析中经常应用的方法之一。严格地说，图解分析法并不是一种独立的财务分析方法，而是上述财务分析方法的直观表达形式。例如，对比分析法、结构分析法、趋势分析法、因素分析法和综合分析法等都可用图解分析法来表达。图解分析法的作用在于能形象、直观地反映财务活动过程和结果，将复杂的经济活动及其结果以通俗易懂的形式表达出来。该方法应用十分广泛，人们经常可以通过证券交易场所、报纸杂志等媒体看到财务分析图。这里主要介绍对比图解分析法、结构图解分析法、趋势图解分析法和雷达图解法。

（一）对比图解分析法

对比图解分析法，是指用图形的形式对某一指标的报告数值与基准数值进行对比，以揭示报告数值与基准数值之间的差异。该方法是实践中广泛应用的图解分析法之一，其形式多种多样。常见的对比分析图是柱形图，如图3-1所示。

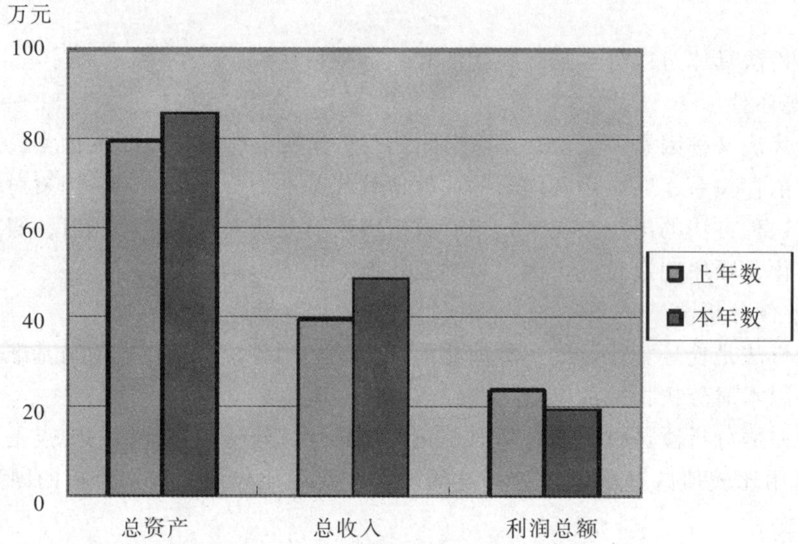

图3-1 对比分析柱形图示例

图3-1可以直观地反映企业本年度总资产、总收入、利润总额与上年对比的情况：在本年总资产和总收入都比上年增长的情况下，利润总额却有所下降。这说明企业规模虽有所增长，但效益或盈利能力却明显下降。

（二）结构图解分析法

结构图解分析法实质上是垂直分析法的图解形式，它以图形的方式表示在总体中各部分所占的比重。结构分析图的形式也有很多种，较常见的为饼状图。

图3-2反映了企业的总权益中有72%是负债，而其中44%是流动负债，所有者权益仅占28%。通过图解分析可以更加清晰直观地了解企业的负债和所有者权益的构成。

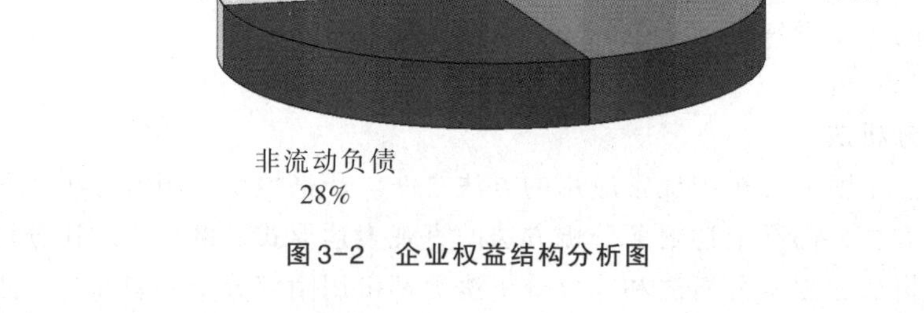

图3-2 企业权益结构分析图

（三）趋势图解法

趋势图解法是用坐标图反映某一个或某几个指标在较长一段时期内的变动趋势。坐标图的横轴表示时期，纵轴表示指标数值，将不同时期的指标数值用线连接起来，就形成了反映指标变动趋势的曲线，也称为折线图。

图 3-3 反映了某企业 2012—2015 年的每股收益、利润额和每股股利的变动趋势，从图中可得出如下结论：第一，企业利润经历了从下降到较快上升的过程；第二，每股收益与利润额的变动趋势基本相同；第三，每股股利平稳或略有增长，说明企业采取的股利政策是固定股利政策。

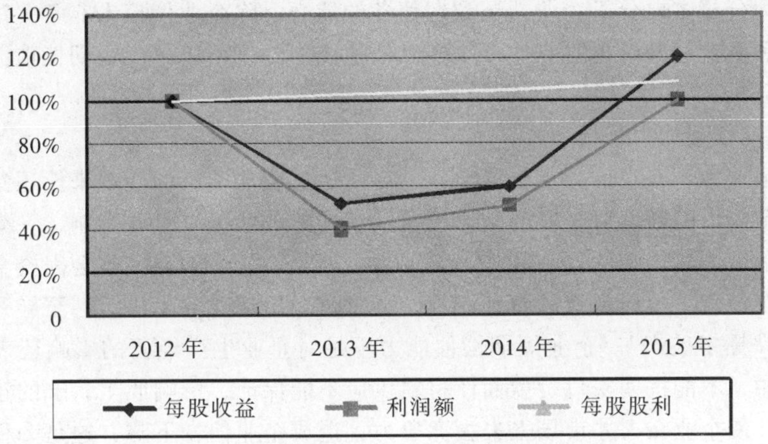

图 3-3　利润、每股收益和每股股利变动趋势图

（四）综合分析雷达图解法

综合分析雷达图解法是以直观的方式，从企业的收益性、生产性、流动性、成长性和安全性五个方面综合评价企业经营与财务状况的一种图解法。图 3-4 反映了两家企业的综合状况。由图 3-4 可以看出，A 企业对安全性绝对重视，同时在收益性和流动性方面表现也比较理想，但其生产性和成长性较差；B 企业则十分重视成长性和生产性，但流动性较差，安全性和收益性则处于一般水平。

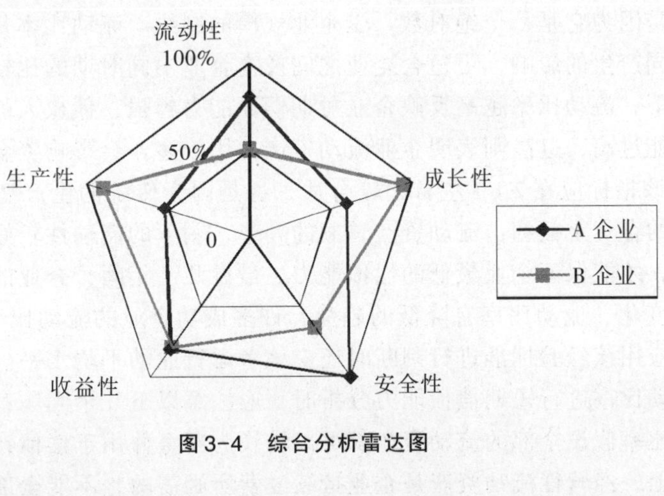

图 3-4　综合分析雷达图

第三节 财务指标分析

财务会计报告中有大量数据，可以形成许多有意义的财务指标。这些财务指标涉及企业经营管理的各个方面，大体上可以分为偿债能力指标、营运能力指标、获利能力指标和发展能力指标四大类。

一、偿债能力分析

偿债能力分析主要分析企业偿还到期债务的能力。除企业债权人非常关注这一类指标外，所有者和企业经营者也对它非常重视。偿债能力分析可以分为短期偿债能力分析和长期偿债能力分析。

（一）短期偿债能力分析

短期偿债能力一般也称为支付能力，主要是通过流动资产的变现来偿还到期的短期债务。短期偿债能力的高低对企业的生产经营活动和财务状况有重要影响，一个企业虽然拥有良好的营运能力和较强的盈利能力，但如果短期偿债能力不强，就会因资金周转困难影响正常的生存经营，削弱企业的盈利能力，严重时会出现财务危机，甚至导致企业因不能按期偿债而“黑字破产”。企业短期偿债能力不足对企业生产经营的影响还表现在：无法取得购货折扣，不能按期支付货款而使材料供应不能保证；影响职工薪酬的正常发放或不能按期加薪，使企业在人才市场上失去竞争力；造成企业信誉下降，这是一种无法估计的损失。因此，企业必须重视短期偿债能力的分析和维护。

1.流动比率

流动比率（Liquidity Ratio or Current Ratio）是流动资产与流动负债的比率。它衡量的是企业可在短期内变现的流动资产偿还其流动负债的能力。流动比率的计算公式为：

$$流动比率=\frac{流动资产}{流动负债}$$

营运资金是流动资产减去流动负债后的余额。之所以不直接用营运资金来反映企业短期偿债能力，是因为它是一个绝对数，受企业规模的制约。流动比率是一个相对数，它消除了由规模不同产生的影响，更适合企业之间及本企业不同时期的比较。

一般情况下，流动比率越高反映企业短期偿债能力越强，债权人的权益越有保证。但流动比率也不能过高，过高则表明企业流动资产占用较多，会影响资金的使用效率。按照西方的经验，该指标应在2∶1左右比较合适，这是因为传统的生产型企业的流动资产中变现能力较差的存货金额约占流动资产总额的一半，剩下的流动性较好的流动资产至少要等于流动负债，才能保证企业最低的偿债能力。最近几十年间，企业的经营方式和金融环境发生了很大变化，流动比率有降低的趋势，许多成功企业的流动比率都低于1，甚至更小。所以，在应用该经验标准进行判断时还应该考虑行业的平均水平。

在运用流动比率进行短期偿债能力分析时，应注意以下几个问题：

（1）流动比率假设全部的流动资产都可以转换为现金并用于偿债，全部流动负债都需要还清。实际上，经营性流动资产是企业持续经营所必需的，不能全部用于偿债，经营性应付项目可以滚动存续，无须运用现金全部结清。因此，流动比率是对短期偿债能力的粗略估计。

(2) 流动比率低也并不意味着企业一定无法偿付到期债务，只要企业存货销售顺畅、回款迅速，也是有可能偿付到期债务的。

(3) 流动比率高并不意味着企业已有足够的现金或存款来偿还债务，流动比率高也可能是积压存货、逾期应收账款和待处理财产损失所致。

【例3-1】根据表3-1的资料，ZXB股份有限公司（以下简称ZXB公司）20××年年末的流动比率为：

$$流动比率=\frac{61\,250.66}{30\,866.01}=1.98$$

ZXB公司20××年年末的流动比率基本保持在2左右，单纯从数值上看似乎比较合适，但仔细分析就会发现该公司存货很少，只有2 080万元，在这样的流动资产结构下，2左右的流动比率就显得过高了。由此可见，虽然该公司短期偿债能力很强，但由于在流动资产上占用资金过多，机会成本较高，从而影响了其获利能力。

2.速动比率

从前面的分析可知，流动比率在评价企业短期偿债能力时，存在一定局限性。如果企业的流动比率较高，但流动资产的流动性较差，则短期偿债能力仍然不强。在流动资产中，交易性金融资产、应收票据、应收账款的变现能力均比较强，而存货需经过销售才能转变为现金，如果存货滞销，则其变现就成问题，所以存货是流动资产中流动性相对较差的资产。一般而言，流动资产扣除存货后的资产称为速动资产，主要包括货币资金、交易性金融资产、应收票据、应收账款等。速动资产与流动负债的比值称为速动比率（Quick Ratio），也称酸性测试比率（Acid-test Ratio）。速动比率的计算公式为：

$$速动比率=\frac{速动资产}{流动负债}=\frac{流动资产-存货}{流动负债}$$

通过速动比率来判断企业短期偿债能力比使用流动比率更进了一步，因为它撇开了变现能力较差的存货。速动比率越高，说明企业的短期偿债能力越强。西方国家一般认为速动比率为1∶1时比较合适，然而由于企业所处的行业不同，速动比率会有很大差别。例如，采用大量现金销售的零售企业，几乎没有应收账款，速动比率远低于1也是很正常的。相反，一些应收账款较多的企业，速动比率可能要大于1。

速动比率并非越高越好，速动比率高，尽管说明企业偿还债务的安全性强，但会因现金及应收账款资金占用过多而增加企业的机会成本，影响盈利能力的提升。

需要指出的是，尽管速动比率较流动比率更能反映流动负债偿还的安全性和稳定性，但并不能认为速动比率较低的企业流动负债到期一定不能偿还。实际上，如果企业存货流动性较好，即使速动比率低，只要流动比率高，仍有望偿还到期债务。速动比率高也并不意味着企业的流动负债到期一定能够偿还，如果企业应收账款的变现能力差，仍有可能无法偿还到期债务。

【例3-2】根据表3-1的资料，ZXB公司20××年年末的速动比率为：

$$速动比率=\frac{61\,250.66-2\,080}{30\,866.01}=1.92$$

ZXB公司20××年年末速动比率高达1.92，表明其每1元的流动负债有1.92元的速动资产作为偿付保障，显示其短期偿债能力很强；同时，该公司速动资产持有过多，尤其是货币资金太多，远远超过日常经营所需，大大增加了企业的机会成本，不利于获利能力的提升。

3.现金比率

现金比率（Cash Ratio）是企业的现金类资产与流动负债的比值。现金类资产包括库存现金、随时可用于支付的存款和现金等价物，即现金流量表中所反映的现金及现金等价物。现金比率的计算公式为：

$$现金比率=\frac{现金+现金等价物}{流动负债}$$

现金比率可以反映企业的直接偿付能力，因为现金是企业偿还债务的最终手段，如果企业缺乏现金，就可能发生支付困难，面临财务危机。因而，现金比率高，说明企业有较强的支付能力，对偿付债务是有保障的。但是如果这个比率过高，可能意味着企业拥有过多盈利能力较低的现金类资产，企业的资产未能得到有效的运用。

【例3-3】根据表3-1的资料，ZXB公司20××年年末的现金比率为（假定该公司的交易性金融资产均为现金等价物）：

$$现金比率=\frac{52\,693.98+235.13}{30\,866.01}=1.71$$

ZXB公司20××年年末的现金比率指标偏高，达到1.71，原因也是持有货币资金过多。

4.现金流量比率

现金流量比率是企业一定时期的经营活动现金流量净额与流动负债的比率，它可以从现金流量的角度反映企业偿付短期负债的能力。现金流量比率的计算公式为：

$$现金流量比率=\frac{年经营活动现金流量净额}{年末流动负债}$$

现金流量比率从现金流量的动态角度对企业的实际偿债能力进行考察，反映了企业经营活动所产生的现金净流量可以在多大程度上保证当期流动负债的偿还。用该指标评价企业的偿债能力更加谨慎。现金流量比率越高，表明企业经营活动产生的现金净流量越多，越能保障企业按时偿还到期债务，但该指标也并不是越高越好。现金流量比率过高表明企业流动资金利用不充分，机会成本高，获利能力不强。

现金流量比率表明每1元流动负债的经营现金流量保障程度，该比率越高，偿债越有保障。对于该指标为多少才合适，没有统一的标准，会因行业不同而呈现差异。

【例3-4】根据表3-1和表3-3的资料，ZXB公司20××年年末的现金流量比率为：

$$现金流量比率=\frac{8\,269.27}{30\,866.01}=0.27$$

（二）长期偿债能力分析

长期偿债能力一般理解为企业偿还非流动负债的能力，或者说企业偿还非流动负债的保障程度，然而长期偿债能力实质上考察的是包含长短期债务在内的全部债务的偿还能力。衡量长期偿债能力的指标主要有资产负债率、股东权益比率、产权比率、偿债保障比率、已获利息倍数等。

1.资产负债率

资产负债率是企业负债总额与资产总额的比率。它表明在企业资产总额中，债权人提供资产所占的比重以及企业资产对债权人权益的保障程度。资产负债率的计算公式为：

$$资产负债率=\frac{负债总额}{资产总额}\times 100\%$$

这一比率越小，表明企业的长期偿债能力越强，但该指标也并非越低越好。从债权人的立场看，该指标越低越好。从所有者的角度看，举债是一把双刃剑，既可以提高企业的盈利水平，也增加了企业的风险。在全部资本利润率高于借款利息率的情况下，增加债务就能获取财务杠杆利益，即以较少的自有资金获得较多的利润。但如果这一比率过高，则表明企业的债务负担重，企业资金实力不强，不仅对债权人不利，而且企业有濒临倒闭的危险。企业在进行是否举债的决策时，必须充分估计预期的利润和增加的风险，在二者之间权衡利害得失。

【例3-5】根据表3-1的资料，ZXB公司20××年年末的资产负债率为：

$$资产负债率=\frac{31\,054.01}{101\,859.51}\times 100\%=30.49\%$$

ZXB公司的资产负债率相对偏低，说明企业债务负担较轻，长期偿债能力较强，这样有助于增强债权人对企业出借资金的信心。但对该企业而言，这意味着没有充分利用债务的财务杠杆效应，获利效果可能不太好。

2.股东权益比率与权益乘数

（1）股东权益比率

股东权益比率是股东权益总额与资产总额的比率，该比率反映资产总额中有多大比例是所有者投入的。其计算公式为：

$$股东权益比率=\frac{股东权益总额}{资产总额}\times 100\%$$

根据前面的公式可知，股东权益比率与资产负债率之和等于1。因此，这两个比率是从不同的角度来反映企业的长期财务状况，股东权益比率越大，资产负债率越小，企业的财务风险也越小，偿还长期债务的能力就越强。

【例3-6】根据表3-1的有关数据，ZXB公司20××年年末的股东权益比率为：

$$股东权益比率=\frac{70\,805.5}{101\,859.51}\times 100\%=69.51\%$$

（2）权益乘数

权益乘数即股东权益比率的倒数，是指资产总额是股东权益总额的多少倍。权益乘数反映了企业财务杠杆的大小。权益乘数越大，说明股东投入的资本在资产中所占比重越小，财务杠杆作用越大。其计算公式为：

$$权益乘数=\frac{资产总额}{股东权益总额}$$

【例3-7】根据表3-1的有关数据，ZXB公司20××年年末的权益乘数为：

$$权益乘数=\frac{101\,859.51}{70\,805.5}=1.44$$

我们也可以用资产平均总额除以股东权益平均总额计算平均权益乘数，20××年ZXB

公司的平均权益乘数为：

$$\text{平均权益乘数}=\frac{(101\ 859.51+96\ 335.91)\div 2}{(70\ 805.5+70\ 016.11)\div 2}=1.41$$

3.产权比率

产权比率也称负债股权比率，是负债总额与股东权益总额的比值。其计算公式为：

$$\text{产权比率}=\frac{\text{负债总额}}{\text{股东权益总额}}$$

该指标说明了由债权人提供的资本与所有者提供的资本的相对关系，反映了企业基本财务结构是否稳定。企业产权比率高，是高风险、高收益的财务结构；产权比率低，是低风险、低收益的财务结构。一般而言，所有者资本大于借入资本较好，但也不能一概而论。在通货膨胀加剧时期，企业多借债可以把损失和风险转嫁给债权人；在经济繁荣时期，企业多借债可以获得额外的利润；在经济衰退时期，企业少借债可以减少利息负担和财务风险。

产权比率同时也是衡量长期偿债能力的指标之一。它反映了债权人投入的资本受到所有者权益保障的程度，或者说是企业清算时对债权人利益的保障程度。

【例3-8】根据表3-1的资料，ZXB公司20××年年末的产权比率为：

$$\text{产权比率}=\frac{31\ 054.01}{70\ 805.50}=0.44$$

ZXB公司的产权比率较低，债权人提供的资本与所有者提供的资本的比例为4 386 : 100，虽然财务结构很稳健，债权人的利益因所有者提供的资本所占比重较高而有较强的保障，但这样的财务结构会影响企业收益水平的提高。

资产负债率和产权比率具有共同的经济意义，但资产负债率侧重于分析债务偿付安全性的资产保障程度，产权比率侧重于揭示财务结构的稳健程度以及所有者对债权人利益的保障程度，这两个指标可以相互补充。

4.偿债保障比率

偿债保障比率是负债总额与经营活动产生的现金流量净额的比值。其计算公式为：

$$\text{偿债保障比率}=\frac{\text{负债总额}}{\text{经营活动产生的现金流量净额}}$$

从上式可以看出，偿债保障比率反映了用企业经营活动产生的现金流量净额偿还全部债务所需的时间，所以该比率也称为债务偿还期。一般认为，经营活动产生的现金流量是企业长期资金的最主要来源，而投资活动和筹资活动所获得的现金流量虽然在必要时也可用于偿还债务，但不能将其视为经常性的现金流量。因此，用偿债保障比率可以衡量企业通过经营活动所获得的现金偿还债务的能力。该比率越低，说明企业偿还债务的能力越强。

【例3-9】根据表3-1和表3-3的有关数据，ZXB公司20××年年末的偿债保障比率为：

$$\text{偿债保障比率}=\frac{31\ 054.01}{8\ 269.27}=3.76$$

5.已获利息倍数

已获利息倍数是指企业息税前利润与利息支出的比率，它可以反映企业获利能力对债务利息偿付的保证程度。其计算公式为：

$$\text{已获利息倍数}=\frac{\text{息税前利润}}{\text{利息支出}}$$

公式中的“息税前利润”是指利润表中未扣除利息费用和所得税之前的利润。它可以用“利润总额+利息费用”来测算。由于我国现行利润表没有单列“利息费用”，企业外部的财务分析者只好用“利润总额+财务费用”来估计。公式中分母的“利息支出”是指本期发生的全部利息，不仅包括财务费用中的利息费用，还包括计入固定资产成本的资本化利息。

已获利息倍数不仅反映了企业获利能力，而且反映了获利能力对债务偿还的保证程度。企业若要维持正常的偿债能力，从长期看，已获利息倍数至少应当大于1，且比值越高，企业偿债能力就越强。如果已获利息倍数过小，企业将面临亏损、偿债安全性与稳定性下降的风险。究竟企业的已获利息倍数为多少才算偿债能力强，要根据往年经验并结合行业特点来判断。同样，已获利息倍数也不是越大越好，该指标过高表明企业未能充分利用负债抵税及财务杠杆的效应，会影响获利能力。

【例3-10】根据表3-2的资料，ZXB公司20××年年末的已获利息倍数为（假定表中的财务费用全部为利息费用，且无资本化利息）：

$$\text{已获利息倍数} = \frac{4\,229.90 + 101.40}{101.40} = 42.71$$

根据表3-1的资料，ZXB公司20××年年末的有息负债为零，即无利息费用；20××年度的已获利息倍数高达42.71倍，有较强的偿还负债利息的能力。但从提升企业盈利水平的角度看，该公司应考虑是否降低有息负债的比重，以获取财务杠杆利益。

（三）影响企业偿债能力的其他因素

以上财务比率是分析企业偿债能力的主要指标，分析者可以比较近几年的有关财务比率来判断企业偿债能力的变化趋势，也可以比较某一企业与同行业其他企业的财务比率，来判断该企业偿债能力的强弱。但是，在分析企业偿债能力时，除了使用上述指标以外，还应考虑以下因素对企业偿债能力的影响，这些因素既可以影响企业的短期偿债能力，也可以影响企业的长期偿债能力。

1.或有负债

或有负债是企业过去的交易或者事项形成的潜在义务，其存在需通过未来不确定事项的发生或不发生予以证实。或有负债可能会转化为企业的债务，也可能不转化为企业的债务，其结果具有不确定性。例如，已贴现未到期的商业承兑汇票、销售的产品可能发生的质量事故赔偿、诉讼案件和经济纠纷可能败诉导致需要赔偿的资金等都属于或有负债，它们在资产负债表编制日还不能确定未来的结果如何，不能作为负债在资产负债表的负债类项目中反映。但是，或有负债在将来一旦转化为企业现实的负债，就会对企业的财务状况产生影响，尤其是金额巨大的或有负债项目会增加企业的财务风险，削弱企业的偿债能力。因此，在进行偿债能力分析时不能不考虑这一影响因素。

2.担保责任

在日常经营往来中，企业可能会发生以本企业的资产为其他企业的债务提供法律担保的情况，如为其他企业的借款担保、为其他企业履行有关经济合同提供法律担保等。如果被担保人不履行合同，这种担保责任就有可能产生企业的负债，增加企业的财务风险。但是这种担保责任在财务报表中并未得到反映，因此在进行财务分析时，必须考虑企业是否有巨额的法律担保责任存在。

3.租赁活动

企业在生产经营中，可以通过财产租赁的方式解决急需设备的使用问题。财产租赁通常有融资租赁和经营租赁两种形式。采用融资租赁方式，租入的固定资产应作为企业的资产入账，租赁费用作为企业的长期负债入账，这在计算前面的有关财务比率时都已经包含在内了。但是，当企业采用经营租赁时，其租赁费用并未包含在负债之中。如果经营租赁的业务量较大、期限较长或者具有经常性，则其租金虽然未包含在负债之中，但对企业的偿债能力也会产生较大的不利影响。在进行财务分析时，也应考虑这一因素。

4.可用的银行授信额度

可用的银行授信额度是指银行授予企业的贷款指标。该项信用额度已经得到银行的批准，但企业尚未办理贷款手续。对于这种授信额度，企业可以随时使用，从而能够方便、快捷地取得银行借款，提高企业的偿付能力，缓解财务困难，对企业的偿债能力产生有利的影响。

二、营运能力分析

营运能力是指企业营运资金的效率和效果，反映企业资产管理水平和资金周转状况。资产营运能力的强弱关键取决于周转速度。一般而言，周转速度越快，资产的使用效率越高，资产的营运能力越强；反之，营运能力就越差。

周转率是企业一定时期内资金的周转额与平均资产余额的比率，它反映企业资金在一定时期的周转次数。周转次数越多，周转速度越快，表明企业营运能力越强。其对应指标是周转期，它是用计算期天数除以周转次数的结果，反映资金周转一次所需要的天数。周转率和周转期的计算公式为：

$$周转率(次)=\frac{周转额}{平均资产余额}$$

$$周转期(天)=\frac{计算期天数}{周转率}$$

营运能力分析实际上是对企业总资产及其各个组成部分的营运能力进行分析，在实务中应用较广泛的主要包括应收账款周转率、存货周转率、流动资产周转率、固定资产周转率和总资产周转率等指标。

（一）应收账款周转率

应收账款周转率（Receivables Turnover Ratio）是企业一定时期内赊销收入净额与平均应收账款余额的比率，是反映应收账款周转速度的指标。其计算公式为：

$$应收账款周转率=\frac{赊销收入净额}{应收账款平均余额}=\frac{赊销收入净额}{(期初应收账款+期末应收账款)/2}$$

$$应收账款平均收现期=\frac{360}{应收账款周转率}=\frac{应收账款平均余额\times 360}{赊销收入净额}$$

上式中的“赊销收入净额”是指赊销收入扣除折扣与折让后的净额，但是企业的外部财务分析者是无法取得这个财务数据的，因此，一般用报表中的营业收入指标来近似替代，因而存在一种假设，即企业所有的收入都是赊销产生的，实际上夸大了该指标的数值。“应收账款平均余额”是指应收账款余额期初和期末的平均数，应收账款包括会计核算中的“应收账款”和“应收票据”等全部赊销账款。

一般而言，应收账款周转率越高，企业的平均收现期越短，应收账款收账越迅速，同时意味着企业资产流动性和短期偿债能力强。通常，应收账款周转率越高对企业越有利，但过高的应收账款周转率对企业也可能是不利的。因为，过高的应收账款周转率也可能是企业信用政策过紧所致。

需要指出的是，季节性经营、大量使用分期收款、大量使用现金结算等因素会对该指标的计算结果产生较大的影响，在分析时应予以重视。应收账款周转率的高低同样难以用一个具体数值作为标准来衡量。企业的外部财务分析者可以将计算出的指标与该企业前期指标、行业平均水平或其他类似企业的指标相比较，判断该指标的高低。

【例3-11】根据表3-1和3-2的资料，ZXB公司20××年年末的应收账款周转率为：

$$\text{应收账款周转率} = \frac{138\,108.82}{(0 + 7.25 + 3351.23 + 2\,497.87) \div 2} = 47.17(\text{次})$$

$$\text{应收账款平均收现期} = \frac{360}{47.17} = 7.63(\text{天})$$

ZXB公司应收账款周转率很高、周转期很短，这表明该公司应收账款收账迅速，资产的流动性较强。由分析可知，这是由于该公司大量使用现金结算销售，赊销比例很小所致。因此，运用营业收入除以应收账款平均余额计算出的应收账款周转率，并不能反映该公司应收账款真实的营运效率。

（二）存货周转率

存货周转率（Inventory Turnover Ratio）是企业一定时期的营业成本与平均存货余额的比率，是反映流动资产流动性的一个重要指标，也是衡量生产经营环节中存货营运效率的一个综合性指标。其计算公式为：

$$\text{存货周转率} = \frac{\text{营业成本}}{\text{存货平均余额}} = \frac{\text{营业成本}}{(\text{期初存货} + \text{期末存货})/2}$$

$$\text{存货周转期} = \frac{360}{\text{存货周转率}} = \frac{\text{存货平均余额} \times 360}{\text{营业成本}}$$

存货周转速度的快慢，不仅反映企业购入存货、投入生产、销售收回等各环节管理状况的好坏，而且对企业的偿债能力及获利能力有着重大的影响。一般而言，存货周转速度越快，存货的占用水平越低，流动性越强，存货的变现能力越强；而存货周转速度越慢，则企业变现能力越差。因此，提高存货周转率可以加强企业的变现能力。

【例3-12】根据表3-1和表3-2的资料，ZXB公司20××年年末的存货周转率和存货周转期为：

$$\text{存货周转率} = \frac{116\,349.57}{(2\,080 + 1\,366.88) \div 2} = 67.51(\text{次})$$

$$\text{存货周转期} = \frac{360}{67.51} = 5.33(\text{天})$$

计算结果表明，ZXB公司20××年的存货周转率很高，存货周转期很短，这主要是因为相对于该公司的营业规模，其存货占用的资金很少。深入分析即可发现，这是由该公司经营模式所致，其日常经营商品主要是由供应商提供，自身存货很少。

（三）流动资产周转率

流动资产周转率（Liquid Assets Turnover Ratio）是企业一定时期的营业收入与平均流动资产余额的比率。其计算公式为：

$$流动资产周转率=\frac{营业收入}{流动资产平均余额}=\frac{营业收入}{(期初流动资产+期末流动资产)/2}$$

$$流动资产周转期=\frac{360}{流动资产周转率}=\frac{流动资产平均余额\times 360}{营业收入}$$

流动资产周转率是反映企业流动资产周转速度的指标。流动资产周转速度快，会相对节约流动资产，相当于扩大资产投入，增强企业盈利能力；而延缓周转速度，则会削弱企业盈利能力。生产经营的任何一个环节上的工作改善，都会反映在流动资产周转速度上。

【例3-13】根据表3-1和表3-2的资料，ZXB公司20××年年末的流动资产周转率为：

$$流动资产周转率=\frac{138\,108.82}{(61\,250.66+54\,065.09)\div 2}=2.40(次)$$

$$流动资产周转期=\frac{360}{2.40}=150(天)$$

ZXB公司的流动资产一年周转2.4次，每周转一次需要150天。该公司的应收账款周转速度和存货周转速度都很快，然而流动资产周转速度却偏低，原因主要在于该公司闲置的货币资金太多。

（四）固定资产周转率

固定资产周转率（Fixed Assets Turnover Ratio）是指企业一定时期的营业收入与平均固定资产净值的比率。它是反映企业固定资产周转情况、衡量企业固定资产利用效率的一项指标。其计算公式为：

$$固定资产周转率=\frac{营业收入}{固定资产平均净值}=\frac{营业收入}{(期初固定资产净值+期末固定资产净值)/2}$$

固定资产周转率高，表明固定资产利用充分，以及固定资产投资得当、结构合理，能够充分发挥效率。运用固定资产周转率这一指标时，需要考虑固定资产计提折旧时，其净值会不断减少的影响；以及固定资产因更新而发生重置时，其净值突然增加等的影响。同时，由于固定资产折旧方法的不同，其可比性可能受到影响，故在分析时要剔除这些不可比因素。

【例3-14】根据表3-1和表3-2的资料，ZXB公司20××年年末的固定资产周转率为：

$$固定资产周转率=\frac{138\,108.82}{(33\,548.24+34\,547.17)\div 2}=4.06(次)$$

（五）总资产周转率

总资产周转率（Total Assets Turnover Ratio）是企业一定时期的营业收入与平均资产总额的比率，它可以用来反映企业全部资产的利用效率。其计算公式为：

$$总资产周转率=\frac{营业收入}{资产平均总额}=\frac{营业收入}{(期初资产总额+期末资产总额)/2}$$

总资产周转率反映的是总资产的周转速度。总资产周转率越高，表明企业全部资产的使用效率越高；如果总资产周转率较低，则说明资产使用效率较差，最终会影响企业的盈利能力。企业可以通过薄利多销的方法加速资产的周转，带来利润绝对额的增加。

【例3-15】根据表3-1和表3-2的资料，ZXB公司20××年年末的总资产周转率为：

$$总资产周转率 = \frac{138\ 108.82}{(101\ 859.51 + 96\ 335.91) \div 2} = 1.39(次)$$

三、盈利能力分析

盈利能力是指企业在一定时期内赚取利润的能力。盈利能力的强弱是一个相对概念，即利润相对于收入和资源投入的比率越高，盈利能力越强；反之则越弱。企业经营业绩的好坏最终可通过企业的盈利能力来反映。无论是企业的经营者、债权人，还是股东（所有者），都非常关心企业的盈利能力。反映盈利能力的指标有很多，通常使用的主要是总资产报酬率、净资产收益率、销售毛利率、销售净利率等，上市公司还经常使用每股收益、每股净资产等指标。

（一）总资产报酬率

总资产报酬率是企业在一定时期内获得的报酬总额与平均资产总额的比率。它是反映企业综合资产利用效益的指标，也是衡量企业利用债权人和所有者权益总额所取得盈利的重要指标。其计算公式为：

$$总资产报酬率 = \frac{息税前利润总额}{资产平均总额} \times 100\%$$

总资产报酬率全面反映了企业全部资产的获利水平，企业所有者和债权人对该指标都比较关注。一般情况下，总资产报酬率越高，表明企业的资产利用效率越好，整个企业的盈利能力越强，经营管理水平越高。企业还可将该指标与市场利率进行比较，如果前者大于后者，则说明企业可以充分利用财务杠杆，适当举债经营，以获得更多的收益。

【例3-16】根据表3-1和表3-2的资料，假定ZXB公司20××年利息费用为零，则公司当年的总资产报酬率为：

$$总资产报酬率 = \frac{5\ 731.64}{(101\ 859.51 + 96\ 335.91) \div 2} \times 100\% = 5.78\%$$

由计算结果可知，ZXB公司资产的综合利用效率不甚理想，有待进一步改进提高。

（二）净资产收益率

净资产收益率，又称为股东权益报酬率或权益净利率，是指企业一定时期的净利润同净资产的比率。它反映了企业自有资金获取净收益的能力，是评价企业资本经营效益的核心指标。其计算公式为：

$$净资产收益率 = \frac{净利润}{平均净资产} \times 100\%$$

$$= \frac{净利润}{期初股东权益总额 + 期末股东权益总额} \times 100\%$$

净资产收益率是评价企业自有资金及其积累获取报酬水平的最具综合性与代表性的指标，反映企业资本运营的综合效益。该指标通用性强，适应范围广，不受行业局限。在我国上市公司业绩评价中，对净资产收益率的应用居于首位。通过对该指标的综合对比分析，可以看出企业获利能力在同行业中所处的地位以及与同类企业的差异水平。一般认为，企业的净资产收益率越高，其自有资金获取收益的能力越强，营运效率越好，对企业所有者、债权人的保证程度越高。

【例3-17】根据表3-1和表3-2的资料，ZXB公司20××年的净资产收益率为：

$$净资产收益率 = \frac{3\,565.81}{(70\,805.5 + 70\,016.1) \div 2} \times 100\% = 5.06\%$$

由计算结果可知，ZXB公司净资产收益率偏低，远低于当年上市公司净资产收益率平均值10.54%，也低于该公司所在行业上市公司的平均值8.47%。

（三）销售毛利率和销售净利率

销售毛利率，又称营业毛利率，是企业在一定时期内的毛利占营业收入的百分比，其中，毛利是营业收入减去营业成本后的差额。其计算公式如下：

$$销售毛利率 = \frac{营业收入 - 营业成本}{营业收入} \times 100\%$$

销售毛利率表示每百元营业收入扣除营业成本后，还有多少可用于支付各项期间费用和税金，形成利润。

【例3-18】根据表3-2的资料，ZXB公司20××年的销售毛利率为：

$$销售毛利率 = \frac{138\,108.82 - 116\,349.57}{138\,108.82} \times 100\% = 15.76\%$$

从计算结果可知，ZXB公司的销售毛利率只有15.76%，低于19.61%的行业平均水平。销售毛利率不高是该公司销售净利率偏低的重要原因之一。

销售净利率又称营业净利率，是企业在一定时期内的净利润与营业收入的比率。其计算公式为：

$$销售净利率 = \frac{净利润}{营业收入} \times 100\%$$

销售净利率反映每百元营业收入能带来多少净利润，表示营业收入的收益水平。企业在增加营业收入的同时，必须相应地获得更多的净利润，才能使销售净利率保持稳定或持续增长。通过分析销售净利率的升降变动情况，可以促使企业在增加销售的同时，注意完善经营管理，提高盈利水平。销售毛利率是企业销售净利率的基础，没有足够高的销售毛利率便很难有盈利。

【例3-19】根据表3-2的资料，ZXB公司20××年的销售净利率为：

$$销售净利率 = \frac{3\,565.81}{138\,108.82} \times 100\% = 2.58\%$$

计算结果表明，ZXB公司的销售净利率偏低。如何提升营业收入、控制成本费用，以提升销售净利率，是该公司在生产经营中迫切需要解决的难题之一。

（四）成本费用利润率

成本费用利润率是指企业在一定时期内的利润总额与成本费用总额的比率。其计算公式为：

$$成本费用利润率 = \frac{利润总额}{成本费用总额} \times 100\%$$

其中：

成本费用总额=营业成本+税金及附加+销售费用+管理费用+财务费用

成本费用利润率反映了企业为获得利润而付出的代价。该指标越高，表明企业的成本费用控制得越好，获利能力越强。

【例3-20】根据表3-2的资料，ZXB公司20××年的成本费用利润率为：

$$\text{成本费用利润率} = \frac{5\,731.64}{116\,349.57 + 1\,203.34 + 5\,735.21 + 9\,899.07 - 126.98} \times 100\% = 4.31\%$$

计算结果表明，ZXB公司的成本费用利润率只有4.31%，相对偏低。该公司应深入分析各项成本费用的开支情况，寻找控制成本费用的有效途径。

（五）每股收益

1.每股收益的计算与分析

每股收益又称每股利润或每股盈余，反映企业普通股股东持有每一股份所能享有的企业利润或承担的企业亏损，是衡量上市公司获利能力最常用的财务指标。

每股收益是净利润扣除优先股股利后的余额，除以当期发行在外的普通股平均股数。其计算公式为：

$$\text{每股收益} = \frac{\text{净利润} - \text{优先股股利}}{\text{当期发行在外普通股的加权平均股数}}$$

其中：

$$\text{当期发行在外普通股加权平均股数} = \text{期初发行在外普通股股数} + \text{当期新发行普通股股数} \times \frac{\text{已发行时间}}{\text{报告期时间}} - \text{当期回购普通股股数} \times \frac{\text{已回购时间}}{\text{报告期时间}}$$

已发行时间、报告期时间和已回购时间一般按照天数计算，在不影响计算结果合理性的前提下，也可以采用简化的计算方法。

【例3-21】根据表3-2的资料，假定ZXB公司20××年既没有增发或送配股票，也没有进行股票回购，20××年年初的普通股股数为26 970.63万股，而且该公司没有优先股，也就不需要支付优先股股利，则该公司20××年的每股收益为：

$$\text{每股收益} = \frac{3\,565.81 - 0}{26\,970.63} = 0.13(\text{元/股})$$

由计算结果可知，ZXB公司每股收益不高，只有当年我国上市公司加权平均每股收益0.24元的一半左右，该公司的盈利能力有待进一步提升。

使用每股收益分析企业盈利能力时要注意以下几个问题：

（1）每股收益不反映股票所含的风险；

（2）股票是一种“份额”概念，不同股票的每一股在经济上是不等量的，它们所含的净资产和市价不同，限制了每股收益在公司之间的比较。

（2）每股收益多，不一定意味着多分红，分红多少取决于公司的股利政策。

2.每股收益的延伸分析

为克服每股收益指标的局限性，可以延伸分析市盈率、每股净资产、市净率等指标。

（1）市盈率

市盈率是上市公司普通股每股市价相当于每股收益的倍数，因此也被称为价格与收益比。其计算公式为：

$$\text{市盈率} = \frac{\text{普通股每股市价}}{\text{普通股每股收益}}$$

市盈率是人们普遍关注的指标，一般的证券分析几乎都会关注各类股票的市盈率。该比率反映投资人对每1元净利润所愿意支付的价格，可以用于估计股票的投资报酬和风险。在市价确定的情况下，每股收益越高，市盈率越高，投资风险越小；在每股收益确定的情况下，市价越高，市盈率越高，风险越大。从市盈率高低的横向比较看，高市盈率说明公司能够获得社会信赖，具有良好的前景。

【例3-22】根据前面计算的资料，已知20××年12月31日ZXB公司股票的收盘价为10.3元，则该公司20××年12月31日的市盈率为：

$$市盈率=\frac{10.3}{0.13}=79.23(倍)$$

由于投资者一般的期望报酬率为5%～20%，因此正常的市盈率为5～20倍。上述计算结果显示，ZXB公司的市盈率高达79.23倍，说明其股票的价格含有较多的泡沫。

使用市盈率指标时应注意以下问题：

第一，该指标不能用于不同行业公司之间的比较。一般而言，充满扩张机会的新兴行业的公司市盈率普遍较高，而成熟行业的公司市盈率普遍较低，这并不能说明后者的股票没有投资价值。

第二，在每股收益很少或亏损时，市价不会降至零，而很高的市盈率往往不能说明任何问题。

第三，市盈率的高低受净利润的影响，而净利润受可选择的会计政策的影响，从而使得公司间市盈率的比较受到限制。

第四，市盈率的高低受市价的影响，影响市价变动的因素很多，包括投机炒作等，因此，观察市盈率的长期趋势很重要。

（2）每股净资产

每股净资产又称每股账面价值或每股权益，是上市公司年末净资产（即股东权益）与年末普通股股数的比值。其计算公式为：

$$每股净资产=\frac{股东权益总额}{发行在外的普通股股数}$$

公式中的股东权益总额是指扣除优先股权益后的余额。每股净资产反映发行在外的普通股每股所代表的净资产成本，即账面权益。在进行投资分析时，只能有限地使用这个指标，因为其是用历史成本计量的，既不反映净资产的变现价值，也不反映净资产的产出能力。

【例3-23】根据表3-1和表3-2的资料，ZXB公司20××年年末的每股净资产为（该公司无优先股）：

$$每股净资产=\frac{70\ 805.50}{26\ 970.63}=2.63(元/股)$$

（六）市净率

把每股净资产和每股市价联系起来，可以说明市场对公司资产质量的评价。反映每股市价和每股净资产关系的比率，称为市净率。其计算公式为：

$$市净率=\frac{每股市价}{每股净资产}$$

每股净资产是股票的账面价值，它是用成本计量的；每股市价是这些资产的现在价值，它是证券市场上交易的结果。投资者认为，市价高于账面价值的企业资产的质量好，有发展潜力；反之，则资产质量差，没有发展前景。优质股票的市价都超出每股净资产许多，一般而言，市净率达到3就可以树立较好的公司形象。

【例3-24】根据前面的计算结果，ZXB公司20××年12月31日股票的收盘价为10.3元，则该公司20××年年末的市净率为：

$$市净率 = \frac{10.3}{2.63} = 3.92(倍)$$

（七）每股股利与股利支付率

1.每股股利

每股股利是指上市公司的现金股利总额扣除优先股股利后的余额与年末普通股股数之比。其计算公式为：

$$每股股利 = \frac{现金股利总额 - 优先股股利}{期末普通股股份总数}$$

【例3-25】根据资料，ZXB公司20××年应付股利总额为2 697.06万元，由于无优先股，也就无优先股股利，20××年年末其普通股总股数为26 970.63万股，则ZXB公司20××年度的每股股利为：

$$每股股利 = \frac{2\,697.06 - 0}{26\,970.63} = 0.10(元/股)$$

2.股利支付率

股利支付率（Payout Ratio）也称股利发放率，是普通股每股股利与每股利润的比率，它表明股份公司的净收益中有多少用于现金股利的分派。其计算公式为：

$$股利支付率 = \frac{每股股利}{每股利润} \times 100\%$$

与股利支付率相关的反映利润留存比例的指标是留存比率（Plowback Ratio），或称收益留存率。其计算公式为：

$$留存比率 = \frac{净利润 - 现金股利额}{净利润} \times 100\% = \frac{留存收益}{净利润} \times 100\%$$

留存比率反映了企业净利润留存的百分比，因此，它与股利支付率之和等于1，即：

股利支付率+留存比率=1

【例3-26】根据前面的计算结果，ZXB公司20××年的股利支付率和留存比率分别为：

$$股利支付率 = \frac{0.10}{0.13} \times 100\% = 76.92\%$$

$$留存比率 = 1 - 76.92\% = 23.08\%$$

由以上计算结果可知，ZXB公司20××年年末的股利支付率为76.92%，是比较高的，这就意味着其留存比率偏低，不利于公司后续投资和可持续性发展，但是具体还要看公司所处的行业等因素。

四、发展能力

发展能力是企业在生存的基础上，扩大规模、壮大实力的潜在可能性。在运用会计报表数据分析企业发展能力时，主要考察指标有销售增长率、资本积累率、总资产增长率和营业利润增长率。

（一）销售增长率

销售增长率又称营业增长率，是企业本年营业收入增长额同上年营业收入总额的比率。其计算公式为：

$$销售增长率 = \frac{本年营业收入增长额}{上年营业收入总额} \times 100\%$$

销售增长率是评价企业成长状况和发展能力的重要指标。它是衡量企业经营状况、市场占有能力，预测企业经营业务拓展趋势的重要标志，也是企业扩张增量资本和存量资本的重要前提。不断增加的营业收入是企业生存的基础和发展的条件。若该指标大于零，表示企业本年的营业收入有所增长，指标值越高，表明增值速度越快，企业市场前景越好；若该指标小于零，则说明企业或是产品销售不对路、质次价高，或是在售后服务等方面存在问题，产品销售不出去，市场份额萎缩。

销售增长率在实际操作时，应结合企业历年销售水平、企业市场占有情况、行业未来发展及其他影响企业发展的潜在因素进行预测，或者结合企业前三年的营业收入增长率作出趋势性分析。销售三年平均增长率的计算公式如下：

$$\begin{matrix}销售三年\\平均增长率\end{matrix} = \left(\sqrt[3]{\frac{本年营业收入总额}{三年前营业收入总额}} - 1\right) \times 100\%$$

【例 3-27】ZXB 公司近三年的营业收入分别为 111 758.11 万元、133 795.05 万元、138 108.82 万元，则该公司的销售增长率和销售三年平均增长率分别为：

$$销售增长率 = \frac{138\,108.82 - 133\,795.05}{133\,795.05} \times 100\% = 3.22\%$$

$$\begin{matrix}销售三年\\平均增长率\end{matrix} = \left(\sqrt[3]{\frac{138\,108.82}{111\,758.11}} - 1\right) \times 100\% = 7.31\%$$

（二）资本积累率

资本积累率是指企业本年股东权益增长额与年初股东权益的比率，它表示企业当年资本的积累能力，是评价企业发展潜力的重要指标。其计算公式为：

$$资本积累率 = \frac{本年股东权益增长额}{年初股东权益总额} \times 100\%$$

资本积累率反映了公司股东权益在当年的变动水平，体现了企业资本的积累情况。资本积累率越高，表明企业的资本积累越多，企业资本的保全性越强，应对风险、持续发展的能力越大。资本积累率如为负值，则表明企业资本受到侵蚀，股东利益受到损害，应予以充分重视。

【例 3-28】根据表 3-1 的资料，ZXB 公司 20××年的资本积累率为：

$$资本积累率 = \frac{70\,805.50 - 70\,016.10}{70\,016.10} \times 100\% = 1.13\%$$

由计算结果可知，ZXB 公司的资本虽然能实现保值，但资本积累情况不是很理想，积累率很低。

（三）总资产增长率

总资产增长率是企业本年总资产增长额与年初资产总额的比率，它可以衡量企业本期资产规模的增长情况，评价企业经营规模总量的扩张程度。其计算公式为：

$$总资产增长率=\frac{本年总资产增长额}{年初资产总额}\times 100\%$$

总资产增长率是从企业资产总量扩张方面衡量企业的发展能力，表明企业规模增长水平对企业发展后劲的影响。总资产增长率越高，表明企业一个经营周期内资产经营规模扩张的速度越快。但实际操作时，应注意资产规模扩张的质与量的关系，以及企业的后续发展能力，避免资产盲目扩张。

【例3-29】根据表3-1的资料，ZXB公司20××年的总资产增长率为：

$$总资产增长率=\frac{101\,859.51-96\,335.91}{96\,335.91}\times 100\%=5.73\%$$

在运用总资产增长指标时，也可以用总资产三年平均增长率分析企业资产总规模持续积累的情况和发展趋势。

（四）营业利润增长率

营业利润增长率是企业本年营业利润增长额与上年营业利润总额的比率，反映企业营业利润的增减变动情况。其计算公式为：

$$营业利润增长率=\frac{本年营业利润增长额}{上年营业利润总额}\times 100\%$$

【例3-30】根据表3-1的资料，ZXB公司20××年的营业利润增长率为：

$$营业利润增长率=\frac{6\,286.01-4\,568.17}{4\,568.17}\times 100\%=37.60\%$$

在运用营业利润增长率指标时，也可以用营业利润三年平均增长率分析企业营业利润持续增长的情况和发展趋势。

第四节 财务综合分析

财务分析的最终目的在于全方位地了解企业的经营理财状况，并对企业经营效益和效率的优劣作出系统、合理的评价。单一财务指标的分析，是很难全面评价企业的财务状况、经营成果和运营情况的。要想对企业有一个整体的评价，就必须进行综合分析与评价。

一、财务综合分析概述

财务综合分析是将营运能力、偿债能力、盈利能力和发展能力等诸方面纳入一个有机整体之中，全面分析企业的经营成果、财务状况和运营情况，从而寻找制约企业发展的瓶颈，并对企业的经营业绩作出综合评价与判断。

财务管理的目标是企业价值最大化，企业价值最大化与企业的可持续增长密切相关。可持续增长要以盈利能力为基础，盈利能力又受到营运能力和财务杠杆的影响，因此，对企业的增长能力、盈利能力、营运能力和偿债能力进行综合分析是十分必要的。财务综合分析的意义或作用主要在于：一是帮助企业经营者全面、系统地驾驭企业财务活动，寻找制约企业发展的主要矛盾，为企业管理和控制指明方向或途径；二是有助于企业的利益相关者全面了解与评价企业的综合财务状况，为其决策提供有用信息；三是为企业绩效考核与奖励提供基础数据。

财务综合分析的特点体现在其对财务指标体系的要求上，一个健全有效的财务综合分析体系至少应当具备以下三个基本条件。

（1）指标要素齐全适当

财务综合分析所设置的评价指标体系，应该满足营运能力、偿债能力和盈利能力等方面总体考察或考核的要求。

（2）主辅指标功能匹配

首先，在确立营运能力、偿债能力、盈利能力和发展能力等方面的评价指标的同时，要进一步明确各项指标在综合分析体系中的主辅地位；其次，不同范畴的主要指标所反映的企业经营状况、财务状况和经营成果的不同侧面和不同层次的信息要有机统一，应当能够全面翔实地揭示企业经营理财的实绩。

（3）满足多方信息需求

财务综合评价指标体系要能够提供多层次、多角度的信息资料，既能满足企业管理者实施决策的需要，又能为所有者、债权人、供应商、客户和政府等利益相关者提供对决策有用的信息。

财务综合分析方法有很多，主要包括杜邦财务分析体系、综合指数法、综合评分法等，其中以杜邦财务分析体系和综合评分法应用最为广泛，本节主要介绍这两种方法。

二、杜邦财务分析体系

杜邦财务分析体系是根据主要财务指标之间的内在联系，建立财务指标分析体系，综合分析和评价企业经营理财及经济效益的方法。由于该指标体系是由美国杜邦公司最早采用的，故称为杜邦财务分析体系。该体系的特点是将若干反映企业盈利状况、财务状况和运营状况的比率按其内在联系有机地结合起来，形成一个完整的指标体系，并最终通过净资产收益率这一核心指标来综合反映。

（一）杜邦财务分析体系分解图

在杜邦财务分析体系中，有几种主要的指标关系，可以分为三大层次。

第一个层次包括：净资产收益率=总资产净利率×权益乘数

即：$\frac{\text{净利润}}{\text{净资产}} \times 100\% = (\frac{\text{净利润}}{\text{总资产}} \times 100\%) \times \frac{\text{总资产}}{\text{净资产}}$

第二个层次包括：总资产净利率=销售净利率×总资产周转率

即：$\frac{\text{净利润}}{\text{总资产}} \times 100\% = (\frac{\text{净利润}}{\text{营业收入}} \times 100\%) \times \frac{\text{营业收入}}{\text{总资产}}$

以上两个层次关系表明，影响净资产收益率的最重要的因素有3个：销售净利率、总资产周转率、权益乘数。它们之间的关系用公式表示为：

净资产收益率=销售净利率×总资产周转率×权益乘数

第三个层次包括销售净利率和总资产周转率两个指标的分解：

$$销售净利率 = \frac{净利润}{营业收入} \times 100\% = \frac{总收入 - 总成本费用}{营业收入}$$

$$总资产周转率 = \frac{营业收入}{总资产} = \frac{营业收入}{流动资产 + 非流动资产}$$

以上关系可以用图3-5更清楚地反映出来。

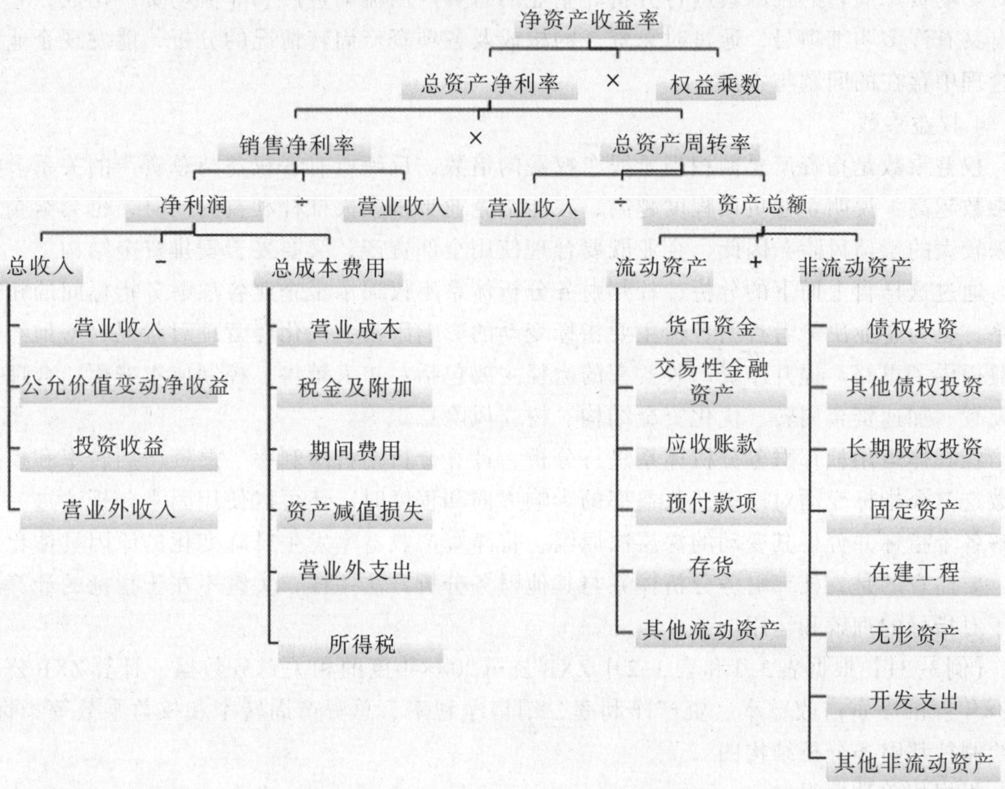

图3-5 杜邦财务分析体系分解图

（二）杜邦财务分析体系的信息内容

从杜邦财务分析体系分解图可以看出，杜邦分析法实际上是从两个角度分析财务状况，一是对内部管理因素进行分析，二是对资金结构和风险进行分析，而且提供了各主要财务指标之间关系的信息。

1.净资产收益率

净资产收益率是一个综合性很强的财务比率指标，是杜邦财务分析体系的核心。财务管理的目标是实现企业价值最大化。净资产收益率反映所有者投入资金的获利能力，反映企业筹资和投资等活动的效率，提高净资产收益率是实现财务管理目标的基本保证。净资产收益率的高低取决于销售净利率、总资产周转率、权益乘数。销售净利率反映企业的获利能力；总资产周转率反映企业的综合营运效率；权益乘数表示企业的负债程度。杜邦财务分析体系正是通过净资产收益率这一核心指标，把反映企业盈利能力、营运能力和偿债能力的指标融为一体，比只用一项综合指标更能说明问题。

2.销售净利率

销售净利率反映了企业净利润与营业收入的关系。净利润是营业收入扣除成本费用及所得税费用后的净额，而成本费用又由一些具体项目构成。通过对这些项目的分析，能了解企业净利润增减变动的原因。提高销售净利率的关键是增加营业收入、控制成本费用。

3.总资产周转率

总资产周转率揭示企业资产实现营业收入的综合能力。对总资产周转率进行分析时，需对影响资产周转的各因素进行分析。企业的总资产由流动资产和非流动资产构成，它们各自又有许多明细项目，通过对总资产的构成及各项资产周转情况的分析，能发现企业资产管理中存在的问题与不足。

4.权益乘数

权益乘数是指资产总额相当于股东权益的倍数，反映所有者权益与总资产的关系。权益乘数越高，说明企业负债程度越高，在能给企业带来较大杠杆利益的同时，也会给企业带来较大的偿债风险。因此，企业既要合理使用全部资产，又要妥善安排资金结构。

通过这样自上而下的分析，杜邦财务分析体系不仅揭示了企业各项财务指标间的相互关系，也为企业决策者查明各项主要指标变动的影响因素、优化经营理财状况、增加经营效益提供了思路。提升净资产收益率的途径主要包括：扩大销售、控制成本费用、合理投资配置、加速资金周转、优化资金结构、树立风险意识等。

在具体运用杜邦财务分析体系进行分析，计算分析销售净利率、总资产周转率和权益乘数这三个指标变动对净资产收益率的影响方向和程度时，还可以使用因素分析法进一步分解各个指标并分析其变动的深层次原因，将净资产收益率发生升降变化的原因具体化。

要注意的是，杜邦财务分析体系与其他财务分析方法一样，关键不在于指标的计算而在于对指标的理解和运用。

【例3-31】根据表3-1和表3-2中ZXB公司20××年度的相关财务数据，计算ZXB公司20××年度的净资产收益率、资产净利率、销售净利率、总资产周转率和权益乘数等指标，并绘制杜邦财务分析结构图。

根据相关数据得出：

$$\text{净资产收益率} = \frac{3\,565.81}{(70\,805.50 + 70\,016.10) \div 2} \times 100\% = 5.06\%$$

$$\text{总资产净利率} = \frac{3\,565.81}{(101\,859.51 + 96\,335.91) \div 2} \times 100\% = 3.60\%$$

$$\text{销售净利率} = \frac{3\,565.81}{138\,108.82} \times 100\% = 2.58\%$$

$$\text{总资产周转率} = \frac{138\,108.82}{(101\,859.51 + 96\,335.91) \div 2} \times 100\% = 1.39(\text{次})$$

$$\text{权益乘数} = \frac{(101\,859.51 + 96\,335.91) \div 2}{(70\,805.50 + 70\,016.10) \div 2} = 1.41$$

根据以上计算结果绘制ZXB公司的杜邦财务分析体系分解图，如图3-6所示。

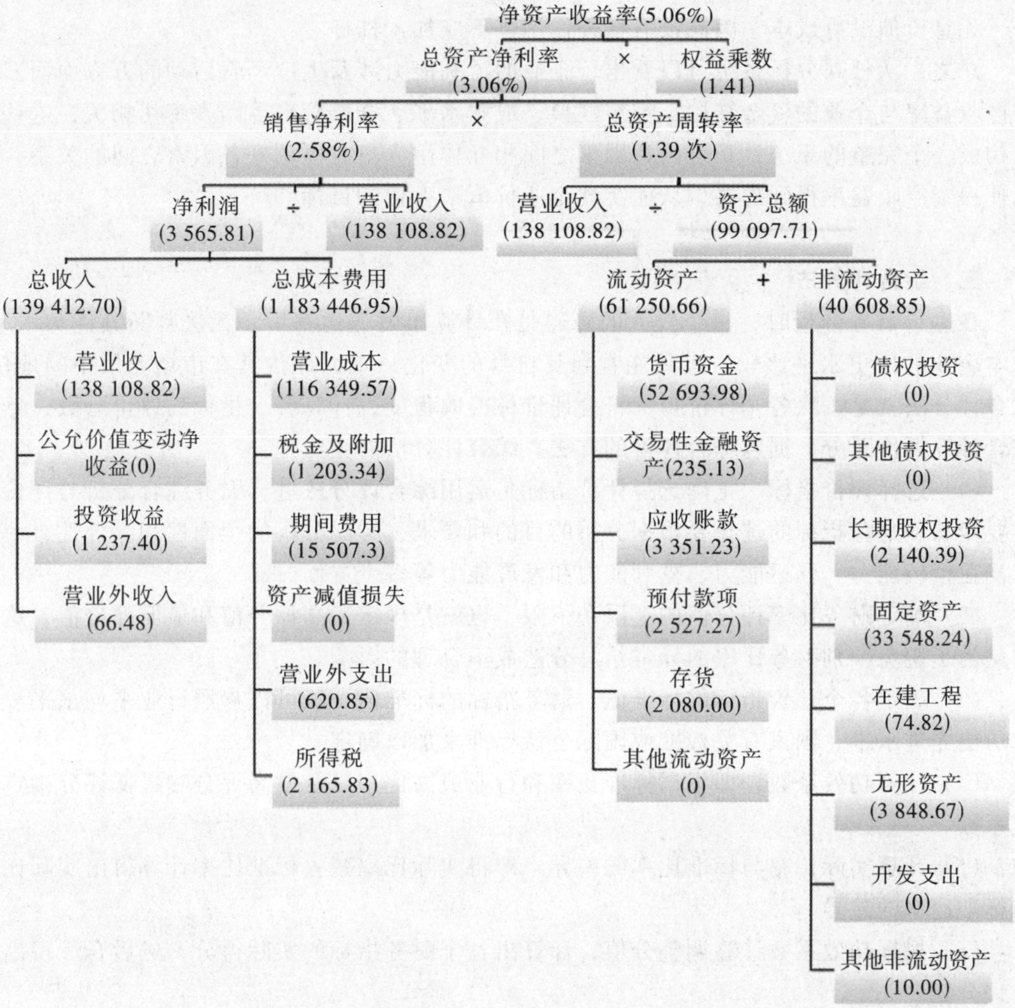

图3-6 ZXB公司杜邦财务分析体系分解图

（三）杜邦财务分析体系的局限性

杜邦财务分析体系通过层层分解财务指标，直观地反映了影响净资产收益率的因素及其内在联系，揭示了企业筹资、投资和生产运营等方面的效率，是一种行之有效的综合财务分析方法。但传统的杜邦财务分析体系也有明显的不足之处，主要表现在以下几个方面：

1.总资产与净利润不匹配

总资产是全部资产提供者现有的权利，净利润是属于股东的，因此不能反映实际回报率。可以计算要求分配收益的股东、有息负债的债权人投入的资本以及这些资本产生的收益。

2.没有区分经营活动收益和金融活动收益

企业的金融资产是投资活动的剩余，并没有纳入实际经营活动，应当从经营资产中扣除，同时也应该将金融费用扣除，这样才能使经营资产与收益相匹配。

3.没有区分有息负债和无息负债

无息负债没有成本，因此没有杠杆作用，不应加入杠杆。

总之，从杜邦分析系统可以看出，企业的盈利能力涉及生产经营活动的方方面面。净资产收益率与企业的资金结构、销售规模、成本水平、资产管理等因素密切相关，这些因素构成一个完整的系统，系统内各因素之间相互作用，只有协调好各因素之间的关系，才能使净资产收益率得到提高，从而实现企业价值最大化的目标。

三、综合评分法

在进行财务分析时，一个较大的障碍是在计算出财务比率后，无法判断其优劣水平。与本企业的历史水平比较，也只能看到其自身的变化，难以评价其在市场竞争中的地位。综合评分法就是按照各个评价指标符合评价标准的程度，计算各个指标的评价分数，然后综合计算评价总分，据以综合评价的方法。综合评分法的步骤是：

（1）选择评价指标。正确选择评价指标是运用综合评分法进行财务综合分析与评价的首要步骤。财务指标的选择要根据分析的目的和要求，考虑分析的全面性和综合性，一般应涵盖偿债能力、营运能力、盈利能力和发展能力等多个方面。

（2）确定财务比率评分值的上限和下限，也就是规定最高评分值和最低评分值，这主要是为了避免个别财务比率的异常给总分造成不合理的影响。

（3）确定各个评价指标的标准值。财务指标的标准值一般可以参照行业平均水平、企业历史先进水平、国家有关标准或国际公认标准来加以确定。

（4）计算功效系数，即根据标准比率和行业最高比率以及最高评分和最低评分确定功效系数。

（5）计算实际比率与标准比率的差异，即将实际比率减去标准比率计算得出实际比率与标准比率的差异。

（6）根据功效系数计算调整分值，计算出各个财务指标的实际得分，然后合计得出综合评分。

【例3-32】某企业采用综合评分法对其本年的财务状况进行综合评价，具体评分标准如表3-4所示。

表3-4 **A公司财务评价标准表**

指标	评分值 ①	标准比率（%） ②	行业最高比率（%） ③	最高评分 ④	最低评分 ⑤	功效系数（%） ⑥= $\frac{③-②}{④-①}$
盈利能力						
总资产净利率	20	10	20	30	10	1
销售净利率	20	4	20	30	10	1.6
净值报酬率	10	16	20	15	5	0.8
偿债能力						
股东权益比率	8	40	100	12	4	15
流动比率	8	150	450	12	4	75

续表

指标	评分值 ①	标准比率（%） ②	行业最高比率（%） ③	最高评分 ④	最低评分 ⑤	功效系数（%） ⑥= $\frac{③-②}{④-①}$
营运能力						
应收账款周转率	8	600	1 200	12	4	150
存货周转率	8	800	1 200	12	4	100
增长能力						
销售增长率	6	15	30	9	3	5
净利增长率	6	10	20	9	3	3.3
年均净利增长率	6	10	20	9	3	3.3
合计	100			150	50	

根据企业的实际情况，计算企业各指标的实际得分，并汇总得出企业的综合得分，具体见表3-5。

表3-5 **A公司某年财务评价综合得分表**

指标	实际比率（%） ①	标准比率（%） ②	差异（%） ③=①-②	功效系数（%） ④	调整分 ⑤=③÷④	标准评分值 ⑥	得分 ⑦=⑤+⑥
盈利能力							
总资产净利率	7.4	10	-2.6	1	-2.6	20	17.4
销售净利率	4.5	4	0.5	1.6	0.31	20	20.31
净值报酬率	14.9	16	-1.1	0.8	-1.38	10	8.62
偿债能力							
股东权益比率	49	40	9	15	0.6	8	8.6
流动比率	233	150	83	75	1.11	8	9.11
营运能力							
应收账款周转率	1 000	600	400	150	2.67	8	10.67
存货周转率	1 200	800	400	100	4.00	8	12.00
增长能力							
销售增长率	5	15	-10	5	-2.00	6	4.00
净利增长率	-15	10	-25	3.3	-7.57	6	-1.57
年均净利增长率	-18	10	-28	3.3	-8.48	6	-2.48
合计						100	86.66

由表3-5可知，该企业综合得分为86.66分，略低于标准值（目标数或行业平均水平等），说明其综合业绩不够理想。其中，偿债能力和营运能力指标均超过评价标准值，盈利能力指标和成长能力指标有的大大低于评价标准值。因此，该企业需要进行相应的改进或者完善。

【学习要点研讨】

1. 请介绍评价股份有限公司盈利能力的主要指标。
2. 作为企业的债权人，在给企业提供贷款的时候，应当考虑哪些因素？
3. 请从所有者和债权人角度分别说明资产负债率应该如何进行评价？
4. 若企业的应收账款周转率偏低可能是由什么原因造成的？会给企业带来什么影响？
5. 请说明净资产收益率作为杜邦财务分析体系核心指标的原因。
6. 请简要介绍财务分析的基本方法。
7. 在应用杜邦财务分析体系进行企业财务状况的综合分析时，应当如何分析各项因素对企业净资产收益率的影响程度？
8. 请简要介绍财务分析的基本程序。
9. 请说明应收账款周转率指标中用营业收入和赊销收入的区别。
10. 企业的营运能力指的是什么？衡量营运能力的指标主要有哪些？

【学思践悟拓展】

比亚迪公司财务评价

特斯拉创始人马斯克多年前曾“嘲笑”比亚迪，而2023年5月他表示如今的比亚迪汽车极具影响力。比亚迪股份有限公司（以下简称比亚迪）是一家成立于1995年的高新技术企业，总部位于广东深圳，2002年7月在香港证券交易所挂牌上市，2011年6月在深圳证券交易所上市。比亚迪公司的主要业务集中于传统燃油及新能源汽车的生产和销售，产业链完整，从上游电池生产到下游汽车销售均有所涉及。此外，比亚迪公司的业务还涵盖手机组装及零部件业务、充电电池及光伏产业、轨道交通等领域。比亚迪重视产品研发及技术创新，2022年年末总资产高达4 939亿元，2021年年末总资产为2 958亿元；2022年营业总收入为4 241亿元，2021年营业总收入为2 161亿元，发展势头迅猛，发展前景良好。

资料来源：根据比亚迪官网资料及2023年年报整理。

启发与拓展

（1）收集比亚迪公司近三年的财务资料，对公司进行四大财务能力分析，并运用杜邦财务分析方法说明比亚迪公司净资产收益率变动的原因。

（2）结合汽车行业的特征，对比亚迪公司的财务状况进行整体分析。

（3）党的二十大报告强调，坚持把发展经济的着力点放在实体经济上，加快建设制造强国，推进大国复兴。请分析比亚迪公司近几年发展迅速的原因。

第四章　长期筹资方式

【学习目标】

•掌握长期筹资的动机、原则、渠道和类型。

•掌握股票的分类、普通股和优先股筹资的优缺点，理解股票的发行和股票上市决策。

•理解筹集投入资本和留存收益筹资方式。

•掌握长期借款的种类、银行借款的信用条件及其筹资的优缺点。

•掌握债券的种类、债券发行定价的方法及其筹资的优缺点，理解债券的发行和信用评级。

•掌握租赁的种类、融资租赁租金的测算方法及其筹资的优缺点，理解融资租赁的程序。

•理解可转换债券的特点、筹资优缺点。

•理解认股权证的含义和作用。

【专业知识导引】

中国石油绿色金融驶入发展“快车道”

自2020年我国在第七十五届联合国大会上首次提出2030年碳达峰、2060年碳中和的“双碳”目标以来，碳市场、绿色金融等概念在全球迅速发展，受到广泛关注。根据中国人民银行的数据，截至2023年3月份，中国绿色贷款余额超22万亿元，约占所有贷款余额的10%，绿色债券余额也大幅增长至超2.5万亿元，中国绿色金融市场对全球资本的吸引力和影响力不断提高。

2022年，中国石油资本和金融业务大力发展绿色金融，2022年中国绿色信贷余额近千亿元。国家“双碳”目标给油气产业链带来新挑战，也为资本金融业务带来新机遇。中油财务公司以绿色信贷为着力点，搭建绿色信贷服务体系，全力支持页岩气等新型清洁高效能源资源项目开发工程建设，助推“煤改气、煤改电”等国家产业政策落地。昆仑银行发行首单地热能类“绿色+碳中和”资产证券化产品6 900万元，助力雄安新区发展及其他绿色能源供应项目建设与实施。昆仑信托通过资金+技术、股权投资等服务信托模式，配合中国石油北京销售公司改造完成京津冀地区首座碳中和加油站，助力海南销售公司建设新能源换电站。中意财险“风能储量不足指数保险”和“售电公司履约保证险”绿色保险产品亮相中国国际服务贸易交易会。

资料来源：魏枫，王熹. 亮点丨中国石油绿色金融驶入发展“快车道”[N]. 中国石油报，2023-01-11.

思考：在“双碳”背景下，从社会和企业两个层面来探讨绿色信贷作为一种筹资方式的重要意义。

第一节 长期筹资概述

筹集资金是企业资金运动的起点，是决定企业资金运动的规模和生产经营发展程度的重要环节。所以，财务管理部门必须根据企业具体经营目标的要求，通过编制企业长短期的资金预算和相应计划，制订和实施企业的筹资决策方案。

同时，在进行筹资决策时，必须对各种可能的筹资方式、筹资规模和时间、筹资成本以及筹资后企业资金结构的变化等多种因素，做综合的比较和分析，选择合理的筹资方案。

一、企业筹资的意义

筹措资金是指企业根据自身生产经营、对外投资、调整资金结构的需要，通过资金市场和筹资渠道，运用一定的筹资方式，经济有效地筹措资金的过程。筹资活动是企业的一项基本财务活动，筹资管理是企业财务管理的重要内容，对企业的生存和发展有着重要的意义。

(一) 筹资是出于保证企业生产经营活动顺利进行的需要

资金不仅是企业从事经营活动的保证，而且是企业创建和维持简单再生产的基本条件。任何企业在创建之时都必须按照国家法律规定的程序和要求到市场监督管理部门办理注册登记手续，才能开展正常的经营活动。

在激烈的市场竞争条件下，企业只有不断追加资金投入，才能在实现扩大再生产的同时，增加人力、物力，采用先进技术，合理调整产品结构，优化资产配置，以使企业得以生存，并不断发展壮大。

(二) 筹资是出于企业对外投资的需要

企业为了稳定一定的供求关系、扩大产品的市场份额并获得一定的投资收益而对外开展投资活动，往往也需要筹集资本。例如，有的企业为了保证其产品生产所必需的原材料供应，向供应商投资并获得控制权。

(三) 筹资是出于企业调整资金结构的需要

企业全部资金中负债资金与权益资金的不同组合形成了不同的资金结构。一般而言，企业的资金结构具有相对稳定性。但是，不同的资金结构给企业带来的收益和风险是不同的，财务管理人员可以根据客观条件和企业的实际情况主动运用调整资金结构的财务决策，来达到降低企业风险水平或提高收益水平的目的。例如，通过筹资增加权益资金、减少负债资金，以减少财务风险；或增加负债资金，相应地减少权益资金，以增加每股收益，从而使企业资金结构趋于合理。

二、企业筹资的动机

企业筹资的基本目的，是实现自身的维持和发展，但每次采取的具体筹资活动往往是由特定动机驱使的。

（一）设立性筹资动机

设立性筹资动机是企业在新建时为满足正常生产经营活动所需的铺底资金而产生的筹资动机。企业新建时，要按照经营方针所确定的生产经营规模确定长期资产资金需要量和流动资金需要量，同时筹措相应数额的资本金——所有者权益，资本金不足部分还需要借入短期或长期的资金，如银行借款。

（二）扩张性筹资动机

扩张性筹资动机是企业因扩大生产经营规模或追加对外投资而产生的筹资动机。具有良好发展前景、处于成长期的企业，通常会产生扩张筹资动机。比如，企业生产经营的产品供不应求，需要购置设备增加产品的市场供应；需要引进技术，开发生产适销对路的新产品；需要扩大有利的对外投资规模；需要开拓有发展前途的新的产业项目等。扩张性筹资动机产生的直接结果，是企业资产总额和权益总额增加。

（三）调整性筹资动机

调整性筹资动机是企业为了调整现有资金结构而产生的筹资动机。资金结构大致可以理解为各种资金的构成及其比例关系，企业的资金结构是由企业采取的各种筹资方式组合而成的。一个企业在不同时期由于采用的筹资方式组合不同会形成不一样的资金结构，随着市场环境和企业内部条件的变化，现有的资金结构可能不再适应企业的发展需要，应予以调整，使之趋于合理。

（四）混合性筹资动机

企业既需要支持扩大经营规模的长期资金，又需要偿还债务的现金，或者需要增加股权资本资金来源，由此形成的筹资动机即混合性筹资动机。这种筹资动机包含了扩张性筹资动机和调整性筹资动机，其结果既会增加企业资产总额，又会调整企业资金结构。

三、企业筹资的原则

筹资的宗旨是满足企业对资金的需求，最终保证企业价值最大化目标的实现。因此，企业在筹资的过程中应遵循以下基本原则。

（一）筹措合法性原则

企业的长期筹资活动影响社会资本及资源的流向和流量，涉及相关主体的经济权益，为此，必须遵循国家有关法律法规，依法履行约定的责任，维护相关各方的合法权益，避免非法筹资行为给企业自身及相关经济利益主体造成损失以及最终可能给国家经济秩序造成的破坏，该原则是企业筹资活动的基础。

（二）规模适量性原则

规模适量性原则就是要合理地确定企业的资金需要量、筹集资金数量，这是企业筹资活动的前提。资金不足会影响企业的正常生产经营和发展，但资金过剩也会影响资金的使用效益。企业无论是从哪些主体那里获得资金、运用什么样的形式获取资金，在进行资金筹措时，都要根据资金的用途确定各种不同资金的数量，做到以“投”定筹、以“用”定筹。

（三）来源经济性原则

在资金的所有权与使用权相分离的现代企业制度背景下，企业无论从何种渠道、以何种形式筹集和使用资金，都必须付出代价，这就是资金成本。采用不同的方式筹集资金，其资金成本是不同的。在其他条件基本相同的前提下，资金成本的高低是选择筹资方式和各种筹资组合方案的主要标准，企业必须综合考察影响资金成本的各种因素，以尽可能低的成本筹集生产经营所需要的资金，做到资金来源上的经济性。

（四）结构合理性原则

企业必须合理确定资金结构，不同的筹资组合会带来不同的财务风险，企业应根据外部环境条件、企业所处行业以及企业本身的经营状况，选择适合自身的筹资组合，既提高资金使用效益，又将财务风险控制在合理范围内。合理确定企业资金结构主要表现为合理确定股权资本与债务资金的比例关系，债务资金的规模应当与股权资本的规模和偿债能力的要求相适应：既要避免债务资金过多，导致企业财务风险过高、偿债负担过重；又要有效地利用债务资金经营，获取尽可能多的财务杠杆利益，以提高股权资金的收益。

（五）筹措及时性原则

筹措取得的资金要按照资金投放时间来合理安排，使筹资与用资在时间上尽量相衔接，筹取过早会造成资金的闲置，降低资金使用效益；资金获得的时间过迟将影响生产经营或错失投资的良好时机。资金及时供应取决于外部环境和自身条件。因此，企业在筹资时，要审时度势，善于根据企业内、外环境的不同状况及对资金的要求，选择合适的资金来源，使资金在数量上和时间上得到保证。

四、企业筹资的渠道与方式

企业需要通过资金来源和资本市场实现筹资。不同的资金来源各有特点和适用性，需要加以分析研究，以促进企业充分开拓和利用资金来源，实现各种资金来源的合理组合，有效地筹集长、短期资金。

（一）筹资渠道

企业的筹资渠道是指企业筹集资金来源的方向与通道，是资金来源和流量的具体体现。筹资渠道主要取决于社会资金提供者的数量及分布，当下，我国社会资金提供者数量众多、分布广泛。社会资金主要有以下七种来源。

1.政府财政资金

政府财政资金是我国国有企业资金的主要来源。现有国有企业的资金大多是由国家财政以直接拨款方式形成的，还有些是国家对企业“税前还贷”或减免各种税款而形成的。不管是由何种形式形成的，从产权关系上看，它们都属于国家投入的资金，产权归国家所有。但随着我国经济体制改革的深入，除了国家重点扶持的一些大中型国有企业和重点投资项目外，国家财政资金在企业自有资金中的比例逐步减少。

2.银行信贷资金

银行信贷资金目前是我国企业负债资金的主要来源，由于其贷款方式灵活多样，限制相对较少，是企业生产经营和发展所需长、短期资金的主要筹资渠道。

3.非银行金融机构资金

非银行金融机构主要指信托公司、保险公司、租赁公司、证券公司、财务公司等。它们所提供的各种金融服务，既包括信贷资金投放，也包括物资的融通，还包括为企业承销证券等金融服务。

4.其他法人单位资金

其他法人单位主要是本企业之外的法人单位，也就是其他企业。企业在生产经营过程中，往往形成部分暂时闲置的资金，并以一定的目的进行相互投资；另外，企业间的购销业务可以通过商业信用方式来完成，从而形成企业间的债权债务关系，形成债务人对债权人的短期信用资金占用。企业间相互投资和商业信用的存在，使其他法人单位资金成为企业资金的重要来源。

5.居民个人资金

居民个人资金是指企业职工和城乡居民的节余货币未转化为银行储蓄的社会“游离”资金，这部分资金也可以用于对企业的投资。

6.外商资金

外商资金是指外国投资者以及我国港澳台投资者向企业投入的资金。我国改革开放后，企业通过贷款，发行股票、债券，租赁，合资、合作经营，出口信贷等方式，从国外及港澳台的金融机构、企业及社会公众等处获得大量资金，筹资渠道日益扩大。

7.企业内部积累资金

企业内部积累资金是指企业通过提取盈余公积金和留存未分配利润而形成的资金。这是企业能维护持续增长能力的一种良好的资金来源，一些发达国家的企业使用内部积累资金的比例相当高，形成了良好的资金周转循环。内部积累资金的多少取决于企业盈利能力和企业利润分配政策。

（二）筹资方式

筹资方式是指企业筹集资金所采取的具体形式。它旨在说明企业财务管理人员运用什么具体形式从各种渠道筹措所需的资金。不同的筹资方式各具特点，企业应根据自身条件选择适当的筹资方式以及各种不同筹资方式的有效组合，以达到提高筹资效益和降低筹资风险的目的。

目前，我国企业的筹资方式主要有：（1）吸收直接投资；（2）发行股票；（3）留存收益；（4）银行借款；（5）发行企业债券；（6）融资租赁；（7）商业信用；（8）短期融资券。其中，前三种筹资方式属于企业权益资金的筹资方式，其余几种筹资方式属于企业债务资金的筹集方式。这些方式的具体形式、种类、特点等内容将在本章后面介绍。

（三）筹资渠道和筹资方式的配合

筹资渠道和筹资方式有着密切的关系，筹资渠道说明企业的资金来自何处，而筹资方式则说明企业运用何种形式筹集资金。一方面，一定的筹资方式既可以适用于某一特定的筹资渠道，也可以适用于不同的筹资渠道；另一方面，同一渠道的资金往往可以采用不同的方式筹集。企业进行筹资，必须实现筹资渠道和筹资方式的合理配合，具体情况见表4-1。

表4-1 **筹资渠道与筹资方式配合表**

筹资方式 筹资渠道	吸收直接投资	发行股票	留存收益	银行借款	发行企业债券	融资租赁	商业信用	短期融资券
政府财政资金	√	√						
银行信贷资金	√	√		√	√			√
非银行金融机构资金	√	√		√	√	√		√
其他法人单位资金	√	√			√		√	√
居民个人资金	√	√			√			√
外商资金	√	√		√	√	√	√	√
企业内部积累资金	√	√	√					

五、筹资类型

企业可以从不同的渠道利用不同的形式来筹集资金，根据不同的标准可以将它们划分为不同类型，各种类型资金的结合就构成了企业具体的筹资组合。为了保证企业筹资组合的有效性，必须正确认识各种筹资类型。

（一）按筹集资金使用期限分类

企业筹集的资金，按资金的使用期限可以分为短期资金与长期资金两类。

1.短期资金

短期资金是指使用期限在一年以内的资金，一般是为满足企业周转性资金的需要。短期资金主要通过短期借款、商业信用、发行短期债券等方式筹集。短期资金由于期限较短、风险较小，其资金成本也相对较低。但是这种较短的偿还期会造成企业较大的偿本付息压力，还在一定程度上增加了企业的财务风险。短期资金的筹集，即短期筹资将在第十章介绍。

2.长期资金

长期资金是相对于短期资金而言的，指企业使用期限在一年以上的资金，一般为企业的长期经营发展提供可靠保证。长期资金主要用于新产品的开发和推广、生产规模的扩大、厂房和设备的更新，一般需要几年甚至十几年才能收回。企业的长期资金主要通过吸收直接投资、发行股票、留存收益、发行企业债券、长期借款、融资租赁等方式筹集。长期资金由于期限较长，风险较大，其资金成本也相对较高，但相较于短期资金而言，其到期还本付息压力较小，在一定程度上减少了企业的财务风险，并且还可以长期稳定地使用，这是短期资金所无法具备的优点。

（二）按筹集资金的性质分类

企业筹集的资金，按资金性质不同可分为权益资金与债务资金两类。合理安排权益资金与债务资金的比例关系，是筹资管理的一个核心问题。

1.权益资金

权益资金也称为自有资金，是企业依法筹集、长期拥有、自主支配的资金，是由投资者的原始投资和投资积累形成的，主要包括实收资本、资本公积金、盈余公积金和未分配利润等。权益资金的多少，反映了企业资金实力的强弱，在相当程度上可以反映企业财务状况的稳定程度以及企业适应生产经营客观环境变化的能力。权益资金具备期限上的永久性和使用上的自主支配性，是企业生产经营的基本保证。企业权益资金可以采用吸收直接投资、发行股票和留存收益等方式筹措。

2.债务资金

债务资金也称借入资金，是企业通过债务方式取得，依约使用、按期偿还的资金。这部分资金在一定期限内归企业使用，但到期必须偿还。债务资金包括应付账款、应付票据、银行借款、应付债券及其他各种应付款项。企业债务资金可采用银行借款、发行债券、融资租赁、商业信用和短期融资券等方式筹措。

（三）按是否借助银行等金融机构分类

企业筹资活动按是否通过金融机构可以划分为直接筹资与间接筹资两类。这两种筹资活动的区别主要取决于宏观筹资机制和政策。

1.直接筹资

直接筹资是指企业不通过金融机构，而是直接面对资金供应者进行的筹资活动，一般包括吸收直接投资、发行股票、发行债券等方式。随着金融法规的逐步健全、证券市场的不断完善，我国居民、企业参与直接融资的机会大大增加，参与方式也日趋多样化。所以，直接筹资的范围越来越广。

2.间接筹资

间接筹资是企业通过金融媒介（一般指银行或其他金融机构）进行的筹资活动，一般包括银行借款、其他金融机构借款和融资租赁等方式。间接筹资具有筹资手续简单、效率高、费用低等优点，但筹资范围相对较窄，筹资渠道与方式相对较少。长期以来，间接筹资在我国企业筹资活动中占主导地位。但是，随着金融市场的不断完善，间接筹资的地位比以前有所削弱，尤其是伴随着现代企业制度建设——股份制改造——的深化，越来越多的企业转变筹资方式，开始面向资本市场进行直接融资。

六、注册资本制度

（一）注册资本的含义

一般而言，注册资本是企业法人资格存在的物质要件，是股东对企业承担有限责任的界限，也是股东行使股权的依据和标准。具体而言，注册资本是指企业在市场监督管理部门登记注册的资本总额。

根据我国《公司法》的规定，股份有限公司可以采取发起设立或者募集设立的方式。发起设立是指由发起人认购公司应发行的全部股份而设立公司。募集设立是指由发起人认购公司应发行股份的一部分，其余股份向社会公开募集或者向特定对象募集而设立公司。股份有限公司采取发起设立方式设立的，注册资本是在公司登记机关登记的全体发起人认购的股本总额；采取募集方式设立的，注册资本是在公司登记机关登记的实收资本总额。

有限责任公司的注册资本是在公司登记机关登记的全体股东认缴的出资额。

（二）注册资本制度的模式

从世界各国的情况看，公司注册资本制度的模式主要有三种：

1.法定资本制

法定资本制又称实收资本制。这种注册资本制度规定公司的实收资本必须等于注册资本，否则公司不得设立。该制度由法国和德国首创，为多数大陆法系国家所采用，如欧洲大陆各国。法定资本制度模式一般规定公司注册资本的最低限额，并规定公司全体发起人或全体股东首次出资额的最低比例，其余部分限期缴足，由依法设定的验资机构出具验资证明，有的国家还规定货币资本出资的最低比例。由此可见，法定资本制对于注册资本的规定比较严格，其目的在于保护债权人的利益，维护公司经营的安全。

我国《公司法》规定，股份有限公司注册资本的最低限额为人民币500万元，公司全体发起人的首次出资额不得低于注册资本的20%，其余部分由发起人自公司成立之日起2年内缴足，其中，投资公司可以在5年内缴足；在缴足前，不得向他人募集股份。股份有限公司采取募集方式设立的，注册资本为在公司登记机关登记的实收资本总额。发行股份的股款缴足后，由依法设立的验资机构出具验资证明。

2.授权资本制

授权资本制是指公司在设立时，于公司章程中确定资本总额，但不要求股东一次全部缴足，只要缴付首次出资额，公司即可设立；其余部分可授权董事会根据需要随时发行。这种制度允许实收资本和注册资本不一致，公司增减资本比较灵活。授权资本制为英国和美国所创立，主要为英美法系的国家和地区所采用。我国2013年对《公司法》进行修订后，也不再应用原来的实收资本制。

对于有限责任公司，我国《公司法》规定有限责任公司的注册资本为在公司登记机关登记的全体股东认缴的出资额。法律、行政法规以及国务院决定对有限责任公司注册资本实缴、注册资本最低限额另有规定的，从其规定。2013年修订的《公司法》，除了另有规定的情况之外，取消了关于公司股东应当在公司成立之后2年内缴足出资、投资公司可以在5年内缴足出资的规定，取消了一人有限公司的股东应当一次足额缴纳出资的规定，公司股东可以自主约定认缴出资额、出资方式、出资期限等，并记载于公司章程。

3.折中资本制

折中资本制是介于法定资本制和授权资本制之间的一种注册资本制度。折中资本制一般规定公司在设立时应明确资本总额，并规定首次出资额或出资比例以及缴足资本总额的最长期限。由此可见，该制度吸收了法定资本制和授权资本制的优点，一方面允许公司根据实际需要发行资本，以适应公司的经营需要；另一方面规定缴足资本的期限，有利于减少公司的经营风险。

第二节　权益性筹资方式

权益性筹集是指筹集权益资金的具体方式。权益资金是指投资者投入企业以及企业生产经营过程中所形成的积累性资金。它反映企业所有者的权益，可以被企业长期占有和支配，是企业一项最基本的资金来源。它的筹集方式主要包括吸收直接投资、发行股票和留存收益三种。

一、吸收直接投资

吸收直接投资是指企业按照“共同投资、共同经营、共担风险、共享利润”的原则吸收国家、法人、个人、外商投入资金的一种筹资方式。吸收直接投资是非股份制企业筹集权益资金的基本方式。

（一）吸收直接投资的种类

1. 国家资本。吸收国家政府投资，由此形成的国家资本金。

2. 法人资本。吸收企业、事业等法人单位投资，由此形成法人资本金。

3. 个人资本。吸收城乡居民和企业内部职工投资，由此形成个人资本金。

4. 外商资本。吸收外国和我国港澳台地区投资，由此形成外商资本金。

（二）吸收直接投资的形式

1.现金

吸收现金投资是企业吸收直接投资的重要形式。企业有了现金，可以购买各种生产资料，支付各种费用，有很大的灵活性，因此，企业要争取投资者尽可能采用现金方式出资。许多国家的企业法规制度对现金的出资数额都有明确的规定。我国有关法规尚无现金数额的规定，一般由企业和投资者双方协商确定。

2.实物资产

企业筹集实物资产资金主要是指投资者以房屋、建筑物、设备等固定资产和材料、燃料、产品等流动资产作价投资。这些实物资产应该是没有设置担保权和租赁权的资产，也就是投资者没有将这些资产作为自身债务的担保，或者出租给其他企业和个人使用。

3.无形资产

企业筹集无形资产资金是投资者以专利权、商标权、非专利技术以及土地使用权等无形资产作价出资。《公司法》取消了原来对无形资产出资比例不得高于注册资本20%的限制，但明确规定注册资本中货币出资比例不得低于30%。

（三）吸收直接投资的条件和要求

企业采用吸收直接投资方式筹措股权资本，必须符合一定的条件和要求，主要有以下几个方面：

1.主体条件

吸收直接投资作为权益资金的企业，应当是非股份制企业。一般而言，吸收直接投资的主体是进行吸收直接投资的企业。从法律上讲，现代企业主要有三种组织形式，也可以说是三种企业制度，即独资制、合伙制和公司制。在我国，公司制企业又分为股份制企业（包括股份有限公司和有限责任公司）和国有独资公司。采用投入资本筹资的主体只能是非股份制企业，包括个人独资企业、个人合伙企业和国有独资公司。

2.需要要求

企业吸收的直接投资的出资者以现金、实物资产和无形资产出资的，必须符合企业生产经营和新产品研发试制的需要。

3.消化要求

企业吸收的直接投资，如果是实物和无形资产，必须在技术上能够消化，企业经过努力，在生产工艺、员工操作等方面能够应用。

（四）吸收直接投资的程序

企业吸收直接投资，一般应依照如下程序进行：

1.确定需要吸收的投资数额

企业新建或扩大经营规模时采取吸收直接投资的方式，应运用资金周转速度预测法、销售百分比法、线性回归分析法等确定资金的需要量。

2.联系投资单位，商定投资数额和出资方式

企业能向哪些单位吸收投资，要由企业和有关投资者进行双向选择。确定投资单位以后，企业与投资方便可进行具体协商，确定出资数额和出资方式。从使用的灵活性来考虑，企业应该尽可能吸收现金投资，如果投资方确有先进且满足需要的固定资产和无形资产，也可以吸收非现金投资。

3.签署筹资决定或协议

企业吸收直接投资，无论是为了新建还是增资，都应当由有关方面签署决定或协议等书面文件：对于国有企业，应由国家授权投资的机构等签署创建或增值拨款决定；对于合资企业，应由合资各方共同签订合资或增资协议。

4.取得所筹集的资金

签署拨款决定或出资协议后，应按规定或计划取得资金。

（五）吸收直接投资的优缺点

1.吸收直接投资的优点

吸收直接投资是我国企业普遍采用的一种权益资金筹集方式，其主要优点有：

（1）能增强企业的资信和举债能力。吸收直接投资所筹集的资金属于企业的权益资金，吸收的直接投资资本金越多，企业的所有者权益规模和总资产规模越大，对债务的保障程度越强，也就越有利于增强企业的资信和举债能力。

（2）能尽快形成企业的生存经营能力。吸收直接投资不仅可以筹集到现金，增强企业的支付能力，而且能够获取企业所需的先进设备和技术，与仅能筹集现金的有关筹资方式相比较，尽快地形成生产经营能力，也就能更早地获取营业收入、赚取利润。

（3）财务风险较低。吸收直接投资作为权益资金筹集方式，不仅不存在还本问题，而且向投资者支付报酬具有一定的灵活性，因而筹集直接投资在增强债务保障额的同时，也减少了企业的财务风险。

2.吸收直接投资的缺点

吸收直接投资也存在一些缺点，主要表现为：

（1）资金成本较高。吸收直接投资一般要根据企业盈利的多少和出资数额来确定向投资者支付报酬，而且我国税法规定这种利润分配的资金只能在缴纳所得税之后支付，相较于支付债务利息可以在缴纳所得税之前扣除，吸收直接投资没有节税的作用，因此也就存在较高的资金成本。

（2）产权交易不便。吸收直接投资由于没有证券作为媒介，产权关系有时不够明晰，不便于产权的控制和交易。

二、发行股票

发行股票筹资是股份有限公司筹集股权资本的基本方式。股票是股份公司为筹集权益

资金而发行的有价证券，是股东按其持有股份享有权益和承担义务的可转让书面凭证。购买股票的投资者即成为公司的股东，股票实质上代表了股份公司的所有权。

(一) 股票的种类

根据不同标准，可以对股票进行不同的分类，常见的类型有以下几种：

1.按股东权利和义务的不同，可分为普通股和优先股

普通股是一种最常见、最基本的标准型股票。普通股是股份制企业发行的代表股东享有平等的权利和义务、不加特别限制、股利不固定的股票。通常情况下，股份制企业只发行普通股。

优先股，也称特别股，是股份制企业发行的优先于普通股股东分配经营收益和破产时剩余财产的股票。对优先股股东而言，其收益相对稳定而风险较小。

股票根据权利和义务标准分类是最基本的分类方法，后面将针对这两类股票分别进行详细的介绍。

2.按票面有无记名，可分为记名股票和无记名股票

记名股票，是指股票票面署有股东姓名或名称的股票。股东姓名或名称应记入公司股东名册。

无记名股票，是股票票面上不署有股东姓名的股票，股东姓名也不记入公司股东名册，只记载股票数量、编号和发行日期。无记名股票的转让，由股东将该股票交付给受让人即可生效。

我国《公司法》规定，公司向发起人、国家授权投资的机构、法人发行的股票，应为记名股票；向社会公众发行股票，可以为记名股票，也可以为无记名股票。记名股票的转让要通过背书或者法律规定的其他方式进行，并办理过户手续。

3.按股票是否标明票面金额，可分为有面额股票和无面额股票

有面额股票是公司发行的票面记载有金额的股票。持有这种股票的股东，对公司享有权利和义务的大小，以其所拥有的全部股票的票面金额之和占公司发行在外股票总面额的比例大小来决定。我国《公司法》规定，股票应当标明票面金额。

无面额股票不标明票面金额，只在股票票面上载明所占公司股本总额的比例或股份数。该类股票的票面价值实际上是随公司财产的增减而变动的。发行无面额股票有利于促进投资者购买股票时更加注意股票的实际价值，但如果公司资产变动过于频繁，则与稳健性原则存在一定距离。

4.按股票的持股主体，可分为国家股、法人股、个人股和外商股

国家股一般是指国家投资或经过评估并经国有资产管理部门确认的国有资产折成的股份。国家股的股权所有者是国家，国家股的股权由国有资产管理机构或其授权单位、主管部门行使国有资产的所有权职能。

法人股指企业法人或具有法人资格的事业单位和社会团体以其依法可经营的资产向公司股权部分投资所形成的股份。目前，在我国上市公司的股权结构中，法人股约占20%。

个人股是指我国境内个人和机构，以其合法财产向公司可上市流通股权部分投资所形成的股份。我国投资者通过1亿多股东账户在股票市场买卖的股票都是个人股。我国《公司法》规定，单个自然人持股数不得超过该公司股份的5%。

外商股是指在外国和我国香港、澳门、台湾地区的经济组织或者个人向公司投资，形

成股东权益的股份。

5.按发行范围，可分为A股、B股、H股、S股和N股

这一区分主要是依据股票的上市地点和所面对的投资者。股票根据上市地区可以分为：

A股，正式名称是人民币普通股票。它是由我国境内的公司发行，供境内机构、组织或个人（不含台、港、澳投资者）以人民币认购和交易的普通股票。1990年年底创建的A股市场，无论是上市公司的数量，还是市场的总市值，都是中国股票市场当之无愧的代表。

B股，也称为人民币特种股票。它是指在中国大陆注册、上市的特种股票，以人民币标明面值，只能以外币认购和交易。B股公司的注册地和上市地都在境内，只不过投资者可能在境外或在中国香港、澳门及台湾地区。

H股，也称为国企股，是指国有企业在中国香港（Hong Kong）上市的股票。自1993年青岛啤酒H股在香港发行以来，我国先后挑选了4批共77家境外上市预选企业，这些企业都处于各行业的领先地位，在一定程度上体现了中国经济的整体发展水平和增长潜力。

S股，是指那些生产或者经营的核心业务在中国大陆，而企业的注册地在新加坡（Singapore）或者其他国家和地区，但是在新加坡交易所上市挂牌的企业股票。

N股，是指那些在中国大陆注册，在纽约（New York）上市的外资股。例如，我们所熟悉的新东方、阿里巴巴、京东商城等均发行了N股。

6.按照股票交易是否有限制，可分为流通股和非流通股

在上市公司的股票中，流通股和非流通股在二级市场上的交易限制是有差别的。

流通股是指在上海证券交易所、深圳证券交易所及北京证券交易所流通的股票。

非流通股主要指暂时不能上市流通的国家股和法人股。其中，国家股是在股份公司改制时由国有资产折成的股份；而法人股一部分是成立股份公司之初由公司的发起人出资认购的股份，另一部分是股份有限公司向社会公开募集股份时专门向其他法人机构募集而成的。这一部分股票未上市流通的原因包括：一是国家股的代表人尚未确定，其上市转让难以操作；二是在发行股票时，部分法人股的募集条件和社会公众股有所不同；三是国家股和法人股在上市公司的总股本中所占比例高达2/3，其上市流通会对现在的二级市场形成较大的冲击。随着我国股份制改革的深入、股市的成熟和发展，这一部分股票必然会全部进入沪深股市的二级流通市场。

（二）股票的发行

1.股票发行的规定与条件

按照我国有关法规的规定，股份有限公司发行股票应当遵循公开、公平、公正的原则，必须同股同权、同股同利。同一次发行的股票，每股的发行条件和价格应当相同。任何单位或个人所认购的股份每股应支付相同的价款。同时，发行股票还应接受国务院证券委员会和中国证券监督管理委员会的管理和监督。

特别是，对于股份有限公司公开增资发行新股，我国相关法规要求必须具备以下条件：具备健全且运行良好的组织机构；具有持续盈利能力，财务状况良好；最近三年财务会计文件无虚假记载，无其他重大违法行为；经国务院批准的国务院证券监督管理机构规定的其他条件。

2.股票发行的程序

股份有限公司在设立时发行股票与增资发行新股的程序是不一样的。

（1）设立发行股票的基本程序

第一，发起人认缴股款。股份有限公司的设立，可以采取发起设立或者募集设立两种方式。无论采取哪种设立方式，发起人均须认足其应认购的股份。在募集设立方式下，发起人认足其应认购的股份、缴付出资后，其余股份可向社会公开募集。

第二，提出发行股票的申请。发起人向社会公开募集股份时，必须向国务院证券管理部门递交募股申请，并报送批准设立公司的文件。证券监督管理部门审查募股申请后，认为符合《公司法》规定文件的，予以批准；否则，不予批准。

第三，公开招股说明书，制作认股书。募股申请获得批准后，发起人应在规定的期限内向社会公告招股说明书，并制作认股书。招股说明书应附有发起人制作的公司章程，并载明发起人认购的股份数、每股的票面金额和发行价格、无记名股票的发行总数、认股人的权利义务、本次募股的起止期限、逾期未募足时认股人可撤回所认股份的说明事项。认股书应当载明招股说明书所列的事项，由认股人填写所认股数、金额、认股人住所，并签名、盖章。

第四，签订承销协议和代收股款协议。发起人向社会公开发行股票，应当由依法设立的证券承销机构承销，并签订承销协议，还应当同银行签订代收股款协议。

第五，收缴股款，创立公司，办理登记，交割股票。

（2）增资发行新股的基本程序

第一，作出发行新股决议。根据我国《公司法》的规定，公司发行新股必须由股东大会作出决议，包括新股种类及数额、新股发行价格、新股发行的起止日期、向原有股东发行新股的种类及数额等事项。公司发行新股的种类、数额及发行价格，需根据公司股票在市场上的发行前景、公司筹措资本的需要、公司连续盈利情况和财产增值情况，以及发行成本予以确定。

第二，提出发行新股申请。公司作出发行新股的决议以后，董事会必须向国务院授权的部门或者省级人民政府申请批准。属于向社会公开募集的新股，须经国务院证券管理部门批准。

第三，公告招股说明书、财务报告，并制作认股书。公司经批准向社会公开发行新股时，必须公告新股招股说明书和财务会计报表及附表，并制作认股书。

第四，与证券经营机构签订承销协议。

第五，招认股份，缴纳股款，交割股票。

第六，改选董事、监事，办理变更登记。公司发行新股募足股款后，应立即召开股东大会，改选董事、监事。这种改选是由于公司股份增加、股份比例结构变化所引起的增额性改选。然后，公司必须向登记机关办理变更登记，并向社会公告。变更登记事项主要包括本次实际发行的新股数及金额、发行新股后变更的股东名册、经改选的公司董事和监事名单等。公司发行新股募足股款后，必须向公司登记机关办理登记，并公告。

3.股票发行价格

公司发行股票，应当选择适当的股票发行方式和销售方式，并制定恰当的发行价格，以便及时足额地筹集股本。

股票发行的价格通常有等价、时价和中间价三种。

（1）等价，是指股票面额为发行价，即股票的发行价格与其面额等价，也称平价发行或面值发行。

（2）时价，是以公司原发行同种股票的现行市场价格为基准来选择增发新股的实际发行价格，也称市价发行。

（3）中间价，是取股票市场价格与面额的中间值作为股票发行价格。以时价和中间价发行都可能是溢价发行，也可能是折价发行。值得注意的是，我国《公司法》规定公司发行股票不准折价发行，即不能以低于股票面额的价格发行。

根据我国《证券法》的规定，股票的发行价格由发行人与承销的证券公司协商确定，并报中国证监会核准。实际工作中，股票的定价方式主要包括协商定价方式、一般的询价方式、累计投标询价方式、上网竞价方式等几种。

（三）股票上市

股票上市指股份有限公司公开发行的股票经批准在证券交易所进行挂牌交易。经批准在交易所上市交易的股票称为上市股票。股票获准上市交易的股份有限公司简称为上市公司。我国《公司法》规定，股东转让其股份，即股票流通必须在依法设立的证券交易所进行。

1.股票上市条件

公司公开发行的股票进入证券交易所交易必须受严格的条件限制。根据我国《证券法》的规定，股份有限公司申请股票上市必须符合下列条件：

（1）股票经过国务院证券监督管理机构核准已公开发行。

（2）公司股本总额不少于人民币3 000万元。

（3）公开发行的股份达到公司股份总数的25%以上；公司股本总额超过人民币4亿元的，公开发行股份的比例为10%以上。

（4）公司最近3年无重大违法行为，财务会计报告无虚假记载。

证券交易所可以规定高于上述规定的上市条件，并报国务院证券监督管理机构批准。具备上述条件的股份公司经申请，由国务院证券监督管理机构部门批准，其股票方可上市。股票上市公司必须公告其上市报告，并将其申请文件存放在指定的地点供公众查阅。股票上市公司还必须定期公布其财务状况和经营情况，每年定期公布财务会计报告。

2.股票上市的利弊分析

股票上市作为一种有效的筹资方式，对公司成长起着重要的作用。然而，股票上市也会给公司带来一些负面效果，因此，公司管理者应非常慎重地考虑股票上市的决定。

（1）股票上市对公司产生的有利影响

第一，能提高企业的声誉。因为只有达到一定的条件，才能取得上市资格，即能够上市的公司必须有较强的经济实力，因此，股票上市可以显示企业的经济实力，使之在市场竞争中处于有利的地位。

第二，有利于股票的流动，便于社会公众投资，增强了公司的资本吸引力。

第三，能显示企业的市场价值。一方面有利于确定发行新股的价格；另一方面促进公司通过提升股价更好地实现财务管理目标。

第四，上市公司的信息披露有利于社会和股东对公司经营管理实行监督。

（2）股票上市可能对公司产生的不利影响

第一，上市公司的信息披露不利于公司保守商业秘密。

第二，经济因素引起股票价格的波动，会导致公司作出盈余管理的举措，扭曲公司的实际经营状况，不利于对公司经营业绩作出评价，也不利于保护投资者的收益。

第三，股票上市会产生上市成本，包括争取上市的费用和上市交易缴纳的费用，从而增加公司的费用开支。

第四，公司在上市后，往往会在发起人的基础上，引入更多的机构投资者和个人投资者，分散公司核心发起人的控制权。

（四）普通股筹资

持有普通股的股东都享有同等的权利，他们都能参与公司的经营决策，其所分取的股息红利会随着股份公司经营利润的多寡而变化；而其他类型的股票，其股东的权益或多或少地会受到一定条件的限制。

1.普通股的主要特点

（1）普通股是股票中最普通、最重要的股票种类。股份公司最初发行的股票一般都是普通股，且由于它在权利及义务方面没有特别的限制、发行范围最广、发行量最大，故股份公司的绝大部分资金一般都是通过发行普通股筹集而来的。

（2）普通股是股份有限公司发行的标准股票，其有效期限与股份有限公司相一致，此类股票的持有者是股份有限公司的基本股东。

（3）普通股是风险最大的股票。持有此类股票的股东获取的经济利益是不稳定的，它不但要随公司的经营水平而波动，且其获取收益的顺序比较靠后，即股份公司必须在偿付完公司的债务、所发行的债券利息以及优先股股东的股息以后才能给普通股股东分红。所以，持有普通股的股东收益最不稳定，投资风险最大。

2.普通股股东的权利

对股份公司而言，持普通股的股东所处的地位是绝对平等的，在股份有限公司存续期间，他们都毫无例外地享有下述权利，法律和公司章程对此没有任何特别的限制。

（1）通过参加股东大会来参与股份公司的重大经营决策

一般而言，股份公司每一年度都至少要召开一次股东大会，在遇到重大事件时还要召开临时股东大会。在股东大会上，股东除了听取公司董事会的业务和财务报告外，还可对公司的经营管理发表意见，参加公司董事会和监事会的选举。如果认为公司的账目不清，股东还有权查阅公司的有关账册。如果发现董事违法失职或违反公司章程而损害公司利益，普通股股东有权将之诉诸法庭。

（2）具有分配公司盈余和剩余资产的权利

经董事会决定之后，普通股股东有权按顺序从公司经营的净利润中分取股息和红利；在股份有限公司解散清算时，有权按顺序和比例分配公司的剩余资产。

（3）优先认股权

当股份公司为增加公司资本而决定增资扩股时，普通股股东都有权按持股比例优先认购新股，以保证普通股股东在股份有限公司中的控股比例不变。例如，我国的上市公司在配股时，都是按比例先配给现有的普通股股东。当普通股股东不愿或无力参加配股时，可放弃配股或按相应的规定将配股权利转让予他人。

3.普通股的细分

（1）额定股份

额定股份也称为法定股本，是公司章程中规定的公司最大股份数额，为公司的法定股份发行总量。额定股本数量的改动须经全体股东批准。

（2）已发行股份

已发行股份指发售后可上市流通的额定股份。公司各次发行的总数累计不得超过额定股份。通常，公司已发行股份数量小于额定股份，并在财务报告中公布。公司管理层可以在额定股份的范围内通过增发新股来募集额外资金或使用这些股份实施购并。

已发行股份包括发行在外的股份和库藏股。

（3）库藏股

库藏股，也称为库存股，指的是公司将已经发行的股票重新买回，存放于公司，而尚未注销或重新售出。这样做可以减少市场上已发行股票的总数。在公司的资产负债表上，库存股不能列为公司资产，而是以负数形式列为一项股东权益（Shareholder's Equity）。

公司持有库藏股可能出于以下原因：①买下某一要退出企业的股东的全部股票；②经营需要；③减少在外发行的股数而使每股净收益上升，以维护公司声誉、防止公司股价下跌，从而实现吸引投资者的目的；④预防企业被其他企业吞并或被收归国有；⑤将库藏股的重新取得和再发行作为公司理财和调动资金的一种方法；⑥公司股东或外界人士向企业捐赠本公司股票。

至于公司是否可以持有库藏股，各国法律有不同的规定。意大利、比利时规定，除非为了减少公司资本（即必须注销），禁止公司回收已发行的股票；英国、法国在原则上也禁止公司持有库藏股，但优先股不受此限；美国法律则允许公司回收股票，但为保护股东权利，规定库藏股没有表决权，且不得领取红利。我国对上市公司回购本公司股票的规定也比较严格。

4.普通股筹资的优缺点

（1）普通股筹资的优点

第一，没有固定的到期日，不用偿还。利用普通股筹集的是永久性资金，除非公司清算才需要偿还。这就保证了企业最低的资金需求。

第二，财务负担较轻。普通股筹资不存在固定的股利支付义务，当公司有盈利，并达到适合分配股利的条件时，才分派股利；当公司盈利较少，或者虽有盈利但现金短缺或有更好的投资机会时，也可以少付或者不支付股利。相比之下，无论企业的利润有多少，甚至发生亏损，债券或借款的利息费用都必须按时支付。

第三，财务风险较低。由于普通股没有固定的到期日，不用支付固定的利息，普通股筹资实际上不存在不能偿付的风险，因此，财务风险较低。

第四，能增强公司的信誉。普通股筹集的股本和资本公积，是公司筹措债务的基本保障，有了较多的权益资金，就可以为债权人提供较高的安全性。因此，普通股筹资可以提高公司的信用价值，为公司使用更多的债务资金提供强有力的支持。

（2）普通股筹资的缺点

第一，资金成本较高。一般而言，普通股筹资的成本要大于债务资金。这不仅是因为股票投资的风险大、股东要求的报酬率高，也是因为股利要从税后利润中支付，与债务资金的利息在税前扣除相比，不能起到节税的作用。另外，普通股的发行费用也比较高。

第二，容易分散公司的控制权。利用普通股筹资，发行新的股票，引进了新的股东，就会稀释原有股东的权益。

第三，会引起股价的波动。股票发行过量会直接导致每股净收益额的降低，从而给公司股价带来负面影响。

（五）优先股筹资

股份公司发行优先股一般是出于某种特定的目的和需要，且在票面上要注明“优先股”字样。

1.优先股的优先权与限制

优先股股东的特别权利就是可优先于普通股股东以固定的股息分取公司收益，并在公司破产清算时优先分取剩余资产，但一般不能参与公司的经营活动，其具体的优先条件必须由公司章程加以明确。

（1）优先分配利润，且以约定的比率进行分配，即优先股的股利一般是固定不变的。

（2）优先分配剩余财产。当股份有限公司因解散、破产等原因进行清算时，优先股股东可先于普通股股东分取公司的剩余财产。

（3）优先股股东一般不享有公司经营管理权，即优先股不包含表决权，优先股股东无权过问公司的经营管理，但在涉及优先股所保障的股东权益时，优先股股东可发表意见并享有相应的表决权。

（4）优先股可由公司赎回。由于股份有限公司需要向优先股股东支付固定的股息，发行优先股实际上是股份有限公司举债集资的一种形式，但优先股又不同于公司债券和银行贷款，因为优先股股东分取收益和公司财产的权利只能在公司满足了债权人的要求之后才能行使。优先股股东不能要求退股，却可以依照优先股所附的赎回条款，由股份有限公司予以赎回。大多数优先股都附有赎回条款。

2.优先股的细分

（1）累积优先股和非累积优先股

累积优先股是指在上一营业年度内未支付的股息可以累积起来，由以后财务年度的盈利一起付清。非累积优先股是指只能按当年盈利分取股息的优先股，如果当年公司经营不善而不能分取股息，未分的股息不能予以累积，以后也不能补付。

（2）参与优先股和非参与优先股

参与优先股是指其股票持有人不仅可按规定分取当年的定额股息，还有权与普通股股东一同参加利润分配的优先股。非参与优先股，只能按规定分取定额股息，而不再参加其他形式的分红。

（3）可转换优先股和不可转换优先股

可转换优先股是指股票持有人可以在特定条件下按公司条款把优先股转换成普通股或公司债券的股票，而不可转换优先股是指不具有转换为其他金融工具功能的优先股。

（4）可赎回优先股和不可赎回优先股

可赎回优先股是指股份有限公司可以一定价格收回的优先股，又称可收回优先股，而不附有赎回条件的优先股就是不可赎回优先股。

（5）股息可调整优先股

股息可调整优先股的股息率可随相应的条件进行变更，而不再事先予以固定。

3.优先股筹资的优缺点

（1）优先股筹资的优点

第一，优先股没有固定的到期日，不用偿还本金，公司可自主支配使用优先股所筹资金。

第二，能保持普通股股东的控制权。发行优先股为公司筹集资金可以减少普通股发行数量，甚至不发行普通股，而优先股股东一般没有参与经营管理的权利。如果公司既想筹集权益资金，又要维护原有股东的控制权，采用优先股筹资是最恰当的。

第三，优先股股利虽然固定，但盈余不足时，可以暂不支付，具有一定的灵活性。

第四，优先股也能增强公司的资信能力。一般而言，公司必须在发行有普通股的前提下，满足一定的条件才能发行优先股，因此能发行优先股的公司对投资者也具有较大的吸引力。

（2）优先股筹资的缺点

第一，资金成本较高。优先股所支付的股利要从税后盈余中支付，而债务利息可在税前扣除。因此，优先股筹资的成本比较高。

第二，筹资限制较多。发行优先股通常有许多限制条款，如对普通股股利支付的限制、对公司举债的限制等。

第三，财务负担较重。优先股需要支付固定股利，但又不能在税前扣除，所以，当盈余下降时，优先股的股利会成为一项较重的财务负担，有时不得不延期支付，可能会影响公司的信誉。

三、留存收益

留存收益（Retained Earnings）是税后利润中留归公司支配使用的部分，一般有以下两个来源：一是盈余公积，即特定用途的留存利润，它是公司按照《公司法》规定从净利润中提取的积累资金，包括法定盈余公积金和任意盈余公积金；二是未分配利润，即未限定用途的留存净利润。

留存收益是由公司税后利润形成的，属于权益资金。一般企业都不会把全部收益以股利形式分配给股东。留存收益是企业资金的一项重要来源，相当于股东对企业进行追加投资，股东对这部分投资与以前交给企业的股本一样，要求获得同普通股一样的报酬，所以，留存收益也存在机会成本，但不用考虑筹资费用。

留存收益筹资的优点主要有：第一，从是否动用现金的角度来看，留存收益的现金成本几乎为零；第二，有利于保持普通股股东的控制权；第三，能增强公司的资信和借款能力。

留存收益筹资的缺点主要有：第一，筹资数额受限于公司的盈利水平；第二，资金使用受制约。

第三节　债务性筹资方式

债务资金是企业主要的筹资来源，具体包括银行借款、公司债券、融资租赁、商业信用和短期融资券等形式。

一、长期借款

长期借款（Long-term Loans）是指企业向银行或其他金融机构借入的期限在一年以上（不含一年）或超过一年的一个营业周期以上的各项借款。我国企业的长期借款主要是向金融机构借入的各项长期借款，如从各专业银行、商业银行取得的贷款；除此之外，还包括向财务公司、投资公司等金融企业借入的款项。

（一）长期借款的种类

长期借款的种类很多，各企业可以根据自身的情况和各种借款条件选用。我国目前各金融机构为企业提供的长期借款主要有以下几种分类：

1. 按照用途分类，可以分为基本建设借款、更新改造借款、科技开发和新产品试制借款等。

2. 按照有无抵押品作担保，可分为信用贷款和抵押贷款。信用贷款是指仅凭企业的信用而发放的贷款。抵押贷款是指企业以一定的财产作抵押或以一定的保证人作担保为条件所取得的贷款。企业长期贷款的抵押品主要有房屋、建筑物、机器设备、股票和债券等。

3. 按借款的机构分类，可以分为政策性银行借款、商业银行借款和其他金融机构借款。政策性银行借款主要指企业从国家开发银行、中国进出口银行、中国农业发展银行等三家政策性银行借入的款项。商业银行借款主要是指从中国银行、农业银行、工商银行、建设银行、招商银行等商业银行借入的款项。其他金融机构借款主要是指从投资银行、财务公司或小额贷款公司等机构借入的款项。

（二）长期借款筹资的程序

企业向银行借款，通常要经过以下步骤：

1. 向银行提出申请，填写包括借款金额、借款用途、偿还能力以及还款方式等主要内容的借款申请书，提供的资料主要包括：借款人及保证人的基本情况；财政部门或会计师事务所核准的上年度财务报告；抵押物清单和同意抵押的证明，保证人拟同意保证的有关证明文件；项目建议书和可行性报告；贷款银行认为需要提交的其他资料。

2. 银行审查借款申请。

3. 与银行签订借款合同。

为了维护借贷双方的合法权益、保证资金的合理使用，企业向银行借入资金时，双方必须签订借款合同。借款合同主要包括基本条款和限制性条款等内容。

基本条款包括的内容主要有借款数额、借款方式、借款用途、还款期限、还款方式、利息支付方式、利息率水平等基本内容；借款有关的物质保证、抵押财产、担保人及其责任；借贷双方有违约行为时的处理方式。

由于长期借款的期限长、风险大，按照国际惯例，银行为了降低贷款风险，在借款合同中通常会提出一些有助于保证贷款按时偿还的条款，即限制性条款。限制性条款一般有以下三类：

①一般条款

一般条款是对借款企业的资产流动性及偿债能力方面提出的要求，具体包括：要求借款企业持有一定量的现金和其他流动性比较强的资产，保持资产的合理流动性及偿债能力；限制资本性支出的规模，以免长期资产比例过高而影响资产流动性；限制现金股利的支出；限制长期负债的增加。

②例行条款

例行条款是指在大多数借款合同中都包含的常规性条款。例行条款是借款合同的基本内容，主要规定双方的权利和义务，具体包括：定期向银行报送财务报表；及时偿还应交税费及其他到期债务，防止被罚款或信誉受损；限制有关承诺、担保、抵押及应收款项转让等事项，避免或有负债的产生或资产的流失；限制固定资产的出售，以保证正常的生产经营能力和盈利能力等。

③特殊条款

特殊条款是针对某些特殊情况而制定的条款，如要求借款专款专用、限制员工的薪酬总额、要求主要领导人购买合同期内的相关保险等。

4.企业取得借款。

5.企业还本付息。

企业应按借款合同的规定及时足额地归还本息。一般而言，在长期借款到期一个月之前，银行会向借款的企业发送还本付息通知单。企业在接到还本付息通知单后，要及时筹备资金，按期还本付息。

（三）长期借款的信用条件

按照国际惯例，银行借款往往附加一些信用条件，主要有授信额度、周转授信协议、补偿性余额。此时的银行借款属于信用借款。

1.授信额度

授信额度是借款企业与银行间正式或非正式协议规定的企业可向银行借款的最高限额。通常在授信额度内，企业可随时按需要向银行申请借款。例如，在正式的授信协议中，约定某企业的授信额度为1 000万元，该企业首次向银行借款600万元后，还未归还该笔借款。根据协议，银行将保证该企业还可以申请400万元的借款。但要注意的是，在非正式协议下，银行并不承担按最高借款限额保证贷款的法律义务，即银行可以因为某些原因拒绝企业对剩余额度提出的借款请求。

2.周转授信协议

周转授信协议是大公司与银行之间的正式授信额度。与一般授信额度不同，银行对周转信用额度负有法律义务，并因此向企业收取一定的承诺费用，一般按一定比率（2‰左右）对企业未使用完授信额度的部分进行计算。

3.补偿性余额

补偿性余额是银行要求借款企业保持按贷款限额或实际借款额的10%～20%的平均存款余额留存银行。出于降低银行贷款风险、提高贷款的有效利率和补偿银行资金额度的目的，银行通常都会对借款企业提出补偿性余额的要求。例如，若某企业向银行借款100万元，贷款银行提出15%的补偿性余额的条件，那么该企业实际能借入并使用的资金只有85万元，而企业支付的利息则是按100万元的本金计算的。

（四）长期借款筹资的优缺点

1.长期借款筹资的优点

（1）筹资速度快。发行各种证券筹集长期资金所需时间一般较长。做好证券发行的准备，如印刷证券、申请批准等，以及证券的发售都需要一定的时间。向银行借款所需的时间一般比发行证券短，可以迅速获得所需资金。

（2）资金成本较低。目前我国相关法律规定，利用银行借款所支付的利息比发行债券所支付的利息低，也无须支付大量的发行费用；而且，借款的利息支出在缴纳所得税之前支付，企业能享受到节税的优惠，因此其资金成本较低。

（3）筹资弹性较好。企业与银行可以直接接触，可通过直接磋商来确定借款的时间、数量和利息；在借款期间，如果企业情况发生了变化，也可与银行进行协商，修改借款的数量和条件；借款到期后，如有正当理由，还可以申请延期归还。

（4）具有财务杠杆作用。企业利用长期借款筹集资金后，由于支付的利息是固定的，若该笔资金所投资的项目取得的收益高于固定的利息，高出的部分留归企业，最终会提高所有者投入的权益资金的报酬率，这部分增加的收益就是因借款发挥财务杠杆作用获得的。

2.长期借款筹资的缺点

（1）财务风险较大。企业借入长期借款，必须定期还本付息，在经营不力的情况下，可能会产生不能偿付的风险，甚至会使企业破产。

（2）限制条款较多。企业与银行签订的借款合同中，一般都有一些限制条款，如定期报送有关报表、不准改变借款用途等，这些条款可能会限制企业的经营活动。

（3）筹资数额有限。一方面，银行一般不愿贷放巨额的长期借款；另一方面，贷款的额度会受限于企业的总资产、注册资本和所有者权益资金的多少，因此，利用银行借款筹资都有一定的上限。

二、公司债券

企业发行的债券称为企业债券或者公司债券。公司债券是公司为筹集资金而发行的到期还本付息的有价证券，也是债权人（持券人）按规定取得固定利息和到期收回本金的债权证书。

（一）公司债券的种类

1.按有无记名分类，可分为记名债券与无记名债券

记名债券是指在券面上记载持券人的姓名或名称的债券。对于这种债券，公司只对记名人偿付本金，持券人凭印鉴支取利息。记名债券的转让由债券持有人以背书等方式进行，并由发行公司将受让人的姓名或名称载于公司的债券名册存根簿。

无记名债券在券面上不记载持券人的姓名或名称，还本付息以债券为凭证，一般实行剪票付息。债券持有人将债券交付给受让人后即发挥转让效力。

2.按有无抵押担保分类，可分为抵押债券和信用债券

抵押债券又称有担保债券，是指发行公司有特定财产作为担保品的债券。根据担保品

的不同，又可细分为不动产抵押债券、动产抵押债券、信托抵押债券。信托抵押债券是指公司以其持有的有价证券为担保而发行的债券。

信用债券又称无担保债券，是指发行公司没有抵押品作为担保，完全凭信用发行的债券。这种债券通常是由信誉良好的公司发行，利率一般略高于抵押债券。

3.按利率是否变动分类，可分为固定利率债券和浮动利率债券

固定利率债券的利率在发行债券时即已确定并载于债券票面。

浮动利率债券的利率在发行债券之初不固定，而是挂靠有关利率（如中国人民银行规定的基准利率等）加以确定。

4.按是否参与利润分配分类，可分为参加债券与非参加债券

参加债券的持有人除可获得预先规定的利息外，还享有一定程度参与发行公司收益分配的权利，其参与利润分配的方式和比例必须事先规定。实践中这种债券少有发行。

非参加债券的持有人没有参与利润分配的权利。公司债券大多为非参加债券。

5.按持有人的特定权益分类，可分为收益债券、可转换债券和附认股权证债券

收益债券是指当发行公司有税后利润可供分配时才支付利息的公司债券。发行这种公司债券，不必承担固定的利息负担。对持券人而言，风险较大，收益也可能较高。

可转换债券是指根据债券募集办法的规定，债券持有人可按照一定条件将其转换为发行公司股票的债券。发行可转换债券的公司，应规定转换办法，并按转换办法向债券持有人换发股票。债券持有人有权选择是否将其所持债券转换为股票。发行可转换债券，既可为债券持有人增加灵活的投资选择机会，又可为发行公司调整资金结构或缓解财务压力提供便利。该债券的具体内容将在本章第四节中介绍。

附认股权证债券是指所发行的债券附带允许债券持有人按特定价格认购股票的一种长期选择权。该认股权证通常随债券发放，具有与可转换债券相似的属性。附认股权证债券的票面利率与可转换债券一样，通常低于一般的公司债券。

6.按是否上市交易分类，可分为上市债券和非上市债券

按照国际惯例，公司债券与股票一样，也有上市与非上市之分。上市债券是经有关机构审批，可以在证券交易所买卖流通的债券。

债券上市对发行公司和债券持有人都有一定的好处：①上市债券因其符合一定的标准，信用度较高，一般售价较高；②债券上市有利于提高发行公司的知名度；③上市债券成交速度快，变现能力强，更易吸引投资者；④上市债券交易便利，成交价格比较合理，有利于公平筹资和投资。

（二）公司债券的发行

公司要使其发行的债券上市，需要具备规定的条件，并提出申请，遵循一定的程序。

1.发行资格

我国《公司法》规定，股份有限公司、国有独资公司和两个以上的国有企业或者其他两个以上国有投资主体设立的有限责任公司，有资格发行公司债券。

2.发行条件

我国《公司法》规定，有资格发行债券的公司，必须具备以下条件：股份有限公司的净资产不低于人民币3 000万元，有限责任公司的净资产不低于人民币6 000万元；累计债券总额不超过公司净资产的40%；最近3年平均可分配利润足以支付公司债券1年的利息；

筹集资金投向需符合国家产业政策；债券的利率不得超过国务院限定的利率水平；国务院规定的其他条件。另外，发行公司债券筹集的资金，必须用于审批机关批准的用途，不得用于弥补亏损和非生产性支出，否则会损害债权人的利益。

发行可转换公司债，除了具备以上条件外，还应符合股票发行的条件，并报请国务院证券管理部门批准。

3.发行定价

债券融资所面临的财务问题之一是如何对拟发行的债券进行定价，即确定债券发行价格。所谓债券发行价格，是指发行公司（或其承销机构）发行债券时所使用的价格，即投资者向发行公司认购债券时实际支付的价格。公司在发行债券之前，必须进行发行价格决策。具体价格可以通过第2章介绍的证券估价中的典型债券估价模型来测算，公式如下：

$$V_0 = \sum_{t=1}^{n} \frac{I}{(1+K)^t} + \frac{F}{(1+K)^n}$$

上式中，V_0表示债券的内在价值，F表示债券的面值，t表示债券的付息时间，I表示债券每期支付的利息，K表示市场利率，n表示债券的付息总期数。

根据该模型可知，影响债券发行价格的因素有债券面值、票面利率、市场利率和债券期限。其中，关键的因素是市场利率，模型中的折现率K必须使用市场利率。由于票面利率与市场利率有差异，从而使债券的发行价格可能出现三种情况，即溢价、平价和折价。具体为：

当票面利率>市场利率时，债券发行价格>债券面值，即溢价发行；

当票面利率=市场利率时，债券发行价格=债券面值，即平价发行；

当票面利率<市场利率时，债券发行价格<债券面值，即折价发行。

4.发行程序

债券的发行程序与股票的发行程序基本类似，也需要经过提出申请、选择承销公司发行等步骤，具体程序如下：

（1）提出申请

公司发行债券首先应由董事会制订债券发行方案，由股东大会作出决议，然后向国务院证券管理部门提出发行债券的申请。公司申请应提交公司登记证明、公司章程、公司债券募集办法和验资报告。

（2）公告债券募集办法

公司发行债券的申请被批准后，在向社会正式发行债券前，应当向社会公告债券的募集办法。根据我国《公司法》的规定，募集办法中应载明本次发行债券的总金额、债券利率、还本付息的期限和方式、债券发行的起止日期等事项。

（3）委托承销团出售

公司债券的发行方式一般有私募发行和公募发行两种。私募发行是指由发行公司将债券直接发售给投资者。这种发行方式因受限制，极少采用。公募发行是指发行公司通过承销团向社会发售债券。在这种方式下，发行公司要与承销团签订承销协议。承销团由数家证券公司或投资银行组成。

（4）交付债券，收缴债券款，登记债券存根簿

公司公开发行公司债券由证券承销机构发售时，投资者直接向承销机构付款购买，承

销机构代理收取债券款；随后，发行公司向承销机构收缴债券款并结算预付的债券款。

5.债券的信用评级

公司公开发行债券通常需要债券评信机构评定等级。债券的信用等级对于发行公司和购买人都有重要影响。

国际上流行的债券等级是3等9级。AAA级为最高级，AA级为高级，A级为上中级，BBB级为中级，BB级为中下级，B级为投机级，CCC级为完全投机级，CC级为最大投机级，C级为最低级。我国的债券评级工作正在开展，但尚无统一的债券等级标准和系统的评级制定。根据中国人民银行的有关规定，凡是向社会公开发行的公司债券，需要由中国人民银行及其授权的分行指定资信评级机构或公证机构进行评信。这些机构对于发行债券的公司的素质、财务质量、项目状况、项目前景和偿债能力进行评分，依此评定信用级别。

（三）公司债券的偿还

公司债券可以像长期借款那样到期一次偿还或分期偿还，或根据情况提前收回。为了减轻到期一次支付的现金流量压力，公司可以建立偿债基金，定期向代理机构支付一笔款项，通过代理机构的有效运营，到期连本加利用于还本付息。

（四）发行债券筹资的优缺点

发行债券筹集资金对于发行公司有利也有弊，应加以识别权衡，以便更好地作出筹资决策。

1.发行债券筹资的优点

（1）资金成本较低。与股票的股利相比较，债券的利息按税法规定可以在缴纳所得税之前扣除，发行公司可享受节税利益，因此，公司实际承担的债券资金成本一般低于发行股票的成本。

（2）可发挥财务杠杆作用。无论发行公司盈利水平高低，债券持有人一般只收取固定利息，而更多的收益可用于分配给股东或留存公司用于经营，从而增加公司的价值，即产生财务杠杆效应。

（3）保障股东的控制权。债券持有人无权参与发行公司的管理决策，因此，公司发行债券不会像增发新股那样可能会分散原有股东对公司的控制权。

（4）便于调整资金结构。一方面，公司发行可转换债券以及可提前赎回债券，通过转换与赎回，可以主动并合理地调整公司的资金结构；另一方面，相较于权益筹资而言，发行债券和收回债券均可改变公司的负债比例，以使公司的资金结构更趋合理。

2.发行债券筹资的缺点

（1）财务风险较高。由于债券有固定的到期日，并需定期支付利息，发行公司必须承担按期还本付息的义务，在公司经营不力时，也要向债券持有人支付利息、偿还本金，这会给公司带来更大的财务困难，甚至导致公司破产，这就产生了较高的财务风险。

（2）筹资限制条件较多。发行债券往往有较多的限制条件，可能会使公司正常的经营受到约束，还会影响公司以后的筹资能力。

（3）筹资数额有限。利用债券筹资对于公司的净资产有一定的比例要求，当公司的负债比率超过一定程度后，债券筹资的成本将迅速攀升，有时甚至会发行不出去。

三、融资租赁

租赁是出租人以收取租金为条件，在契约或合同规定的期限内，将资产租借给承租人使用的一种经济行为。按照会计实质重于形式的原则，这种方式也是企业解决资金来源的一种重要形式。租赁涉及的要素包括出租人、承租人、租金和租赁资产四项内容。

（一）租赁的类型

本节要介绍的融资租赁是租赁中的一种，为了更好地理解它，这里将对租赁按不同的标准进行分类。

1.按租赁的目的分类，可以分为经营租赁和融资租赁

（1）经营租赁，是出租人向承租人提供租赁设备，并提供设备维修和人员培训等服务的租赁形式。从租赁期限看，经营租赁大多属于短期租赁；从承租人的目的看，承租人不是要获取资金来源，而是要取得租赁设备短期内的使用权和享受出租人提供的专门技术服务。因此，它又称为营业租赁或服务租赁，不属于借贷关系的范畴。

（2）融资租赁，是由租赁公司（一般指金融租赁公司或信托公司）按照承租企业的要求融资购买设备，并在契约或合同规定的较长期限内提供给承租企业使用的信用性业务。融资租赁的租金大致相当于以租赁物的购置金额为基数，按市场利率计算的本息合计值。从实质上讲，融资租赁相当于分期付款购买。

融资租赁和经营租赁的区别见表4-2。

表4-2 融资租赁和经营租赁比较表

区别项目	融资租赁	经营租赁
租赁目的	既融资，又融物	短期融物
租赁物的选择	承租人向生产厂家选定	在出租人的现货中选择
承租人的数量	特定的一个承租人	不特定的多个承租人
租赁期限	时间较长，一般为3~5年	短期
租赁合同的约束	租赁双方一般都不可提前解约	可以随时解约
租赁资产维修、保养	由承租人负责	由出租人负责
租赁资产的折旧提取	承租人计提折旧	出租人计提折旧
租赁资产期满的归属	三种方式：①承租企业留购；②由出租人收回；③续租	一般归还给出租人

2.按租赁资产的资金来源和付款对象分类，可以分为直接租赁、转租和售后租回

（1）直接租赁，指购置租赁资产所需的资金全部由出租人支付。

（2）转租，是由一家租赁公司从另一家租赁公司或设备制造厂租进设备，然后再租给最终承租人使用的租赁形式。

（3）售后租回，是指承租人根据协议将某项归其所有的资产卖给出租人，再将该资产租回使用，并按期向出租人支付租金的租赁形式。在这种租赁形式下，承租人可得到相当

于售价的一笔资金，同时仍然可以获得资产的使用权。当然，在此期间，该承租人要支付租金，并失去了租赁资产的所有权。

以上三种租赁形式中，直接租赁和转租都既可以是融资租赁，也可以是经营租赁，而售后租回只可能是融资租赁。

3.按出租人对设备的出资比例分类，可以分为单一投资租赁和杠杆租赁

（1）单一投资租赁，是指在一次租赁交易中，最初的设备购置成本由出租人独自承担的租赁形式。这种租赁形式既可以是融资租赁，也可以是经营租赁。

（2）杠杆租赁，是指出租人一般出资租赁资产价款的20%～40%，其余60%～80%的资金由其将欲购置的租赁物作抵押，并以转让收取部分租金的权利作附加担保，从银行等贷款者处取得贷款，然后购入资产出租给承租人的形式。此时的出租人既收取租金，又要偿付债务。如果出租人不能按期偿还借款，那么资产的所有权就要转归贷款人。由于租赁收益大于借款成本，出租人从中获得财务杠杆利益，因此，这种租赁形式被称为杠杆租赁，一般适用于金额较大的设备项目，是融资租赁所独有的形式。

（二）融资租赁的申请条件

在我国，企业要申请融资租赁，应具备以下条件：

1.企业具有独立的法人资格，并在银行开立结算账户。

2.国有（控股、独资）企业的租赁项目须列入国家或当地技术改造或固定资产投资计划，并持有批准文件。

3.办理国际租赁时，企业要向租赁公司提交进口设备的文件。

4.设备先进、工艺成熟、技术过关、产品质量合格、预期投产后产品适销对路，有发展前景。

5.生产所需原材料、燃料、动力、运输条件有保证，设备的生产、安装设计及环保措施落实到位。

（三）融资租赁的程序

企业融资租赁资产需要按如下步骤进行：

1.选择租赁公司

企业决定采用租赁方式取得某项设备时，首先需要了解各家租赁公司的经营范围、业务能力、资信情况，以及与其他金融机构如银行的关系，取得租赁公司的融资条件和租赁费率等资料，加以分析比较，从中择优选取。

2.办理租赁委托

企业选定租赁公司后，便可向其提出申请，办理委托。这时，承租企业需要填写“租赁申请书”，说明所需要设备的具体要求，同时向租赁公司提交财务状况文件，包括资产负债表、利润表和现金流量表等资料。

3.签订购货协议

由承租企业与租赁公司的一方或双方组织选定设备供应厂商，并与其进行技术和商务谈判，在此基础上签订购货协议。

4.签订租赁合同

租赁合同是由承租企业与租赁公司签订。它是租赁业务的重要文件，具有法律效力。

融资租赁合同的内容可分为一般条款和特殊条款两部分。

5.办理验货和投保手续

承租企业按购货协议收到租赁设备时，要进行验收，验收合格后签发交货及验收证书，并提交租赁公司，租赁公司据以向供应厂商支付设备价款。同时，承租企业向保险公司办理投保事宜。

6.支付租金

承租企业在租期内按合同规定的租金数额、支付方式等，向租赁公司支付租金。

7.处理租赁期满的设备

融资租赁合同期满时，承租企业根据合同约定，对设备退租、续租或留购。

（四）融资租赁租金的确定方法

在租赁筹资方式下，承租企业须按合同规定向租赁公司支付租金。租金的数额和支付方式对承租企业的未来财务状况具有直接影响，也是租赁筹资决策的重要依据。

1.影响租金的因素

从出租人的角度看，购置设备需要付出一定的代价，并以此来取得收益。这些代价或收益都需要通过租金收入来补偿或取得。因此，租金的构成主要包括：

① 租赁设备的购置成本，包括设备的买价、运杂费、途中保险费和安装调试费等。

② 预计设备的残值，即设备租赁期满时预计的可变现净值。

③ 利息，指租赁公司为承租企业购置设备融资而应计的利息。

④ 租赁手续费，包括租赁公司承办租赁设备的营业费用，以及一定的盈利。

⑤ 租赁期限，是指租赁合同中确定的承租人使用的时间期限。一般而言，租赁期限的长短既影响租金总额，也影响每期租金的数额。

⑥ 租金支付方式。租金的支付方式也影响每期租金的多少，具体方式包括：按支付间隔期，分为年付、半年付、季付和月付；按在期初还是期末支付，分为先付和后付；按每次是否等额支付，分为等额支付和不等额支付。

2.融资租赁租金的计算方法

在实务中，承租公司与租赁公司商定的等额租金支付方式大多为平均分摊法和等额年金法；而不等额租金支付方式具有较多的不确定性，这里不做讨论。

（1）平均分摊法

平均分摊法也称直线法，是指按事先确定的利息率和手续费率计算出租赁期间的利息和手续费总额，然后连同设备成本按支付次数进行平均。这种方法不考虑货币的时间价值因素，计算较为简单。其计算公式为：

$$\text{每期租金}=\frac{\text{设备成本}-\text{预计残值}+\text{租期内利息}+\text{租赁手续费}}{\text{租期}}$$

【例4-1】假定某企业20×5年1月向租赁公司租入设备一套，价值100万元。该设备租期为6年，预计残值为10万元（归出租方所有），租期内年利率为10%，租赁手续费率为设备价值的3%。租金为每年支付一次。要求：计算某企业租赁该设备每年需支付的租金。

租赁期内利息=100×(1 + 10%)^6-100=77.2（万元）

租赁期内手续费=100×3%=3（万元）

$$每期租金 = \frac{100 - 10 + 77.2 + 3}{6} = 28.4(万元)$$

（2）等额年金法

等额年金法是将利息率与手续费率综合成贴现率，运用年金现值计算模型确定每年应付租金的方法。用这种方法计算出来的每期租金包含租赁手续费。这种租金按照支付的时间可以分为在每年年末支付的后付租金和在每年年初支付的先付租金，其计算公式为：

$$后付租金A = \frac{PV}{PVIFA_{i,\ n}}$$

$$先付租金A = \frac{PV}{PVIFA_{i,\ n-1} + 1}$$

式中，A表示每年支付的租金；PV表示等额租金的现值，一般是设备购置成本；$PVIFA_{i,\ n}$表示年金现值系数；n表示支付租金期数；i表示贴息率。

【例4-2】某企业20×5年1月1日融资租入某设备5年，设备价款是30 000元，租赁期间贴息率为16%，租金每年等额支付。要求：计算该设备的租金。

若每年年末支付，则每年的租金为：

$$A = \frac{30\,000}{PVIFA_{16\%,\ 5}} = \frac{30\,000}{3.274} = 9\,163(元)$$

若每年年初支付，则每年的租金为：

$$A' = \frac{30\,000}{PVIFA_{16\%,\ 5-1} + 1} = \frac{30\,000}{2.798 + 1} = 7\,899(元)$$

为便于有计划地安排租金的支付，承租企业可编制租金摊销计划表。现根据【例4-2】中的有关资料编制租金摊销计划表，见表4-3和表4-4。

表4-3 **后付租金摊销计划表** 单位：元

日期	支付租金 ①	应计利息 ②=④×16%	本金减少 ③=①-②	应还本金 ④
20×5.01.01	—	—	—	30 000
20×5.12.31	9 163	4 800	4 363	25 638
20×6.12.31	9 163	4 102	5 061	20 578
20×7.12.31	9 163	3 292	5 871	14 708
20×8.12.31	9 163	2 353	6 810	7 899
20×9.12.31	9 163	1 263	7 900	0
合计	45 815	15 815	30 000	—

表4-4　　**先付租金摊销计划表**　　单位：元

日期	支付租金 ①	应计利息 ②=④×16%	本金减少 ③=①-②	应还本金 ④
20×5.01.01	—	—	—	30 000
20×5.01.01	7 899	0	7 899	22 102
20×6.01.01	7 899	3 536	4 363	17 740
20×7.01.01	7 899	2 838	5 061	12 680
20×8.01.01	7 899	2 029	5 870	6 811
20×9.01.01	7 899	1 092	6 807	0
合计	39 495	9 495	30 000	—

在编制摊销计划表时，最后一年的“应计利息”项目需要考虑前面几年的计算误差，即应计利息项目的合计额与本金减少数的合计额之和应该等于支付租金的合计额。

在编制先付租金摊销计划表时，要注意第一年的应计利息。

（五）融资租赁筹资的优缺点

1.融资租赁筹资的优点

与其他筹资方式相比，融资租赁筹资具有以下优点：

（1）筹资速度快，能够迅速获得所需资产。融资租赁集“融资”与“融物”于一体，往往比借款购置设备更迅速，可使企业尽快形成生产经营能力。

（2）筹资限制条件较少。企业运用股票、债券、长期借款等融资方式都受到很多资格条件的限制，相比之下，租赁融资的限制条件少得多。

（3）可以降低设备陈旧过时的风险。随着科学技术的不断进步，固定资产更新周期逐渐缩短，企业设备陈旧过时的风险也随之增加，利用租赁融资获取设备的使用权可以降低这种风险。因为融资租赁的期限一般为资产使用年限的75%左右，不需要像自己购买设备那样在整个设备寿命期间都承担风险，并且许多租赁合同都规定由出租人承担设备陈旧过时的风险（也称所有权风险）。

（4）租金分期支付，降低不能偿付的风险。许多借款都在到期日一次偿还本金，这会给财务基础较弱的企业造成相当大的困难，甚至造成不能偿付的风险；而融资租赁则把这种风险在整个租赁期内进行了分摊，租金在整个租期内分期支付，不用到期归还大量本金，可适当降低风险。

（5）税收负担较轻。由于租金可以在税前扣除，因此，融资租赁具有抵免所得税的作用。

2.融资租赁筹资的缺点

（1）筹资成本较高。一般而言，租金总额通常要高于设备价值的30%左右，且融资租赁的租息率要高于借款融资和债券融资的利息率；同时，当企业处于财务困境时，固定租金的支付也将成为企业的一项沉重负担。

（2）若承租人不享有设备残值，也会造成损失。

第四节 其他筹资方式

除了前面提到的筹资方式外，近年来，还有一些特殊的筹资工具日益得到企业的重视，最主要的有发行可转换债券和认股权证筹资。

一、可转换债券

可转换债券，是指发行人依照法定程序发行在一定期间依据约定条件可以转换成股份的公司债券。可转换债券兼有债券和股票的筹资功能，在转换权行使之前属于公司的债务资金，在转换权行使之后属于公司的权益资金，采取记名式无纸化发行方式。

（一）可转换债券的特点

1. 可转换债券是一种混合融资方式，转换前它具有债券的特征，转换后具有普通股的特征。

2. 债券和股票之间的转换不涉及现金流入，公司不会因此增加资本，但会增加普通股数量，改变资金结构。

3. 债券转换前为持有者提供固定利息，一旦股价上升，又可获得转换成普通股的权利，这样就有了把报酬和权利结合在一起的特点，这是其他单一性质的证券所不具有的。

（二）可转换债券基本要素

1. 转换价格

转换价格是指债券换得一股普通股所需要的价格，公司在发行债券时，通常对转换价格都有明确的规定，它等于可转换债券的面值除以转换比率。

转换价格的确定主要有两种方式：

（1）按面额转换，即按股票面额与公司债券面额的比率将公司债券转换为股票。

（2）高于市价转换，即转换价格高于可转换债券发行时该公司的股票市价。我国《可转换公司债券暂行办法》规定，上市公司发行可转换债券的，以发行可转换债券前一个月股票的平均价格为基础，上浮一定幅度为转换价格。

2. 转换比率

转换比率是指每一份债券能转换得到的普通股股数，用公式表示为：

$$转换比率 = \frac{可转换债券面值}{转换价格}$$

3. 转换期

转换期是指可转换债券发行后允许转换的有效期限。通常情况下，转换期等于债券的期限。由于转化价格一般高于公司当前的股票价格，投资者一般不会在购买可转换债券后立即行使转换权。超过转换期后的可转换债券将丧失转换权，自动成为不可转换债券。

4. 转换权保护

可转换债券转换为普通股之前，若公司可以低于市价发行新股，会引起股价下跌，从而损害转换权，为此，应根据发行新股后股本的变动情况对转换价格进行调整，以保护债权人的利益。

（三）可转换债券的发行条件

上市公司发行可转换债券应符合以下条件：

1. 最近3年连续盈利，且最近3年净资产收益率平均在10%以上；属于能源、基础设施类的公司的净资产收益率可以略低，但是不得低于7%。

2. 募集资金要符合国家产业政策投向。

3. 可转换债券的利率不得超过银行同期存款的利率水平。

4. 可转换债券发行后，资产负债率不高于70%。

5. 累计债券余额不超过公司净资产的40%。

6. 可转换债券的发行额不少于人民币1亿元。

7. 国务院证券监督管理部门规定的其他条件。

（四）可转换债券筹资的优缺点

1.可转换债券筹资的优点

（1）可转换债券的利率比普通债券的利率低，转换后，又可以节约发行费用，因而可降低转换股票的筹资成本。

（2）可转换债券转换后，企业的债权变股权，降低了企业的负债比率，减轻了利息负担，具有改善资金结构的作用。

（3）可转换债券在企业破产时，其清偿顺序在银行贷款和其他高级债券之后。此外，持券人是潜在股东，与公司利益冲突较少，因而具有融资上的灵活性。

2.可转换债券筹资的缺点

（1）债券转换后，股东增加会分散公司的控制权。

（2）债券转换后，负债减少，削弱了财务杠杆作用，从而降低每股的获利能力。

（3）转换债券长期实现不了转换，会演化为“悬吊证券”，损害公司形象，难以再利用债券的发行来筹集资金。

二、认股权证

（一）认股权证的性质与特点

认股权证（Warrant）是发行公司允许其持有者在一定时期内，以规定的价格购买同一公司一定数量普通股的权利证书。认股权证通常不是独立发行的，而是投资者在购买债券时同时获得的。

认股权证与普通股本来拥有的优先认购权有所区别，主要表现在以下几个方面：①认股权证有效期较长，而优先认购权有效期较短；②认股权证不是对特定对象发行的，而优先认购权的对象仅限于原有股东；③认股权证的认股价总是高于当时的普通股市价，而优先认购权的认股价常常低于该股票的市价。

认股权证具有如下特征：①认股权证只是一种普通股的选择权，并不享有普通股的权利；②认股权证不独立发行，而是附属于债券一起发行；③只有普通股市价超过规定的价格，才能行使认购权。

（二）认股权证筹资的优缺点

1.认股权证筹资的优点

附有认股权证发行债券，对投资者有一定吸引力，使公司得以在利率较低的情况下发行债券；持有者行使认购权时，有现金流入，公司可用新流入现金扩大生产、偿还债务，或用于其他增加企业收益的目的；认股权行使后，原债券并不会收回，资金结构中仍保持原有的债务额度，可以继续发挥杠杆作用。

2.认股权证筹资的缺点

（1）原有资金结构中如果存在大量债务，再发行附有认股权证的债券，会加大财务风险。

（2）认股权长期得不到行使，会使投资者对公司会产生不信任感，损害公司形象；此外，企业不能以任何方式强制持有者行使认股权，也就不能控制运用股票资金的时间，因此，企业不能对认股权证筹资抱有过高的期望。

【学习要点研讨】

1. 请说明企业筹资方式的主体、条件、要求以及筹资优缺点。
2. 请介绍股票的种类，并对普通股和优先股进行比较。
3. 简要介绍股票的发行和上市。
4. 试说明普通股的种类及其筹资优缺点。
5. 请介绍优先股的优先权有哪些，又有哪些限制，及由此产生的筹资优缺点。
6. 请说明长期借款的类别、信用条件和筹资的优缺点。
7. 请介绍债券的种类和筹资的优缺点。
8. 请分析债券发行价格的影响因素。
9. 简要介绍租赁的类别，并对经营租赁和融资租赁进行比较。
10. 请分析融资租赁租金的决定因素，并说明等额租金的计算方法。
11. 请介绍可转换债券的特性和筹资优缺点。
12. 请分析认股权证的特点和作用。

【学思践悟拓展】

又见华泰证券配股再融资

2022年12月30日，华泰证券发布配股发行预案，公司拟按照每10股配售3股的比例向A股、H股股东公开配售新股，募集资金规模不超过280亿元，用于补充公司资本金和营运资金。华泰证券在公告中表示，近年来，公司着力加强数字化能力建设，保持信息技术的高水位资源投入，以财富管理和机构服务两大业务体系为核心驱动力。

2020年、2021年和2022年前三季度，公司营业收入分别为314.45亿元、379.05亿元和236.18亿元，归属于母公司股东的净利润分别为108.22亿元、133.46亿元和78.21亿元。

华泰证券表示，公司目前正处于打造平台化、生态化商业模式，构建未来竞争优势的关键阶段，配股计划将有利于支持各项业务持续发展、创新业务及海外市场的开拓，以及科技赋能下的信息化平台建设。根据配股预案，募集资金的具体用途如下：

（1）投入不超过100亿元用于发展资本中介业务。截至2022年6月末，公司融资融券业务余额人民币1 158.70亿元，市场份额达7.23%。公司未来拟继续加强两融业务营销服务体系建设，提升券源获取能力、客户服务能力和金融科技优势。

（2）投入不超过80亿元用于扩大投资交易业务规模。随着市场机构化程度的提升，投资交易业务在证券公司业务板块中的重要性日渐凸显。公司投资交易业务主要包括FICC交易业务、权益交易业务及场外衍生品交易业务。公司拟通过配股募集的资金增加对上述业务的投入，发挥体系化、平台化的投资交易能力优势。

（3）投入不超过50亿元用于增加对子公司的投入。

（4）投入不超过30亿元用于加强信息技术和内容运营建设。

（5）投入不超过20亿元用于补充其他营运资金。

多家券商配股再融资，资本中介业务为发力重点。值得一提的是，在以净资本为核心的监管体系下，自2022年年初以来，已有8家上市券商实施再融资，合计募资855亿元，还有数百亿元规模的再融资计划正在进行中，证券行业融资驶入快车道。例如，2022年1月，中信证券通过A+H股配股完成募资约273亿元；9月，中金公司再次抛出不超过270亿元的A+H股配股计划。从募资投向来看，发展资本中介业务、自营业务成为券商发力重点。例如，在中信证券的273亿元的配股方案中，计划投入不超过190亿元发展资本中介业务；在东方财富158亿元的可转债中，计划将不超过140亿元投入信用交易业务，扩大融资融券业务规模；在中金公司不超过270亿元的配股方案中，拟将不超过240亿投向包括但不限于资本服务与产品业务、投资银行业务、财富管理业务、私募股权业务、资产管理业务。

资料来源：每日经济新闻．又见券商配股！华泰证券推不超过280亿元配股预案［EB/OL］．[2022-12-31]．https://baijiahao.baidu.com/s?id=1753652408761820313&wfr=spider&for=pc.

启发与拓展

（1）比较“定增”和“配股”两种融资方式的不同，并探讨华泰证券选择“配股”的原因。

（2）分析上市券商融资意愿强烈的原因。

（3）作为一名新时代的财会工作者，如何帮助企业降低财务风险？

第五章　长期筹资决策

【学习目标】

•理解资金成本的含义和作用。

•掌握个别资金成本和综合资金成本的测算方法，理解边际资金成本规划的基本方法。

•理解营业杠杆的作用原理，掌握营业杠杆系数的测算方法及其应用。

•理解财务杠杆的作用原理，掌握财务杠杆系数的测算方法及其应用。

•理解联合杠杆的作用原理，掌握联合杠杆系数的测算方法及其应用。

•理解资金结构的概念、种类和意义。

•了解有关资金结构理论的主要观点。

•理解资金结构决策的影响因素。

•掌握资金结构决策的具体方法，包括资金成本比较法、每股收益分析法和公司价值比较法的原理及应用。

【专业知识导引】

债台高筑的恒大集团

恒大集团是以民生地产为基础，以文化旅游、健康养生为两翼，以新能源汽车为龙头的世界500强企业集团，2009年11月在港交所上市，成为当时市值排名第一的民营房地产企业。截至2023年4月末，恒大地产标的金额3 000万元以上未决诉讼案件数量共计1 426件，标的金额总额累计约3 495.53亿元。恒大集团从2016年开始，连续6年入围世界500强，总资产超过2.3万亿元，总负债1.95万亿元，是1家A股上市公司和5家港股上市公司的实际控制人。2020年8月，中国人民银行、住房和城乡建设部等部委对房地产企业融资提出了“三道红线”的监管要求，受此影响，恒大集团各类债务全面逾期，爆发财务危机。恒大集团违规担保质押、频繁关联交易，采用银行信贷、信托、租赁、债券等各种融资方式激进扩张和高杠杆经营，在经历短暂辉煌和虚假繁荣后迅速陨落，甚至资不抵债，给社会带来巨大经济损失。

资料来源：张强. 大型企业集团财务危机预警研究——以海航和恒大为例［J］. 审计研究，2023（1）：48-56.

思考：通过收集资料，分析恒大集团发生财务危机的原因。

第一节　资金成本的测算

企业选择切实可行的筹资方案，必须考虑资金成本，只有资金成本最低的筹资方式才有可能保证财务管理目标的顺利实现。

一、资金成本概述

(一) 资金成本的定义

一般说来，站在资金使用方即筹资企业的角度，资金成本是指企业为筹集和使用资本而付出的代价，一般包括筹资费用和用资费用两个部分。筹资费用是指资本筹集过程中支付的各项费用，如为发行股票和债券支付的印刷费、发行手续费、咨询费、资信评估费、公证费、担保费和广告费等。用资费用是指企业因占用资本而支付给资金提供方（即投资者）的费用，如股票的股利、银行借款和债券的利息等。筹资费用通常是在筹措资金时一次性发生的，因此，在计算资金成本时可作为筹资本金中可使用部分的一项扣除。筹资获得的全部资金即筹资总额，扣除筹资费用后剩余的部分称为筹资净额。

站在资金提供方（即投资者）的角度，资金成本可以从两个层次来理解：第一，资金成本是投资者的期望报酬率，投资者之所以愿意选择将资金投入到筹资企业，是因为该企业能够提供投资者期望获得的报酬率。第二，资金成本也是一种机会成本，股权筹资中的留存收益是税后利润中留归公司使用支配的部分，而留存多少利润则是所有者作出的决策，也就是资金的提供方作出的决策。所有者之所以愿意将税后利润的一部分甚至是大部分留给公司继续使用，而非分给自己，原因在于该部分资金留在公司周转使用后，能在以后期限给他们提供比市场投资报酬率更高的收益，而这种较高的收益水平取决于这些所有者原来投入该公司周转的资金的成本水平（即普通股的成本）。因此，留存收益是存在机会成本的。

要注意的是，从资本的使用方和提供方两个角度理解是为了更透彻地了解资金成本的内涵，而如果要给出资金成本的合适的定义，仍应该从筹集资金的角度，即资金使用方的角度来解释。

企业的资金成本测算一般需要计量三个层次的内容：一是个别资金成本，主要指使用各种筹资方式筹集资金所付出的代价，具体包括长期借款成本、债券成本、优先股成本、普通股成本和留存收益成本，前两者可归为债务资金成本，后三者归为权益资金成本；二是综合资金成本，是指企业某一轮筹资时，筹集的全部资金中所有个别筹资方式的加权平均资金成本；三是边际资金成本，是指企业追加资金的成本率。企业在选择最佳筹资方案时，需要以边际资金成本作为决策依据。

(二) 资金成本的作用

资金成本是企业财务管理中的重要概念，它的作用主要表现在以下几个方面：

1.资金成本是企业筹资决策的主要依据

资金成本是企业选择资金来源、拟定筹资方案的依据。不同的指标来源具有不同的成本。为了以较少的支出取得企业所需要的资本，就必须测算各种资金成本的高低水平，并加以合理配置。资金成本对企业筹资决策的影响主要有以下几点：

（1）资金成本是企业选择资金来源的基本依据。企业的资金可以从许多渠道筹集，就长期借款而言，可以向商业银行借款，也可以向投资公司或其他金融机构借款，还可以向政府申请借款。企业选用哪种资金来源，要考虑的关键因素是资金成本的高低。

（2）资金成本是影响企业筹资总额的重要因素。随着筹资数额的增加，资金成本不断变化。当企业筹资数额很大、资金成本超过企业承受能力时，企业就不能再增加筹资数额。因此，资金成本是限制企业筹资数额的一个重要因素。

（3）资金成本是企业选用筹资方式的主要标准。企业可以利用的筹资方式是多种多样的，在选用筹资方式时，需要考虑的因素很多，但必须考虑资金成本这一经济标准。

（4）资金成本是确定最佳资金结构的主要依据。不同的资金结构会给企业带来不同的风险和成本，从而引起企业价值的变动。

2.资金成本是企业投资决策的重要依据

资金成本在企业分析投资项目的可行性、选择投资方案时也有重要作用。一般而言，只有当投资项目的投资收益高于资金成本时，投资项目才可行；反之，当投资项目的投资收益低于资金成本时，投资项目不可行。这就表明，资金成本是企业投资项目的“最低报酬率”，或者是判断投资项目是否可行的依据。

3.资金成本是衡量企业经营成果的尺度

当企业经营利润大于资金成本时，说明经营业绩好；否则，说明经营业绩欠佳。

二、个别资金成本的测算

资金成本既可用绝对数表示，也可用相对数表示。在财务管理中，资金成本一般用相对数表示，即表示为用资费用除以筹资净额的比率。此外，在计算资金成本的时候还需要考虑负债筹资的节税作用，即企业对负债支付的利息可以在缴纳所得税之前扣除，相较于分配给权益资金提供者的股利或分红的税后支付，利息支付具备节约企业所得税的作用。因此，资金成本计算的一般公式表示如下：

$$\text{资本成本} = \frac{\text{年实际用资费用}}{\text{筹资总额} - \text{筹资费用}} = \frac{\text{年实际用资费用}}{\text{筹资总额} \times (1 - \text{筹资费用率})}$$

个别资金成本主要包括银行借款、债券、优先股、普通股和留存收益等五种筹资方式的成本。在第5章中介绍的其他筹资方式由于种种原因，这里不进行分析，如吸收直接投资属于非股份制企业的筹资方式，而该类企业的投入资本及留存收益不能在证券市场上交易，无法形成公平的交易价格，因而难以预计其投资的必要报酬率；融资租赁方式一般专款专用，无须统筹配置，而且其租金可能在每项租赁业务中都不完全相同。

（一）长期借款的资金成本

长期借款的资金成本包括借款利息及筹资费用两部分。在不考虑货币时间价值的情况下，偿还方式为到期一次还本、每年分次付息的长期借款的成本可按下式计算：

$$K_L = \frac{I_L(1 - T)}{L(1 - F_L)} = \frac{R_L(1 - T)}{1 - F_L}$$

式中，K_L表示长期借款资金成本，I_L表示长期借款年利息额，T表示企业的所得税税率，L表示长期借款的本金，F_L表示长期借款的手续费率，R_L表示长期借款的年利息率。

在日常工作中，由于长期借款的手续费率较低，几乎可以忽略不计，因此，上式可以简化如下：

$$K_L = R_L(1-T)$$

【例5-1】某企业向银行借款1 000万元，年利率为10%，3年到期，每年年末支付利息一次，到期一次还本，借款的手续费率为0.5%，企业所得税税率为25%。要求：根据以上资料计算企业借款的资金成本。

$$K_L = \frac{1\,000 \times 10\% \times (1-25\%)}{1\,000 \times (1-0.5\%)} = 7.89\%$$

或 $$K_L = \frac{10\% \times (1-25\%)}{1-0.5\%} = 7.89\%$$

此外，若不考虑借款的手续费率，则计算如下：

$$K_L = 10\% \times (1-25\%) = 7.5\%$$

从以上计算可知，长期借款的手续费对资金成本的影响较小，可以忽略不计。

（二）债券的资金成本

债券的资金成本主要是债券利息和筹资费用。由于债券利息在税前支付，具有节税作用，其处理与银行借款相同。债券的筹资费用一般较高，这类费用主要包括申请发行债券的手续费、债券注册费、印刷费、上市费以及推销费用等。其计算公式为：

$$K_b = \frac{I_b(1-T)}{B(1-F_b)}$$

式中，K_b表示债券的资金成本，I_b表示债券的年利息额，T表示企业的所得税税率，B表示债券的发行价格，F_b表示债券的手续费率。

在以上计算公式的应用过程中，要注意的是债券的年利息额是债券面值与债券的票面利率之积。

【例5-2】企业发行五年期的债券，其面值总额为100万元，年利率为12%，每年付息一次，到期一次还本，筹资费用率为5%，企业所得税税率为25%。要求：计算债券按面值发行和分别按110万元、95万元的价格发行时，其资金成本分别是多少。

债券按面值发行时的资金成本：

$$K_{b1} = \frac{I_b(1-T)}{B(1-F_b)} = \frac{100 \times 12\% \times (1-25\%)}{100 \times (1-5\%)} = 9.47\%$$

债券发行价格为110万元时的资金成本：

$$K_{b2} = \frac{I_b(1-T)}{B(1-F_b)} = \frac{100 \times 12\% \times (1-25\%)}{110 \times (1-5\%)} = 8.61\%$$

债券发行价格为95万元时的资金成本：

$$K_{b3} = \frac{I_b(1-T)}{B(1-F_b)} = \frac{100 \times 12\% \times (1-25\%)}{95 \times (1-5\%)} = 9.97\%$$

（三）优先股的资金成本

优先股的资金成本包括支付给优先股股东的股利及发行费用。优先股没有到期日，股利通常是固定的，所以优先股的股利可以视同一项永续年金。由于优先股的股利是从税后利润中支付的，不能抵减所得税，其年股利额就是年实际用资费用。优先股的资金成本计算公式为：

$$K_P = \frac{D_P}{P_P(1 - F_P)}$$

式中，K_P表示优先股的资金成本，D_P表示优先股的年股利额，P_P表示优先股的发行价格，F_P表示优先股的筹资费用率。

在以上计算公式的应用过程中，要注意优先股的年股利额是优先股面值与优先股规定的年利率之积。

【例5-3】某公司发行的优先股总面额为100万元，总价为125万元，筹资费率为6%，规定年利率为14%，则优先股的资金成本为：

$$K_P = \frac{100 \times 14\%}{125 \times (1 - 6\%)} = 11.91\%$$

（四）普通股的资金成本

普通股的资金成本包括每年支付的股利和发生的筹资费用。由于企业的发展前景存在不确定性，因此股东对普通股的风险报酬的要求也难以准确测定。普通股资金成本的计算一般采用股利增长模型法。在假定股票收益以固定的年增长率递增的情况下，普通股成本的计算公式为：

$$K_C = \frac{D_C}{P_C(1 - F_C)} + G$$

式中，K_C表示普通股的资金成本，D_C表示普通股的第一年股利额，P_C表示普通股的发行价格，F_C表示普通股的筹资费用率，G表示普通股股利的年增长率。

【例5-4】某公司发行的普通股总价格为500万元，筹资费率为4%，第一年股利为60万元，以后每年增长5%，则该普通股的资金成本为：

$$K_C = 5\% + \frac{60}{500 \times (1 - 4\%)} = 17.5\%$$

此外，也有学者对普通股资金成本用固定股利等形式确定，但因在实践中应用较少，这里就不再赘述了。

（五）留存收益的资金成本

企业可以将一部分税后利润以盈余公积或未分配利润等形式留存在企业作为生产经营资金使用，这部分资金称为留存收益。留存收益相当于股东把原本可以分得的股利继续投资给了企业，如果留存收益的报酬率高于股东将这笔资金投资于其他项目的报酬率，企业就应该保留该部分利润；否则，就不应该保留留存收益。因此，尽管从是否动用现金的角度而言，留存收益的资金成本几乎为零，但从机会成本的角度来理解，留存收益是存在资金成本的，该成本应与无筹资费用的普通股的资金成本相等。具体计算公式为：

$$K_r = \frac{D_C}{P_C} + G$$

式中，K_r表示留存收益的资金成本，D_C表示普通股的第一年股利额，P_C表示普通股的发行价格，G表示普通股收益的年增长率。

【例5-5】某公司年末留存的利润为100万元，公司普通股每股市价为20元，本年分配的普通股股利为1元，预计股利的年增长率为8%。要求：根据以上资料，计算该公司留存收益的资金成本。

$$D_C = 1 \times (1 + 8\%) = 1.08(\text{元})$$

$$K_r = \frac{1.08}{20} + 8\% = 13.4\%$$

三、综合资金成本的测算

企业往往从多种渠道、采用多种方式来筹集资金，其筹资成本各不相同，而企业的资本往往不是单一形式的，需要将各种筹资方式进行组合。为了正确地进行筹资和投资决策，就必须计算企业的综合资金成本。

（一）综合资金成本的确定要素

综合资金成本是以个别资金成本为基础，以不同方式筹集资金占全部资金的比重为权数计算出来的加权平均资金成本。因此，综合资金成本是由个别资金成本和各种长期资本比重这两个要素决定的。

前面已经介绍了个别资金成本率。各种长期资本比重是指企业各种长期资本分别占企业全部长期资本的比重，即狭义的资金结构。例如，某公司的全部长期资本总额为1 000万元，其中，长期借款为280万元，占总资本的比重为28%；发行债券320万元，占总资本的比重为32%；股东权益为400万元，占总资本的比重为40%。当资金结构不变时，个别资金成本越高，则综合资金成本越高；个别资金成本越低，则综合资金成本越低。因此，在资金结构一定的条件下，综合资金成本的高低是由个别资金成本决定的。当个别资金成本不变时，资金结构中成本较高的筹资方式的比重上升，则综合资金成本提高；反之，成本较低的筹资方式的比重下降，则综合资金成本降低。因此，在个别资金成本一定的条件下，综合资金成本的高低是由个各种长期资本的比例（即资金结构）决定的。

（二）综合资金成本的测算方法

根据综合资金成本的确定要素，在已测算个别资金成本的条件下，取得各种长期资本比例后，有如下计算公式：

$$K_W = \sum_{j=1}^{n} K_j W_j$$

式中，K_W表示综合资金成本，K_j表示第j种资金的个别资金成本，W_j表示第j种资金占全部资金的比重，n表示筹资方案中的个别筹资方式数量。

【例5-6】HZ公司共有长期资本（账面价值）1 000万元，其中，长期借款150万元、债券200万元、优先股100万元、普通股300万元、留存收益250万元，其成本分别为5.64%、6.25%、10.25%、15.70%、15.00%。要求：计算HZ公司的综合资金成本。

HZ公司的综合资金成本计算见表5-1。

表5-1　**HZ公司综合资金成本计算表**

资本种类	资本账面价（万元）	比重（%）	个别资金成本（%）	综合资金成本（%）
长期借款	150	15	5.64	0.85
债券	200	20	6.25	1.25
优先股	100	10	10.50	1.05
普通股	300	30	15.70	4.71
留存收益	250	25	15.00	3.75
合　计	1 000	100	—	11.61

(三) 综合资金成本测算中资本价值基础的选择

在测算企业综合资金成本时，资金结构或各种资本在全部资本中所占的比重起着决定作用。企业各种资本的比例则取决于各种资本的价值基础。

1.按账面价值确定资金比重

【例5-6】中的个别资本占全部资本的比重是按账面价值确定的，其资料容易取得。但当资本的账面价值与市场价值差别较大时，如股票、债券的市场价格发生较大变动时，计算结果会与实际有较大的差距，从而贻误筹资决策。为了克服这一缺陷，个别资本占全部资本的比重还可以按市场价值或目标价值确定。

2.按市场价值确定资金比重

市场价值是指债券、股票以市场价格确定的权数。这样计算的加权平均资金成本能反映企业目前的实际情况。同时，为避免证券市场价格变动频繁带来的不便，也可选用平均价格。

【例5-7】HZ公司若按市场价值确定资本比重，其综合资金成本为多少?

HZ公司基于市场价值的综合资金成本计算见表5-2。

表5-2 HZ公司基于市场价值的综合资金成本计算表

资本种类	资本市场价（万元）	比重（%）	个别资金成本（%）	综合资金成本（%）
长期借款	150	10	5.64	0.85
债券	180	12	6.25	0.75
优先股	75	5	10.50	0.05
普通股	1 095	73	15.70	11.46
合　计	1 500	100	—	13.11

3.按目标价值确定资本比重

目标价值权数是指债券、股票以未来预计的目标市场价值确定的权数。这种权数能体现期望的资金结构，而不是像账面价值权数和市场价值权数那样只反映过去和现在的资金结构，所以目标价值权数计算的加权平均资金成本更适用于企业筹措新资本时的决策。然而，企业很难客观合理地确定证券的目标价值，又使这种计算方法不易推广。

【例5-8】HZ公司若按目标价值确定资本比重，其综合资金成本为多少?

HZ公司基于目标价值的综合资金成本计算见表5-3。

表5-3 HZ公司基于目标价值的综合资金成本计算表

资本种类	资本目标价值（万元）	个别资金成本（%）	综合资金成本（%）
长期借款	20	5.64	1.13
债券	25	6.25	1.56
优先股	15	10.50	1.58
普通股	30	15.70	4.71
留存收益	10	15.00	1.50
合　计	100	—	10.48

四、边际资金成本的测算

企业无法以某一固定的资金成本来筹措无限的资本，当其筹集的资本超过一定限度时，原来的资金成本就会增加。当企业追加筹资时，需要知道筹资额在哪一界限会引起资金成本的变化，这就要用到边际资金成本的概念。

边际资金成本是指资金每增加一个单位而增加的成本。边际资金成本也是按加权平均法计算的，其权数应为市场价值权数，不应使用账面价值权数。

企业在追加筹资时，为了便于比较、选择不同规模范围的筹资组合，可以预先测算边际资金成本，进行边际资金成本规划，具体有以下四个步骤：

（1）确定目标资金结构。

（2）确定个别筹资成本。

（3）确定筹资总额分界点，计算公式为：

$$BP_j = \frac{TF_j}{W_j}$$

式中，BP_j表示筹资总额分界点，TF_j表示第j种资金的成本分界点，W_j表示目标资金结构中第j种资金的比重。

（4）计算边际资金成本。

【例5-9】C公司目前拥有长期资本400万元，其中长期借款60万元、债券100万元、普通股（含留存收益）240万元。由于扩大经营规模的需要，公司拟筹措新资。经过分析，其认为筹集新资金后仍应保持现在的资金结构，试确定筹措新资的资金成本。

第一步，确定目标资金结构。经分析确定保持原有目标资金结构，即长期借款占15%，债券占25%，普通股占60%。

第二步，确定各种资金的成本。经财务人员了解情况，各种资金的成本均随筹资规模的增大而发生变动，具体见表5-4。

表5-4 **个别资金成本预测表**

资本种类	新筹资的数量范围	资金成本
长期借款	4.5万元以内	3%
	4.5万～9万元	5%
	9万元以上	6%
债券	20万元以内	10%
	20万～40万元	11%
	40万元以上	12%
普通股	30万元以内	13%
	30万～60万元	14%
	60万元以上	15%

第三步，计算筹资总额分界点，见表5-5。

表5-5 **筹资总额分界点测算表**

资本种类	资金成本	各资金的筹资范围	筹资总额分界点	筹资总额范围
长期借款	3% 5% 6%	4.5万元以内 4.5万～9万元 9万元以上	4.5÷15%=30万元 9÷15%=60万元	30万元以内 30万～60万元 60万元以上
债券	10% 11% 12%	20万元以内 20万～40万元 40万元以上	20÷25%=80万元 40÷25%=160万元	80万元以内 80万～160万元 160万元以上
普通股	13% 14% 15%	30万元以内 30万～60万元 60万元以上	30÷60%=50万元 60÷60%=100万元	50万元以内 50万～100万元 100万元以上

第四步，计算边际资金成本。

根据以上步骤测算出筹资分界点，可以得出以下7个新的筹资总额范围：①30万元以内；②30万～50万元；③50万～60万元；④60万～80万元；⑤80万～100万元；⑥100万～160万元；⑦160万元以上。对这7组筹资范围分别计算加权平均资金成本，即可得到各种筹资范围的边际资金成本，具体见表5-6。

表5-6 **边际资金成本规划表**

序号	筹资总额范围	资本种类	目标资金结构	个别资金成本	边际资金成本
1	30万元以内	长期借款 债券 普通股	15% 25% 60%	3% 10% 13%	0.45% 2.50% 7.80%
第一个筹资总额范围的边际资金成本=10.75%					
2	30万～50万元	长期借款 债券 普通股	15% 25% 60%	5% 10% 13%	0.75% 2.50% 7.80%
第二个筹资总额范围的边际资金成本=11.05%					
3	50万～60万元	长期借款 债券 普通股	15% 25% 60%	5% 10% 14%	0.75% 2.50% 8.40%
第三个筹资总额范围的边际资金成本=11.65%					
4	60万～80万元	长期借款 债券 普通股	15% 25% 60%	7% 10% 14%	1.05% 2.50% 8.40%
第四个筹资总额范围的边际资金成本=11.95%					
5	80万～100万元	长期借款 债券 普通股	15% 25% 60%	7% 10% 14%	1.05% 2.75% 8.40%

续表

序号	筹资总额范围	资本种类	目标资金结构	个别资金成本	边际资金成本
第五个筹资总额范围的边际资金成本=12.20%					
6	100万～160万元	长期借款	15%	7%	1.05%
		债券	25%	11%	2.75%
		普通股	60%	15%	9.00%
第六个筹资总额范围的边际资金成本=12.80%					
7	160万元以上	长期借款	15%	7%	1.05%
		债券	25%	12%	3.00%
		普通股	60%	15%	9.00%
第七个筹资总额范围的边际资金成本=13.05%					

从【例5-9】可以看出，随着筹集资金数量的增加，企业经营规模扩大，经营风险增加。若企业的债务在原有规模上不断增加，新债权人考虑到风险，必定会提高贷款或债券的利率，使债务成本增加。同样，股东也会考虑到风险，要求提高投资报酬率，以此来抵御增加的风险，从而使得股本成本上升。

由于企业筹集新资金都按一定的数量进行，企业在追加筹资时，需要知道在何种数量上会引起资金成本的变化。因此，企业在追加筹资的决策中，必须预先计算边际资金成本，在确定追加筹资总额及其资金结构时，充分利用边际资金成本突破点前的充裕量，尽量避免边际资金成本刚刚越过突破点时的成本增加。

第二节 杠杆效应分析

财务管理中的杠杆原理，是指由于固定费用（包括生产经营方面的固定费用和财务方面的固定费用）的存在，当业务量发生较小的变化时，利润会发生较大的变化。财务管理中所研究的杠杆主要有营业杠杆、财务杠杆和复合杠杆。

一、杠杆原理所涉及的相关概念

要了解财务管理中的杠杆原理，首先需要了解成本按习性的分类和杠杆原理的基本概念。

（一）成本按习性分类

成本习性，又称为成本性态，是指成本总额的变动与业务量之间的内在关系。成本按习性可以分为三类：

1.固定成本

固定成本是指在一定时期和一定业务量范围内，成本总额不受业务量增减变动影响的成本，如按直线折旧法计算的固定资产折旧、实行计时工资制的管理人员工资、房屋租赁费等。只要业务量在一定范围内，这些成本的数额就保持固定不变。虽然固定成本总额保持不变，但将固定成本分摊到每一单位业务量时，单位固定成本与业务量之间呈反比例变动关系：当业务量上升时，单位固定成本下降；当业务量下降时，单位固定成本上升。

2.变动成本

变动成本是指在特定的业务量范围内，其总额会随业务量的增减变动而呈正比例变动的那部分成本。直接材料、直接人工都属于变动成本。变动成本总额会随产量的增减呈正比例的增减，但一般情况下，单位变动成本不受产量变动的影响而保持不变。

3.混合成本

在企业生产经营过程中，有些成本虽然也随业务量的变动而变动，但不呈同比例变动，不能简单地归入变动成本或固定成本，这类成本称为混合成本。混合成本按其与业务量的关系又可分为半变动成本、半固定成本和延期变动成本。

这里要着重指出的是，由于混合成本的特征不明显，为了更好地分析业务量与成本之间的关系，往往会用专门的方法将混合成本分解成两部分——符合固定成本特征的部分和满足变动成本特征的部分。也就是说，企业的所有成本将最终分解为两大类：固定成本和变动成本。因此，后面的分析中只涉及固定成本和变动成本。

（二）息税前利润

息税前利润（Earnings Before Interest and Tax，EBIT）是指支付利息和缴纳所得税之前的利润。成本按习性分类后，息税前利润的计算公式为：

息税前利润=销售收入总额-成本总额

=销售收入总额-固定成本总额-变动成本总额

或　息税前利润 =利润总额+利息费用

二、营业杠杆与经营风险

（一）营业杠杆及其作用

企业在生产经营过程中对营业成本中固定成本的利用，就是营业杠杆，也称为经营杠杆。

企业生产经营在相关业务量范围内，固定成本总额始终保持不变，业务量增加会降低产品的单位固定成本，从而提高单位产品利润，最终会大幅度提高息税前利润，给企业带来更多的收益，这就是营业杠杆利益，具体可见表5-7。

表5-7　**营业杠杆利益分析表**　金额单位：万元

销售		变动成本	固定成本	息税前利润	
金额	增长率			金额	增长率
240		144	80	16	
260	8%	156	80	24	50%
300	15%	180	80	40	67%

反之，业务量减少会提高产品的单位固定成本，降低单位产品利润，进而大幅度降低息税前利润，这时会给企业带来经营风险，具体见表5-8。业务量、固定成本和利润之间的这一客观变化规律，使息税前利润的变动率大于业务量的变动率，这就是营业杠杆原理。可见，营业杠杆是一把双刃剑，企业要想获取营业杠杆利益，就需要承担由此带来的经营风险。企业必须权衡营业杠杆利益和经营风险，以便作出正确的经营决策。

表5-8　**营业风险分析表**　金额单位：万元

销售		变动成本	固定成本	息税前利润	
金额	降低率			金额	降低率
300		180	80	40	
260	13%	156	80	24	40%
240	8%	144	80	16	33%

（二）营业杠杆系数

只要企业存在固定成本，就存在营业杠杆作用。但不同的企业，由于固定成本不同，营业杠杆作用的程度也不一致，为此，需要对营业杠杆的作用程度进行计量，该计量最常用的指标是营业杠杆系数（Degree of Operating Leverage，DOL）。营业杠杆系数就是息税前利润变动率相当于销售变动率的倍数。其计算公式为：

$$DOL = \frac{\Delta EBIT/EBIT}{\Delta S/S}$$

或 $$DOL = \frac{\Delta EBIT/EBIT}{\Delta Q/Q}$$

式中，DOL表示营业杠杆系数，EBIT表示息税前利润额，ΔEBIT表示息税前利润的变动额，S表示营业收入，ΔS表示营业收入的变动额，Q表示销售数量，ΔQ表示销售数量的变动额。

以上公式是营业杠杆系数的经济意义的表达，但要利用该公式，必须已知变动前后的相关资料，比较麻烦，且无法预测未来的营业杠杆系数。所以，一般用简化公式计算营业杠杆系数。计算营业杠杆系数的简化公式为：

$$DOL = \frac{Q(P - V)}{Q(P - V) - F}$$

或 $$DOL = \frac{S - VC}{S - VC - F}$$

式中，DOL表示营业杠杆系数；Q表示销售数量；P表示销售单价；V表示单位变动成本；F表示固定成本总额；VC表示变动成本总额，可根据变动成本率乘以营业收入总额来确定。

营业杠杆系数计算结果的经济意义是息税前利润的变动率相当于销售额变动率的倍数。在应用营业杠杆系数进行判断时，一般而言，营业杠杆系数越大，对营业杠杆利益的影响越强，营业风险也就越高；反之，就越小。

【例5-10】某企业生产甲产品，固定成本为60万元，变动成本率为40%。当企业的销售收入分别为400万元、200万元、100万元时，营业杠杆系数分别为：

(1) $DOL_1 = \frac{400 - 400 \times 40\%}{400 - 400 \times 40\% - 60} = 1.33$

(2) $DOL_2 = \frac{200 - 200 \times 40\%}{200 - 200 \times 40\% - 60} = 2$

(3) $DOL_3 = \frac{100 - 100 \times 40\%}{100 - 100 \times 40\% - 60} \to \infty$

(1) 式结果表明当销售额增减100%时，息税前利润将增减133%；(2) 式结果表明当销售额增减100%时，息税前利润将增减200%，即随着销售额下降，经营风险增加；(3) 式结果表明当销售额在盈亏平衡点时，经营风险无穷大。

(三) 影响营业杠杆作用的因素

前面的分析是基于相关因素不变的前提，然而当市场条件发生变化时，以下因素将影响营业风险的高低：

(1) 产品的市场需求。在其他条件不变的情况下，市场对企业产品的需求越稳定，其经营风险越小；反之，经营风险越大。

(2) 产品的销售价格。产品价格变动同经营风险成反比，即价格上升，经营风险下降；反之，价格下降，经营风险上升。

(3) 产品单位变动成本。产品单位变动成本与经营风险成正比，即单位变动成本降低，息税前利润上升，经营风险较小；反之，经营风险较大。

(4) 企业固定成本总额。一般而言，在其他因素不变的情况下，经营成本中的固定成本比重越大，经营风险越大；反之，经营风险越小。

三、财务杠杆与财务风险

(一) 财务杠杆及其作用

财务杠杆是指企业在筹资过程中对资金成本固定的债务资本的利用，具体包括长期借款、公司债券、优先股等形式。

财务杠杆作用是指由于债务利息费用和优先股股息的存在，权益资金收益（用每股收益表示）的变动率大于息税前利润变动率的现象。

在资金结构（即负债比率）一定的条件下，企业利用财务杠杆作用，可以获得更多的利润，从而提高权益资金净利率。因为，在投资报酬率大于负债利息率的前提下，无论企业的息税前利润是多少，债务利息是固定的。当息税前利润增加时，每一元息税前利润负担的债务利息就会相对下降，其创造的税后利润相应增加，从而给投资者带来额外收益，即财务杠杆利益，具体可见表5-9。

表5-9 **财务杠杆利益分析表** 金额单位：万元

息税前利润		债务利息	所得税 (25%)	税后利润	
金额	增长率			金额	增长率
16		15	0.25	0.75	
24	50%	15	2.25	6.75	800%
40	67%	15	6.25	18.75	178%

反之，当息税前利润下降时，每一元息税前利润负担的债务利息就会相对提高，其创造的税后利润相应减少，从而给投资者带来额外损失，即财务风险，具体见表5-10。

表5-10 **财务风险分析表** 金额单位：万元

息税前利润		债务利息	所得税（25%）	税后利润	
金额	增长率			金额	增长率
40		15	6.25	18.75	
24	15%	15	2.25	6.75	64%
16	33%	15	0.25	0.75	89%

固定财务费用的存在是财务杠杆作用存在的前提。在企业筹资中，只要存在有固定财务费用支出的债务和优先股，就存在财务杠杆作用。若没有借入资本和发行优先股，就不存在固定的财务费用支出，也就没有财务杠杆作用，这时普通股每股收益变动率就同息税前利润变动率完全一致。

（二）财务杠杆系数

只要企业存在固定财务费用，就存在财务杠杆作用，但不同的企业由于负债（或发行优先股）筹资量的多少不同，固定的财务费用支出不同，财务杠杆作用的程度也就不完全一致，为此，需要对财务杠杆进行计量。财务管理中对财务杠杆进行计量采用的是财务杠杆系数（Degree of Financial Leverage，DFL）指标。财务杠杆系数是指税后利润的变动率相当于息税前利润变动率的倍数。对股份有限公司而言，可以用普通股每股收益变动率来代替税后利润的变动率。其计算公式为：

$$DFL = \frac{\Delta EAT/EAT}{\Delta EBIT/EBIT}$$

或 $$DFL = \frac{\Delta EPS/EPS}{\Delta EBIT/EBIT}$$

式中，DFL表示财务杠杆系数，EBIT表示息税前利润额，ΔEBIT表示息税前利润的变动额，EAT表示税后利润额，ΔEAT表示税后利润的变动额，EPS表示普通股每股收益额，ΔEPS表示普通股每股收益的变动额。

上述公式是财务杠杆系数的经济意义的表达，但利用该公式，必须以已知变动前后的相关资料为前提，比较麻烦，一般计算财务杠杆系数可以用简化公式。财务杠杆系数的简化公式为：

若未发行优先股：$DFL = \frac{EBIT}{EBIT - I}$

若发行有优先股：$DFL = \frac{EBIT}{EBIT - I - D_P/(1 - T)}$

式中，DFL表示财务杠杆系数，EBIT表示息税前利润额，I表示债务的年利息额，D_P表示优先股的年股利额，T表示公司所得税税率。

财务杠杆系数计算结果的经济意义是普通股每股税后利润变动率相对于息税前利润变动率的倍数。在应用财务杠杆系数进行判断时，一般而言，财务杠杆系数越大，对财务杠杆利益的影响越强，财务风险也就越高。

【例5-11】有A、B、C三家企业，其全部长期资本皆为1 000万元。A企业无负债，无优先股，全部为普通股股本；B企业的借入资本为300万元，利率为10%，普通股股本为700万元，无优先股；C企业的借入资本为500万元，利率为10%，有优先股100万元，股息率为12%，普通股股本为400万元。假定三个公司预期息税前利润均为200万元，所得税税率为25%，每股面值均为1元，分别计算三个公司的财务杠杆系数。

$$DFL_A = \frac{EBIT}{EBIT - I} = \frac{200}{200 - 0} = 1$$

$$DFL_B = \frac{EBIT}{EBIT - I} = \frac{200}{200 - 300 \times 10\%} = 1.18$$

$$DFL_C = \frac{EBIT}{EBIT - I - D_P/(1 - T)} = \frac{200}{200 - 500 \times 10\% - 100 \times 12\%/(1 - 25\%)} = 1.5$$

以上计算结果表明，长期资金中债务资金比重越大，财务杠杆系数越大，普通股股本利润率也越大。其根本原因在于：由于三个公司的投资报酬率20%大于利息率10%，大于股息率12%，从而导致随着固定性财务费用的增加，财务杠杆利益增大。

（三）影响财务杠杆作用的因素

前面对财务杠杆作用的分析也是基于相关因素不变的前提，当企业所处的环境发生改变时，财务杠杆的作用也会受到影响。影响企业财务风险的因素主要有：

（1）企业资金结构。一般而言，债务资金供求关系变化所引起的资金结构变化是导致财务风险的根本性原因。

（2）债务利率水平。在其他因素不变的情况下，债务利率变动与财务风险呈同方向变动，债务的利率水平较高时，企业的财务风险也相应地处于较高水平。

（3）企业资本总规模。在其他因素不变的情况下，如果资金规模发生了变动，财务杠杆作用也将随之变动。例如，企业资金结构不变，资本总规模扩张，则企业的负债数量也将随之增长，从而导致企业的资金成本增加，最终增加企业的财务风险。

（4）企业获利能力。企业获利能力影响的是息税前利润指标，该指标与财务风险呈反方向变动，即获利能力增强，息税前利润增加，财务风险下降；反之，获利能力减弱，财务风险加大。

在资金总额、息税前利润相同的情况下，负债比率越高，财务杠杆系数就越大，财务风险越高，但预期的每股盈余也越高。在债务利息不变的情况下，息税前利润越大，财务杠杆系数越小，财务风险也越小。因此，企业可以通过合理安排负债比率和增加息税前利润，使财务杠杆利益大于财务风险的不利影响，从而使普通股每股收益稳步增长。

四、复合杠杆

（一）复合杠杆的作用

复合杠杆，也称联合杠杆或总杠杆，是用来反映企业综合利用营业杠杆和财务杠杆对普通股收益产生的影响。由以上分析可知，固定成本的存在会引发营业杠杆效应，使息税前利润的变动率大于业务量的变动率；同样，固定财务费用的存在会引发财务杠杆效应，使企业每股收益的变动率大于息税前利润的变动率。如果两种杠杆共同起作用，那么销售额稍有变动就会使每股收益产生更大幅度的变动。这种由于固定成本和固定财务费用的共同存在而导致的每股收益的变动率大于销售变动率的杠杆效应，称为复合杠杆。因此，企业在筹资和经营决策中，可以通过合理使用营业杠杆和财务杠杆，达到提高普通股每股收益的目标。

（二）复合杠杆系数

并存于企业经营过程中的固定生产经营成本和固定财务费用支出，使复合杠杆的存在成为了必然。但不同的企业由于固定生产经营成本和固定财务费用支出的多少不同，复合杠杆作用也不完全一致。因此，需要对复合杠杆的作用程度进行计量。

财务管理采用复合杠杆系数（Degree of Total Leverage，DTL）指标来对复合杠杆的作用进行计量。复合杠杆系数是指每股收益变动率相当于销售变动率的倍数。其计算公式如下：

$$DTL = DOL \cdot DFL = \frac{\Delta EPS/EPS}{\Delta Q/Q}$$

或　$$DTL = \frac{\Delta EPS/EPS}{\Delta S/S}$$

【例5-12】某公司的营业杠杆系数为2，财务杠杆系数为1.5，则该公司的复合杠杆系数为多少？

$$DTL = DOL \cdot DFL = 2 \times 1.5 = 3$$

以上计算结果表明，当业务量增长时，该公司普通股每股收益以3倍的幅度增长；当业务量下降时，普通股每股收益也将以3倍的幅度下降。因此，企业业务量增长时会产生复合杠杆利益，业务量下降时会产生复合杠杆风险。

第三节　资金结构决策

不同的筹资方式组合类型决定着企业的资金结构及其变化。资金结构是企业筹资决策的核心问题，企业应该综合考虑有关影响因素，运用适当的方法确定最佳资金结构，以实现企业价值最大化目标。

一、资金结构原理

（一）资金结构的含义

资金结构是指企业各种资金的价值构成及其比例关系。资金结构有广义和狭义之分。狭义的资金结构是指企业长期资本各项目（包括普通股、优先股、留存收益、长期借款和债券等）的价值构成和比例关系。广义的资金结构是指企业全部资金（包括长期资本和短期资金）的价值构成和比例关系。

（二）资金结构的作用

企业资金结构是由企业采用各种筹资方式筹集的资金形成的，各种不同的筹资方式组合类型决定着企业资金结构的变化。企业筹集的资金主要包括债务资金和权益资金两类，资金结构问题总的而言是债务资金的比例问题，即合理安排负债在全部资金中所占的比重。因此，必须了解债务资金的作用。

1.合理利用债务资金有利于降低企业资金成本

由于债务资金必须按期还本付息，对债权人而言，其风险明显小于权益资金投资，因此其负债利息率一般低于总资产报酬率。同时，负债利息可以在税前支付，债务资金成本必然低于权益资金成本。在一定的限度内增加负债筹资，可以降低加权平均资金成本，从而提高企业价值。

2.合理利用债务资金有利于提高权益资金的收益水平

根据财务杠杆原理，在资产报酬率大于负债利息率的前提下，适当提高负债比率，就可以使权益资金获得较大的财务杠杆利益，在一定程度上提高股票的每股收益，从而使股票价格上升。

3.合理安排债务资金比例可以增加企业的价值

一般而言，企业的价值等于其债务资金的市场价值与权益资金的市场价值之和。企业的总价值与资金结构是紧密联系的，合理安排债务资金在一定程度上有利于增加企业的市场价值。

4.合理安排资金结构可以降低企业的财务风险

债务资金对于企业存在双向作用。虽然债务资金的利息率一般低于总资产报酬率，合理利用负债可以给企业带来降低加权平均资金成本、提高每股收益的好处，但过度负债也加大了企业的财务风险。这种风险是由未来息税前利润的不确定性造成的，当息税前利润降低时，过高的固定利息费用支出不仅给企业造成严重的负担，从而使每股收益大幅度下降，还增加了还本的压力，加大了企业破产的风险。因此，企业应该合理安排资金结构，合理安排债务资金比例。

（三）影响资金结构决策的因素

企业资金结构决策的影响因素有很多，主要有企业发展阶段、企业财务状况、所有者动机、债权人态度、经营者行为、市场利率水平、税收政策、行业差别等。

1.企业发展阶段

企业在一定的发展周期阶段，表现出相应的资金结构特点。一般而言，企业的发展往往经过初创期、成长期、成熟期和衰退期等阶段。企业的资金结构在初创期通常表现为债务资金比例较低；在成长期，债务资金比例开始上升；在成熟期，资金结构保持相对稳定；在衰退期，债务资金比例会有所下降。

2.企业财务状况

企业盈利能力和变现能力越强、财务状况越好，就越有能力承担财务上的风险，举债筹资就越有吸引力。当然，有些企业因为财务状况不好，无法顺利发行股票，只好以高利率发行债券来筹集资金。衡量企业财务状况的指标主要有流动比率、利息保障倍数、投资报酬率等。

3.所有者动机

企业所有者的动机对资金结构也有重要影响，因为企业资金结构的决策最终是由他们作出的。一个企业的股票如果被众多所有者所持有，谁也没有绝对的控制权，这个企业可能会更多地采用发行股票的方式来筹集资金，因为企业所有者并不担心控制权旁落的问题。反之，有的企业被少数股东所控制，股东们很重视控制权问题，企业为了保证少数股东的绝对控制权，一般尽量避免采用普通股筹资，而是采用优先股或负债方式筹集资金。

4.债权人态度

通常情况下，企业在决定资金结构并付诸实施之前，要向贷款银行和信用评估机构咨询，并对它们提出的意见给予充分的重视。如果企业安排过多的债务筹资，贷款银行未必会接受大额贷款的要求，或者只在有担保抵押或较高利率的前提下才会同意增加贷款。

5.经营者行为

经营管理人员对待风险的态度也是影响资金结构的重要因素。喜欢冒险的财务管理人员可能会安排比较高的负债比率；反之，一些持稳健态度的经营者则会安排较低的债务比率。

6.市场利率水平

市场利率水平的高低和变动趋势也会影响到企业的资金结构。如果企业财务管理人员认为利率暂时较低，但在不久的将来有可能会上升，便会大量发行债券，从而在若干年内把利率固定在较低的水平上。

7.行业差别

在资金结构决策中，应掌握本企业所处行业的特点以及该行业资金结构的一般水准，作为确定本企业资金结构的参照，分析本企业与同行业其他企业相比的特点和差别，以便更有效地决定本企业的资金结构。

8.国家财税政策

国家相关的财政税收政策对企业资金结构决策也有着较大的影响。如果国家政府采用扩张型财政政策，给予相关的国有企业财政补贴，这些企业可能就较少需要在市场上进行股权筹资。按照税法的规定，企业债务的利息可以抵税，而股票的股利不能抵税。因此，企业所得税税率越高，举债的节税作用就越大。

（四）资金结构的种类

企业的资金结构可以按资金权属和资金期限进行分类，分别构成资金的权属结构和期限结构。

1.资金的权属结构

一个企业的全部资金就其权属而言，通常分为两大类：一类是股权资金；另一类是债务资金。不同权属资金的价值构成及其比例关系就是企业的资金权属结构。例如，DFZ公司的资金总额为1亿元，其中，股东权益属于股权资金，金额为6 000万元，占比60%；银行借款和应付债券等属于债务资金，金额合计为4 000万元，占比40%。DFZ公司债务资金和股权资金各为6 000万元和4 000万元；债务资金占比60%，股权资金占比40%；债务资金与股权资金之比为3∶2。这些是对DFZ公司资金权属结构的不同表述。企业同时拥有债务资金和股权资金而构成的资金权属结构，其搭配比例或杠杆比例通常可用债务资金的比例来表示。资金的权属结构涉及企业及其股东和债权人的利益和风险。

2.资金的期限结构

一个企业的全部资金就其期限而言，一般分为两大类：一类是长期资金；另一类是短期资金。这两类资金的价值构成及其比例关系就是资金的期限结构。在上例中，DFZ公司的银行借款3 000万元中有2 000万元是短期借款、1 000万元是长期借款，应付债券和股权资金都是长期资金。因此，DFZ公司的短期资金为2 000万元，长期资金为8 000万元；

长期资金占比80%，短期资金占比20%；长期资金与短期资金之比为8∶1。这些是对DFZ公司资金期限结构的不同表述。资金的期限结构涉及企业一定时期的利益和风险，并可能影响企业股东和债权人的利益和风险。

二、资金结构理论

资金结构理论是揭示资金结构与企业价值之间关系的理论。最早提出资金结构理论的是美国经济学家戴维·杜兰德（David Duland）。杜兰德认为，早期企业的资金结构是按照净收益法、净营业收益法和传统折中法建立的。1958年，莫迪格利尼和米勒又提出著名的MM理论。在此基础上，后人进一步提出了平衡理论、代理理论和等级筹资理论。

从资金结构理论的形成和发展过程来看，其可分为早期资金结构理论、MM资金结构理论和新的资金结构理论。

（一）早期资金结构理论

早期资金结构理论主要有三种观点：

1.净收益理论

净收益理论，也称净利说。该理论认为，在企业的资金结构中，债务资金的比例越高，企业获取的财务杠杆利益就越大，企业的净收益或税后净利润就越多，企业的价值就越高。对于企业而言，只要权益资金成本高于债务资金成本，利用债务资金就可以降低企业的加权平均资金成本。这是因为，债务资金在企业全部资金中所占的比重越大，加权平均资金成本越接近债务资金成本，又由于债务资金成本一般较低，所以，负债程度越高，加权平均资金成本越低，企业价值就越大。当负债比率达到100%时，加权平均资金成本就等于债务利息，此时的企业价值将达到最大。

这是一种极端的资金结构理论，这一理论虽然考虑到财务杠杆利益，但忽略了财务风险。很明显，如果企业的债务资金过多，债务资金比例过高，企业的财务风险就会很高，企业的加权平均资金成本就会上升，企业的价值反而下降。

2.净营业收益理论

净营业收益理论，也称营业净利说。该理论认为，企业的价值与资金结构无关，决定企业价值高低的关键要素是企业的净营业收益。这是因为，如果企业增加成本较低的债务资金，即使债务资金成本不发生改变，但由于加大了企业的财务风险，也会导致企业的权益资金成本提高。这一升一降，相互抵消，企业的加权平均资金成本不变，企业的价值也就不受资金结构的影响。这意味着对于企业而言不存在一个最佳资金结构，因此也就不存在资金结构决策问题了。

这是另外一种极端的资金结构理论，它虽然认识到债务资金比例的变动会给企业带来财务风险，也可能影响企业的权益资金的成本，但是实际上企业的加权平均资金成本不可能是一个常数。

3.传统折中理论

传统折中理论是介于净收益理论和净营业收益理论之间的一种折中理论。该理论认为，企业在一定的负债范围内，增加债务资金尽管会导致权益资金成本上升，但是权益资金成本上升的幅度并不会完全抵消债务资金使加权平均资金成本下降的幅度，因此，在这个限度内增加债务资金可以降低加权平均资金成本，从而提升企业价值。然而，一旦债务资金超过这一限度，权益资金成本的上升就不能被债务资金的低成本所抵消，加权平均资金成本会上升，企业价值开始下降。此后，当债务资金继续增加时，加权平均资金成本上升得更快，企业价值也随着加权平均资金成本的上升而大幅度下降。因此，传统折中理论认为，每个企业都存在一个最佳资金结构，并可以通过适当调整负债比例来实现。

（二）MM资金结构理论

早期资金结构理论是建立在对企业所有者行为的一种推论和经验判断的基础之上的，既没有充分的经验基础，也没有经过科学的数学推导和统计分析，故难以令人信服。由莫迪格利尼和米勒提出的MM理论则是一种较为严格的科学理论。MM理论的出现，使资金结构理论研究进入了一个崭新的领域。1958年6月，他们在《美国经济评论》上发表了题为“资金成本、企业理财和投资理论”的文章。该文深入探讨了企业资金结构与企业价值之间的关系，创立了MM资金结构理论，并开创了资金结构理论的研究，这两位作者也因此获得诺贝尔经济学奖。

MM资金结构理论在其研究过程中形成了一系列极其严格的基本假设：

（1）存在高度完善和均衡的资金市场，没有交易成本和佣金，投资者可以像企业一样以相同的利率借款；

（2）投资者对于未来收益和风险的估计是完全相同的；

（3）企业经营风险的高低由息税前利润标准差来衡量，企业经营风险决定其风险等级；

（4）企业为零增长企业，财务杠杆利益全部分配给股东；

（5）企业和个人的负债均无风险，即负债利率属于无风险利率；

（6）企业无破产成本。

在以上假设条件的基础上，MM理论应用严格的数学推导，得出了无企业所得税和有企业所得税条件下的两个重要命题。

1.无企业所得税的MM模型

MM理论认为，在没有企业所得税的情况下，不仅负债无风险，而且负债利息无节税作用，因此，企业的价值独立于负债比例，等于企业的息税前利润除以适用于其风险等级的报酬率。这一命题认为权益资金成本会随着负债程度的提高而增加，这样，增加负债所带来的利益完全被上涨的权益资金成本所抵消。因此，风险相同的企业，其价值不受有无负债及负债程度的影响。也就是说，在无企业所得税的条件下，不存在最佳资金结构问题。

2.有企业所得税的MM模型

在有企业所得税的条件下，由于负债利息在税前列支，具有节税作用，企业价值会随负债程度的提高而增加，股东也可获得更多好处。负债越多，企业价值越大。负债企业的价值等于同等风险等级的无负债企业的价值加上负债利息的节税收益，即负债节税收益的增加额全部增加企业价值，却不存在风险增加而使企业价值下降的情况。

从有企业所得税的MM模型来看，最佳资金结构应该是负债比率为100%。但实际上没有一家企业会完全接受MM理论所设想的资金结构模型。导致MM不实用的原因在于，它使用了一些不符合实际的假设，如忽视资金市场的交易成本和佣金，以及只考虑个人和企业的举债所带来的节税利益，而不考虑债务风险等。但正因为如此，才使得MM理论能够成功地利用数学模型来揭示资金结构中负债的重要作用以及资金结构与企业价值之间的关系，使人们对资金结构理论的研究向前跨出了关键性的一步。之后的不少学者都是在MM理论的基础上逐步放宽了某些假设，并进行了大量的实证研究，使MM理论更加接近实际。在MM理论的基础上，逐渐形成了平衡理论、代理理论和等级筹资理论等比较有影响的新资金结构理论，使资金结构理论得到空前的发展，这就是MM资金结构理论的历史性贡献。

（三）新的资金结构理论

1.平衡理论

20世纪70年代，人们发现制约企业无限追求免税优惠或负债最大化的关键因素在于债务上升所带来的财务风险和费用。债务的增加使企业陷入财务危机，甚至增加了破产的可能性。随着企业债务增加而提高的风险和各种费用会增加企业的额外成本，从而使其市场价值下降。因此，企业的最佳资金结构应当是在负债价值最大化和债务上升带来的财务危机成本之间的平衡，这就是平衡理论。平衡理论可以说是对MM理论的再修正。该理论认为，当负债程度较低时，负债节税利益开始被财务危机成本所抵消。当边际负债节税利益等于边际财务危机成本时，企业价值最大，资金结构最优。若企业急需追加负债，企业价值会因财务危机成本大于负债节税利益而下降，负债越多，企业价值下降得越快。

2.代理理论

代理理论的创始人詹森和麦克林认为，企业资金结构会影响经营者的工作水平和其他行为选择，从而影响企业未来的现金收入和市场价值。例如，当经营者不作为内部股东而作为代理人时，其努力的成本由自己负担，而努力的收益却归于他人（股东）；其在职消费的好处由自己享有，而消费成本却由他人负责。这时，他可能偷懒或采取有利于自身效用满足而损害委托人利益的行动。该理论认为，债务筹资有更强的激励作用，并将债务视为一种担保机制。这种机制能够促使经理更努力地工作，少一些个人享受，并且作出更好的投资决策，从而降低由于两权分离而产生的代理成本。但是，负债筹资可能导致另一种代理成本，即企业接受债权人监督而产生的成本，这种债权的代理成本也得由经营者来承担，从而导致举债成本上升。均衡的企业资金结构是由股权代理成本和债权代理成本之间的平衡关系来决定的。

3.等级筹资理论

由于传统的筹资优序理论与现实的差异，梅耶斯等学者提出了一种新的优序筹资理论。梅耶斯于1984年通过建立一个投资项目信息不对称的简单模型提出了等级筹资假设。首先，外部筹资的成本不仅包括管理和证券承销成本，以及新发行证券被低估的成本，而且包括不对称信息所产生的“投资不足效应”而引起的成本。在信息不对称的条件下，企业可能会选择不发行证券，即使存在净现值大于零的投资机会，也有可能被企业放弃。为消除“投资不足效应”而引起的成本，企业可以选择用内部积累的资金去保障净现值为正的投资机会。所以，当企业面临投资决策时，理论上应首先考虑运用内部资金。其次，梅耶斯认为债务筹资优于股权筹资。他认为企业筹资的总原则是先发行安全的证券，然后才是风险性证券，这样就很好地从理论上解释了优序筹资理论的两个核心要点：其一是偏好内部筹资；其二是如果需要外部筹资，则偏好债务筹资。

负债筹资会产生节税利益，可以增加企业的价值，即负债越多，企业价值增加得越多，这是负债的第一种效应；但是，财务危机成本期望值的现值和代理成本的现值会导致企业价值的下降，即负债越多，企业价值的减少额越大，这是负债的第二种效应。负债比例较小时，第一种效应大；负债比例较大时，第二种效应大。所以，企业应适度负债。由于非对称信息的存在，企业要保留一定的负债额度以便有利可图的投资机会来临时可发行债券，避免以太高的成本发行新股。

在成熟的证券市场中，企业的筹资优序模式为：首先是内部筹资，其次是借款、发行债券，最后是发行新股筹资。但是，对于新兴证券市场而言却未必如此。20世纪80年代，新兴证券市场上选择股权筹资的企业增长迅速，虽然信息不对称的情形与成熟市场相比严重得多，但企业具有明显的股权筹资偏好，企业对筹资顺序的选择几乎与等级筹资模型背道而驰。例如，在我国，资本市场不发达、市场法律环境不完善、存在严重的信息不对称、股东的监控较薄弱，大多数企业的筹资偏好顺序是：内部筹资（留存收益）优于发行股票，而留存收益和股权筹资都优于举债筹资。如果可能（股票发行与上市条件宽松），企业肯定是将发行股票放在最靠前的位置上。目前，我国在创业板市场排队等待发行股票的数千家企业就是证明。即使是上市公司，也希望通过配股或增发等手段拼命"圈钱"。

形成这种股权筹资偏好的主要原因有以下三点：第一，在不健全的资金市场机制前提下，市场和股东对代理人（企业董事会和经理）的监督效率很低，经理们有较多的私人信息和可自由支配的现金流量；第二，代理人认为企业股权筹资的成本是以股利来衡量的，而股利的发放似乎是按代理人的计划分配的，从而使他们认为股权筹资的成本是较低的；第三，经理利用股权筹资可使他们承担较小的破产风险。在我国现阶段的证券市场上，企业的股利支付率很低，使代理人错误地认为股权筹资的成本很低。另外，在我国企业的财务实务中，有相当多的代理人还没有把筹资优序理论应用到企业筹资中去，多半是以简单的直观判断和表面的资金成本来选择筹资方式，这无疑会走进股权筹资偏好的误区。实际上，在我国证券市场进行股权筹资的成本是较高的，远远高于目前银行的贷款利率，对于处于稳定成长期或成熟期的企业来讲，股权筹资并不经济。

由此可得出启示：股权筹资的成本并不低，也不是上市公司或拟上市公司筹资的唯一途径，特别是对于已经进入稳定成长期或成熟期的企业而言，其筹资的最优策略应该是发行债券，或通过银行等金融机构进行商业借贷。无理性地进行大规模的股权筹资，不仅会提高资金成本，而且其经营业绩压力也是不可忽视的。这也是西方国家企业在进入成熟期后举债回购股票的主要原因。因此，股权筹资并不是企业筹资方式的唯一选择。

三、资金结构优化决策

资金结构决策是企业筹资管理的落脚点和核心问题，确定最佳资金结构是企业筹资管理的目标。负债对企业财务的影响主要表现在：一定程度的负债有利于降低企业的资金成本；负债筹资具有财务杠杆作用；债务资金会加大企业的财务风险。企业确定最佳资金结构，必须权衡资金成本、财务风险等各方面的情况。最佳资金结构是指企业在一定时期内最适宜的有关条件下，使其加权平均资金成本最低、企业价值最大的资金结构。由于企业内部和外部环境经常发生变化，实际工作中要找到最佳资金结构是比较困难的，所以在一定程度上确定权益资金和负债资金的比例，即作出融资决策，还要依靠有关人员的经验和主观判断，以及科学合理的方法。确定最佳资金结构的主要方法有比较资金成本法、每股收益分析法和比较公司价值法等。

（一）比较资金成本法

比较资金成本法，是指通过计算不同资金组合的加权平均资金成本，以筹资方案中资金成本最低的方案为最优选择的一种方法。它以资金成本的高低作为确定最佳资金结构的唯一标准。决策程序为：第一步，确定不同筹资方案的资金结构；第二步，计算不同方案的资金成本；第三步，选择资金成本最低的筹资方案。

企业筹资可以分为初始筹资和追加筹资两种情况，企业的资金结构决策也可以相应地分为初始筹资的资金结构决策和追加筹资的资金结构决策。

1.初始筹资的资金结构决策

初始筹资的资金结构决策是指在企业创立之时，对各种筹资方案分别计算其综合资金成本，选择综合资金成本最低的方案作为最佳筹资方案。

【例5-13】DFZ公司初创时有如下三个筹资方案可供选择，有关资料经测算汇入表5-11。

表5-11 **DFZ公司初始筹资方案资料表** 金额单位：万元

筹资方式	筹资方案Ⅰ		筹资方案Ⅱ		筹资方案Ⅲ	
	筹资额	资金成本	筹资额	资金成本	筹资额	资金成本
长期借款	600	7.00%	500	8.00%	1 000	7.50%
债券	1 000	9.00%	800	8.00%	1 000	8.25%
优先股	400	12.00%	1 200	12.00%	500	12.00%
普通股	3 000	14.00%	2 500	14.00%	2 500	14.00%
合 计	5 000	—	5 000	—	5 000	—

假定DFZ公司的三个筹资方案的财务风险相当，都是可以承受的。下面分三步来作出该公司的筹资决策。

第一步，计算各方案中不同筹资方式的筹资额占筹资总额的比重。

筹资方案Ⅰ：长期借款的资金结构比重=600÷5 000×100%=12%

债券的资金结构比重=1 000÷5 000×100%=20%

优先股的资金结构比重=400÷5 000×100%=8%

普通股的资金结构比重=3 000÷5 000×100%=60%

筹资方案Ⅱ：长期借款的资金结构比重=500÷5 000×100%=10%

债券的资金结构比重=800÷5 000×100%=16%

优先股的资金结构比重=1 200÷5 000×100%=24%

普通股的资金结构比重=2 500÷5 000×100%=50%

筹资方案Ⅲ：长期借款的资金结构比重=1 000÷5 000×100%=20%

债券的资金结构比重=1 000÷5 000×100%=20%

优先股的资金结构比重=500÷5 000×100%=10%

普通股的资金结构比重=2 500÷5 000×100%=50%

第二步，计算各筹资方案的综合资金成本。

筹资方案Ⅰ：$K_1 = 12\% \times 7\% + 20\% \times 9\% + 8\% \times 12\% + 60\% \times 14\% = 12\%$

筹资方案Ⅱ：$K_2 = 10\% \times 8\% + 16\% \times 8\% + 24\% \times 12\% + 50\% \times 14\% = 11.96\%$

筹资方案Ⅲ：$K_3 = 20\% \times 7.5\% + 20\% \times 8.25\% + 10\% \times 12\% + 50\% \times 14\% = 11.35\%$

第三步，比较各方案的综合资金成本并作出选择。

由上面的计算结果可知，$K_3<K_2<K_1$，即方案Ⅲ的综合资金成本最低，在适度的财务风险下，方案Ⅲ为最佳筹资方案，由此形成的资金结构为最佳资金结构。因此，应选择方案Ⅲ进行筹资。

2.追加筹资的资金结构决策

追加筹资是指企业在持续的生产经营过程中，由于经营业务或对外投资的需要而追加筹措新资。在追加筹资的情况下，各种筹资方式的资金额不仅有不同的组合，而且个别筹资方式的资金成本也会发生变化，从而引起资金结构的变动，使原有的最佳资金结构不复存在，因此需要重新计算追加筹资方案的加权平均资金成本，从中选择最佳的决策方案。

按照最佳资金结构的要求，在适度财务风险的前提下，企业选择最佳筹资组合方案可用两种方法：一是直接测算各备选追加筹资方案的边际资金成本，选择成本最低的筹资组合方案；二是分别将各备选追加筹资方案与原有的资金结构汇总，测算比较各个追加筹资方案下汇总资金结构的综合资金成本，再从中选择最佳筹资方案。

【例5-14】DFZ公司拟追加筹资6 000万元，现有两个追加筹资方案可供选择，有关资料经测算汇入表5-12。要求：作出该公司的追加筹资决策。

表5-12　　**DFZ公司追加筹资方案资料表**　　金额单位：万元

筹资方式	筹资方案A		筹资方案B	
	筹资额	资金成本	筹资额	资金成本
长期借款	1 000	7.00%	800	8.00%
优先股	1 000	13.00%	700	13.00%
普通股	2 000	15.00%	2500	15.00%
合　计	4 000	—	4 000	—

（1）追加筹资方案的边际资金成本比较法

第一步，计算各方案中不同筹资方式的筹资额占筹资总额的比重。

筹资方案A：长期借款的资金结构比重=1 000÷4 000=25%

优先股的资金结构比重=100÷4 000=25%

普通股的资金结构比重=2 000÷4 000=50%

筹资方案B：长期借款的资金结构比重=800÷4 000=20%

优先股的资金结构比重=700÷4 000=17.5%

普通股的资金结构比重=2 500÷4 000=62.5%

第二步，计算各筹资方案的边际资金成本。

追加筹资方案A：$K_A = 25\% \times 7\% + 25\% \times 13\% + 50\% \times 15\% = 12.5\%$

追加筹资方案B：$K_B = 20\% \times 8\% + 17.5\% \times 13\% + 62.5\% \times 15\% = 13.25\%$

第三步，比较各方案的边际资金成本并作出选择。

由上面的计算结果可知，$K_A<K_B$，方案A的边际资金成本更低，在适度的财务风险下，方案A为最佳的追加筹资方案，由此形成的资金结构为最佳资金结构。

因此，应选择方案A进行筹资。

（2）追加筹资方案与原资金结构汇总后的综合资金成本比较法

第一步，汇总追加筹资方案和原资金结构，形成备选追加筹资后的资金结构，见表5-13。

表5-13 追加筹资方案和原资金结构资料汇总表 金额单位：万元

筹资方式	原资金结构		追加筹资方案A		追加筹资方案B		综合资金结构	
	筹资金额	资金成本	筹资金额	资金成本	筹资金额	资金成本	方案A	方案B
长期借款	1 000	7.5%	1 000	7.00%	800	8.00%	2 000	1 800
债券	1 000	8.25%	—	—	—	—	1 000	1 000
优先股	500	12%	1 000	13.00%	700	13.00%	1 500	1 200
普通股	2 500	14%	2 000	15.00%	2 500	15.00%	4 500	5 000
合计	5 000	—	4 000	—	4 000	—	9 000	9 000

第二步，测算汇总资金结构下的综合资金成本。

追加筹资方案A：

$$K_{A2}=\frac{1\,000}{9\,000}\times7.5\%+\frac{1\,000}{9\,000}\times7\%+\frac{1\,000}{9\,000}\times8.25\%+\frac{500}{9\,000}\times12\%+\frac{1\,000}{9\,000}\times13\%+\frac{4\,500}{9\,000}\times15\%=12.14\%$$

追加筹资方案B：

$$K_{B2}=\frac{1\,000}{9\,000}\times7.5\%+\frac{800}{9\,000}\times8\%+\frac{1\,000}{9\,000}\times8.25\%+\frac{500}{9\,000}\times12\%+\frac{700}{9\,000}\times13\%+\frac{5\,000}{9\,000}\times15\%=12.47\%$$

在上述计算中，根据股票的同股同利原则，原有普通股应按新发行股票的资金成本计算，即全部股票按新发行股票的资金成本计算其总的资金成本；负债和优先股则需要将原有的筹资和新增追加筹资分开进行计算。

第三步，比较两个追加筹资方案与原资金结构汇总后的综合资金成本。

由上面的计算结果可知，$K_{A2}<K_{B2}$，方案A的综合资金成本更低，在适度的财务风险下，方案A为最佳的追加筹资方案，由此形成的资金结构为最佳资金结构。因此，应选择方案A进行筹资。

由此可见，DFZ公司追加筹资后，虽然改变了资金结构，但经过分析测算，作出正确的筹资决策，公司仍可保持最优化的资金结构。

然而要注意的是，比较资金成本法仅以资金成本最低作为决策的标准，没有具体测算财务风险因素，其决策目标实质上是利润最大化，而不是公司价值最大化，一般用于资本规模较小、资金结构较为简单的非股份制企业。

（二）每股收益分析法

提高每股收益是股东所追求的目标，所以在考虑企业的负债比例时，可以将是否提高每股收益作为判断企业资金结构是否合理的一个标准。也就是说，存在一个企业息税前利润水平，在这一水平下，高负债资金结构和低负债资金结构的每股收益相同。这一息税前利润水平就称为每股收益无差别点。

根据财务杠杆原理，随着息税前利润的增加，高负债资金结构下每股收益的增长速度会超过低负债资金结构下每股收益的增长速度。所以，在某一个息税前利润水平达到之前，低负债资金结构下的每股收益会超过高负债资金结构下的每股收益；而超过这一息税前利润水平之后，高负债资金结构下的每股收益则会超过低负债资金结构下的每股收益。

每股收益的计算公式为：

$$EPS=\frac{(EBIT-I)(1-T)-D_P}{N}$$

式中，I表示企业年利息费用，T表示企业所得税税率，D_P表示优先股年股利额，N表示年末流通在外的普通股股数。

如果用EPS_1和EPS_2分别表示两个不同融资方案的每股收益，那么在每股收益无差别点上，有EPS_1=EPS_2，即：

$$\frac{(\overline{EBIT}-I_1)(1-T)-D_{P1}}{N_1}=\frac{(\overline{EBIT}-I_2)(1-T)-D_{P2}}{N_2}$$

【例5-15】某公司目前拥有资本850万元，其中，债务资金为100万元，普通股权益资金为750万元。现准备追加筹资150万元，有三种筹资选择：A方案为增发新普通股，B方案为增加债务，C方案为发行优先股，具体见表5-14。该公司所得税税率为25%。要求：帮助该公司作出筹资决策。

表5-14 DFZ公司目前和追加筹资的资金结构资料表 金额单位：万元

资金种类	现行资金结构		增资后的资金结构					
			增发普通股		增加债务		发行优先股	
	金额	比例	金额	比例	金额	比例	金额	比例
债务	100	0.12	100	0.10	250	0.25	100	0.10
优先股	0	—	0	—	0	—	150	0.15
普通股	750	0.88	900	0.90	750	0.75	750	0.75
总资金	850	1.00	1 000	1.00	1 000	1.00	1 000	1.00
其他：								
年利息	9		9		27		9	
优先股年股利	0		0		0		15	
N（万股）	10		13		10		10	

计算息税前利润无差别点：

（1）A方案增发普通股与B方案增加债务两种增资方式下的无差别点计算如下：

$$\frac{(\overline{EBIT}-9)\times(1-25\%)}{13}=\frac{(\overline{EBIT}-27)\times(1-25\%)}{10}$$

$\overline{EBIT}$=87万元

EPS=3.6元

（2）A方案增发普通股与C方案发行优先股两种增资方式下的无差别点计算如下：

$$\frac{(\overline{EBIT}-9)\times(1-25\%)}{13}=\frac{(\overline{EBIT}-9)\times(1-25\%)-15}{10}$$

$\overline{EBIT}$=95.67万元

EPS=5元

【例5-15】中无差别点的意义在于，当息税前利润大于87万元时，增加债务筹资比增发普通股更为有利，反之应增发普通股；当息税前利润大于95.67万元时，发行优先股比增发普通股更为有利，反之应增发普通股。

为了验证上述无差别点的意义，下面假定DFZ公司息税前利润为160万元、50万元和90万元三种情况，分别计算该公司的每股收益

【例5-16】若【例5-15】中息税前利润预计为160万元，则分别计算三个筹资方案增加资金后的每股收益，具体见表5-15。

表5-15 **预计增资后的每股收益计算表一** 单位：万元

项　目	A方案增发新股	B方案增加债务	C方案发行优先股
息税前利润	160.00	160.00	160.00
减：利息	9.00	27.00	9.00
税前利润	151.00	133.00	151.00
减：所得税	37.75	33.25	37.75
税后利润	113.25	99.75	113.25
减：优先股股利	0.00	0.00	15.00
普通股可分配利润	113.25	99.75	98.25
普通股股份数（万股）	13.00	10.00	10.00
每股收益（元）	8.71	9.98	9.83

当DFZ公司的息税前利润为160万元时，大于【例5-15】中计算出来的两个无差别点，根据无差别点经济意义的应用，可知公司最佳的筹资选择是B方案，即增加债务。同样地，据表5-15可知，此时增加债务筹资方案的每股收益为9.98元，大于增发普通股筹资方案的8.71元和发行优先股筹资方案的9.83元，所以公司应该选择B方案追加筹资。因此，两种方法得出的结论是一致的。

【例5-17】若【例5-15】中息税前利润预计为50万元，分别计算三个筹资方案增加资金后的每股收益，具体见表5-16。

表5-16 **预计增资后的每股收益计算表二** 单位：万元

项　目	A方案增发新股	B方案增加债务	C方案发行优先股
息税前利润	50.00	50.00	50.00
减：利息	9.00	27.00	9.00
税前利润	41.00	23.00	41.00
减：所得税	10.25	5.75	10.25
税后利润	30.75	17.25	30.75
减：优先股股利	0.00	0.00	15.00
普通股可分配利润	30.75	17.25	15.75
普通股股份数（万股）	13.00	10.00	10.00
每股收益（元）	2.37	1.73	1.58

当DFZ公司的息税前利润为50万元时，小于【例5-15】中计算出来的两个无差别点，根据无差别点经济意义的应用，可知公司最佳的筹资选择是A方案，即增加发行普通股；同时，据表5-16可知，此时增发普通股筹资方案的每股收益为2.37元，大于增加债务筹资方案的1.73元和发行优先股筹资方案的1.58元，所以公司应该选择A方案追加筹资。因此，两种方法得出的结论是一致的。

【例5-18】若【例5-15】中息税前利润预计为90万元，且只有增发普通股与发行优先股可供选择，则分别计算三个筹资方案增加资金后的每股收益，具体见表5-17。

表5-17　**预计增资后的每股收益计算表三**　单位：万元

项　目	A方案增发新股	C方案发行优先股
息税前利润	90.00	90.00
减：利息	9.00	9.00
税前利润	81.00	81.00
减：所得税	20.25	20.25
税后利润	60.75	60.75
减：优先股股利	0.00	15.00
普通股可分配利润	60.75	45.75
普通股股份数（万股）	13	13
每股收益（元）	4.67	3.52

当DFZ公司的息税前利润为90万元时，小于【例5-15】中计算出来的第二个无差别点95.67万元，根据无差别点经济意义的应用，可知公司最佳的筹资选择是A方案，即增加发行普通股；同时，据表5-17可知，此时增发普通股筹资方案的每股收益为4.67元，大于发行优先股筹资方案的3.52元，所以公司应该选择A方案追加筹资。因此，两种方法得出的结论是一致的。

每股收益分析法的测算原理比较容易理解，测算过程较为简单。它以普通股每股收益最高为决策标准，没有具体测算财务风险因素，其决策目标实际上是股东财富最大化或股票价值最大化，而不是公司价值最大化，可用于资本规模不大、资金结构不太复杂的股份有限公司。

（三）比较公司价值法

比较公司价值法，是在充分反映公司财务风险的前提下，以公司价值的大小为标准，经过测算确定公司最佳资金结构的方法。很明显，这一方法考虑了财务风险和资金成本因素，以公司价值最大为标准，更加符合公司价值最大化的财务管理目标，但测算原理和测算过程较为复杂，通常用于资本规模较大的上市公司。

企业的市场总价值V应该等于其股票的总价值S加上债券的价值B，即：

$$V = S + B$$

为了简化起见，设债券的市场价值等于它的面值。股票的市场价值可通过下式计算：

$$S = \frac{(EBIT - I)(1 - T)}{K_S}$$

式中，K_S表示权益资金成本。

根据资本资产定价模型计算有：

$$K_S = R_S = R_F + \beta(R_m - R_F)$$

而企业的资金成本应该采用加权平均资金成本 K_W，即：

$$K_W = K_b \frac{B}{V}(1 - T) + K_S \frac{S}{V}$$

【例5-19】某公司现有长期资金均为普通股，共计2 000万元，无长期债务资金。公司管理层认为，这一资金结构不合理，没有发挥财务杠杆作用，准备举债改变这一资金结构。公司息税前利润为500万元，所得税税率为25%。公司长期债务年利率与普通股资金成本见表5-18。要求：确定公司的最佳资金结构。

表5-18　　不同债务水平对企业债务资金成本和权益成本的影响

债券市场价值B（万元）	税前债务资金成本 K_b	股票β值	无风险报酬率 R_F	平均风险股票必要报酬率 R_m	权益资金成本 K_S
0	—	1.20	10%	14%	14.8%
200	10%	1.25	10%	14%	15.0%
400	10%	1.30	10%	14%	15.2%
600	12%	1.40	10%	14%	15.6%
800	14%	1.55	10%	14%	16.2%
1 000	16%	2.10	10%	14%	18.4%

根据上述条件，计算股票总价值、公司价值及加权资金成本，见表5-19。

表5-19　　公司价值与资金成本计算表

债券市场价值B（万元）	股票市场价值S（万元）	公司价值V（万元）	税前债务资金成本 K_b	权益资金成本 K_S	加权平均资金成本 K_W
0	2 534	2 534	—	14.8%	14.80%
200	2 400	2 600	10%	15.0%	14.42%
400	2 270	2 670	10%	15.2%	14.05%
600	2 058	2 658	12%	15.6%	14.11%
800	1 796	2 596	14%	16.2%	14.44%
1 000	1 386	2 386	16%	18.4%	15.72%

从表5-19可以看出，当公司没有债务时，公司价值就是其原有股票的价值，即V=S；当公司用债务资金部分地替换股票资金时，公司的价值开始上升，加权平均资金成本开始下降；当债务资金达到400万元时，公司的价值最大，为2 670万元，加权平均资金成本最低，为14.05%；当债务超过400万元后，公司的加权平均资金成本又开始上升。因此，可以判断该公司债务资金为400万元时的资金结构为最佳资金结构。

【学习要点研讨】

1. 分别从企业和投资者的角度理解资金成本的含义，及其在企业财务管理中的作用。
2. 试用例子分析资金成本中用资费用和筹资费用的不同特性。
3. 简要分析资金成本对企业财务管理的作用。
4. 简要说明个别资金成本、综合资金成本和边际资金成本的测算方法。
5. 简述测算综合资金成本中运用的三种权数的不同影响。
6. 说明营业杠杆、财务杠杆和复合杠杆的基本原理和对应评价系数的测算方法。
7. 说明营业杠杆作用和财务杠杆作用之间的关联性。
8. 介绍资金结构的含义，并从广义和狭义两个角度分别理解。
9. 说明资金结构决策的影响因素。
10. 阐明资金成本比较法的基本原理和决策准则。
11. 阐明每股收益分析法的基本原理和决策准则。
12. 阐明公司价值比较法的基本原理和决策准则。

【学思践悟拓展】

海航集团陷入财务困境

2021年，由海南省人民政府牵头并会同相关部门共同成立的海南省海航集团联合工作组在尽职调查中发现，海航集团债务全面逾期、严重资不抵债。海航集团于2021年12月8日并入方大集团，而海航集团从2015年开始连续三年入围世界500强，总资产超过1万亿元，总负债7 365亿元，是8家A股上市公司和5家港股上市公司的实际控制人。海航为何从一个明星企业逐渐滑向破产深渊？

海航集团短期内跨行业、跨领域经营，激进并购海内外大量公司，收购项目质量参差不齐，后续管理不当、经营不善；同时，多元化经营协同性差，板块整合难度大，并购的子公司连连亏损，反噬盈利。

海航集团通过高杠杆实现资产负债快速扩张。2017—2018年，海航控股先后收购山西航空、鹏翔航空等公司，但是并购企业所带来的营业收入并没有转化为净利润，虽然营业收入增长，但净利润从正变负。2014—2016年是海航集团资产扩张最快的时期，这三年其增长速度分别为21.2%、45.28%和116.66%，资产规模从2014年年末的0.32万亿元迅速扩张至2017年年末的1.23万亿元。恒大资产从2012年的2 389.91亿元迅猛增长到2020年的23 011亿元。2014—2016年，海航集团表内显性有息负债从2 135.75亿元增加到4 120.27亿元，涉嫌隐藏表外有息负债。少数股东权益从2014年的539.51亿元增加到2016年的3 273.06亿元。2012—2017年，海航集团经营活动产生的现金流量净额为

1 723亿元，投资活动产生的现金流量净额为负7 100亿元，筹资活动产生的现金流量净额为6 436亿元。海航集团进一步通过各类融资和欠款放大杠杆，通过银行信贷、理财、信托、保理、租赁、私募基金等融资方式，形成巨额有息负债，并将上市公司股票和非上市公司股权高比例质押进行融资，且利用夹层金融工具融资。

海航集团财务报表外隐藏大量负债，为了规避监管和隐藏不良资产，海航集团通过各种会计操纵手段将部分负债和风险资产隐藏在表外。表外负债典型模式是明股实债和少数股东权益。海航集团还将控股金融机构作为融资工具，在财务危机爆发前，海航集团金融板块有前渤海信托、渤海人寿、联讯证券、华安财险等公司。

资料来源：张强．大型企业集团财务危机预警研究——以海航和恒大为例［J］．审计研究，2023（1）：48-56.

启发与拓展

（1）结合案例分析财务杠杆的作用，评述财务杠杆利益和财务风险。

（2）请说明最佳资金结构的内涵，并明确其衡量的标准。

（3）党的二十大以来，我国提出要加快建设世界一流企业，国务院国有资产监督管理委员会相应提出要建设世界一流财务管理体系，而财务工作作为其中的重要一环，发挥着巨大作用。试从财务管理角度，探讨海航集团陷入财务困境的原因。

第六章　项目投资原理

【学习目标】

•了解投资对企业的意义。

•了解投资的分类、项目投资的决策程序和管理原则。

•掌握项目投资现金流量的构成与计算。

•掌握各种投资决策指标的计算方法和决策规则。

•掌握各种投资决策指标的比较与具体应用。

【专业知识导引】

中铁的投资决策

党的二十大报告提出要推动共建“一带一路”高质量发展，共建“一带一路”成为深受欢迎的国际公共产品和国际合作平台，我国成为140多个国家和地区的主要贸易伙伴，货物贸易总额居世界第一，吸引外资和对外投资居世界前列，形成更大范围、更宽领域、更深层次对外开放格局。中国国家铁路集团有限公司（以下简称中铁集团）以铁路客货运输为主业，实行多元化经营。假设该公司的β系数为1.5，我国股市的市场组合报酬率为8%，当前我国国债利率为3%。若中铁集团正考虑在“一带一路”共建国家投资一段铁路，该铁路的总投资为25亿美元，预计在建成后的3年里每年获得净现金流量10亿美元。

思考：中铁集团是否应在“一带一路”共建国家投资呢？

第一节　项目投资概述

投资决策是财务决策中最重要的内容。筹资的目的是投资，投资需求决定了筹资的规模和时间。在一定意义上，投资决策决定着企业的前景，以至于提出投资方案和评价方案的工作已经不是财务人员能单独完成的，需要所有管理人员的共同努力。

一、企业投资的意义

企业投资是指企业投入财力，以期在未来获取收益的一种行为。在市场经济条件下，企业能否把筹集到的资金投放到收益高、回收快、风险小的项目上，对企业的生存和发展至关重要。

（一）企业投资是实现财务管理目标的基本前提

企业的财务管理目标是不断提高企业价值。为此，就要采取各种措施增加利润、降低风险。企业要想获得利润，就必须进行投资，通过投资形成企业的生产经营能力，才能开展具体的经营活动，获取经营利润。若对内投资有余力，可以购买股票、债券，通过取得股利或债券利息来获得投资收益。总之，投资决策的正确与否，不仅影响企业的经济效益，而且直接关系到企业的兴衰成败。

（二）企业投资是发展生产的必要手段

在科学技术、社会经济迅速发展的今天，企业无论是维持简单再生产还是实现扩大再生产，都必须进行一定的投资。要维持简单再生产的顺利进行，就必须对所使用的机器设备进行更新，对产品和生产工艺进行改革，不断提高职工的技术水平等；要实现扩大再生产，就必须新建、扩建厂房，增添机器设备，增加职工人数，提高职工素质等。企业只有通过一系列的投资活动，才能增强实力、广开财源。

（三）企业投资是降低风险的重要方法

把资金投向生产经营的关键环节或者薄弱环节，可以使企业各种生产经营能力配套、平衡，形成更大的综合产能。企业如果把资金投向多个行业，实行多角化经营，则能增加企业销售和盈余的稳定性。这些都是降低企业经营风险的重要方法。

二、企业投资的分类

将企业投资进行科学的分类，有利于分清投资的性质，辨别不同投资决策的特点和要求，进行科学的投资决策，实现强化投资管理的目标。

（一）短期投资与长期投资

企业投资按投资回收时间的长短，可划分为短期投资和长期投资。

短期投资（即流动资产投资），一般指一年以内可以收回的投资，包括现金、应收账款、存货、交易性金融资产等。其特点是时间短、变现能力强等。

长期投资，一般指一年以上才能收回的投资，如固定资产、无形资产、持有至到期投资等。

由于许多企业的长期投资主要是固定资产投资，有着耗资巨大、收回期长、难以变现和风险大等特点，所以，长期投资有时特指固定资产投资，也称项目投资。

（二）直接投资和间接投资

企业投资按投资活动与企业生产经营活动的关系，可以划分为直接投资和间接投资。

直接投资，是指将资金投放于形成生产经营能力的实体性资产，直接获取经营利润的企业投资。企业通过直接投资，购买和配置劳动力、劳动资料和劳动对象等具体生产要素，直接兴建企业、开展生产经营活动。在非金融性企业中，直接投资所占比重较大。

间接投资，是指将资金投放于股票、债券等金融资产，以获取股利、利息或资本利得收入为目的的投资。这些投资主要发生在二级交易市场中，不直接进入生产经营过程，所以被称为间接投资。随着我国金融市场的完善和多渠道筹资的形成，企业间接投资的渠道将越来越广泛。

（三）内部投资和外部投资

企业投资按投资的方向可分为内部投资和外部投资。

内部投资，又称对内投资，是指在本企业范围内的资金投放，用于购买和配置各种生产经营所需的经营性资产，包括维持性投资和扩张性投资。

外部投资，又称对外投资，是指向本企业范围以外的其他主体的资金投放。外部投资以货币资金、有形资产、无形资产等资产形式，通过联营投资、合作经营、换取股权、购买金融资产等方式，向企业外部其他主体投放资金。

内部投资都以直接投资为主；外部投资主要是间接投资，也可能是直接投资，特别是企业间的横向经济联合中的联营投资。

（四）采纳与否投资和互斥选择投资

企业投资按投资项目之间的相互关系可划分为采纳与否投资和互斥选择投资。

采纳与否投资是相容性投资，备选的各投资项目间互不关联、互不影响，可以同时并存。采纳与否投资项目决策考虑的是方案本身是否满足某种决策标准，只要无资金限制，各个项目自身经济上可行，便可采纳。

互斥选择投资是非相容性投资，备选的各个投资项目间相互关联、相互替代，必有取舍，不能并存。因此，互斥选择投资项目决策考虑的是各方案之间的排斥性，虽然每个方案都可能是可行方案，但互斥选择决策需要从中选择最优方案。

（五）初创投资和后续投资

企业投资根据投资在生产过程中的作用，可分为初创投资和后续投资。

初创投资，是在建立新企业时所进行的各种投资。它的特点是投入的资金通过建设形成企业的原始资产，为企业的生存、经营创造必要的条件。

后续投资，是指为巩固和发展企业再生产所进行的各种投资，主要包括为维持企业简单再生产所进行的更新性投资、为实现扩大再生产所进行的追加性投资、为调整生产经营方向所进行的转移性投资等。

从以上分类可知，企业投资具有多种含义，但本章介绍的投资主要指企业对内的长期直接投资，即项目投资。

三、项目投资的管理程序

项目投资是一个复杂的系统工程。项目投资一旦决策失误，会对企业的未来产生重大影响，甚至会导致企业破产。因此，企业在进行项目决策时必须对项目进行科学、严密的可行性论证。

通常，企业的项目投资决策有如下五个步骤：

（一）投资项目的提出

投资项目是企业根据自身所处的经济环境和企业的发展计划，在把握投资机会的情况下提出的。投资项目的提出是项目投资程序的第一步，项目的选择至关重要。

（二）投资项目的可行性分析

对提出的项目进行适当分类，计算项目的建设周期，预算项目投产后的收入、费用和经济效益，预测项目的现金流入和流出，运用各种分析指标，对项目的可行性进行分析，撰写可行性分析报告。

（三）投资项目的决策

投资项目经过分析论证后，应由项目所属部门作出决策。重大项目决策一般由董事会或股东大会决定。决策结论一般有三种：接受项目，进行投资；拒绝项目；重新论证。

（四）投资项目的实施与控制

为决定执行的项目筹集资金，保证项目能够顺利实施。在项目实施过程中要对项目的实施进度、项目质量、项目实施成本、项目预算等进行监督、控制和审核，确保项目完成的质量。

（五）实施事后审计

项目实施完成后，应对项目的实施结果进行全方位的评估和项目责任审计，以对公司战略的可行性、项目预算管理的有效性进行审核，并为未来项目管理提供借鉴。

四、项目投资管理的原则

企业投资的根本目的是谋求利润、增加企业价值。企业能否实现这一目标，关键在于能否在风云变幻的市场环境中，抓住有利时机，作出合理的投资决策。为此，企业在投资时必须坚持以下原则。

（一）市场适时性原则

项目投资决策需要认真进行市场调查，适时捕捉投资机会。捕捉投资机会是企业投资活动的起点，也是企业投资决策的关键。在市场经济条件下，投资机会不是固定不变的，而是不断变化的，它受到诸多因素的影响，其中最主要的是市场需求的变化。企业在投资之前，必须认真进行市场调查和市场分析，寻找最有利的投资机会。市场是不断变化发展的，对于市场和投资机会的关系，也应从动态的角度加以把握。

随着经济不断发展，人民收入水平不断提高，人们对消费的需求也发生了很大的变化，无数的投资机会正是在这些变化中产生，只有适时地把握机遇，投资合适的项目，才能增加收益，实现企业价值最大化。

（二）科学可行性原则

在市场经济条件下，企业的投资决策会面临一定的风险。为了保证投资决策的正确有效，必须建立科学的投资决策程序，认真进行投资项目的可行性分析。项目可行性分析是从市场、技术及经济角度论证项目可行性的综合分析，是预测项目的经济效益及生命力、筹措资金、开展设计、进行谈判、签订各种合同和进行施工准备的重要依据。财务部门是对企业的资金进行规划和控制的部门，财务人员必须参与投资项目的可行性分析。

（三）配置合理性原则

实现企业资产有效合理配置是企业管理的重要内容。但是，在企业生产经营过程中，难免会出现资产的闲置现象，如由于产品品种结构调整造成部分固定资产的闲置，现金大量结余且有无短期财务安排，等等。如何有效地使用这部分闲置资产，关系着企业总资产报酬率的水平。对此，正确的财务策略是积极地为该部分闲置资产寻求投资机会。例如，用闲置现金来购买有价证券，以获取较好的收益；用闲置的固定资产进行联营投资单位的实物资本投资，参与投资项目的利润分配。可见，选择有效的对外投资工具，有利于提高企业整体资产的利用效率。

（四）风险平衡性原则

在项目投资决策过程中，企业需要认真分析风险和报酬的关系，适当控制企业的投资风险。报酬和风险是共存的。一般而言，报酬率越高，风险也就越大，报酬的增加是以风险的增加为代价的，而风险的增加会引起企业价值的下降，不利于企业财务目标的实现。企业在进行投资时，必须在考虑风险报酬的同时认真考虑风险情况，只有在报酬和风险达到均衡时，才有可能不断增加企业价值、实现财务管理的目标。

第二节 项目投资的现金流量

从企业投资者的立场出发评价投资项目的财务可行性，是项目投资管理的关键。项目投资财务可行性评价需要现金流量和贴现率两个相关参数。因此，测算投资项目的现金流量和确定适当的折现率成为财务管理中项目投资决策的基础工作。

一、项目计算期构成

项目投资从投资建设开始到最终清理或出售的整个过程所用的时间，称为项目计算期。其中，从投资建设开始的时间到完工投产的时间为投资期，也称为建设期；从完工投产的时间至项目终结点的时间为生产经营期。

生产经营期包括试产期和达产期两个阶段。试产期是指项目投入生产，但生产能力尚未完全达到设计能力的过渡阶段。达产期是指生产经营达到设计生产能力水平后的时间。生产经营期一般应根据投资项目主要资产的经济使用寿命确定。项目计算期、建设期和生产经营期存在以下关系：

项目计算期=投资期+生产经营期

二、项目现金流量的概念

项目现金流量是指一个投资项目所引起的企业现金流出量和现金流入量增加的数量，即投资项目周期内由生产经营活动和资金借贷活动等形成的项目现金的流入流出增量。这里的现金，是广义的现金，它不仅包括库存现金、银行存款等货币资金，还包括即将到期的短期证券投资等。现金流量是评价投资方案是否具有财务可行性的基础数据。现金流量包括现金流入量、现金流出量和现金净流量三个具体内容。

（一）现金流入量

现金流入量（Cash In），是指由投资项目引起的企业现金收入的增加额，简称现金流入。对于新建项目而言，现金流入量的内容主要包括营业收入、出售原有长期资产的收入、垫付的营运资金收回等。

（二）现金流出量

现金流出量（Cash Out），是指由投资项目引起的企业现金支出的增加额。对于新建项目而言，现金流出量的内容主要包括长期资产投资、其他投资、营运资金垫支、付现成本和所得税等。

（三）现金净流量

现金净流量（Net Cash Flow，NCF），又称净现金流量，是指在项目计算期由每年现金流入量与同年现金流出量之间的差额所形成的指标。无论是在经营期内，还是在建设期内，都存在净现金流量。

当现金流入量大于流出量时，净现金流量为正值；反之，净现金流量为负值。

在项目计算期的不同阶段，现金流入与现金流出发生的可能性不同，因此各阶段的净现金流量在数值上呈现不同的特点。一般而言，建设期内的净现金流量值为负值或等于零；经营期内的净现金流量值多为正值。

计算现金净流量基于以下假设：

（1）投资主体假设。该假设是指项目现金流量的估算是基于项目的投资企业这个主体。

（2）现金流量的测算一般以年为时间单位。投资期的净现金流量置于每期期初，经营期的净现金流量置于每期期末，经营期不再追加投资。

（3）折旧期、摊销期一般与项目寿命期完全对等。

（4）项目残值将在项目终结时回收，营运资金于投资期垫支，于项目终结时回收。

（5）不考虑增值税，考虑所得税。理论上，增值税应由最终消费者承担，因此这里不考虑增值税。此外，按是否将所得税视为现金流出，现金流量有所得税前现金流量和所得税后现金流量两种形式。从企业或法人投资主体的角度看，所得税是一项现金流出。因此，除非特别注明，本章所述的现金流量均为所得税后现金流量。

三、项目现金流量的内容

为了便于估算，通常把投资项目的现金流量按时段特征分为初始现金流量、营业现金流量和终结现金流量。

（一）初始现金流量

初始现金流量是指从投资建设开始到完工投产这段时间，即建设期发生的现金流量。在这段时间里，一般主要发生现金流出。因此，初始现金流量一般包括如下内容：

1.长期资产投资

长期资产投资是指企业为使投资项目完全达到设计生产能力、开展正常经营而投入在固定资产和无形资产上的投资。在固定资产上的投资包括设备购置费用、设备安装费用和建设工程费用等。设备购置费用是指购买投资项目所需各项设备而发生的费用。企业财务人员要根据所需设备的数量、规格、型号、性能、价格、运输费和保险费等预测设备购置费的数额。设备安装费用是指安装各种设备所需的费用。这部分费用主要根据安装设备的多少、安装的难度、安装的工作量、当地安装的收费标准等因素进行预测。建设工程费是指进行土建工程所花费的费用。该部分费用要根据建筑类型、建筑面积的大小、建筑质量的要求、当地的建筑造价标准进行预测。在无形资产上的投资主要是指为了使企业未来投资项目顺利地开展生产运营，而必须在配套的专利权、商标权、特许使用权等无形资产上发生的开支。

初始现金流量还包括投资前的准备费用、投资建设过程中的其他开支和不可预见费用。投资前准备费用是指在正式投资之前为做好各项准备工作而花费的现金，主要包括勘察设计费、技术资料费、咨询费等。投资建设过程中其他开支主要包括工程项目监理费、环保等资质审批费、员工的技术培训费等。不可预见费是指在投资项目正式建设之前不能完全估计到的，但很有可能发生的一系列费用，如设备价格的上涨、自然灾害损失等。这些因素也要考虑，以便为现金流量预测留有余地。其他投资的总额要在综合考虑以上费用的基础上，合理地加以预测。其他投资一般会与长期资产投资项目内容合并。

2.营运资金的垫支

投资项目建成后，必须垫支一定的营运资金才能投入运营。这部分垫支的营运资金一般要到项目寿命终结时才能收回。所以，这种投资应看作长期投资，而不属于短期投资。

3.原有长期资产的变价收入

原有长期资产的变价收入是指在固定资产更新时，将原来尚可使用的长期资产出售所获得的收入。该现金流量在测算过程中需要注意两个方面的问题：其一，该现金流量一般是现金流入量，要与初始现金流量中其他流出量相区分；其二，该现金流量需要考虑所得税的问题，其应该是原有固定资产的变价收入扣除相关税金后的净收益。这里的税金扣除主要指所得税的扣除。

（二）营业现金流量

营业现金流量，又称经营现金流量，是指投资项目投入生产经营后，在生命周期内生产经营所带来的现金流入和流出的数量。营业现金流量要与项目最后终结过程，也就是清理或处置阶段的现金流量区分开来。营业现金流量一般包括营业现金流入量、营业现金流出量两项内容。

1.营业现金流入量

项目投资的营业现金流入量就是营业期的营业收入。营业收入是指投资项目投产后每年实现的销售收入。

从会计视角看，按权责发生制计量的营业收入并不是当期的经营现金流入。经营现金流入是当期现销收入和回收前期应收款项的合计数。为简化后面的计算，通常假设正常经营年度内每期发生的赊销额与回收前期的应收款项大体相等。在这种情况下，某期的经营现金流入量等于该期的营业收入。

2.营业现金流出量

项目投资的营业现金流出量主要包括付现成本和所得税两项内容。

付现成本是指营业期内为满足生产经营而运用现金支付的成本费用，又称营业成本。它是生产经营期最主要的现金流出项目。营业成本中不需要支付现金的部分称为非付现成本。一般而言，企业的非付现成本主要指长期资产的折旧和摊销。折旧和摊销是对固定资产磨损和无形资产损耗的一种补偿，固定资产和无形资产等的投资价值已计为初始现金流量（现金流出），因此，若将折旧计为营业现金流出量是一种重复计算。折旧和摊销属于人为计入成本、鼓励投资的一种经济范畴，它并不是真正意义上的现金流出；相反，它是企业可以支配使用的一项资金来源。因此，营业现金流出量只考虑了需要支付现金的付现成本，而未考虑非付现成本。

所得税是项目投资企业应该向国家税务机关缴纳的企业所得税。该项税金一般采用按月预交、按年结算的方法，属于企业营业过程中的一项现金流出。一般所得税不计入营业成本，须单独计量、单独预测。

根据以上营业现金流量的内容可以测算年营业净现金流量（NCF），公式如下：

每年营业现金净流量（NCF）=年营业收入-年付现成本-所得税

=净利润+折旧和摊销

（三）终结现金流量

终结现金流量是指投资项目结束时发生的现金流量。它主要包括以下三个项目。

1.长期资产的残值或变价收入

当项目投资清理或者终结时，会对项目初始投资期投入的长期资产进行处置，主要方式是出售或者报废。在出售长期资产时会取得变价收入，在报废时会获得残值收入，均应作为投资项目终结的一项现金流入。在现金流量测算中要注意长期资产的变价收入不能与初始现金流量中的“原有长期资产的变价收入”混淆。

2.营运资金垫支的收回

项目投资在清理或终结时，流动资金将收回。营运资金垫支收回的数量应该等于各年垫支的流动资金作为投资额的合计数。

3.停止使用土地的变价收入

停止使用土地的变价收入是指在项目投资清理或终结时，将用于该投资项目的土地出售，所获得收入扣除相关税金和费用后的净收益。该项现金流量是基于出售土地的假设，而在实际工作中，由于土地价格变动、企业可能仍然会继续使用该宗土地等各方面的原因，一般没有考虑。

项目现金流量的内容构成如图6-1所示。

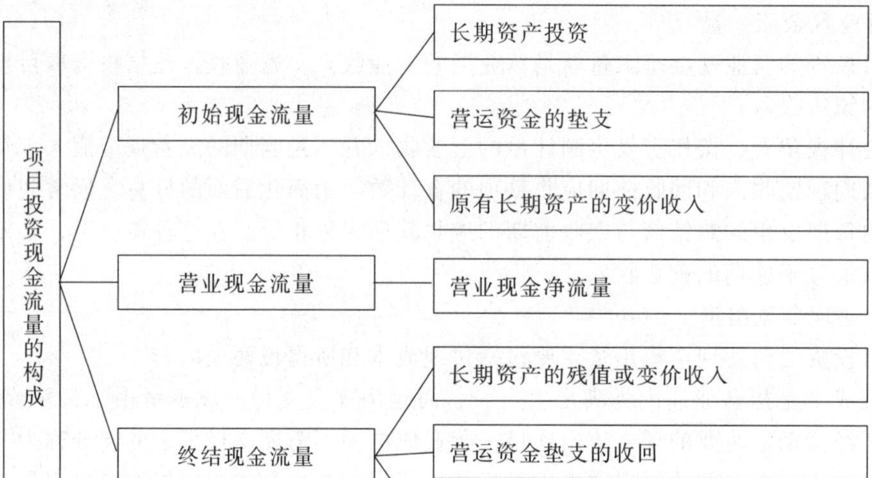

图6-1 项目投资现金流量构成图

四、项目现金流量的测算

为了正确评价投资项目的优劣，必须正确计算现金流量。

（一）项目现金流量的测算过程

项目投资现金流量测算的步骤一般包括：

（1）计算长期资产的年折旧额或摊销额；

（2）计算年营业现金净流量；

（3）列出现金流量计算表。

其中，现金流量计算表的列示依据是前面介绍的项目现金流量的构成。

【例6-1】XYZ公司准备购入一台设备以扩充生产能力，现有A、B两个方案可供选择。

A方案：购置设备需投资100万元，设备使用寿命为5年，采用直线法计提折旧，5年后设备无残值。5年中每年的销售收入为60万元，每年的付现成本为20万元。

B方案：购置设备需投资120万元。另外，在第1年垫支营运资金20万元，采用直线折旧法计提折旧，使用寿命为5年，5年后有残值收入20万元。5年中每年的销售收入为80万元，付现成本第1年为30万元，之后随着设备逐渐陈旧，逐年增加修理费5万元。假设所得税税率为25%，试计算两个方案的现金流量。

（1）第一步，计算两个方案每年的折旧额

$$A方案的年折旧额=\frac{100-0}{5}=20(万元)$$

$$B方案的年折旧额=\frac{120-20}{5}=20(万元)$$

（2）第二步，计算两个方案每年的营业现金净流量

A方案年营业现金流量的计算见表6-1。

表6-1 **A方案的年营业现金净流量估算表** 单位：万元

项目计算期t	1	2	3	4	5
销售收入①	60	60	60	60	60
付现成本②	20	20	20	20	20
折旧③	20	20	20	20	20
税前利润④=①-②-③	20	20	20	20	20
所得税⑤=④×25%	5	5	5	5	5
净利润⑥	15	15	15	15	15
营业现金净流量⑦=①-②-⑤=③+⑥	35	35	35	35	35

在表6-1中，t=0代表第一年年初，t=1代表第1年年末，t=2代表第2年年末……后面以此类推。

B方案年营业现金流量的计算见表6-2。

表6-2 **B方案的年营业现金净流量估算表** 单位：万元

项目计算期t	1	2	3	4	5
销售收入①	80.00	80.00	80.00	80.00	80.00
付现成本②	30.00	35.00	40.00	45.00	50.00
折旧③	20.00	20.00	20.00	20.00	20.00
税前利润④=①-②-③	30.00	25.00	20.00	15.00	10.00
所得税⑤=④×25%	7.50	6.25	5.00	3.75	2.50
净利润⑥	22.50	18.75	15.00	11.25	7.50
营业现金净流量⑦=①-②-⑤=③+⑥	42.50	38.75	35.00	31.25	27.50

（3）列出现金流量计算表

根据项目投资现金流量的内容构成，A方案每年的现金净流量计算见表6-3。

表6-3 **A方案的各年现金净流量计算表** 单位：万元

项目计算期t	0	1	2	3	4	5
长期资产投资						
营运资金垫支	-100.00					
原有长期资产的变价收入	0.00					
营业现金净流量	0.00					35.00
长期资产残值或变价收入		35.00	35.00	35.00	35.00	0.00
营运资金收回						0.00
各年现金净流量合计	-100.00	35.00	35.00	35.00	35.00	35.00

根据项目投资现金流量的内容构成，B方案每年的现金净流量计算见表6-4。

表6-4 **B方案的各年现金净流量计算表** 单位：万元

项目计算期t	0	1	2	3	4	5
长期资产投资	-120.00					
营运资金垫支	-20.00					
原有长期资产的变价收入	0.00					
营业现金净流量		42.5	38.75	35.00	31.25	27.50
长期资产残值或变价收入						20.00
营运资金收回						20.00
各年现金净流量合计	-140.00	42.5	38.75	35.00	31.25	67.50

（二）项目现金流量估算中应注意的问题

在确定投资方案的相关现金流量时，应遵循的基本原则是：只有增量的现金流量才是与项目相关的现金流量。所谓增量现金流量，是指接受或拒绝某个投资方案后，企业总现金流量因此发生的变动。因此，只有那些由于采纳某个项目引起的现金支出增加额才是该项目的现金流出，只有那些由于采纳某个项目引起的现金流入增加额才是该项目的现金流入。

在进行这种判断时，要注意以下几个方面的问题：

1.区分相关成本和非相关成本

相关成本是指与特定决策有关的，在分析评价时必须加以考虑的成本。例如，差额成本、未来成本、重置成本和机会成本等都属于相关成本。非相关成本是指与特定决策无关，在分析评价时不必加以考虑的成本。例如，沉没成本、过去成本、账面成本等往往是非相关成本。如果将非相关成本纳入投资方案的总成本，则一个有利的方案可能因此变得不利，一个较好的方案可能因此变为较差的方案，从而造成决策失误。

2.不要忽视机会成本

在投资方案的选择中，如果选择了一个方案，则必须放弃其他投资机会。其他投资机会可能取得的收益是实行本方案的一种代价，被称为这项投资方案的机会成本。机会成本不是我们通常意义上的“成本”，它不是一种支出或费用，而是失去的收益。这种收益不是实际发生的，是潜在的。机会成本是针对具体方案的，脱离被放弃的方案就无从计量确定。机会成本在决策中的意义在于它有助于全面考虑可能采取的各种方案，以便为既定资源寻求最有利的使用途径。

3.要考虑投资方案对其他部门的影响

当我们采纳一个新的投资项目后，该项目可能对公司的其他部门造成有利或不利的影响。因此，在进行投资分析时，应当关注新项目实施后对整个公司的预期现金流入的影响。当然，这些交互影响是很难准确计量的。但决策者在进行投资分析时仍要尽可能将其考虑在内。

4.对净营运资金的影响

一方面，当公司投资一个新项目并提升销售额后，对于存货和应收账款等流动资产的需求也会增加，公司必须筹措新的资金以满足这种额外需求；另一方面，公司扩张的结果是应付账款与其他一些应付费用等流动负债会同时增加，从而降低公司流动资金的实际需要。

当投资方案的寿命周期快要结束时，公司将与项目相关的存货出售，应收账款变为现金，应付账款和应付费用也随之偿付，净营运资金恢复到原有水平。通常，在进行项目投资分析时，假定开始投资时筹措的净营运资金在项目结束时收回。

5.忽略利息支付和融资现金流量

在评价新投资项目和确定现金流量时，往往将投资决策和融资决策分开，即从全部资本的角度来考虑。此时，利息费用和投资项目的其他融资现金流量不应看成是该项目的增量现金流量。也就是说，即使接受项目时不得不通过举借债务来筹集资金，与筹集债务资金相关联的利息支出及债务本金的偿还不作为项目的现金流量。因为，当用公司要求的报酬率作为贴现率来贴现项目的现金流量时，该贴现率已经隐含了这些项目的融资成本。分析人员通常事先确定对投资项目的期望收益或报酬率要求，然后再寻求最佳融资方式。

五、项目投资决策中使用现金流量的原因

财务会计是按权责发生制计算企业的收入和成本，并以收入减去成本后的利润作为收益，用来评价企业的经济效益。在项目投资决策中则不能将按这种方法计算的收入和成本作为评价项目经济效益高低的基础，而应以现金流入作为项目的收入，以现金流出作为项目的支出，以净现金流量作为项目的净收益，并在此基础上评价投资项目的经济效益。投资决策之所以要将以收付实现制计算的现金流量作为评价项目经济效益的基础，主要有以下方面的原因。

（一）采用现金流量有利于科学地考虑资金的时间价值

科学的投资决策必须认真考虑资金的时间价值，这就要求在决策时一定要分清楚每笔预期收入款项的具体时间，因为不同的资金具有不同的价值。在衡量方案优劣时，应根据各投资项目寿命周期内各年的现金流量，按照资金成本，结合资金的时间价值来确定。而利润的计算，并不考虑资金的收付时间，它是以权责发生制为基础的。

利润和现金流量的差异主要表现在以下几个方面：第一，购置固定资产、无形资

产等长期资产时所付出的大量现金不计入成本；第二，将固定资产、无形资产等长期资产的价值以折旧或摊销的形式逐期计入成本时，却又不需要付出现金；第三，计算利润时不考虑垫支流动资金的数量和回收的时间；第四，只要销售行为已经确定，就计算当期的营业收入，尽管其中有一部分并未于当期收到现金。可见，要在投资决策中考虑资金的时间价值，就不能用利润指标作为评价投资决策指标的基础，而必须采用现金流量。

（二）采用现金流量才能使投资决策更符合实际情况

在进行项目投资决策时，应用现金流量能科学客观地评价投资方案的优劣，而利润则明显存在不科学、不客观的成分。这是因为：第一，利润的计算没有统一的标准，在一定程度上要受到存货计价、费用摊配和折旧计提等不同方法的影响，因而净利润计算比现金流量的计算具有更大的主观随意性，作为决策的主要依据不太可靠；第二，利润反映的是某一会计期间“应计”的现金流量，而不是实际的现金流量，若以未实际收到的现金流入作为收益，具有较大的风险，容易高估投资项目的经济效益，存在不科学、不合理的成分。

第三节　项目投资的评价指标

项目投资决策评价的基本原理是：当投资项目报酬率超过资金成本时，企业价值将增加；当投资项目报酬率低于资金成本时，企业价值将减少。因此，投资者要求的报酬率即资金成本是评价项目是否为企业创造价值的标准。

项目投资决策通过一定的经济评价指标来进行，具体包括非贴现现金流量指标和贴现现金流量指标两类。

一、非贴现现金流量指标

非贴现的现金流量指标不考虑资金的时间价值，把不同时间的现金流量视作等效的。因此，该类指标在选择方案时通常起辅助作用。非贴现指标主要包括静态投资回收期和平均报酬率。

（一）静态投资回收期

1.静态投资回收期的含义

静态投资回收期（Payback Period，PP）是指投资引起的现金流入累积到与投资额相等所需的时间，代表收回投资所需的年限。一般该指标以年为时间单位。

静态投资回收期指标的决策规则是，回收年限越短，投资方案越有利。

2.静态投资回收期指标的计算

静态投资回收期的计算分为以下两种情况：

（1）当初始投资一次支出，且营业开始之后每年的净现金流量（含终结现金流量）相等时，投资回收期可按以下公式计算：

$$PP = \frac{C}{NCF}$$

式中，PP表示静态投资回收期，C表示项目的初始投资额，NCF表示营业开始后每年相等的净现金流量。

（2）如果营业开始之后每年净现金流量（含终结现金流量）不相等，那么，计算投资回收期要根据每年年末尚未回收的投资额，使用倒扣除的方法加以确定。应用倒扣除法后，可用下式计算投资回收期：

$$PP = n - 1 + \frac{\text{第}n-1\text{年年末尚未收回的投资额}}{\text{第}n\text{年年末的现金净流量}}$$

式中，n表示投资额回收的年份数。

此外，静态投资回收期有包括投资期的投资回收期（记作PP）和不包括投资期的投资回收期（记作PP^*）两种形式。不包括投资期的投资回收期计算如下：

不包括投资期的投资回收期=包括投资期的投资回收期-投资期

【例6-2】XYZ公司投资项目的相关现金流量见【例6-1】中的资料。要求：计算A和B两个方案的静态投资回收期，并作出决策。

依题意可知A方案属于第一种情况，即初始投资一次支出，且营业开始之后每年的净现金流量（含终结现金流量）相等，其投资回收期计算如下：

$$PP_{A'} = \frac{C}{NCF} = \frac{100}{35} = 2.86(\text{年})$$

A方案的静态投资回收期为2.86年。依题意可知B方案属于第二种情况，首先用倒扣除法确定投资额收回的具体年份数，见表6-5。

表6-5　**XYZ公司B方案投资回收期计算表**　单位：万元

年份（t）	每年净现金流量	年末尚未回收的投资额
0		140.00
1	42.50	97.50
2	38.75	58.75
3	35.00	23.75
4	31.25	0
5	67.50	—

从表6-5中可以看出，由于B方案的初始投资额140万元将在第4年收回，所以静态投资回收期的计算如下：

$$PP_B = 4 - 1 + \frac{23.75}{31.25} = 3.76(\text{年})$$

B方案的静态投资回收期为3.76年。由于$PP_A<PP_B$，即A方案的静态投资回收期2.86年短于B方案的静态投资回收期3.76年，所以，XYZ公司应该选择A方案进行投资。

3.静态投资回收期指标的优缺点

静态投资回收期的概念容易理解，计算也比较简单，但这一指标的缺点在于它不仅忽视了货币的时间价值，而且没有考虑回收期满后的现金流量状况。事实上，有战略意义的项目投资往往早期收益较低，而中后期收益较高。静态回收期法总是优先考虑急功近利的项目，它是过去评价投资方案最常用的方法，目前仅作为辅助方法使用，主要用来测定投资方案的流动性而非营利性。现用以下两个例子来说明该方法的缺陷。

【例6-3】假设有甲、乙两个方案的预计现金流量，见表6-6。要求：计算它们的静态投资回收期，并比较优劣。

表6-6 甲、乙方案的预计现金流量表 单位：万元

项目计算期t	0	1	2	3	4	5
甲方案现金流量	-1 000	400	600	300	300	300
乙方案现金流量	-1 000	600	400	300	300	300

从表6-6可知，甲方案和乙方案的投资回收期相同，都是2年。如果用静态投资回收期指标进行评价，两个方案的静态投资回收期相等，而且回收后的净现金流量均为300万元。然而，从时间价值的角度而言，乙方案要优于甲方案。因此，静态投资回收期未考虑时间价值因素，是非科学的。

【例6-4】假设有C、D两个方案，其预计现金流量见表6-7。要求：计算它们的静态投资回收期，并比较优劣。

表6-7 C、D方案的预计现金流量表 单位：万元

项目计算期t	0	1	2	3	4	5
C方案现金流量	-1 000	600	400	300	300	300
D方案现金流量	-1 000	600	400	500	500	500

从表6-7可知，C和D两个方案的投资回收期都是2年。如果用静态投资回收期指标进行评价，两个方案的静态投资回收期相等，然而两个方案回收投资后的净现金流量不相等。实际上，D方案收回初始投资后，每年比C方案的净现金流量高出200万元，D方案明显优于C方案。因此，静态投资回收期未考虑回收期满后的现金流量状况，也是不合理的。

（二）平均报酬率

1.平均报酬率的计算

平均报酬率（Average Rate of Return，ARR）是投资项目寿命周期内平均的年投资报酬率，也称平均投资报酬率。平均报酬率有多种计算方法，其中最常见的计算公式为：

$$平均报酬率ARR=\frac{年平均净现金流量}{初始投资额}\times 100\%$$

在采用平均报酬率这一指标进行决策时，应事先确定一个企业要求达到的平均报酬率，或称必要平均报酬率。平均报酬率指标的决策规则是：在进行决策时，只有高于必要平均报酬率的方案才能入选；而在有多个互斥方案的选择中，则选用平均报酬率最高的方案。

【例6-5】使用【例6-3】和【例6-4】的资料（见表6-3和表6-4），说明平均报酬率

指标的计算与决策。

$$ARR_A=\frac{35}{100}\times 100\%=35\%$$

$$ARR_B=\frac{(42.50+38.75+35.00+31.25+67.50)\div 5}{140}\times 100\%=30.71\%$$

由于$ARR_A>ARR_B$，即A方案的平均报酬率35%大于B方案的平均报酬率30.71%，所以，XYZ公司应该选择A方案进行投资。

2.平均报酬率指标的优缺点

平均报酬率指标的优点是简明、易算、易懂。

平均报酬率指标主要缺点是：第一，没有考虑货币的时间价值，投资开始年份的现金流量与最后一年的现金流量被看作具有相同的价值，所以有时会作出错误的决策；第二，必要平均报酬率的确定具有较大的主观性。

二、贴现现金流量指标

贴现现金流量指标，是指考虑资金时间价值的分析评价指标，亦被称为动态指标，或折现现金流量指标。常用的贴现现金流量指标主要包括净现值、内含报酬率、获利指数和动态投资回收期等。

(一) 净现值

1.净现值的含义

净现值（Net Present Value，NPV）是指特定方案在整个项目计算期内的每年净现金流量，按资金成本或企业要求达到的报酬率折算后的现值的代数和，或者说是特定方案未来现金流入量的现值与未来现金流出量的现值之间的差额。

净现值指标决策所依据的原理是：假设预计的现金流入在年末肯定可以实现，把原始投资看成是按预定贴现率借入的。当净现值为正值时，偿还本息后还有剩余的收益。净现值的经济意义是投资方案考虑时间价值后的净收益。

要计算投资项目的净现值，不仅需要知道与项目相关的现金流量，还必须确定贴现率。在通常情况下，采用企业要求的最低报酬率或资金成本作为投资项目预定的贴现率。

净现值指标的决策规则是：当只有一个备选方案，进行采纳与否的决策时，净现值为正值则采纳，净现值为负值则不采纳；当有多个备选方案，进行互斥项目选择的决策时，应选用净现值为正值且最大的方案。

2.净现值指标的计算

净现值的计算公式为：

$$NPV=\sum_{t=0}^{n}\frac{NCF_t}{(1+K)^t}$$

式中，NPV表示净现值，NCF_t表示第t年的净现金流量，K表示折现率（资金成本或公司要求的报酬率），n表示项目预计使用年限。

净现值的计算可按下列步骤进行：

第一步，计算项目的年折旧额；

第二步，计算项目每年的营业净现金流量；

第三步，列出现金流量计算表；

第四步，计算未来现金流量的总现值；

第五步，利用净现值指标进行决策。

【例6-6】使用【例6-3】和【例6-4】的资料（见表6-3和表6-4），说明净现值指标的计算与决策。假设资金成本为10%。

【例6-1】已经完成了净现值计算的前面三个步骤，所以A方案每年的营业现金净流量相等，其净现值计算如下：

$$
\begin{aligned}
NPV_A &= -100 + 35 \times PVIFA_{k,\ n} \\
&= -100 + 35 \times PVIFA_{10\%,\ 5} \\
&= -100 + 35 \times 3.791 \\
&= 32.69(\text{万元})
\end{aligned}
$$

B方案每年的NCF不相等，因此计算如下：

$$
\begin{aligned}
NPV_B &= -140 + 42.5 \times PVIF_{10\%,\ 1} + 38.75 \times PVIF_{10\%,\ 2} + 35 \times PVIF_{10\%,\ 3} + \\
&\quad 31.25 \times PVIF_{10\%,\ 4} + 67.5 \times PVIF_{10\%,\ 5} \\
&= -140 + 42.5 \times 0.909 + 38.75 \times 0.826 + 35 \times 0.751 + \\
&\quad 31.25 \times 0.683 + 67.5 \times 0.621 \\
&= 20.19(\text{万元})
\end{aligned}
$$

由于$NPV_A > NPV_B$，即A方案的净现值32.69万元大于B方案的净现值20.19万元，所以，XYZ公司应该选择A方案进行投资。

3.净现值指标的优缺点

净现值是一个折现的绝对量正指标，是项目投资决策评价指标中最重要的指标。净现值指标考虑了资金的时间价值和整个项目寿命周期的现金流量，从动态的角度反映了项目投入与净产出的关系。从理论上讲，它比其他指标更完善，被誉为“高级理财的第一原则”，具有广泛的适用性。净现值指标的缺点在于不能直接反映项目实际报酬率水平，且当项目寿命期不等时，无法直接应用净现值确定方案的优劣。

（二）内含报酬率

1.内含报酬率的含义

内含报酬率（Internal Rate of Return，IRR），又称内部报酬率，是指能够使未来现金流入量的现值等于未来现金流出量的现值的贴现率，或者说是使投资方案的净现值为零的贴现率。

内含报酬率的决策规则是：当只有一个备选方案，需要进行采纳与否的决策时，如果计算出的内含报酬率大于或等于公司的资金成本或必要报酬率，就采纳；反之，则拒绝。当有多个备选方案，需要进行互斥选择的决策时，选择内含报酬率超过资金成本或必要报酬率最高的投资项目。

2.内含报酬率指标的计算

根据内含报酬率的定义，其应该满足下列等式：

$$0 = \sum_{t=0}^{n} \frac{NCF_t}{(1 + IRR)^t}$$

式中，IRR表示内含报酬率，NCF_t表示第t年的净现金流量，n表示项目预计使用年限。

然而在实际工作中，内含报酬率是无法直接使用以上公式计算出来的。具体计算可以分以下两种情况：

（1）当初始投资一次支出，且营业开始之后每年的净现金流量（含终结现金流量）相等时，内含报酬率可按下列步骤计算：

第一步，计算年金现值系数。

$$PIVFA_{i,n}=\frac{C}{NCF}$$

式中，i表示内含报酬率，n表示项目的寿命期，C表示项目投资的初始投资额，NCF表示营业开始后每年相等的净现金流量。

第二步，查年金现值系数表，在相同的期数内，找出与上述年金现值系数相邻近的较大和较小的两个折现率。

第三步，在年金现值间应用插值法。根据上述两个邻近的折现率和已求得的年金现值系数，采用插值法计算该投资方案的内含报酬率。

（2）当营业开始之后每年净现金流量（含终结现金流量）不相等时，则需按下列步骤采用“逐次测试插值法”计算。

第一步，逐次测试折现率。先预估一个折现率，并按此折现率计算净现值。如果计算出的净现值为正值，则表示预估的折现率小于该项目的实际内含报酬率，应提高折现率，再进行测算；如果计算出的净现值为负值，则表明预估的折现率大于该方案的实际内含报酬率，应降低折现率，再进行测算。经过如此反复测试，找到净现值由正值到负值，并且比较接近于零的两个折现率。需要指出的是，这两个折现率之差应小于或等于5%，否则可能会导致误差太大。

第二步，在净现值间应用插值法。根据上述两个邻近的折现率用插值法计算出方案的实际内含报酬率。

【例6-7】XYZ公司投资项目的相关现金流量见【例6-1】中的资料。要求：计算A方案和B方案的内部报酬率，并作出决策。

A方案属于第一种情况，即初始投资一次支出，且营业开始之后每年的净现金流量（含终结现金流量）相等，其内含报酬率计算如下：

$$PVIF_{i,5}=\frac{C}{NCF}=\frac{100}{35}=2.857$$

查表可知，20%<r<25%，令r=（20+x）%。

贴现率			$PVIFA_{i,5}$		
20%	x%	5%	2.991	0.134	0.302
r			2.857		
25%			2.689		

$$\frac{x\%}{5\%}=\frac{0.134}{0.302}$$

$x=2.22$

则，$IRR_A=20\%+2.22\%=22.22\%$

B方案每年的NCF不相等，属于第二种情况，因此必须逐次进行测试，见表6-8。

表6-8　**B方案内含报酬率逐次测试表**　金额单位：万元

t	NCF_t	测试10%		测试15%		测试16%	
		PVIF	现值	PVIF	现值	PVIF	现值
0	-140.00	1.000	-140.00	1.000	-140.00	1.000	-140.00
1	42.50	0.909	38.63	0.870	36.98	0.862	36.64
2	38.75	0.826	32.01	0.756	29.30	0.743	28.79
3	35.00	0.751	26.29	0.658	23.03	0.641	22.44
4	31.25	0.683	21.34	0.572	17.88	0.552	17.25
5	67.50	0.621	41.92	0.497	33.55	0.476	32.13
NPV	—	—	20.19	—	0.74	—	-2.75

根据以上测试可知，IRR介于11%与12%之间，可用插值法：

贴现率			净现值		
15%	x%	1%	0.74	0.74	3.49
r			0		
16%			-2.75		

$$\frac{x\%}{1\%}=\frac{0.74}{3.49}$$

x = 0.21

则，IRR_B = 15% + 0.21% = 15.21%

由于$IRR_A > IRR_B$，即A方案的内含报酬率22.22%大于B方案的内含报酬率15.21%，所以，XYZ公司应该选择A方案进行投资。

3.内含报酬率指标的优缺点

内含报酬率指标是一个折现的相对量正指标。它从动态的角度直接反映了投资项目的实际收益水平，计算不受设定折现率的影响。其缺点主要是计算过程比较麻烦，而借助计算机用插入函数法又无法求得真实的内含报酬率。

（三）获利指数

1.获利指数的含义

获利指数(Profitability Index，PI)，又称现值指数，是指营业后未来报酬的总现值与初始现金流量的现值的比率，或者说是投产后各年净现金流量的现值之和除以初始现金流量的现值。

获利指数指标的决策规则是：当只有一个备选方案，需要进行采纳与否的决策时，获利指数大于或等于1，则采纳；否则就拒绝。当有多个备选方案，需要进行互斥选择的决策时，应采用获利指数大于1最多的投资项目。

2.获利指数指标的计算

获利指数的计算公式为：

$$PI=\frac{\text{未来报酬的总现值}}{\text{初始现金流量的现值}}$$

$$PI = \sum_{t=s+1}^{n} \frac{NCF_t}{(1+k)^t} \div \sum_{t=0}^{s} \frac{NCF_t}{(1+k)^t}$$

式中，PI表示获利指数，NCF_t表示第t年的净现金流量，K表示折现率（资金成本或公司要求的报酬率），n表示项目预计计算期，s表示项目预计的投资期。

【例6-8】XYZ公司投资项目的相关现金流量见【例6-1】中的资料。假设资金成本为10%。要求：计算A方案和B方案的获利指数，并作出决策。

A方案的获利指数计算如下：

$$PI_A = \frac{\text{未来现金流入量的总现值}}{\text{初始现金流量的现值}} = \frac{132.69}{100} = 1.33$$

$$PI_B = \frac{\text{未来现金流入量的总现值}}{\text{初始现金流量的现值}} = \frac{160.19}{140} = 1.14$$

由于$PI_A > PI_B$，即A方案的获利指数1.33大于B方案的获利指数1.14，所以，XYZ公司应该选择A方案进行投资。

3.获利指数指标的优缺点

获利指数是一个贴现的相对量正指标。它从动态的角度反映了投资项目的资金投入与总产出之间的关系，可以进行独立投资机会获利能力的比较。但它与净现值一样，无法直接反映投资项目的投资报酬率。

（四）动态投资回收期

1.动态投资回收期的含义

动态投资回收期（Discounted Payback Period，DPP）是指在考虑货币时间价值的条件下，以投资项目净现金流量的现值抵偿原始投资现值所需要的全部时间。也就是说，动态投资回收期是项目从投资开始，到累计折现现金流量等于零时所需的时间。动态投资回收期一般以年为时间单位。动态投资回收期与静态投资回收期之间的区别在于，它考虑了资金的时间价值，折现时使用的贴现率仍然是资金成本或者投资者要求的报酬率。

动态投资回收期指标的决策规则是：回收年限越短，投资方案越有利。

2.动态投资回收期指标的计算

动态投资回收期的计算，要根据每年年末尚未回收的投资额，使用倒扣除的方法加以确定，而回收的现金流量需要先根据贴现率计算现值，再计算未回收的投资额。

$$DPP = n - 1 + \frac{\text{第}n-1\text{年年末尚未收回的投资额}}{\text{第}n\text{年年末的净现金流量现值}}$$

式中，n表示投资额回收的年份数。

【例6-9】XYZ公司投资项目的相关现金流量见【例6-1】中的资料。假设资金成本为10%。要求：计算A方案和B方案的动态投资回收期，并作出决策。

依题意可知，A方案首先计算每年净现金流量的现值，然后用倒扣除的方法确定投资额收回的具体年份数，见表6-9。

表6-9 XYZ公司A方案动态投资回收期计算表 单位：万元

年份（t）	每年净现金流量	净现金流量的现值	年末尚未收回的投资额
0	35	31.82	100.00
1	35	28.91	68.18
2	35	26.29	39.27
3			12.98
4	23.91	23.91	—
5	35	21.74	—

从表6-9中可以看出，由于A方案的初始投资额100万元将在第4年收回，所以动态投资回收期计算如下：

$$DPP_A = 4 - 1 + \frac{12.98}{23.91} = 3.54(\text{年})$$

A方案的动态投资回收期为3.54年。

依题意可知，B方案首先计算每年净现金流量的现值，然后用倒扣除的方法确定投资额收回的具体年份数，见表6-10。

表6-10 XYZ公司B方案动态投资回收期计算表 单位：万元

年份（t）	每年净现金流量	净现金流量的现值	年末尚未收回的投资额
0			140.00
1	42.50	38.63	101.37
2	38.75	32.01	69.36
3	35.00	26.29	43.07
4	31.25	21.34	21.73
5	67.50	41.92	—

从表6-10中可以看出，由于B方案的初始投资额140万元将在第5年收回，所以动态投资回收期计算如下：

$$DPP_B = 5 - 1 + \frac{21.73}{41.92} = 4.52(\text{年})$$

B方案的动态投资回收期为4.52年。

由于$DPP_A < DPP_B$，即A方案的动态投资回收期3.54年短于B方案的动态投资回收期4.52年，所以，XYZ公司应该选择A方案进行投资。

3.动态投资回收期指标的优缺点

尽管动态投资回收期考虑了资金的时间价值，相较于静态投资回收期有所改进，但仍然没有考虑回收期满后的现金流量状况，所以在实际工作中也未作为项目投资决策的主要评价指标。

三、投资决策指标的比较

以上介绍了项目投资决策中的贴现现金流量和非贴现现金流量两大类指标，下面对这些指标做一下比较。

(一) 两类指标在投资决策应用中的比较

投资回收期作为评价企业投资效益的主要方法，在20世纪50年代曾流行全世界。现以美国学者的调查资料为依据，说明各种指标在投资决策中应用的变化趋势。

1.20世纪50年代的情况

1950年，迈克尔·戈特（Michael Gort）教授对美国25家大型公司的调查资料表明，被调查的公司全部使用投资回收期等非贴现现金流量指标，没有一家公司使用贴现现金流量指标。

2.20世纪六七十年代的情况

1970年，托姆斯·克拉默（Tomes Klammer）教授对美国184家大型生产企业进行调查，资料详见表6-11。

表6-11 投资决策指标使用情况调查表一

投资决策指标类型	作为主要方法使用的公司所占的比例		
	1959年	1964年	1970年
贴现现金流量指标	19%	38%	57%
非贴现现金流量指标	81%	62%	43%
合 计	100%	100%	100%

资料来源：KLAMMER T P. Empirical evidence of the adoption of sophisticated capital budgeting techniques [J]. The Journal of Business，1972，45：387-397.

3.20世纪80年代的情况

1980年，大卫·J.奥布拉克（David J. Oblack）教授对58家大型跨国公司进行了调查，资料详见表6-12。

表6-12 投资决策指标使用情况调查表二

投资决策指标类型	作为主要方法使用的公司所占的比例
贴现现金流量指标	76%
非贴现现金流量指标	24%
合 计	100%

资料来源：OBLAK D J， HELM R J. Survey and analysis of capital budgeting methods used by multinationals [J].Financial Management， 1980， 9（4）：37-41.

4.20世纪末至21世纪初的情况

2001年，美国杜克大学的约翰·格雷姆（John Graham）和坎贝尔·哈韦（Campbell Havey）教授调查了392家公司的财务主管，其中74.9%的公司在进行投资决策时使用净现值指标，75.7%的公司使用获利指数指标，56.7%的公司在使用净现值指标和获利指数指标的同时使用投资回收期指标。调查还发现，年销售额大于10亿美元的公司更多地应用净现值或获利指数指标，而年销售额小于10亿美元的公司则更多地应用投资回收期等非贴现指标。

由此可知，20世纪中后期，建立在资金时间价值原理基础上的贴现现金流量指标，在投资决策指标体系中的地位发生了显著的变化。使用贴现现金流量指标的公司不断增多，从20世纪70年代开始，贴现现金流量指标已经占据主导地位，并形成了以贴现现金流量指标为主、投资回收期指标为辅的多种指标并用的评价体系。最近的调查更是表明，许多公司在进行决策时会使用两种以上的指标，其中规模较大的公司倾向于使用贴现的现金流量指标，规模相对较小的公司则更多地应用非贴现的现金流量指标。

（二）贴现现金流量指标广泛应用的主要原因

1. 非贴现现金流量指标把不同时间点上的现金流入和流出当作毫无差别的资金进行对比，忽略了资金的时间价值，这是不科学的。贴现现金流量指标则把不同时间点流入或流出的现金按照统一的折现率贴现到同一个时间点上，使不同时期的现金具有可比性，这样才能帮助企业作出正确的投资决策。

2. 非贴现现金流量指标中的投资回收期只能反映投资的回收速度，不能反映投资的主要目标——收益。同时，由于静态投资回收期指标没有考虑时间价值因素，因而会计算出虚快于实际的投资回收速度，不利于企业作出正确的投资决策。

3. 投资回收期、平均报酬率等非贴现现金流量指标对项目寿命期不同、资金投入的时间和提供收益时间不同的项目投资方案缺乏鉴别能力。贴现现金流量指标则可以通过净现值、内含报酬率和获利指数等指标进行综合分析，从而帮助企业作出正确合理的决策。

4. 非贴现现金流量指标中的平均报酬率等指标，由于没有考虑资金的时间价值，实际上夸大了项目的盈利水平；而贴现现金流量指标中的内含报酬率是以预计的现金流量为基础，考虑了货币的时间价值，因此能计算出的真实报酬率。

5. 在运用投资回收期这一指标时，标准回收期是方案取舍的依据，但标准回收期一般都是以经验或主观判断为基础来确定的，缺乏客观依据。贴现现金流量指标中的净现值和内含报酬率等指标实际上都是以企业的资金成本为取舍依据的，任何企业的资金成本都可以通过科学计算确定，因此，这一取舍标准符合客观实际。

6. 管理人员水平的不断提高和相关分析软件的广泛应用，加快了贴现现金流量指标的推广使用。在20世纪五六十年代，只有很少的企业财务人员能真正了解贴现现金流量指标的含义，而今，几乎所有大型企业的高级财务人员都明白这一方法的科学性和正确性。相关分析软件的广泛应用使贴现现金流量指标中的复杂计算变得非常容易，推动了贴现现金流量指标的应用进程。

（三）贴现现金流量指标的比较

通过以上对比可知，贴现现金流量指标是科学的投资决策指标。贴现现金流量指标包括净现值、内含报酬率和获利指数等，下面对它们进行比较。

1.净现值和内含报酬率的比较

在多数情况下，运用净现值和内含报酬率这两个指标分析判断得出的结论是相同的，如前例中XYZ公司对A方案和B方案的决策，但对于互斥选择项目而言，在如下两种情况下，采用这两个指标有时会产生差异。

（1）投资规模不同。当一个项目的投资规模大于另一个项目时，投资规模较小的项目的内含报酬率可能较大，但净现值可能较小。例如，假设项目甲的内含报酬率为30%，净现值为100万元；而项目乙的内含报酬率为20%，净现值为200万元。在这两个互斥项目之间进行选择，实际上就是在更多的财富和更高的内含报酬率之间进行选择，很显然，决策者将选择财富。所以，当互斥项目的投资规模不同，并且资金可以满足投资规模要求时，净现值指标的决策规则优于内含报酬率指标的决策规则。

（2）现金流量发生的时间不同。有的项目早期现金流入量比较大，而有的项目早期现金流入量比较小。之所以会产生现金流量发生时间不同的问题，是因为“再投资率假设”，即两种方法假定投资项目使用过程中产生的现金流量进行再投资时会产生不同的报酬率。净现值指标决策假定产生的现金净流量重新投资会产生相当于企业资金成本的利润率，而内含报酬率指标决策假定现金净流量重新投资产生的利润率与此项目特定的内含报酬率相同。下面举例说明。

【例6-10】假设某公司有两个项目D和E，它们的初始投资额不一致，详细情况见表6-13。

表6-13 **项目D和项目E的投资决策数据表** 金额单位：元

指标数据	年次（t）	项目D	项目E
初始投资	0	110 000	10 000
营业现金净流量	1	50 000	5 050
	2	50 000	5 050
	3	50 000	5 050
NPV		6 100	1 726
IRR		17.28%	24.03%
PI		1.06	1.17
资金成本		14%	14%

下面计算在不同的贴现率条件下，两个投资项目的净现值，见表6-14。

表6-14 **不同贴现率下D项目和E项目的净现值** 金额单位：元

贴现率（即资金成本）	D项目的净现值	E项目的净现值
0	40 000	5 150
5%	26 150	3 751
10%	14 350	2 559
15%	4 150	1 529
20%	−4 700	635
25%	−12 400	−142

从表6-13中可以看出，如果依据内含报酬率指标进行决策，应该拒绝项目D而采纳项目E；如果应用净现值指标进行决策，则应采纳项目D而拒绝项目E。产生上述差异的根本原因是，内含报酬率指标假定项目D前两期产生的现金净流量（第1年和第2年的50 000元）进行再投资会产生与17.28%相等的报酬率，而项目E前两期的现金净流量

（第1年和第2年的5 050元）进行再投资会得到24.03%的报酬率。与此相反的是，净现值指标假定前两期产生的现金净流量进行再投资的报酬率是14%，即资金成本。从表6-14中也可以看出，在净现值指标计算过程中，若使用的贴现率（即资金成本）不高于15%，则项目D的净现值大于项目E，即项目D优于项目E；如果使用的贴现率（即资金成本）高于15%，则项目E的净现值大于项目D，即项目E优于项目D。因此，当资金成本为14%，且没有资金限量时，项目D虽然投资较多，但净现值也较高，可以为企业带来更多的财富，是较优的项目；而当资金成本率高于15%时，无论用净现值指标还是内含报酬率指标，都会得出项目E优于项目D的结论。也就是说，采用净现值指标总是正确的，而采用内含报酬率指标有时却会得出错误的决策结论。

所以，在无资金限量的情况下，净现值指标要优于内含报酬率指标。

2.净现值指标和获利指数指标的比较

由于净现值指标和获利指数指标使用的是相同的数据，在评价投资项目的优劣时，它们通常是一致的，但有时也会产生分歧。例如，【例6-9】中的项目D和项目E（这两个项目的初始投资不一致），总资金成本为14%，项目D有净现值6 100元，获利指数为1.06；项目E有净现值1 726元，获利指数为1.17。如果用净现值法，应选用项目D；如果依据获利指数进行决策，则应选用项目E。

只有当初始投资不同时，使用净现值指标和获利指数指标的决策结论才会产生差异。由于净现值指标是用各期现金净流量现值减去初始投资的现值得到的，是一个绝对数，表示投资的效益或者说是给公司增加的财富；而获利指数是用现金净流量现值除以初始投资的现值，是一个相对数，表示投资的效率，因而评价的结果可能会不一致。

最高的净现值更加符合企业的最大利益，也就是说，净现值越高，企业的收益越大，而获利指数只反映投资回收的程度，不反映投资回收的多少，在没有资金量限制的互斥选择决策中，应选用净现值较大的投资项目。也就是说，当依据获利指数指标与净现值指标得出不同结论时，应以净现值法为准。

总之，在没有资金量限制的条件下，利用净现值指标在所有的投资评价中都能作出正确的决策，而利用内含报酬率指标和获利指数指标在独立项目评价中也能作出正确的决策，但在互斥选择决策中有时会得到错误的结论。因此，在这三种评价指标中，净现值指标仍然是最好的项目投资评价指标。

【学习要点研讨】

1. 简要说明投资的含义、作用、种类和管理原则。
2. 介绍投资活动的现金流量构成，及其测算过程和方法。
3. 说明投资决策的贴现现金流量指标和非贴现现金流量指标的内容和决策准则。
4. 说明固定资产的残值收入与变价收入之间的区别。
5. 说明营业现金净流量的基本计算原理。

6. 分析为什么采用贴现现金流量指标进行投资决策更合理些？

7. 对贴现现金流量指标的三项主要指标进行比较。

8. 若你是某公司的高管，你会用什么指标对投资项目进行决策，为什么？

【学思践悟拓展】

东环公司新建项目投资决策

一、背景资料

（一）项目贴现率的动态估计

在采用贴现技术对投资项目进行动态经济评价时，贴现率的估计对企业而言是一个非常复杂且重要的问题。贴现率的选用本身有质和量两方面的要求。首先，从质的方面考虑，实践中常用的贴现率一般有三种：

① 采用银行贷款平均利率作为贴现率，这是投资项目获利水平的下限标准。

② 以行业平均利润率为贴现率，体现了本行业投资利润率的标准。若低于这一标准，即使投资项目不亏本，也会使企业在行业竞争中处于劣势。

③ 以企业的平均资金成本为贴现率，说明项目的资金利润率若不能高于企业的资金成本，实际上是无利可图的。

因此，在采用内含报酬率作为投资项目的经济评价指标时，常用这三类利率指标作为基准指标与项目的内含报酬率进行对照比较。

其次，从量的方面考虑，在项目现金流量相同的前提下，贴现率的不同会给经济评价带来相反的结论。一般情况下，选用的贴现率偏高，会使项目的净现值偏低；反之则净现值偏高。

应该进一步思考的是：在进行投资项目的经济评价时，无论选哪一种贴现率指标进行贴现计算，在贴现率的量化上，都不能在整个项目寿命周期内一成不变，而应该根据不断变化的宏观和微观经济形势，在不同情况下分别采用不同的贴现率对投资项目进行动态经济分析。这样做的要求很高，难度也很大，但唯有这样才能使经济分析和评价起到其应有的作用。

（二）投资决策的其他影响因素

作为投资主体的企业，投资项目的成败往往关系到其生死存亡，因此必须认真分析影响动态估计的各种因素，准备各种对策，尽可能提高项目经济评价的可靠性，从根本上避免投资失误。

1. 企业内部历史资料的真实积累是投资项目动态经济评价的基本前提

企业为求发展而进行项目投资，其决策最为根本的依据是企业的历史资料，历史资料的积累又源于企业日常的基础管理工作。企业改制后，决策者们应清醒地意识到基础管理是企业生存之根本，而不是应付检查的形式。基础管理的好坏决定着历史资料是否真实可靠，历史资料是否真实可靠又直接影响投资项目能否正确决策，进而影响企业能否把握发展机遇。在这个价值链中，任何一个环节出现问题，都会给企业带来不可弥补的损失。如果说，要求企业对投资项目在今后若干年内的经济运行状态作出精确度很高的预测是一种苛求的话，那么要求企业对以往的经营状况作出准确无误的定量描述应该是现代企业管理的基本要求。因此，狠抓基础管理、确保历史资料的真实性，是正确进行投资决策的基本前提。

2.准确把握市场命脉是投资项目动态经济评价的基本要求

市场给企业提供了施展身手的舞台，企业在市场中遵循优胜劣汰的竞争规则拼搏求胜。可以说，市场是企业赖以生存的土壤，企业对自身植根的这片土壤的了解程度便成为企业能否取胜的关键。我国大量的中小型企业目前对市场的了解仍然处于起步状态。它们掌握的市场情况从范围上看是狭窄的，从时间上看是以往的，从来源上看是源于自身的感受。这就决定了这些企业在市场竞争中总是处于被动挨打的局面。中小型企业要在市场竞争中取胜，必须要在市场调研和市场预测方面加大投入。对于市场调研的范围，不仅要关注同类产品市场，还要考虑相关产品和替代产品的市场情况；对于市场调研的时间，既要了解市场的过去和现状，更要掌握市场的发展趋势，用动态的观念和方法去收集动态的市场信息；对于调研和预测的方法，要用科学的手段，用定性分析和定量分析相结合的方法对动态的市场信息进行整理、分析和运用。这样，企业在进行投资决策时，才能科学、客观、准确地测算项目未来的收入、成本、利润及现金流量，才能进行真正意义上的动态经济评价。

3.国家经济政策和经济调控手段是影响投资项目动态评价的基本因素

国家宏观经济政策的出台和变动，利率、汇率、大宗物资指导性价格等经济调控手段的利用和变动，都是企业无法驾驭的，却又是与企业命运密切相关的重要因素。企业的决策层必须认真学习、研究国家的宏观经济政策，了解经济调控手段的变动规律，掌握宏观经济周期及产品寿命周期等经济知识，把握相关资源价格变动和金融市场利率变动的一般规律。唯有如此，企业才有可能在一个相当长的时期内相对准确地选定适用的贴现率进行投资决策评价。

4.对国内外经济信息的掌握程度是投资项目动态评价的基本保证

我国加入WTO后，所有的企业都面临着国际市场的机遇和挑战。在进行投资决策时，除了考虑国内市场的状况和趋势，还要对相关产业及产品的国际市场态势有所了解，扩大信息的覆盖面，更全面地掌握信息和利用信息，使投资决策多增加一分成功的把握。

二、案例资料

东环公司是生产汽车零部件的企业，其产品长期以来一直供不应求，为扩大生产能力，公司准备新建一条生产线。负责这项投资决策工作的财务总监经过调查研究，得到如下相关资料：该投资项目的初始投资为380万元，当年投资，当年收益，第1年只能完成设计能力的一半产量。项目寿命期为5年，5年后估计可收回固定资产残值等终结现金流量40万元。企业提供的资料表明，自第2年达到设计能力后，该项目每年的营业收入可达3 200万元，每年的付现成本为2 840万元（含流转税费），固定资产折旧和无形资产摊销等非付现成本为每年60万元，所得税税率为25%。若取贴现率为15%，则该项目的净现值（NPV）为381万元。以NPV是否大于零为项目的取舍标准，项目是可行的。计算见表6-15和表6-16。

表6-15　　营业现金净流量计算表　　单位：万元

年次（t）	1	2	3	4	5
营业收入	1 600	3 200	3 200	3 200	3 200
减：付现成本	1 450	2 840	2 840	2 840	2 840
折旧和摊销	30	60	60	60	60
税前利润	120	300	300	300	300
减：所得税	30	75	75	75	75
税后利润	90	225	225	225	225
营业现金净流量	120	285	285	285	285

表6-16　　现金流量及净现值计算表　　单位：万元

年次（t）	0	1	2	3	4	5
初始投资	-380					
营业现金净流量		120	285	285	285	285
终结现金流量						40
现金流量合计	-380	120	285	285	285	325
折现系数（i=15%）	1	0.870	0.756	0.658	0.572	0.497
现金流量现值	-380	104.40	215.46	187.53	163.02	161.53

该投资决策结果送交东环公司中层干部讨论时引起很大争议。生产部长在汽车行业工作30多年，对汽车零部件的行业前景和变动趋势了如指掌，他认为实际上在投资后的5年内，营业收入和付现成本绝不可能是一成不变的。在长达5年甚至10年的项目收益期内，很多因素都会发生不以人的意志为转移的变化。在该项目的付现成本中，原材料成本占85%左右，原材料价格或原材料消耗水平是影响项目收益的最为敏感的因素，原材料成本略有上升，对营业现金净流量将产生非常大的冲击，有可能使NPV发生逆转而导致整个项目投资失败。

生产部长经过周密调查，估计该项目在运行的第2年原材料的市场价格会上涨10%，使当年的营业现金净流量从原来估算的260万元下跌至100万元；第3年由于市场上出现了性能更好的替代产品，使产品销售价格下挫5%，又使当年营业现金净流量下跌至-40万元；第4年，企业采取各种促销手段，使销售量增长，又使营业收入恢复到第2年的水平，并且通过管理降低生产成本，消化因促销而增加的销售费用对成本的负面影响，使付现成本不再升高，在亏损1年后即扭亏为盈，第4年和第5年均保持税前利润60万元的水平。

公司聘请的独立董事也对财务总监的投资决策报告提出不同意见，他通过对宏观经济形势、国家财经政策、行业相关政策及企业运行情况的预测和分析，认为在今后的几年内国家将继续维持积极财政政策，银行贷款利率仍维持较低水平。同时，由于企业进行再投资，近年内对股利分配政策会有一定影响，使企业资金的平均成本有所降低，项目后期（第4年和第5年）资金成本预计又有一定幅度的回升。他预测未来5年国家利率水平分别为15%、8%、12%、12%、12%。他最后认为以企业近年的平均资金成本15%作为投资项目的贴现率不太合理。

三、案例分析

（一）分析生产部长的意见

通过表6-17和表6-18的计算可知：考虑收益期内收入和成本的变化后，该项目的NPV为-76.86万元。也就是说，企业在尽力改善自身的经营状况后，该项目的经济可行性仍是不容乐观的。这种情况是非常现实的。

表6-17 **营业现金净流量计算表** 单位：万元

年次（t）	1	2	3	4	5
营业收入	1 600	3 200	3 040	3 200	3 200
减：付现成本	1 450	3 080	3 080	3 080	3 080
折旧和摊销	30	60	60	60	60
税前利润	120	60	-100	60	60
减：所得税	30	15	0	0	5
税后利润	90	45	-100	60	55
营业现金净流量	120	105	-40	120	115

表6-18 **现金流量及净现值计算表** 单位：万元

年次（t）	0	1	2	3	4	5
初始投资	-380					
营业现金净流量		120	105	-40	120	115
终结现金流量						40
现金流量合计	-380	120	105	-40	120	155
折现系数（i=15%）	1	0.870	0.756	0.658	0.572	0.497
现金流量现值	-380	104.40	79.38	-26.32	68.64	77.04

此时，该投资方案的净现值NPV=-76.86万元。

（二）分析独立董事的意见

经过分析计算的项目净现值为-49.88万元，见表6-19。这一结果比原来不考虑贴现率变动的情况增加了26万元。虽然结果仍然未达到可行方案的标准，但决策过程考虑到贴现率的变动，显然比在一个长达多年的时期内始终采用同一贴现率的思路要有很大进步。对于投资额更大、寿命期更长的投资项目，假如不考虑贴现率的变动，那么项目经济评价的质量是不可信的。

表6-19　**现金流量及净现值计算表**　金额单位：万元

年次（t）	0	1	2	3	4	5
初始投资	-380					
营业现金净流量		120	105	-40	120	115
终结现金流量						40
现金流量合计	-380	120	105	-40	120	155
估计折现率		15%	8%	12%	12%	12%
折现系数（i=15%）	1	0.870	0.857	0.712	0.636	0.567
现金流量现值	-380	104.40	89.99	-28.48	76.32	87.89

此时，该投资方案的净现值NPV=-49.88万元。

财务总监经过认真测算后，发现该项目的净现值为负数，并且数额较大。当然，他也知道实践中完全可能出现相反的情况，即企业的经营形势向着收入增加、成本降低的方向变化，使一些原来认为不可行的项目实际上有利可图。但是他认为，从会计学的“谨慎性”原则来讲，做财务预算时应该把收入尽可能估计得保守些，而把成本费用尽可能预算得全面充分些，以最大可能地增强企业的风险承受能力。会计年度财务预算尚且如此，对于长期投资项目的经济评价而言，就更应该遵循这一原则，才有可能避免投资失误给企业带来不可挽回的损失。因此，他建议公司放弃该投资项目。

资料来源：徐凤菊，方明，刘英．上市公司典型理财案例［M］．武汉：武汉理工大学出版社，2004.

启发与拓展

（1）如果你是该企业的财务总监，你会作出什么样的决策？

（2）如果你是公司的独立董事，又会如何决策呢？

（3）作为新时代的会计，该如何做投资项目预算呢？

第七章　项目投资决策

【学习目标】

•掌握固定资产更新的投资决策分析方法。

•掌握项目寿命期不等的投资决策分析方法。

•掌握资本限量决策投资分析方法。

•掌握投资期决策分析方法。

•掌握投资开发时机分析方法。

•理解投资风险分析中的风险调整法。

•了解通货膨胀条件下的投资决策方法。

•熟悉证券投资的种类和风险。

•了解股票和债券投资的报酬率计算方法。

•熟悉基金投资的概念及其优缺点。

•了解衍生金融工具的基本概念和种类。

【专业知识导引】

多元化经营的陷阱

1990年12月26日，苏宁易购在江苏南京成立。迄今为止，苏宁易购的实体网络覆盖全球600多个城市，拥有互联网创新门店1 300多家，其经营商品涵盖传统家电、消费电子、百货、图书、虚拟产品等综合品类。然而，苏宁易购没有为多元化战略进行合理的现金预算管理，苏宁自2012年开始走上多元化扩张的道路，先后进行了十几次投资。投资活动的现金流出持续增加，紧接着公司业绩持续下滑，无法获得足够的融资，现金流入逐年减少，但苏宁依旧没有停止扩张的步伐。

资料来源：四季财道.多元化扩张背景下，苏宁易购财务困局如何解？别侥幸［EB/OL］.［2022-12-10］. https://www.163.com/dy/article/HO8J4IRG0552ZPF2.html.

思考：苏宁易购的财务危机的根源是多元化经营吗？这种规避风险的经营方式为什么并没有帮助苏宁易购规避风险？

第一节　项目投资决策

项目投资决策包括采纳与否决策和互斥选择决策。对于采纳与否决策，评价投资方案的财务可行性就是对其作出最终决策。贴现现金流量指标中的净现值、获利指数和内含报酬率是评价投资方案是否具有财务可行性的主要指标。非贴现的投资回收期和平均报酬率指标只是次要或辅助指标，而且它们不一定会与上述三个贴现指标的评价结论一致。根据前面对指标的比较，可以知道在无资金限量的条件下，应该主要应用净现值指标的结论。对于互斥选择决策，这里主要介绍固定资产更新的投资决策、项目寿命期不等的投资决策、项目资本限量决策、项目投资开发时机决策和投资期选择决策等项目投资中需要重点关注的问题。

一、固定资产更新投资决策

固定资产投资更新投资，是相对于固定资产的基本建设投资而言的，主要指对现有生产设施进行更新、对现有生产技术进行改造等方面的投资，是对技术上或经济上不宜继续使用的旧资产进行的更换，包括用先进技术对原有设备进行局部的改造。投资决策的备选方案一般包括继续使用旧设备方案和售旧购新方案两种。现代技术革新较快，当出现新的、更先进的固定资产时，企业就会面临这样的选择。在新旧设备尚可使用的寿命年限相同的情况下，投资决策的方法包括比较净现值法和差量分析法。比较净现值法是比较不同方案的净现值，选择净现值大于零且较高的方案进行投资。差量分析法是用不同方案的差量现金净流量计算差量净现值，然后进行比较，仍然是选择净现值较高的方案进行投资。若新旧设备尚可使用的寿命年限不同，将在后面专门介绍。

【例7-1】XTD公司考虑用一台新的、效率更高的设备来代替旧设备，以减少成本、增加收益。旧设备原购置成本为40 000元，已使用5年，估计还可使用5年，已提折旧20 000元，假定使用期满后无残值，如果现在销售可得价款20 000元，使用该设备每年可获收入50 000元，每年的付现成本为30 000元。该公司现准备用一台新设备来代替原有的旧设备，新设备的购置成本为60 000元，估计可使用5年，期满有残值10 000元，使用新设备后，每年收入可达80 000元，每年付现成本为40 000元。假设该公司的资金成本为10%，所得税税率为25%，新、旧设备均用直线折旧法计提折旧。试作出该公司是继续使用旧设备还是对其进行更新的决策。

（1）比较净现值法

第一步，计算各方案的年折旧额。

继续使用旧设备方案：每年的折旧额$=\dfrac{40\,000-0}{10}=4\,000$(元)

售旧购新方案：每年的折旧额$=\dfrac{60\,000-10\,000}{5}=10\,000$(元)

第二步，计算各方案的营业现金净流量NCF。

继续使用旧设备方案的营业现金净流量的计算见表7-1。

表7-1 **继续使用旧设备方案营业现金净流量计算表** 单位：元

年次（t）	1	2	3	4	5
营业收入	50 000	50 000	50 000	50 000	50 000
减：付现成本	30 000	30 000	30 000	30 000	30 000
折旧和摊销	4 000	4 000	4 000	4 000	4 000
税前利润	16 000	16 000	16 000	16 000	16 000
减：所得税	4 000	4 000	4 000	4 000	4 000
税后利润	12 000	12 000	12 000	12 000	12 000
营业现金流量NCF	16 000	16 000	16 000	16 000	16 000

售旧购新方案的营业现金净流量的计算见表7-2。

表7-2 **售旧购新方案营业现金净流量计算表** 单位：元

年次（t）	1	2	3	4	5
营业收入	80 000	80 000	80 000	80 000	80 000
减：付现成本	40 000	40 000	40 000	40 000	40 000
折旧和摊销	10 000	10 000	10 000	10 000	10 000
税前利润	30 000	30 000	30 000	30 000	30 000
减：所得税	7 500	7 500	7 500	7 500	7 500
税后利润	22 500	22 500	22 500	22 500	22 500
年营业现金流量NCF	32 500	32 500	32 500	32 500	32 500

第三步，确定两个方案的各年现金净流量。

继续使用旧设备方案的各年现金净流量见表7-3。

表7-3 **继续使用旧设备方案各年现金净流量计算表** 单位：元

年次（t）	0	1	2	3	4	5
长期资产投资	0					
营运资金垫支	0					
原有长期资产变价收入	0					
年营业现金流量NCF		16 000	16 000	16 000	16 000	16 000
长期资产残值						0
营运资金垫支收回						0
合计	0	16 000	16 000	16 000	16 000	16 000

继续使用旧设备方案的各年现金净流量见表7-4。

表7-4 **继续使用旧设备方案各年现金净流量计算表** 单位：元

年次（t）	0	1	2	3	4	5
长期资产投资	-60 000					
营运资金垫支	0					
原有长期资产变价收入	20 000					
年营业现金流量NCF		32 500	32 500	32 500	32 500	32 500
长期资产残值						10 000
营运资金垫支收回						0
合计	-40 000	32 500	32 500	32 500	32 500	42 500

第四步，计算各方案的净现值。

继续使用旧设备方案的净现值：

$NPV = 0 + 16\,000 \times PVIFA_{10\%,\ 5} = 16\,000 \times 3.791 = 60\,656$(元)

售旧购新方案的净现值：

$$\begin{aligned} NPV' &= -40\,000 + 32\,500 \times PVIFA_{10\%,\ 4} + 42\,500 \times PVIF_{10\%,\ 5} \\ &= -40\,000 + 32\,500 \times 3.170 + 42\,500 \times 0.621 \\ &= 89\,417.5(\text{元}) \end{aligned}$$

第五步，比较各方案的净现值，作出决策。

由于NPV′> NPV，因此，应选择售旧购新方案进行投资。

（2）差量分析法

第一步，计算各方案的年折旧额。

第二步，计算各方案的营业现金净流量NCF。

第三步，确定各年现金流量，计算差量现金净流量ΔNCF。

两个方案的各年现金净流量和差量现金净流量见表7-5。

表7-5 **两个方案的各年现金净流量和差量现金净流量** 单位：元

年次（t）	0	1	2	3	4	5
继续使用旧设备方案	0	16 000	16 000	16 000	16 000	16 000
售旧购新方案	-40 000	32 500	32 500	32 500	32 500	42 500
差量现金净流量ΔNCF	-40 000	16 500	16 500	16 500	16 500	26 500

第四步，计算两个备选方案的差量净现值。

$$\begin{aligned} \Delta NPV &= -40\,000 + 16\,500 \times PVIFA_{10\%,\ 4} + 26\,500 \times PVIF_{10\%,\ 5} \\ &= -40\,000 + 16\,500 \times 3.170 + 26\,500 \times 0.621 \\ &= 28\,761.5(\text{元}) \end{aligned}$$

第五步，根据两个方案的差量净现值，作出决策。

由于ΔNPV> 0，因此，应选择售旧购新方案进行投资。

通过以上计算过程，可以看出差量分析法和比较净现值法本质上是相同的，两种方法得出的结论也是相同的，只是差量分析法的计算量略小，在实际工作中，两种方法可以通用。

在固定资产更新决策中还应注意以下三个方面的问题：第一，固定资产的残值收入有可以减少税收的部分，即固定资产清理的净收入（计入营业外收入），也应增加现金流量；第二，固定资产的残值收入也会增加税收，即固定资产清理的净损失（计入营业外支出），也应减少现金流量；第三，还应注意税法规定的固定资产使用年限与企业固定资产折旧年限的差异问题。

二、项目寿命期不等的投资决策

在实际工作中的较多情况下，由于技术差异、设备来源不同等原因，项目投资决策的备选方案的寿命期可能不相等。对于寿命期不相等的项目，不能对它们的净现值、内含报酬率和获利指数进行直接比较。例如，【例7-2】中的决策如果直接使用净现值指标就会出现失误。

【例7-2】DW公司要在两个投资项目中选取一个：半自动化的A项目需要160 000元的初始投资，每年产生80 000元的净现金流量，项目的使用寿命为3年，3年后必须更新且无残值；全自动化的B项目需要初始投资210 000元，使用寿命为6年，每年产生64 000元的净现金流量，6年后必须更新且无残值。企业的资金成本为16%，那么，该公司应选用哪个项目呢？

若不考虑项目寿命期，直接计算两个项目的净现值。

A项目的现金流量计算表见表7-6。

表7-6 **DW公司A项目的现金流量计算表** 单位：元

年次（t）	0	1	2	3
每年现金净流量	-160 000	80 000	80 000	80 000

B项目的现金流量计算表见表7-7。

表7-7 **DW公司B项目的现金流量计算表** 单位：元

年次（t）	0	1	2	3	4	5	6
每年现金净流量	-210 000	64 000	64 000	64 000	64 000	64 000	64 000

根据以上两个项目每年的现金净流量计算其净现值：

$NPV_A = -160\,000 + 80\,000 \times PVIFA_{16\%,\ 3} = 19\,680$(元)

$NPV_B = -210\,000 + 64\,000 \times PVIFA_{16\%,\ 6} = 25\,840$(元)

由于$NPV_B > NPV_A$，所以，应该选择B项目进行投资。

从以上计算很容易得出选择B项目的结论。但很显然，A项目的初始投资160 000元低于B项目的210 000元，而且A项目营业后每年的现金净流量80 000元高于B项目的64 000元，即A项目明显优于B项目，应该选择A项目进行投资。这两个截然相反的结论，是因为A项目和B项目的寿命期不同，不能直接比较其净现值。

为了使投资项目可以进行比较决策，要设法使其在相同的寿命期内进行比较。可以使用的方法有最小公倍寿命法、年均净现值法和年均成本法三种。

（一）最小公倍寿命法

最小公倍寿命法，又称项目复制法，是将两个方案寿命期限的最小公倍数作为比较期间，并假设两个方案在这个比较区间内进行多次重复投资，对各自多次投资的各年现金净流量计算综合净现值，然后比较综合净现值的大小，并根据净现值指标决策规则作出投资决策的分析方法。

【例7-3】仍然应用【例7-2】中DW公司的A项目和B项目的数据，可知A项目寿命期为3年，B项目寿命期为6年，两个项目寿命期的最小公倍数为6年。因此，在这个共同期间内，A项目可以投资2次，B项目可以投资1次。

A项目投资2次的每年现金净流量见表7-8。

表7-8　**A项目投资两次的现金流量计算表**　单位：元

年次（t）	0	1	2	3	4	5	6
第1次投资	-160 000	80 000	80 000	80 000			
第2次投资				-160 000	80 000	80 000	80 000
2次投资合计	160 000	80 000	80 000	-80 000	80 000	80 000	80 000

则A项目投资2次的综合净现值为：

$$NPV_A' = -160\,000 + 80\,000 \times PVIFA_{16\%,\ 2} - 80\,000 \times PVIF_{16\%,\ 3} + 80\,000 \times PVIFA_{16\%,\ 3} \times PVIF_{16\%,\ 3} = 32\,295(\text{元})$$

B项目的寿命期为6年，不需要投资，所以不需要再次计算综合净现值。

因为$NPV_A' > NPV_B$，即A项目投资2次后的综合净现值比B项目的净现值多出6 455元，所以应选择A项目进行投资。

最小公倍寿命法的优点是易于理解，缺点是计算可能比较麻烦。比如，某公司有甲和乙两个方案可供选择，甲方案的寿命期为11年，乙方案的寿命期为10年，那么最小公倍寿命就是110年，需要将甲方案投资10次、乙方案投资11次，计算非常复杂。

（二）年均净现值法

年均净现值是将投资项目在寿命期内总的净现值转化为每年的平均净现值，并进行比较分析的方法。净现值实质上是考虑资金时间价值后投资项目的总收益，将其平均到每年后，无论寿命期差异多大，都可以直接比较。然而，这种平均并非算术意义上的简单平均，而是要考虑资金时间价值的平均，也就是已知投资项目收益的总现值（即净现值），要求每年相等的平均收益，这个每年的平均收益就是一种年金，因此，年均净现值的计算公式为：

$$ANPV = \frac{NPV}{PVIFA_{k,\ n}}$$

式中，ANPV表示年均净现值，NPV表示该项目的净现值，k表示贴现率（即资金成本或投资者要求的报酬率），n表示项目寿命期。

年均净现值的决策规则与净现值的决策规则类似，在有多个备选方案的互斥项目选择决策中，选择年均净现值最大的方案进行投资。

【例7-4】仍然应用【例7-2】中DW公司的A项目和B项目的数据，计算两个项目的年均净现值：

A项目的年均净现值：$ANPV_A = \frac{NPV_A}{PVIFA_{16\%,\ 3}} = \frac{19\,680}{2.246} = 8\,762.24(\text{元})$

B项目的年均净现值：$ANPV_B = \frac{NPV_B}{PVIFA_{16\%,\ 6}} = \frac{25\,840}{3.685} = 7\,012.21(\text{元})$

因为$ANPV_A > ANPV_B$，所以应选择A项目进行投资。

从计算结果可以看出，A项目的年均净现值高出B项目1 750.03元，因此，应该选择A项目进行投资。用年均净现值法和最小公倍寿命法得到的结论是一致的。

（三）年均成本法

根据上面年均净现值法的原理还可以推导出年均成本法。当备选的项目投资方案生产的产品相同、市场一样，即其未来收益相同，但收益的具体数额无法准确估计时，可以比较备选方案的年均成本，选择年均成本较低的方案。

年均成本是指项目投资引起的现金净流出量的年平均值，它是未来使用寿命年限内现金流出量的总现值转化的每年平均成本。其计算公式如下：

$$ACO = \frac{CO}{PVIFA_{k,n}}$$

式中，ACO表示年均净现值，CO表示该项目的成本总现值，k表示贴现率（即资金成本或投资者要求的报酬率），n表示项目寿命期。

年均成本法的决策规则是，在有多个备选方案的互斥项目选择决策中，选择年均成本最小的方案进行投资。

【例7-5】某公司原有一台设备，原购置价值为15万元，预计使用10年，已使用5年，预计净残值为1万元。现该公司拟购买新设备替换原有设备，以提高生产率、降低成本。新设备购置成本为20万元，使用年限为10年，预计净残值收入为购置成本的10%。使用新设备后公司每年付现成本将从120万元下降到100万元，公司如果购置新设备，出售旧设备可获得收入5万元。税法规定该项固定资产可按直线法计提折旧，折旧年限为10年，净残值率为10%。假设公司所得税税率为24%，资金成本为10%。要求：分别计算继续使用旧设备和购置新设备的平均年成本，并依据计算结果作出决策。

（1）继续使用旧设备方案的计算如下：

$$旧设备的年折旧额 = \frac{15 \times (1 - 10\%)}{10} = 1.35(万元)$$

$$旧设备的账面价值 = 15 - 1.35 \times 5 = 8.25(万元)$$

$$旧设备的变现价值 = 5万元$$

$$旧设备的变现损失抵税 = (8.25 - 5) \times 24\% = 0.78(万元)$$

$$\begin{aligned}继续使用旧设备方案付现成本的现值 &= 120 \times (1 - 24\%) \times PVIFA_{10\%,5} \\ &= 120 \times 76\% \times 3.791 = 345.74(万元)\end{aligned}$$

$$\begin{aligned}旧设备折旧抵税的现值 &= 1.35 \times 24\% \times PVIFA_{10\%,5} \\ &= 1.35 \times 24\% \times 3.791 = 1.23(万元)\end{aligned}$$

$$旧设备净残值收入的现值 = 1 \times PVIF_{10\%,5} = 1 \times 0.621 = 0.62(万元)$$

$$\begin{aligned}旧设备残值净损失抵税的现值 &= (1.5 - 1) \times 24\% \times PVIF_{10\%,5} \\ &= 0.5 \times 24\% \times 0.621 = 0.07(万元)\end{aligned}$$

$$\begin{aligned}继续使用旧设备方案的现金流出总现值 &= 5 + 0.78 + 345.74 - 1.23 - 0.62 - 0.07 \\ &= 349.6(万元)\end{aligned}$$

$$继续使用旧设备方案的年均成本\ ACO = \frac{349.6}{PVIFA_{10\%,5}} = \frac{349.6}{3.791} = 92.22(万元)$$

（2）售旧购新方案的计算如下：

$$新设备的年折旧额 = \frac{20 \times (1 - 10\%)}{10} = 1.8(万元)$$

新设备的投资现金流出量 = −20万元

$$新设备付现成本的现值 = 100 \times (1 - 24\%) \times PVIFA_{10\%,\ 10}$$
$$= 100 \times 76\% \times 6.145 = 467.02(万元)$$

$$新设备折旧抵税的现值 = 1.8 \times 24\% \times PVIFA_{10\%,\ 10}$$
$$= 1.8 \times 24\% \times 6.145 = 2.65(万元)$$

$$新设备净残值收入的现值 = 2 \times PVIF_{10\%,\ 10} = 2 \times 0.386 = 0.77(万元)$$

新设备残值净损失抵税的现值 = 0

售旧购新方案的现金流出总现值 = 20 + 467.02 − 2.65 − 0.77 − 0 = 483.6(万元)

$$售旧购新方案的年均成本\ ACO' = \frac{483.6}{PVIFA_{10\%,\ 10}} = \frac{483.6}{6.145} = 78.7(万元)$$

根据以上计算可知，售旧购新方案的年均成本为78.7万元，低于继续使用旧设备方案的年均成本92.22万元，所以，应该出售旧设备、更换新设备。

三、项目资本限量决策

项目的资本限量决策是指当企业备选的独立项目较多而资本有限时，只有在资本限量范围内选择若干个项目的组合进行投资以获得最大收益的决策。

为了使企业获得最大利益，应该在有限的资本范围内选择净现值最大的投资组合，可以使用的决策方法一般有比较综合净现值法和比较综合获利指数法。在这类决策中要重点注意的是，为了获得最大的利益，需要假设备选方案在资本限量范围内未用完的剩余资金投资于现金替代品的短期无风险证券，不盈不亏。也就是说，假设将这部分剩余资金投入的净现值看作0，获利指数为1。

（一）综合净现值法

综合净现值是指备选方案中各投资组合项目的净现值合计额。综合净现值法的决策准则是，选择综合净现值最高的备选方案作为投资对象，其具体步骤如下：

1. 列出每个项目的初始投资额，并计算所有项目的净现值。
2. 选出所有净现值大于零的可行项目。
3. 在资本限量范围内对所有可行项目进行各种可能的组合，然后计算出各种组合的净现值合计额。
4. 选择综合净现值最大的组合作为接受方案。

（二）综合获利指数法

综合获利指数是指备选方案中各投资组合项目获利指数的加权平均值，其权数取各投资组合项目的投资比重。综合获利指数法的决策准则是，选择综合获利指数最高的备选方案作为投资对象，其具体步骤如下：

1. 列出每个项目的初始投资额，并计算所有项目的获利指数。
2. 选出获利指数大于1的可行项目。
3. 在资本限量范围内对所有可行项目进行各种可能的组合，然后计算出各种组合的加权平均获利指数（含未用完的剩余资金）。

4. 选择综合获利指数最大的组合作为接受方案。

【例7-6】XDD公司有5个可供选择的项目：A_1、B_1、B_2、C_1、C_2。其中，B_1和B_2、C_1和C_2是互斥选择项目，该公司的最大资本限量是500 000元，详情见表7-9。要求：确定适合该公司的投资组合（假设组合后未用完的资金投资于有价证券，获利指数为1）。

表7-9 **XDD公司可投资项目数据表** 金额单位：元

投资项目	初始投资	获利指数	净现值
A_1	200 000	1.375	75 000
B_1	180 000	1.467	84 000
B_2	400 000	1.250	100 000
C_1	110 000	1.309	34 000
C_2	100 000	1.210	21 000

如果XDD公司想选取获利指数最大的单项投资项目，那么它将选择项目B_1；如果该公司按照每个项目的净现值大小来选择，那么它将选择项目B_2。然而，这两种选择方法都是错误的，因为它们选择的都不是使公司投资收益最大的项目组合，一般多项目的投资组合会优于单项投资。

为了选出最优的项目投资组合，可以用穷举法列出所有投资组合，在其中寻找满足资本限额要求的各种组合，并计算它们的综合获利指数和综合净现值，从中选择两个指标最高的最优组合方案。

以上5个项目的所有投资组合中满足初始投资限额500 000元条件的有12种，将这12种组合列于表7-10中，并分别计算它们的综合获利指数和综合净现值。

表7-10 **XDD公司投资项目组合表** 金额单位：元

序号	项目组合	初始投资	综合获利指数$\sum PI$	综合净现值$\sum NPV$
1	A_1	200 000	1.375	75 000
2	$A_1B_1C_1$	490 000	1.386	193 000
3	$A_1B_1C_2$	480 000	1.360	180 000
4	A_1C_1	310 000	1.218	109 000
5	A_1C_2	300 000	1.192	96 000
6	B_1	180 000	1.375	84 000
7	B_1C_1	290 000	1.236	118 000
8	B_1C_2	280 000	1.210	105 000
9	B_2	400 000	1.250	100 000
10	C_1	110 000	1.309	34 000
11	C_2	100 000	1.210	21 000
12	B_2C_2	500 000	1.242	121 000

在表7-10中，投资组合$A_1B_1C_1$有10 000元资金没有用完，在计算综合获利指数时，假设该部分资金投资的获利指数为1，则组合$A_1B_1C_1$的综合获利指数可按以下方法计算：

$$\sum PI = \frac{200\,000}{500\,000} \times 1.375 + \frac{180\,000}{500\,000} \times 1.467 + \frac{110\,000}{500\,000} \times 1.309 + \frac{10\,000}{500\,000} \times 1 = 1.386$$

从表7-10中可以看出，使用综合获利指数法和综合净现值法得到的结论一致，$A_1B_1C_1$投资组合的综合获利指数为1.386，综合净现值为193 000元，均是最高的，所以应该选择$A_1B_1C_1$组合进行投资。

四、项目投资开发时机决策

自然资源属于稀缺资源，资源储量有限，由于不断开采，其价格会随着储量的下降而上升。对于相同的开采量，较早开发者获得收入会少于较晚开发者。然而，资金有时间价值，较早开发者比较晚开发者先拿到资金。这类决策在获取利益的同时，也伴有相应的成本。在等待开采时机的过程中，公司能够得到更为充分的市场信息或更高的产品价格，或者有时间继续提高产品的性能。但是，这些决策优势也会带来因为等待而引起的时间价值的损失，以及竞争者提前进入市场的威胁。此外，成本也可能会随着时间的推移而增加。那么，投资者是先开发以获取资金的时间价值，还是晚开发以获得更多的现金流量呢？这就需要进行开发时机决策。

项目投资开发时机决策的备选方案一般是两个：一个是取得矿产资源就开发的方案，也就是现在开发方案；另一个是等待涨价后再开发的方案，即将来开发方案。在实际工作中，资源的价格往往不会跳跃式上升，而是波浪式上升，然而这样的决策会比较困难，因此，这里将价格上涨确定为一次性上升，以便于分析。

项目投资开发时机决策仍然使用比较净现值法和差量分析法，选择净现值较高的时机投资。由于差量分析法不能简化计算量，因此较少使用，这里就不做介绍了。然而，在这类决策的应用过程中要注意，如果现在开发方案的净现值计算到现在拿到项目资源时、将来开发方案的净现值计算到将来涨价的时间，则两个净现值无法比较。所以，需要将现在开发方案和将来开发方案的净现值计算到同一个时间点，一般是取得项目投资资源的时间点。

【例7-7】ABC公司拥有一个稀有矿藏，这种矿产品的价格在不断上升。根据预测，其6年后价格将一次性上升30%。因此，公司要研究是现在开发还是6年后开发该矿藏的问题。无论现在开发还是6年后开发，初始投资均相同，建设期均为1年，从第2年开始投产，投产后5年就把矿藏全部开采完，具体情况见表7-11。要求：作出ABC公司的项目开发时机决策。

表7-11 ABC公司矿藏开发项目数据表

投资与回收		收入与成本	
固定资产投资	80万元	年产销量	2 000吨
营运资金垫支	10万元	现在投资开发售价	0.1万元/吨
固定资产残值	0万元	6年后投资开发售价	0.13万元/吨
资金成本	10%	付现成本	60万元
		所得税税率	25%

第一步，计算投资项目的年折旧额，无论是现在开发还是将来开发，固定资产投资相同，每年折旧额相同。

$$每年的折旧额=\frac{80-0}{5}=16（万元）$$

第二步，计算两个方案的营业现金净流量NCF，具体见表7-12。

表7-12 **ABC公司不同开发时机的营业现金净流量计算** 单位：万元

方案	现在开发	6年后开发
年次（t）	2～6	8～12
营业收入	200	260
减：付现成本	60	60
折旧和摊销	16	16
税前利润	124	184
减：所得税	31	46
税后利润	93	138
年营业现金净流量NCF	109	154

第三步，列出两个方案的现金流量计算表，具体见表7-13和表7-14。

表7-13 **ABC公司现在开发方案的现金流量计算表** 单位：万元

年次（t）	0	1	2～5	6	7	8～11	12
长期资产投资	-80						
营运资金垫支	-10						
原有长期资产变价收入	0						
年营业现金流量NCF			109	109			
长期资产残值				0			
营运资金垫支收回				10			
合计	-90	0	109	119			

表7-14 **ABC公司将来开发方案的现金流量计算表** 单位：万元

年次（t）	0	1	2～5	6	7	8～11	12
长期资产投资				-80			
营运资金垫支				-10			
原有长期资产变价收入				0			
年营业现金流量NCF						154	154
长期资产残值							0
营运资金垫支收回							10
合计				-90	0	154	164

第四步，计算两个方案的净现值。

现在开发方案的净现值：

$$\begin{aligned}NPV_{现} &= -90 + 109 \times PVIFA_{10\%,\ 4} \times PVIF_{10\%,\ 1} + 119 \times PVIF_{10\%,\ 6}\\ &= -90 + 109 \times 3.170 \times 0.909 + 119 \times 0.565\\ &= 291.32(万元)\end{aligned}$$

将来开发方案的净现值：

$$\begin{aligned}NPV_{将} &= -90 \times PVIF_{10\%,\ 6} + 154 \times PVIFA_{10\%,\ 4} \times PVIF_{10\%,\ 7} + 164 \times PVIF_{10\%,\ 12}\\ &= -90 \times 0.565 + 154 \times 3.170 \times 0.513 + 164 \times 0.319\\ &= 251.90(万元)\end{aligned}$$

第五步，根据两个方案的净现值作出决策。

因为$NPV_{现} > NPV_{将}$，即现在开发方案的净现值291.32万元高于将来开发方案的净现值251.9万元，所以应该采纳现在开发方案。

五、项目投资期选择决策

投资期是指项目从开始投入资金到项目建成投入生产所需要的时间。较短的投资期需要在初期投入较多的人力、物力，但是后续的营业现金流量发生得比较早，能获取更多时间价值；较长的投资期的初始投资较少，但是由于后续的营业现金流量发生得比较晚，也会影响投资项目的净现值。因此，在可以选择的情况下，公司应该运用投资决策的分析方法，对延长或缩短投资期进行认真比较分析，以权衡利弊。

项目投资期选择决策的备选方案一般也是两个：一个是正常投资期方案，也就是使用投资较少、投资期较长的方案；另一个是缩短投资期方案，即投资较多、投资期较短的方案。

项目投资期选择决策仍然使用比较净现值法和差量分析法，选择净现值较高的方案投资。由于差量分析法可以简化计算，因此较为常用，然而这种方法不能反映不同投资期项目的净收益水平。

【例7-8】XYZ公司进行一项投资，正常投资期为3年，每年投资300万元，3年共需投资900万元，第4～13年每年现金净流量为500万元。如果把投资期缩短为2年，每年需投资500万元，2年共需投资1 000万元。竣工投产后的项目寿命和每年现金净流量不变，资金成本为20%，假设寿命终结时无残值，不用垫支营运资金。要求：用差量分析法和净现值法分析判断是否应缩短投资期。

（1）应用比较净现值法决策

第一步，确定两个方案的营业现金净流量。

正常投资期方案和缩短投资期方案的营业现金净流量相等，即NCF为500万元。

第二步，列出两个方案的现金流量计算表，具体见表7-15。

表7-15 **XYZ现金流量计算表** 单位：万元

年次（t）	0	1	2	3	4～12	13
正常投资期	-300	-300	-300	0	500	500
缩短投资期	-500	-500	0	500	500	0

第三步，计算两个方案的净现值。

正常投资期方案的净现值：

$$NPV = -300 - 300 \times PVIFA_{20\%,\ 2} + 500 \times PVIFA_{20\%,\ 10} \times PVIF_{20\%,\ 3} = 455.48(万元)$$

缩短投资期方案的净现值：

$NPV' = -500 - 500 \times PVIF_{20\%,\ 1} + 500 \times PVIFA_{20\%,\ 10} \times PVIF_{20\%,\ 2} = 538.12$(万元)

第四步，根据两个方案的净现值作出决策。

因为NPV′> NPV，即缩短投资期方案的净现值538.12万元高于正常投资期方案的净现值455.48万元，因此，应该采纳缩短投资期方案。

（2）应用差量分析法决策

第一步，同比较净现值法。

第二步，列出差量现金流量计算表，见表7-16。

表7-16 XYZ差量现金流量计算表 单位：万元

年次（t）	0	1	2	3	4～12	13
正常投资期	-300	-300	-300	0	500	500
缩短投资期	-500	-500	0	500	500	0
ΔNCF	-200	-200	300	500	0	-500

第三步，计算两个方案的差量净现值。

$$\Delta NPV = -200 - 200 \times PVIF_{20\%,\ 1} + 300 \times PVIF_{20\%,\ 2} + 500 \times PVIF_{20\%,\ 3} - 500 \times PVIF_{20\%,\ 13} = 84.6(\text{万元})$$

第四步，根据两个方案的差量净现值作出决策。

因为ΔNPV>0，即缩短投资期方案的净现值高出正常投资期方案的净现值84.6万元，所以应该采纳缩短投资期方案。

第二节　风险投资决策

项目投资决策涉及的时间较长，因而对未来收益和成本都很难进行准确预测，或者说，项目投资决策具有不同程度的不确定性或风险性。为了分层次地研究问题，在前面的介绍中，我们避开了风险问题，假设在确定情况下对收益、折现率等进行分析，即按确定性投资决策问题进行分析。然而，风险是客观存在的，因此，本节将介绍风险性投资决策问题，主要针对风险调整法进行介绍。

净现值是投资决策的关键指标，影响该指标的因素主要有现金流量、项目寿命期和贴现率。其中，项目寿命期一般由技术因素决定，不确定性较低，一般可以不考虑；而现金流量和贴现率的高低水平是受到风险影响的。因此，以下将分别介绍按风险调整现金流量法和按风险调整贴现率法。

一、按风险调整现金流量法

风险的存在，使各年的现金流量变得不确定，为此，就需要按风险情况对各年的现金流量进行调整。这种先按风险调整现金流量，然后进行长期投资决策的评价方法，称作按风险调整现金流量法。其具体调整方法有很多种，这里仅介绍确定当量法。

确定当量法是先把不确定的各年现金流量按照一定的系数（通常称为约当系数）折算

为大约相当于确定的现金流量的数量，然后利用无风险贴现率来评价风险投资项目的决策分析方法。

约当系数是肯定的现金流量对与之相当的、不肯定的期望现金流量的比值，通常用d来表示：

$$d=\frac{\text{肯定的现金流量}}{\text{不肯定现金流量的期望值}}$$

在进行评价时，可根据各年现金流量风险的大小，选取不同的约当系数：当现金流量确定时，可取d=1.00；当现金流量的风险较小时，可取1.00>d≥0.8；当现金流量的风险一般时，可取0.8>d≥0.4；当现金流量风险较大时，可取0.4>d≥0。

约当系数的选取，可能会因人而异，敢于冒险的决策者会选用较高的约当系数，而不愿冒险的决策者可能选用较低的约当系数。为了防止因决策者的偏好不同而造成决策失误，有些企业根据标准离差率来确定约当系数。因为标准离差率是衡量风险大小的一个很好的指标，所以用它来确定约当系数是合理的。标准离差率与约当系数之间的经验对照关系见表7-17。

表7-17 **标准离差率与约当系数间的经验对照表**

标准离差率	约当系数
0.01 ~ 0.07	1
0.08 ~ 0.15	0.9
0.16 ~ 0.23	0.8
0.24 ~ 0.32	0.7
0.33 ~ 0.42	0.6
0.43 ~ 0.54	0.5
0.55 ~ 0.70	0.4
⋮	⋮

有些时候，也可以对不同的分析人员给出的约当系数进行加权平均，用这个加权平均的约当系数对未来不确定的现金流量进行折算。

在约当系数确定后，决策分析就比较容易了。

【例7-9】当前无风险报酬率为4%，某公司有两个投资机会，有关资料见表7-18和表7-19。

表7-18 **甲项目风险投资决策数据表** 金额单位：元

年次n	现金净流量	约当系数	肯定现金净流量	$PVIF_{4\%,n}$	未调整现值	调整后现值
0	-40 000	1	-40 000	1.000	-40 000	-40 000.00
1	13 000	0.9	11 700	0.962	12 506	11 255.40
2	13 000	0.8	10 400	0.925	12 025	9 620.00
3	13 000	0.7	9 100	0.889	11 557	8 089.90
4	13 000	0.6	7 800	0.855	11 115	6 669.00
5	13 000	0.5	6 500	0.822	10 686	5 343.00
净现值					17 889	977.30

表7-19　　乙项目风险投资决策数据表　　金额单位：元

年次n	现金净流量	约当系数	肯定现金净流量	$PVIF_{4\%,\ n}$	未调整现值	调整后现值
0	−47 000	1	−47 000	1.000	−47 000	−47 000.00
1	14 000	0.9	12 600	0.962	13 468	12 121.20
2	14 000	0.8	11 200	0.925	12 950	10 360.00
3	14 000	0.8	11 200	0.889	12 446	9 956.80
4	14 000	0.7	9 800	0.855	11 970	8 379.00
5	14 000	0.7	9 800	0.822	11 508	8 055.60
净现值					15 342	1 872.60

通过计算对比，未调整前A项目净现值较大，调整后，B项目净现值较大。若不进行调整，就可能导致错误的判断。

调整现金流量法在理论上受到好评。该方法对时间价值和风险价值分别进行调整，先调整风险，然后把肯定现金流量用无风险报酬率进行折现。对不同年份的现金流量，可以根据风险的差别使用不同的约当系数进行调整。

二、按风险调整贴现率法

将与特定投资项目有关的风险报酬，加入到资金成本或公司的要求报酬率中，构成按风险调整的贴现率，并据此进行投资决策分析的方法，称为按风险调整贴现率法。

按风险调整贴现率法的基本思路是，对高风险的项目采用较高的贴现率去计算净现值，然后根据净现值法的决策规则来选择方案。

按风险调整贴现率法具体包括按风险报酬率模型调整贴现率、按投资项目的风险等级调整贴现率和按资本资产定价模型调整贴现率三种方法。

（一）按风险报酬率模型调整贴现率

一项投资的必要报酬率可分为两个部分：无风险报酬率和风险报酬率。其计算公式为：

$$K = R_F + R_R = R_F + bV$$

因此，特定项目i按风险调整的贴现率可按下式计算：

$$K_i = R_F + b_i V_i$$

式中，K_i表示项目按风险调整的贴现率，R_F表示无风险贴现率，b_i表示项目i的风险报酬系数，V_i表示项目i的预期标准离差率。

按风险调整贴现率以后，具体的评价方法与无风险时基本相同。这种方法把时间价值和风险价值混在一起，人为地假定风险一年比一年大，有时与实际情况不符。

（二）按投资项目的风险等级调整贴现率

这种方法是对影响投资项目风险的各因素进行评分，根据评分来确定风险等级，并根据风险等级来调整贴现率，见表7-20。

表7-20 **按风险等级调整的贴现率表**

相关因素	投资项目的风险状况及得分									
	A项目		B项目		C项目		D项目		E项目	
	状况	得分	状况	得分	状况	得分	状况	得分	状况	得分
市场竞争	无	1	较弱	3	一般	5	较强	7	很强	9
战略协调	很好	1	较好	3	一般	5	较差	7	很差	9
投资回收期	1年	1	1.5年	4	2.5年	7	3年	9	4年	12
资源供应	很好	1	较好	4	一般	7	较差	9	很差	15
总分		4		14		24		32		43

总分	风险等级	调整后的贴现率
0~8分	很低	7%
8~16分	较低	8%
16~24分	一般	10%
24~32分	较高	12%
32~40分	很高	15%
40分以上	最高	20%以上

在表7-20中，项目A的风险等级较低，其风险调整贴现率为7%，项目B的贴现率为8%，项目C的贴现率为12%，项目D的贴现率为15%，项目E的贴现率为20%。表7-20中的分数、风险等级、贴现率等都是由企业管理人员根据以往积累的经验来估计的。具体的评价工作可以由生产、销售、财务、技术等部门组成专家小组来进行。相关因素当然不限于以上几个，应当根据企业的实际情况而定，所面临的风险状态也可能会更多。

（三）按资本资产定价模型调整贴现率

资本资产定价模型将证券的风险分为两个部分：可分散风险和不可分散风险。不可分散风险是由β值来测量的，而可分散风险属于公司特别风险，可以通过合理的证券组合来消除。

在进行项目投资的资本预算时，我们可以引入与证券总风险模型大致相同的模型——资产总风险模型：

总资产风险=不可分散风险+可分散风险

可分散风险可通过企业的多角化经营消除，那么，在进行投资时，值得注意的风险只是不可分散风险。

这时，特定投资项目按风险调整的贴现率可按下式来计算：

$$K_j = R_F + \beta_j (R_m - R_F)$$

上式中，K_j表示项目按风险调整的贴现率（或项目的必要报酬率），R_F表示无风险报酬率，β_j表示项目j的不可分散风险β系数，R_m表示市场报酬率（或市场平均报酬率）。

以上方法对风险大的项目采用较高的贴现率，对风险小的项目采用较低的贴现率，简单明了，便于理解，因此，在实践中被广泛采用。

【例7-10】当前的无风险报酬率为4%，市场平均报酬率为12%，甲项目的β值为1.5，乙项目的β值为0.75。

甲项目按风险调整的贴现率=4%+1.5×（12%-4%）=16%

乙项目按风险调整的贴现率=4%+0.75×（12%-4%）=10%

其他的有关数据见表7-21和表7-22。

表7-21 甲项目风险投资决策数据表

年次n	现金净流量	$PVIF_{4\%,n}$	未调整现值	$PVIF_{16\%,n}$	调整后现值
0	-40 000	1.000	-40 000	1.000	-40 000
1	13 000	0.962	12 506	0.862	11 206
2	13 000	0.925	12 025	0.743	9 659
3	13 000	0.889	11 557	0.641	8 333
4	13 000	0.855	11 115	0.552	7 176
5	13 000	0.822	10 686	0.476	6 188
净现值			17 889		2 562

表7-22 乙项目风险投资决策数据表

年次n	现金净流量	$PVIF_{4\%,n}$	未调整现值	$PVIF_{10\%,n}$	调整后现值
0	-47 000	1.000	-47 000	1.000	-47 000
1	14 000	0.962	13 468	0.909	12 726
2	14 000	0.925	12 950	0.825	11 550
3	14 000	0.889	12 446	0.751	10 514
4	14 000	0.855	11 970	0.683	9 562
5	14 000	0.822	11 508	0.621	8 694
净现值			15 342		6 046

如果不对贴现率进行调整，两个项目的净现值差不多，甲项目比较好；而调整后，两个项目有明显的差别，乙项目要好得多。

按风险调整贴现率法在理论上受到批评，因其用单一的贴现率同时完成风险调整和时间调整。这种做法意味着风险随时间推移而加大，可能与事实不符，夸大了远期现金流量的风险。

从财务管理实务的角度看，按风险调整贴现率法经常被应用，主要原因是按风险调整贴现率比约当系数容易估计。此外，大部分财务决策都使用报酬率来决策，调整贴现率更符合人们的习惯。

【学习要点研讨】

1. 固定资产更新决策的备选方案有哪些？可以采用的决策方法有哪些？

2. 对于寿命期不同的项目投资为什么不能用比较净现值法进行决策？应该用哪些决策方法？

3. 在项目投资的资本限量决策中，应建立哪些备选方案？应该如何决策？

4. 在项目投资的投资期决策中，一般应采用哪种决策方法？具体决策步骤如何？

5. 在项目投资的投资开发时机决策中，备选方案之间的决策要点是什么？

6. 请分析在投资决策中应该考虑的风险性因素。

7. 请说明风险性投资分析方法的有效性和局限性。

【学思践悟拓展】

新经济下的“半公益”投资理念

每个行业都有所不同。新经济，尤其是互联网经济，有一个比较明显的特征，即赢家通吃。在外卖这个行业中，最后能够生存下来，且健康发展、有比较大体量的，可能也就四五家企业。在传统经济里，这种行业整合、头部聚集相对来讲是比较慢的。其实，社会资源往优势企业集中可以产生更高的效率。在美国和欧洲，有一些整合不是通过小企业被淘汰，而是通过并购来完成的。因此，应从长远的角度帮助企业家看清整合的优缺点。

“半公益”投资则是站在更大视野里的一种投资理念。“半商业、半公益”的理念将有助于打造“更有活力、更具价值”的创业生态，“半公益”投资理念支持具有原创和颠覆性技术的企业长线发展，不被眼前的噪声干扰；也希望能推动具有科技成果转化能力的创业者潜心突破，而不被短期的浮躁左右。这个看起来不够“聪明”甚至有点笨拙的理念，需要投资人暂时不去计算回报和收益这笔“小账”，而重点去算科技创新这笔“大账”，不仅为科技创业者们提供资金，更提供服务。即便有些对前沿科技的投入产出未必有很好的性价比，但它仍然帮助原创科技探索了更多可能性，也为更多科技成果的最终转化夯实了基础，那就值得去做。看多中国、做强中国是国内外的长期共识，创新创业越来越回归原创和硬核的科技创新，商业和公益正在发生更有活力的化学反应。

资料来源：白金蕾，宋美璐，沈南鹏.科技主导的创业时代到来，早期投资要有“半公益”理念［EB/OL］.［2021-09-11］.https://baijiahao.baidu.com/s?id=1710577521760062162&wfr=spider&for=pc.

启发与拓展

（1）你认为在我国资本市场中，这样高市盈率的市场长线投资有效吗？

（2）你如何看待如下投资观点：一定数量的分散投资能降低非系统风险，但不能获得超越市场平均值的利润。

（3）请收集相关资料，谈谈对于“半公益”投资理念的理解。

第八章　短期资产管理

【学习目标】

•了解营运资金的概念及其管理原则。

•掌握资产组合的概念及组合策略。

•掌握现金的持有动机、现金预算和最佳现金持有量决策的基本方法，熟悉现金管理的日常控制。

•了解短期金融资产的特征和投资策略。

•理解应收账款的功能、成本和管理目标，掌握信用政策的内容与制定方法。

•理解存货的功能与成本，掌握存货经济批量的测算方法，熟悉存货规划及控制方法。

【专业知识导引】

顺丰的营运资金管理策略

顺丰是国内的快递物流综合服务商，总部位于深圳，经过多年发展，已初步建立为客户提供一体化综合物流解决方案的能力。顺丰的物流产品主要包含：时效快递、经济快递、同城配送、仓储服务、国际快递等多种快递服务，以零担为核心的重货快运等快运服务，以及为生鲜、食品和医药领域的客户提供冷链运输服务。

1.采购环节营运资金管理策略

为了顺应企业及时代的发展，顺丰不断对其采购模式进行革新，目前企业实施数字化采购模式，询价、竞价、招标均通过互联网实现，并对原材料制定了循环取货方案，对采购的物资入厂进行排序等措施，整个环节都进行了智能化管理。一系列优化措施促进了采购阶段效率的提升及采购成本的降低。同时，顺丰持续加深与上游供应商的战略合作关系，和供应商保持稳定的合作能有效延长资金管理链条，不仅可以在谈判时占据主要地位，根据自身情况来调整采购的数量、模式，还可以对延长应付款项的期限进行协商，将资金暂时用于自身营运，提高自身营运资金的周转率。

2.生产环节营运资金管理策略

在仓储方面，顺丰为了防止库存积压造成巨大的成本压力，定期线上线下盘货，随时掌握库存状况。企业在仓内也实现了仓储自动化，实现智能设备自主分拣货物，随后分派到离货物最近的分拨中心，高强度的快速智能化工作不仅降低了人工分拣的差错，还能提高营运管理效率，减少仓储及人工成本等营运成本。在运输方面，顺丰不断加强物流配送体系的建设，不断优化运输网络，根据商品的属性进行运输，如使用多温冷仓储存生鲜产品，并由冷藏车运输，以减少运输过程中可能产生的成本损耗。

3.营销环节营运资金管理策略

顺丰为提高客户的购物体验，增加其黏性，进一步完善客户管理体系，根据不同层级的消费群体选择不同的营销手段，打造差异化服务竞争力。顺丰不断拓宽其销售渠道，提高其综合性服务能力，旨在给客户带去优质的服务体验，吸引更多的客户进行消费，从而提高企业的营运能力。顺丰还会定期监控客户的信用记录，筛选出优质客户，对信用较差的客户采取催款、缩短或取消信用期等一系列措施，以便及时收回资金，减少营运资金被占用的情况，从而提高营运资金管理质量。

资料来源：杨凯乐，李登明.基于供应链的物流上市企业营运资金管理研究——以顺丰为例［J］.物流科技，2023，46(11)：127-131.

思考：顺丰的营运资金管理体系的创新之处及对其他企业的借鉴意义。

第一节　营运资金管理概述

短期资产管理实质上就是营运资金管理，也是企业日常生产经营周转管理的核心内容，本节主要介绍营运资金的概念、特点和管理原则等内容。

一、营运资金的概念

营运资金有广义和狭义之分。广义的营运资金，又称毛营运资金，是指一个企业投放在流动资产上的全部资金，具体包括现金、有价证券、应收账款、存货等占用的资金。这是一个具体的概念，主要用来研究企业资产的流动性和周转状况。狭义的营运资金，又称净营运资金，是指流动资产与流动负债的差额。这是一个抽象的概念，并不特指某项资产，但它是判断和分析企业流动资金运作状况和财务风险程度的重要依据，这个概念主要在研究企业的偿债能力和财务风险时使用。因此，企业营运资金的持有状况和管理水平直接关系到企业的盈利水平和财务风险。

营运资金管理的内容主要包括流动资产的管理和流动负债的管理。一个企业要维持正常的运转就必须拥有适量的营运资金，因此，营运资金管理是企业财务管理的重要组成部分。据调查，公司财务经理有60%的时间都用于营运资金管理。要做好营运资金管理工作，必须解决好流动资产和流动负债两个方面的问题：第一，企业应投资多少在流动资产上，即资金运用的管理，主要包括现金管理、短期金融资产管理、应收账款管理和存货管理；第二，企业应该怎样进行流动资产的融资，即资金筹措的管理，包括银行短期借款管理、商业信用管理和短期融资券管理。

由此可见，营运资金管理的核心内容就是对短期资金运用和资金筹措的管理。

二、营运资金的特点

为了有效地管理企业的营运资金，必须研究营运资金的特点，以便有针对性地进行管理。营运资金一般具有以下特点：

（一）周转的短期性

企业的营运资金，周转速度较快、周转期限较短，通常是在1年或一个营业周期内收回或偿还。这种周转的短期性也表现为大部分资产都具有较强的变现能力，在企业出现紧急财务状况时，相较于长期资产，营运资金更容易变现，以满足企业生产经营中的急需。因此，企业可以根据营运资金的这一特点，采用短期的筹资方式来解决营运资金的供应问题，如短期银行借款、商业信用等。

（二）实物形态的易变性

在循环周转过程中，各种不同形态的营运资金在空间上并存，一般经常变化的实物形态按货币资金、储备资金、生产资金、成品资金、应收资金的顺序转化。因此，合理地配置营运资金各项目的比例，是保证营运资金得以顺利周转的必要条件。

（三）数量的波动性

营运资金占用的数量也会随着企业内外经营条件的变化而改变，时高时低，波动很大。因此，企业必须合理配置各项流动资产，并根据波动情况随时调整其数量。

（四）来源的多样性

营运资金的来源渠道较多，其筹集的形式也较多样，期限的选择较为灵活。仅短期筹资就包括银行短期借款、短期融资、商业信用、应付税费、票据贴现等多种方式。

三、营运资金的管理原则

企业的营运资金在全部资金中占有相当大的比重，而且周转期短、形态易变，所以是企业财务管理工作的一项重要内容。企业进行营运资金管理，必须遵循以下原则。

（一）需要数量合理性原则

企业营运资金的需要数量与企业生产经营活动有直接关系，当企业产销两旺时，流动资产会不断增加，流动负债也会相应增加；而当企业产销量不断减少时，流动资产和流动负债也会相应减少。因此，要认真分析生产经营状况，合理确定营运资金的需要数量。

（二）资金使用节约性原则

在营运资金管理中，必须正确处理保证生产经营需要和节约使用资金二者之间的关系。要在保证生产经营需要的前提下，遵守节约使用的原则，挖掘资金潜力，精打细算地安排资金。

（三）资金利用效率性原则

营运资金周转是指企业的营运资金从投入生产经营开始，到最终转化为现金的过程。在其他因素不变的情况下，加速营运资金的周转，也就相应地提高了资金的利用效率。因此，企业要加速存货、应收账款等流动资产的周转，以便用有限的资金取得尽可能多的经济效益。

（四）偿债能力保障性原则

流动资产、流动负债以及二者之间的关系能较好地反映企业的短期偿债能力。流动负债是在短期内需要偿还的债务，而流动资产是在短期内可以转化为现金的资产。因此，如果一个企业的流动资产比较多，流动负债比较少，说明企业的短期偿债能力较强；反之，则说明短期偿债能力较弱。但如果企业的流动资产太多、流动负债太少，也不是正常现象，这可能是由其流动资产闲置、流动负债利用不足所致。因此，企业必须合理安排流动资产与流动负债的比例关系，保证有足够的短期偿债能力。

四、短期资产的特征与分类

企业的资产包括短期资产和长期资产。短期资产，又称流动资产，是指可以在一年以内或超过一年的一个营业周期内变现或耗用的资产。本章将重点讨论短期资产的管理，下面先介绍短期资产的特征与分类。

（一）短期资产的特征

短期资产具有占用时间短、周转快、易变现等特点，企业拥有较多的短期资产，可以在一定程度上降低财务风险。与长期资产、固定资产、无形资产和递延资产等各种长期资产相比，短期资产具有以下特点。

1.周转速度快

企业投资于短期资产的资金周转一次所需要的时间较短，通常会在一年或一个营业周期内收回；固定资产等长期资产的价值则需要经过多次转移才能逐步收回或得到补偿。

2.变现能力强

短期资产中的现金、银行存款等项目本身就可以随时用于支付、偿债等经济业务，其他的短期金融资产、应收款项和存货等也能在较短时间内变现。

3.财务风险低

公司拥有较多的短期资产，由于周转迅速、变现较快，可在一定程度上减少财务风险。

短期资产过多，会增加企业的财务负担，影响企业的利润；相反，短期资产不足，则表明企业资金周转不灵，会影响企业的经营。因此，合理配置短期资产的数量在财务管理中具有重要地位。企业在一定的生产周期内所需的比较合理的短期资产占用量，应是既能满足生产经营的正常需要，又没有积压和浪费的占用量。

（二）短期资产的分类

按照不同的标准，可以将短期资产划分为不同的类别。

1.按实物形态分

按照实物形态，可以将短期资产分为现金、短期金融资产、应收及预付款项和存货。

（1）现金。这里指广义的现金，即可以立即用来购买物品、支付各项费用或偿还债务的支付手段，主要包括库存现金和银行存款，有时也将即期或到期的票据看作现金。现金是短期资产中流动性最强的资产，可直接支付，也可以立即投入流通。拥有大量现金的企业具有较强的偿债能力和承受风险能力。但因为现金只有极低的收益，甚至不会带来收益，所以财务管理水平较高的企业并不会持有过多的现金。

（2）短期金融资产。短期金融资产指各种准备随时变现的有价证券以及不超过一年的其他投资，主要是指有价证券投资。企业通过持有适量的短期金融资产，一方面能获得较好的收益，另一方面又能增强企业整体资产的流动性，减少企业的财务风险。因此，适当持有短期金融资产是一种较好的财务策略。

（3）应收及预付款项。应收及预付款项指企业在生产经营过程中所形成的应收而未收的或预先支付的款项，包括应收款项、应收票据、其他应收款和预付账款。在市场经济条件下，为了加强市场竞争能力，企业拥有一定数量的应收及预付款项是不可避免的。企业应力求加快账款的回收，减少坏账损失。

（4）存货。存货指企业在生产经营过程中为销售或者耗用而储存的各种资产，包括商品、产成品、半成品、在产品、原材料、辅助材料、低值易耗品和包装物等。由于存货在短期资产中所占的比重较大，因此加强存货的管理与控制、使存货保持在最优水平上，便成为财务管理的一项重要内容。

2.按占用资金的时间分

按照占用资金的时间分，短期资产可分为永久性短期资产和临时性短期资产。

（1）永久性短期资产。永久性短期资产指满足企业一定时期生产经营最低需要的那部分短期资产，如企业保留的最低库存、生产过程中的在产品等。这种“永久”似乎与“短期”是矛盾的，然而“短期”是指资产自身形态的使用或变化期限，“永久”是从资产占用资金的角度界定的。这部分资产与固定资产在两个方面有相似性：一是尽管融资所得资产从本质上看是短期资产，但投资的资金占用是长期性的，且相对稳定；二是对一个处于成长过程的企业而言，短期资产水平与固定资产一样会随企业发展而增长，但短期资产不像固定资产那样一直保持不变，其具体的实物个体在不断地变化与轮换。

（2）临时性短期资产。临时性短期资产指随生产的周期性或季节性需求而变化的流动资产，也称波动性流动资产，由形态不断变化的流动资产组成。

3.按在生产经营循环中所处的流程分

按照在生产经营循环中所处的流程，可把短期资产划分为生产领域中的短期资产、流通领域中的短期资产以及生息领域中的短期资产。

（1）生产领域中的短期资产。生产领域中的短期资产指在产品生产过程中发挥作用的短期资产，如原材料、辅助材料或低值易耗品等。

（2）流通领域中的短期资产。流通领域中的短期资产指在商品流通过程中发挥作用的短期资产。商品流通企业的短期资产均为流通领域中的短期资产，工业企业的短期资产中的产成品、现金、外购商品等也属于流通领域中的短期资产。

（3）生息领域中的短期资产。生息领域中的短期资产指为获取利息收入而持有的短期资产，包括定期存款、短期有价证券等短期金融资产。企业通过将短期闲置的现金资产存入银行或者购买短期金融资产，可以在保持资产流动性的同时获得一定的利息收入。

五、资产组合政策

企业资产总额中短期资产和长期资产的比例称为企业的资产组合，资产组合政策是营运资金管理的重要内容。企业总资产中的短期资产数量和比重一旦确定，长期资产的数量和比例也就相应不可改变了，所以，企业的资产组合政策实质上是确定企业流动资产的持有数量。

（一）影响企业资产组合的因素

不同类型的短期资产在流动性、盈利性和风险性上存在差异，企业不仅要确定短期资产在总资产中所占的比重，还要合理确定不同类型短期资产的持有水平。

企业在权衡确定短期资产的最优持有水平时，应当综合考虑如下因素。

1.风险与报酬

一般而言，持有大量的流动资产可以减少企业的风险，因为当企业不能及时清偿债务时，流动资产可以迅速地转化为现金，而固定资产的变现能力较差。因此，在筹资组合不变的情况下，较多地投资于流动资产可以减少企业的风险。但是，如果流动资产太多，大部分资金都投放在流动资产上，造成积压呆滞，就会降低企业的投资报酬率。因此，要对风险和报酬进行认真权衡，选择最佳的投资政策。

2.企业所处的行业

不同行业的企业经营范围不同，资产组合有较大的差异。流动资产中大部分是应收账款和存货，而这两种资产的占用水平主要取决于企业所处的行业。

3.企业经营规模

企业经营规模对资产组合也有重要影响。随着企业规模的扩大，流动资产的比重相对下降，这是因为：一方面，大规模企业与中小企业相比，有较强的筹资能力，当企业出现不能偿付的风险时，可以迅速筹集资金，因而能承担较大风险，可以只持有较少的流动资产而投资更多的固定资产；另一方面，大规模企业因实力雄厚，机械设备的自动化水平较高，故应在固定资产上进行较多的投资。

4.市场利率水平

一般而言，在市场利率比较高的情况下，企业为了减少利息支出，会千方百计地减少对流动资产的投资，这便会减少流动资产在总资产中的比重；反之，当利率下降时，则会呈现反方向的变化。

（二）资产组合政策的类型

企业短期资产的数量按其功能可以分为正常需要量和保险储备量两大部分。正常需要量是指企业因正常生产经营而储备的流动资产数量；保险储备量是指企业为应对意外情况的发生在正常生产经营需要量以外储备的流动资产。企业的资产组合主要可以采用以下三种策略（如图8-1所示）。

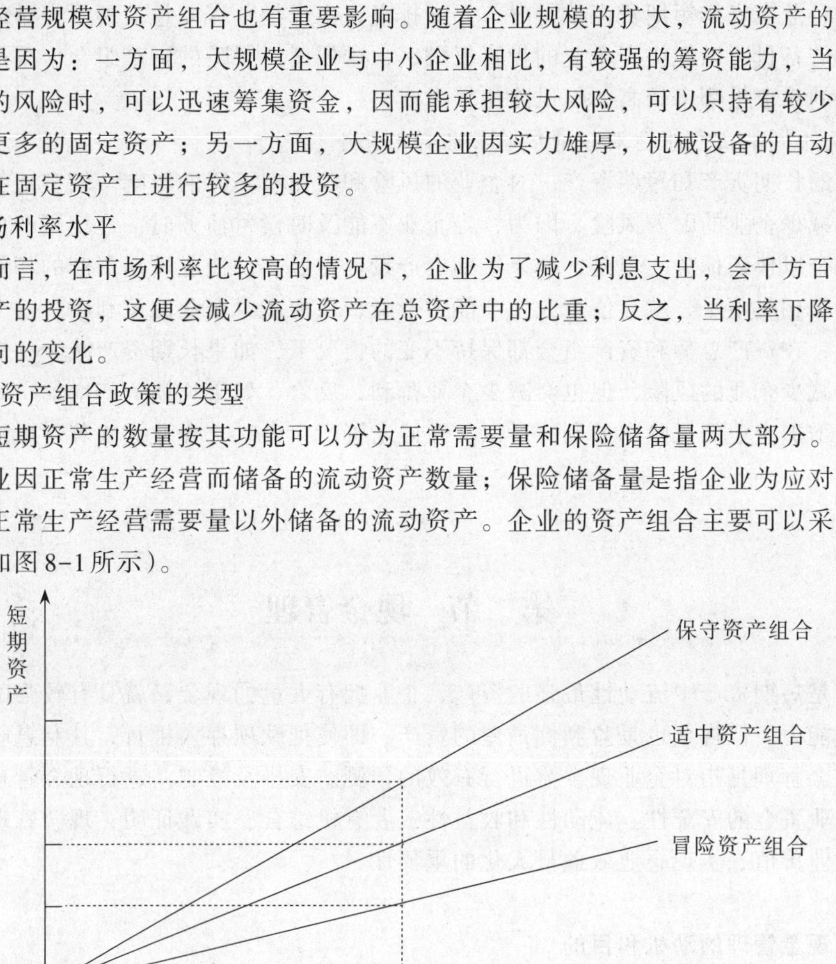

图8-1 资产组合示意图

1.适中资产组合

适中资产组合要求企业在一定的销售水平上保持适中的短期资产，既不过高，也不过低，流入的现金恰好满足企业支付的需要，存货也刚好满足生产和销售所需。这种策略的特点是报酬和风险的平衡。在企业能够比较准确地预测未来经济状况时，可采用这种策略。

2.保守资产组合

有的企业在安排短期资产数量时，在正常生产经营需要量和正常保险储备量的基础上，再加上一部分额外的储备量，以减少企业的风险，这便属于保守的资产组合。采用该策略时，企业的投资报酬率一般较低，风险也较小。

3.冒险资产组合

有的企业在安排短期资产数量时，只安排正常生产经营需要量，而不安排或只安排很少的保险储备量，以便提高企业的投资报酬率，这便属于冒险的资产组合。采用这种策略时，企业的投资报酬率较高，但风险比较大。

（三）不同的资产组合对企业风险和收益的影响

企业的长期资产和短期资产，对企业的风险和收益有不同的影响。较多地投资于短期资产可以减少企业的财务风险，因为，当企业不能及时偿付债务时，短期资产可以迅速地转化为现金以偿还债务。但是，如果短期资产投资得过多，造成短期资产的相对闲置，而长期资产又相对不足，就会使企业生产能力下降，从而减少企业的盈利。

总之，在资产总额和资产组合都保持不变的情况下，如果长期资产减少、短期资产增加，就会减少企业的风险，但也会减少企业盈利；反之，如果长期资产增加、短期资产减少，则会增加企业的风险和盈利。所以，在确定资产组合时，企业面临着对风险和收益的权衡。

第二节 现金管理

现金是短期资产中流动性最强的资产，企业拥有大量的现金，就具有较强的偿债能力和抗风险能力。但现金也是盈利性最差的资产，即使把款项存入银行，其利息收入也是很低的。现金管理是指对企业现金流进行有效的预测、安排及控制。进行现金管理能够有效地保证企业资金的安全性、流动性和收益性三者有机结合。实践证明，现金管理凸显出对于增加企业价值、实现企业效益最大化的重要性。

一、现金管理的动机和目的

（一）企业持有现金的动机

企业持有现金主要出于交易、预防和投资三个方面的动机。

1.交易动机

交易动机，又称支付动机，是指企业为满足正常生产经营活动中的各种支付需要而持有的现金，包括购买原材料、支付工资、上缴税款等。这是企业持有现金的主要动机。由于企业每天的现金收入和现金支出很少同时等额发生，因此，保留适当的现金余额是完全必要的，以避免企业的现金收支不平衡时，中断正常的生产经营活动。企业所保持的现金数量取决于其销售水平、应收账款的回收能力和应付账款的付款周期。

2.预防动机

预防动机是指企业为应对突发事件，如自然灾害、生产事故、未能及时收回货款等情况，需要保持一定数量的现金。企业持有必要的现金，可以使这些意想不到的支出得到妥善的安排。为预防动机而持有现金的多少，主要受企业现金流量稳定性的影响，现金流量的不确定性越大，持有预防性现金的数额越大；反之，企业现金流量的可预测性越强，持有预防性现金的数额越小。此外，预防性现金持有的多少，还与企业的借款能力有关，如果企业在需要资金时能够借到所需款项，则预防性现金持有的数额可以减少；反之，则预防性现金持有的数额要多一些。

3.投资动机

投资动机是指企业持有现金以便用于一些不寻常的购买机会。比如，当有廉价原材料或其他资产供应时，企业便可用手头现金大量购入，或者在适当时机购入价格有利的股票和其他有价证券等。

（二）现金管理的目的

一方面，企业必须经常持有适量的现金，以满足正常经营活动和意外情况对现金的需要；另一方面，现金是收益性最差的资产，企业持有过多的现金，又会影响企业的盈利能力。因此，现金管理的目的是在保证企业生产经营活动所需现金的同时，减少现金持有量，提高现金的使用效率。

现金管理的主要内容包括三个：第一，合理确定现金持有量，采用科学的方法，根据企业历史资料和经济发展变化，确定企业现金量保持一个合理的水平上；第二，根据确定的合理现金持有量，编制现金预算；第三，日常现金收支控制。

二、最佳现金持有量的确定

企业出于各种动机而持有一定现金，但出于成本和收益的考虑，必须确定最佳现金持有量。最佳现金持有量的确定是现金管理的关键问题。目前应用较为广泛的最佳现金持有量确定模式主要包括现金周转期模式、成本分析模式、存货模式、因素分析模式和随机模式等。

（一）现金周转期模式

现金周转期模式是指根据现金的周转速度来确定最佳现金持有量的一种方法。现金周转期是指从将现金投入生产经营过程（购买材料）开始，到收回现金为止平均所需要的时间。具体可以根据如下程序确定最佳现金持有量。

1.确定现金周转期

企业从取得材料到将材料投入生产过程形成在产品，再到将在产品制成产成品进入仓库，最后到将产成品发出，这段时间占用的资金都属于存货；从存货发出到收到货款这段时间占用的资金都属于应收账款。所以，现金周转期受存货周转期、应收账款周转期的影响。另外，由于取得存货时并不一定支付现金，所以，在计算现金周转期时应扣除应付账款周转期。存货周转期、应收账款周转期、应付账款周转期之间的关系如图8-2所示。

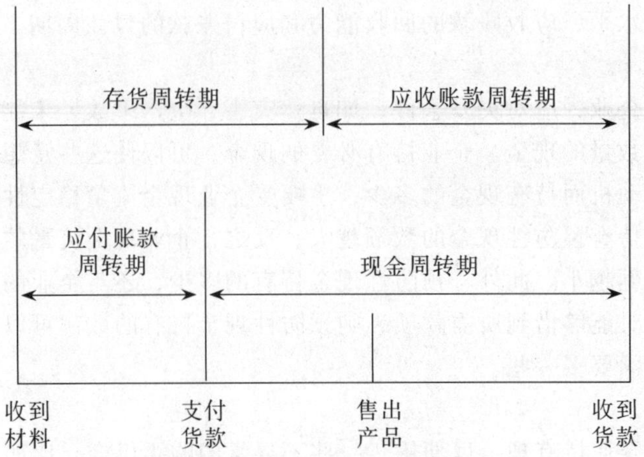

图8-2 现金周转期示意图

如图8-2所示，现金周转期的计算公式为：

现金周转期=存货周转期-应付账款周转期+应收账款周转期

2.确定现金周转率

现金周转率是指一年中现金的周转次数，它与现金周转期成反比，其计算公式为：

$$现金周转率=\frac{360}{现金周转期}$$

3.确定最佳现金持有量

$$最佳现金持有量=\frac{年现金需求总量}{现金周转率}$$

【例8-1】某企业的原材料购买和产品销售均采用信用方式。经测算其应付账款的平均付款期为35天，应收账款的平均收款期为70天，平均存货周转期为85天，每年现金需要量预计为180万元。要求：计算该企业的最佳现金持有量。

现金周转期=85-35+70=120（天）

$$现金周转率=\frac{360}{120}=3(次)$$

$$最佳现金持有量=\frac{180}{3}=60(万元)$$

即该企业的最佳现金持有量为60万元。

（二）成本分析模式

成本分析模式是根据持有现金的相关成本来确定最佳现金持有量的一种决策模式。在该模式下，能使持有现金的总成本最低的现金持有量为最佳现金持有量。持有现金的成本包括机会成本、管理成本和短缺成本。

1.机会成本

持有现金的机会成本是指资金由于被占用在现金这种形态上，而不能用于其他投资所丧失的收益。现金是盈利性最差的资产，其作为企业的一项经常性的资金占用，是有代价的，这种代价就是丧失的占用在现金上的资金若用于其他投资可以获得的收益，一般以有价证券的报酬率表示。现金持有量越多，持有现金的机会成本就越高，反之则越低。因此，现金的机会成本属于变动成本，它与现金持有数量有关。

2.管理成本

现金管理成本是指因持有现金而发生的管理费用，如管理现金人员的工资、安全措施费等。现金管理成本一般与持有现金的数额无关，属于现金持有成本中的固定成本。

3.短缺成本

短缺成本是指因持有现金不足，不能满足业务开支的需要而使企业蒙受的损失，或为此付出的代价，如不能偿还到期债务而支付的罚金、企业的信誉下降导致融资成本的上升等。现金短缺成本随现金持有量的增加而下降，随现金持有量的减少而上升，所以现金短缺成本与现金持有量呈反比例变动关系。

在成本分析模式下，能够使现金持有的机会成本、管理成本和短缺成本最低的现金持有量为最佳现金持有量。可以先分别确定不同现金持有量的机会成本、管理成本和短缺成本，然后比较不同方案下的现金持有总成本，以确定最佳现金持有量。

【例8-2】XG公司有A、B、C、D四种现金持有方案，它们各自的机会成本、管理成本、短缺成本的有关资料见表8-1。

表8-1　　XG公司的现金持有方案　　金额单位：元

方　案	A	B	C	D
现金持有量	20 000	40 000	60 000	80 000
机会成本率	10%	10%	10%	10%
管理成本	10 000	10 000	10 000	10 000
短缺成本	10 000	4 000	2 500	1 200

根据表8-1的资料，计算各方案持有现金的总成本，见表8-2。

表8-2　　XG公司持有现金总成本计算表　　单位：元

方　案	A	B	C	D
现金持有量	20 000	40 000	60 000	80 000
机会成本	2 000	4 000	6 000	8 000
管理成本	10 000	10 000	10 000	10 000
短缺成本	10 000	4 000	2 500	1 200
持有现金总成本	22 000	18 000	18 500	19 200

表8-2说明，当持有现金40 000元时，现金持有成本为18 000元，在A、B、C、D四个方案中的总成本最低，因此，B方案为最优方案。

（三）存货模式

存货模式是美国经济学家威廉·鲍莫（William J. Baumol）于1952年提出的，所以也称鲍莫模式。存货模式是根据存货经济订货量的决策方法确定能使相关总成本最低的最佳现金持有量的一种方法。存货决策模式的假设条件包括：取得现金时投资于有价证券，需要现金时变现有价证券；一定时期现金需求总量确定；每天现金需求量均匀稳定；不允许发生现金短缺。由于每天现金需求量均匀稳定，所以每次变现有价证券后现金持有量达到最高，随着每天现金的耗用，现金持有量呈直线下降的趋势，当现金持有量降至零时，再变现一批有价证券，现金持有量又重新恢复到最高点，如此循环往复。因此，平均现金持有量可以按每次有价证券变现数量的一半计算。具体现金变动模式如图8-3所示。

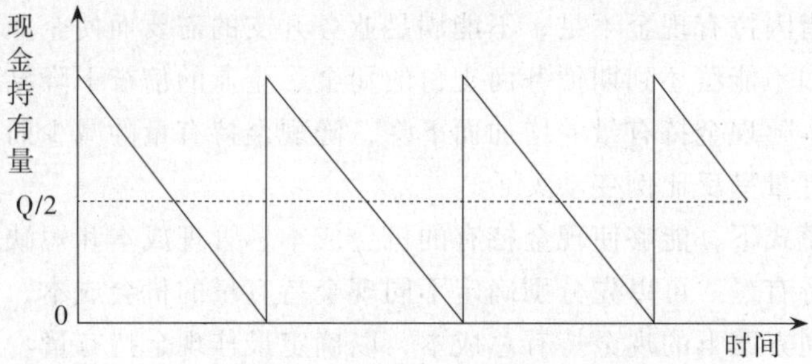

图8-3 存货模式确定现金余额图

同时，在上述假设条件下，与最佳现金持有量相关的成本主要包括机会成本和转换成本。因此，在存货模式下，也可以说最佳现金持有量是能使持有现金的机会成本和转换成本最低的现金持有量。持有现金的机会成本与前面成本模式中的机会成本相同，该成本与现金持有量同方向变化，其高低取决于机会成本率（通常可用证券利息率来代替）。现金转换成本是指企业将有价证券转换为现金所发生的费用，如买卖有价证券所支付的佣金、委托手续费、证券过户费、证券交易的税金等。这种成本只与交易次数有关，而与持有现金数量无关。

由于现金持有成本与持有量有关，当企业现金需要量一定时，现金持有量越大，持有成本越高，转换次数就越少，相应转换成本就低；如果降低现金持有量，持有成本可以降低，但转换次数就会增多，转换成本升高。两种成本总计最低时的现金持有量为最佳现金持有量。

假定TC为现金管理总成本，F为每次转换有价证券的固定费用，T为一定时期现金需求总量，K为机会成本率，Q为最佳现金持有量，则持有现金的总成本的计算公式为：

现金管理总成本=机会成本+转换成本

即：$TC = \frac{Q}{2} \times K + \frac{T}{Q} \times F$

现金管理总成本与机会成本、转换成本的关系如图8-4所示。

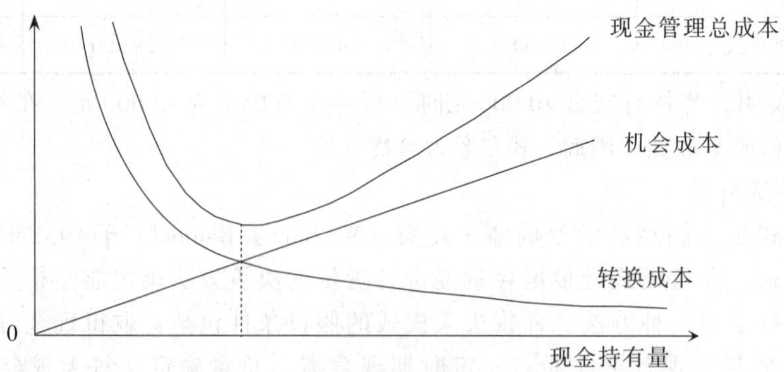

图8-4 存货模式下各成本关系图

为了求出总成本最低时的现金持有量，对现金管理总成本公式中的Q求导，并令其导数等于0，即可求得最佳现金持有量。其公式如下：

$$Q=\sqrt{\frac{2TF}{K}}$$

最佳现金持有量下的最小现金 管理总成本为：

$$TC=\sqrt{2TFK}$$

存货模式可以精确计算出最佳现金持有量和变现次数，明确了现金管理中基本的成本结构，对企业加强现金管理有一定的作用。

【例8-3】某公司预计每月现金总需要量为400万元，现金与有价证券的每次转换成本为100元，有价证券的月报酬率为2%。要求：计算该公司的最佳现金持有量。

$$Q=\sqrt{\frac{2TF}{K}}=\sqrt{\frac{2\times 4\,000\,000\times 100}{2\%}}=200\,000(\text{元})$$

该公司的最佳现金持有量为20万元。

（四）因素分析模式

因素分析模式是在上期现金持有量的基础上，考虑有关因素变动的影响，来确定最佳现金持有量的一种方法。这些因素主要包括下期销售收入规模的变动和本期不合理的现金占用情况。其计算公式如下：

$$\begin{matrix}\text{最佳现金}\\\text{持有量}\end{matrix}=\left(\begin{matrix}\text{上年现金}\\\text{平均占用额}\end{matrix}-\begin{matrix}\text{不合理}\\\text{资金占用额}\end{matrix}\right)\times\left(1\pm\begin{matrix}\text{销售收入}\\\text{变动率}\end{matrix}\right)$$

【例8-4】某企业上期现金平均余额为22 000元，经分析其中有2 000元的占用属于不合理占用，下期预计销售增长率为10%。要求：计算该企业的下期最佳现金持有量。

$$\text{最佳现金持有量}=(22\,000-2\,000)\times(1+10\%)=22\,000(\text{元})$$

该企业的下期最佳现金持有量为22 000元。

（五）随机模式

随机模式，也称米勒-奥尔模型（Miller-Orr Model），它是美国经济学家默顿·米勒（Merton Miller）和丹尼尔·奥尔（Daniel Orr）于1996年首次提出的，是在企业未来现金流量不规则、现金需求难以预测的情况下确定最佳现金持有量的一种方法。这种方法的基本原理是制定一个现金控制区域，定出上限和下限。上限代表最高现金持有量，下限代表最低现金持有量，当现金持有量达到上限时，用现金购买有价证券，当现金持有量达到下限时，变现有价证券，从而使现金持有量经常保持在上限和下限之间。现金管理随机模式示意图如图8-5所示。

在图8-5中，H为上限，L为下限，R为目标控制线，即最佳现金持有量。当现金持有量升至A点时，购进（A-R）金额的有价证券，使现金持有量回落到R线上；当现金持有量降至B点时，卖出（R-B）金额的有价证券，使现金持有量回升到R线上。现金持有量在上、下限之间变化是合理的。现金控制线R仍可根据使持有现金的机会成本和转换成本最低的原理，以及现金持有量波动的标准差来确定。其计算公式如下：

$$R=\sqrt[3]{\frac{3b\sigma^2}{4i}}+L$$

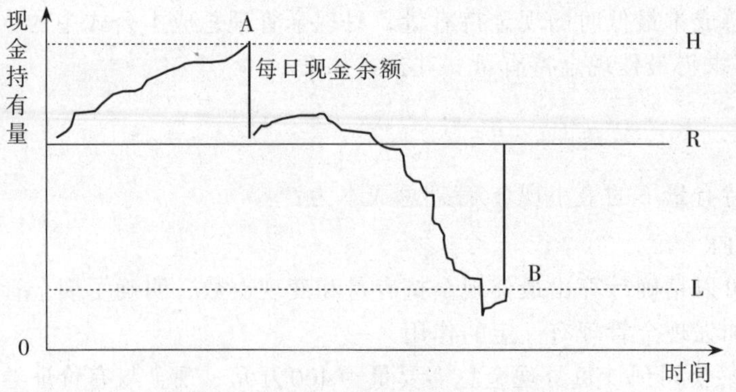

图8-5 现金管理随机模式示意图

式中，b表示变现成本，σ^2表示每日净现金流量方差，i代表有价证券的目标率。

最佳上限为：$H = 3R - 2L$

在随机模式中，现金流量是随机的，平均现金余额无法事先精确决定，但米勒估计平均现金余额的计算如下：

$$平均余额 = \frac{H + R}{3}$$

【例8-5】某企业每日净现金流量的标准差为800元，有价证券的年利率为9%，每次转换的固定成本为1 500元，每日最低现金需要量为500元。要求：计算该企业的现金最佳持有量、上限和平均余额。

$$R = \sqrt[3]{\frac{3b\sigma^2}{4i}} + L = \sqrt[3]{\frac{3 \times 1\,500 \times 800^2}{4 \times 9\%}} + 500 = 2\,500(元)$$

$$H = 3R - 2L = 3 \times 2\,500 - 2 \times 500 = 6\,500(元)$$

$$平均余额 = \frac{H + R}{3} = \frac{6\,500 + 2\,500}{3} = 3\,000(元)$$

企业的支出是随机的，收入也无法确切预知，尽管有事前的财务预算，但在实际工作中发生变化是经常的。因此，按随机模式测算出来的最佳现金持有量比较符合实际情况。当然，由于随机模式建立在企业现金未来需求总量和收入不可预测的前提下，因而计算出来的现金持有量比较保守。

三、现金预算管理

现金预算管理是现金管理的核心环节和方法。现金预算就是在企业长期发展战略的基础上，以现金管理的目标为指导，充分调查和分析各种现金收支影响因素，运用一定的方法合理估测企业未来一定时期的现金收支状况，并对预期差异采取相应对策的活动。现金预算可以月、周或日为基础来编制，也可覆盖几个月甚至一年，这主要根据企业的生产经营特点与管理要求而定。

（一）现金预算的作用

企业现金持有量不足或过多，都说明现金管理不力，所以，对现金的流入和流出进行有效预测和管理，使现金持有量接近最优水平，就显得尤为重要。为了使企业能够实现并保持已确定的最佳现金持有量水平，需要对未来可能的现金收支的数量和时间进行预测，编制现金预算。现金预算对现金管理的作用表现在以下方面：

（1）可以揭示现金溢余或现金短缺的时期，使资金管理部门能够将暂时过剩的现金转入投资或在短缺时期来临之前安排筹资，以避免不必要的资金闲置或不足，减少机会成本。

（2）可以在实际收支实现以前了解经营计划的财务结果，预测未来财务期企业对到期债务的直接偿付能力。

（3）可以对其他财务计划提出改进建议。

企业应当持有一定数量的现金来预防可能出现的现金短缺，但又不能把过多的现金投放在这种非收益性资产上。企业通过编制现金预算可以较为有效地预计未来现金流量，现金预算是现金收支动态管理的一种有效方法。

（二）现金预算的编制方法

现金预算的编制主要采用收支预算法，该方法是目前最流行、应用最广泛的现金预算编制方法。其基本原理是通过将预算期内可能发生的一切现金收支分类列入现金预算表内，从而确定收支差异并采取适当的财务对策。收支预算法具有直观、简便、便于控制等特点。

采用收支预算法编制现金预算的步骤如下：

（1）计算预算期内的现金收入，即根据企业收入预算（包括销售收入预算、投资收入预算及其他收入预算）计算企业在预算期内所能获得的现金收入。

（2）计算预算期内的现金支出，即根据企业现金支出计划（如采购原材料、支付工资、支付管理费用、支付销售费用、支付利息、支付税金等）计算企业在预算期内的现金支出。

（3）计算现金短缺或溢余，估算企业在预算期内现金余缺水平的公式如下：

$$\begin{matrix}\text{预算期内}\\\text{现金结余}\end{matrix}=\begin{matrix}\text{预算期初}\\\text{现金余额}\end{matrix}+\begin{matrix}\text{预算期内}\\\text{现金流入}\end{matrix}-\begin{matrix}\text{预算期内}\\\text{现金流出}\end{matrix}-\begin{matrix}\text{预算期末}\\\text{现金余额}\end{matrix}$$

（4）现金融通，即根据计算出的期末现金结余情况进行短期投融资。如果现金不足，则提前安排筹资（比如向银行借款等）；如果现金溢余，则提前归还贷款或投资于有价证券，以增加收益。

【例8-6】使用收支预算法编制的X公司现金收支预算表见表8-3。

表8-3　　**X公司现金收支预算表**　　单位：万元

序号	现金收支项目	上月实际数	本月预算数
1	现金收入		
2	营业现金收入		
3	现销和当月应收款项的收回		1 000
4	以前月份应收款项的收回		625
5	营业现金收入合计		1 625
6	其他现金收入		
7	固定资产变价收入		120
8	利息收入		30
9	租金收入		105
10	股利收入		45
11	其他现金收入合计		300
12	现金收入合计　（12=5+11）		1 925

续表

序号	现金收支项目	上月实际数	本月预算数
13	现金支出		
14	营业现金支出		
15	材料采购支出		800
16	当月支付的采购材料支出		480
17	本月付款的以前月份采购材料支出		320
18	工资支出		160
19	管理费用支出		128
20	销售费用支出		128
21	财务费用支出		64
22	营业现金支出合计		1 280
23	其他现金支出		
24	固定资产投资支出		340
25	税款支出		85
26	利息支出		85
27	归还债务		100
28	股利支出		100
29	证券投资		130
30	其他现金支出合计		840
31	现金支出合计（31=22+30）		2 120
32	净现金流量		
33	现金收入合计减现金支出合计（33=12−31）		−195
34	现金余缺		
35	期初现金余额		150
36	净现金流量		−195
37	期末现金余额		−45
38	最佳现金余额		180
39	现金溢余或短缺		−225

从表8-3中可以看出，X公司预算期末发生了现金短缺，公司应当及时进行合理的短期资金筹措，避免由于库存现金不足导致的机会成本。

四、现金的日常控制

有效的现金管理方法包括加速收款和合理开支两个方面的内容。企业的现金流入与现金流出一般而言是很难预测的，为了应对这种不确定性可能带来的问题，企业往往需要保留比最佳现金持有量多的现金余额。为了尽量减少企业持有现金带来的成本增加和盈利减少，企业财务人员需要提高预测和管理能力，加速收款、合理开支，使现金流入和流出能够合理匹配，实现现金流动同步化的理想效果。

（一）加速收款

为了加速现金的周转，确保预算现金收入的实现，在赊销比例一定的情况下，企业应尽量缩短应收款项的回收时间。一般而言，企业应收账款的收回需要经过四个阶段：客户开出付款票据，企业收到票据，票据交存银行，银行将款项划给企业。每个阶段都需要耗费一定的时间，现金日常管理的重点是缩短前两个阶段的时间，这不仅与客户、企业、银行之间的距离有关，而且与收款的效率有关。在实际工作中，企业通常采取锁箱法和集中银行等方法来缩短这两个阶段的时间。

1.锁箱法

锁箱法，又称邮政信箱法，是指通过在各主要客户所在地承租专门的邮政信箱，并开立分行存款账户，授权当地银行每日开启信箱，在取得客户支票后立即予以结算，再通过电汇将货款拨给企业的方法。

采用锁箱法可以大大缩短企业办理收款的时间，因为这种方法不仅缩短了支票的邮寄时间，而且消除了企业处理支票所需的时间。但是，采用这种方法需要支付额外的费用。这种费用支出一般与存入支票的张数成正比，所以，如果平均汇款数额较小，采用这种方法不一定有利。

2.集中银行

集中银行是指通过指定集中银行、设立多个收款中心来加快现金回收的方法。在这种方法下，企业要指定一个主要开户银行（通常是总部的开户银行）为集中银行，并在收款额较集中的若干地区设立若干个收款中心，客户首先将款项交至较近的收款中心，然后由收款中心将款项交给集中银行。

集中银行的具体做法如下：（1）企业以服务地区和各销售地区的账单数量为依据，设立若干收款中心，并指定一个账户所在银行为集中银行。（2）企业通知客户将货款就近送到指定的收款中心办理款项结算手续。（3）收款中心将当天收到的货款存入当地银行，当地银行在进行票据交换后，立即将款项转给集中银行。

采用集中银行的优点是：（1）账单和货款邮寄时间可大大缩短。账单由收款中心寄发给该地区顾客，与总部寄发相比，顾客能更早地收到账单。顾客付款时，可到最近的收款中心办理，通常也比直接邮寄给企业所需时间短。（2）支票兑现的时间可以缩短。收款中心将客户汇来的支票存入该地区的地方银行，而支票的付款银行通常也在该地区内，因而支票兑现较方便。

采用集中银行的缺点是：（1）每个收款中心的地方银行都要求有一定的补偿余额，而补偿余额是一种闲置的、不能使用的资金。开设的收款中心越多，补偿余额也越多，闲置资金就越多。（2）设立收款中心需要投入一定的人力和物力，费用较高。

（二）合理开支

企业应尽量加快收款的速度，尽量延缓现金支出的时间。企业对现金支出的控制主要包括金额上的控制和时间上的控制。控制现金支出的方法有以下几种：

1.采用零余额账户方法控制现金的支出

采用此方法的前提条件是由银行提供一套账户系统。在这一系统下，由一个主支付账户为其他所有的子账户服务。每日终了，当所有转账支付票据都结算完毕后，特定子账户就会出现负余额，此时，银行自动从主账户向这些特定子账户划拨足够的资金，使得子账户恢复零余额。

采用零余额账户的优点包括：加强了企业对现金支付的控制；减少了企业在地方银行账户上用于支付账款的超额现金；增加了现金的支付时滞。

2.合理使用现金“浮游量”

所谓现金“浮游量”，是指企业账户上现金余额与银行账户上所示的存款余额之间的差额。它是从企业开出支票，到收款人收到支票存入银行，再将款项划出企业账户的这段时间内，企业可以利用的现金量。它是企业已经支出而银行尚未支出的未达账项，企业可以利用这个时间差，但必须控制好时间，防止发生透支。

3.推迟支付应付账款

企业可以在不影响信誉的情况下，尽量推迟应付账款的支付时间。具体有如以下方法：第一，采用承兑汇票延迟付款。与普通支票不同的是，承兑汇票不是“见票即付”的票据。当它被提交给开票方开户银行时，开户行必须将它交给签发人（付款人）以获得承兑。然后，付款人将一笔相当于汇票金额的资金存入银行，这样就适当推迟了企业支付现金的时间。第二，充分享受折扣期限，延迟付款。例如，供货方提供的信用条件是“2/10，n/30”，购货方应该合理地选择在发票开出后的第10天付款，得到现金折扣。

4.调整工资支出模式

许多公司都在银行开有专门支付工资的存款账户，该账户存款余额的多少也会影响到公司的现金余额。为了减少这一账户的存款余额，公司不必在发放工资时将所需支付的工资全部存入该账户，因为并不是所有的职工都在发放工资当天就到银行支取工资。公司应当预测发放工资后每天职工支取工资的数额和比例，分期分批地将这笔款项存入银行，这样既可以保证工资的支付，又可以节约使用资金。

第三节　短期金融资产管理

短期金融资产是指能够随时变现并且持有时间不超过一年（含一年）的金融资产，包括股票、债券、基金等。短期金融资产由于易变现的特征而成为现金的替代品，因此，短期金融资产管理通常与现金管理密不可分。

一、短期金融资产管理的原则与内容

（一）短期金融资产管理的原则

短期金融资产管理是短期资产管理的一个重要方面。短期金融资产管理应当遵循的原则包括：

1.安全性、流动性与盈利性相均衡原则

持有短期金融资产的目的主要是使企业的现金持有形式多样化，在确保安全性、流动性的基础上争取相对多的盈利。因此，应当综合考虑这三个方面，争取达到一个最佳平衡点。

2.分散投资原则

短期金融资产虽然持有的期限短，且容易变现，但为了充分降低风险，还是应该遵循多样化的分散投资原则，把风险控制在可接受的范围内。

3.理智投资原则

持有短期金融资产的目标应该是安全与收益的最佳结合，所以需要理智投资，不能过分追求盈利而忽视了最基本的安全。

（二）短期金融资产管理的内容

短期金融资产的内涵非常宽泛，既包含由银行发行的证券，又包含由企业或者政府发行的证券；既包含债权性质的证券，又包含股权性质的证券。因此，公司不仅要确定短期金融资产在全部短期资产以及总资产中所占的比例，还要合理确定短期金融资产的内部结构，即选择合适的短期金融工具，建立合适的投资组合。

短期金融资产管理与前面一章中介绍的证券投资在投资对象、决策的基本方法等方面有许多相似的地方，本节主要讨论两者不同的方面。

二、短期金融资产的种类

最常见、最便捷的短期金融工具就是定期银行存款，但由于银行存款利率相对较低，而证券市场日益发达，其在企业投资清单中所占的比例越来越小，多数企业更倾向于投资报酬率更高的金融工具。

（一）短期国库券

短期国库券是指政府发行的期限在1年以下的债券。短期国库券在西方被称为财政部账单，一般期限在1年以下，多为3个月或6个月，也有1年期的。由于有国家或其他级别政府部门的权威和信誉作担保，短期国库券一般具有风险低、收益不高的特点。

发行短期国债是世界各国政府筹资的普遍趋势，也为其他企业提供了较多的短期投资选择。西方发达国家短期国债在国债中一般占比40%～50%。1994年，我国财政部首次发行半年期和1年期的短期国库券，但长期以来都是中期国债占比较高，短期国债和长期国债不足，而且我国国债市场的绝大部分交易是在金融机构之间完成的，国债并没有成为企业普遍选择的投资工具。

（二）大额可转让定期存单

大额可转让定期存单亦称大额可转让存款证，是银行印发的一种定期存款凭证，凭证上印有票面金额、存入和到期日，以及利率，到期后可按票面金额和规定利率提取全部本利，逾期存款不计息。大额可转让定期存单可流通转让、自由买卖。

在我国，根据《中国人民银行关于大额可转让定期存单管理办法》的规定，大额可转让定期存单的发行单位限于各类银行。非银行金融机构不得发行大额可转让定期存单。大额可转让定期存单的发行对象为城乡个人和企业、事业单位。购买大额可转让定期存单的资金应为个人资金和企业、事业单位的自有资金。大额可转让存单可以转让，但不提前支取，也不分段计息，到期一次还本付息，不计逾期息。

大额可转让定期存单与定期存款存在较大的区别。第一，定期存款是记名和不可转让的；而存单通常是不记名和可以转让的。第二，定期存款金额不固定，大小不等，可能有零数；而存单金额则都是整数，按标准单位发行。第三，定期存款的利率一般是固定的，到期才能提取本金；存单则既有固定利率，也有浮动利率，不得提前支取，但可在二级市场上转让。

（三）证券化资产

证券化资产是指实施了资产证券化（Asset Securitization）的资产。资产证券化是一种对（金融）资产所有权和收益权进行分离的金融创新，其基本流程是：发起人把证券化资产出售给一家特殊目的载体（Special Purpose Vehicle，SPV），或者由SPV主动购买可以证券化的资产，然后将这些资产汇集成资产池（Asset Pool），并以该资产池所产生的现金流量为支撑在金融市场上发行有价证券。为了提高资产支持证券的等级，SPV常常会在发行之前聘请证券评级机构对资产支持证券进行信用评级，最后再由证券承销商把有资产支持的证券销售给投资者。

证券化资产在20世纪末取得了快速发展。由于证券化资产特殊的形成机制，发行人可以通过将众多风险较高的资产打包，并以此作为抵押发行证券化资产，有效处置多笔不良资产。

我国于2005年12月1日开始实施的《金融机构信贷资产证券化试点监督管理办法》为我国资产证券化提供了法律依据。根据有关规定，我国资产证券化的发起人一般为银行或资产管理公司（如信达、长城、华融与东方等资产管理公司）。

虽然证券化资产通常由信誉较好的投资银行或资产公司作为中介，具有较高的安全性，但是2007年爆发的美国次贷危机表明，在金融创新空前繁荣的现代市场，这种创新金融工具所隐藏的风险也是不容忽视的。

除了上述的各类短期金融资产以外，企业还可以将暂时闲置的资金投资于货币基金、商业票据、股票和债券，并在需要资金的时候将这些短期金融资产出售变现。货币基金在第8章中已经进行了介绍，商业票据将在第10章中详细介绍，这里就不再赘述。

三、短期金融资产的投资组合决策

金融资产投资是一个充满风险的投资领域，由于风险的复杂性和多样性，投资者进行投资时必须防范风险。没有风险的投资是不存在的，而防范风险的最有效方法就是进行金融资产投资组合，以分散全部可以避免的风险。常用的金融资产投资组合方法主要有以下几种：

（一）三分组合模式

三分组合模式是比较流行的投资组合：将1/3的资金存入银行以备不时之需；将1/3的资金投资于债券、股票等有价证券；将1/3的资金投资于房地产等不动产。同样地，投资于金融资产的资金也要进行三分组合：将1/3的资金投资于风险较大的有发展前景的成长性股票；将1/3的资金投资于安全性较高的债券、优先股或货币基金等金融资产；将1/3的资金投资于中等风险的金融资产。

（二）风险与报酬组合模式

风险与报酬组合模式是指按风险等级和报酬高低进行投资组合。金融资产的投资风险可以分为不同等级，收益也有高低之分。投资者可以测定自己期望的投资报酬率和所能承担的风险程度，然后在市场中选择相应风险和收益水平的金融资产作为投资组合。一般而言，在选择证券进行投资组合时，在同等风险的金融资产中，应尽可能选择报酬高的；在同等报酬的金融资产中，应尽可能选择风险较低的。此外，要选择一些风险呈负相关的金融资产进行投资组合。

（三）多样化组合模式

多样化组合模式是指选择不同行业、区域和市场的证券或金融资产作为投资组合。第一，尽可能选择足够数量的证券进行投资组合，这样可以分散大部分可分散风险。根据投资专家的估算，在美国纽约证券市场上随机购买40种以上不同类型的证券，就可以分散大部分可分散风险。第二，选择证券的行业也应分散，不可集中投资于同一行业的证券。这是为了避免因某个行业不景气而使投资遭受重大损失。第三，选择证券的区域也应尽可能分散。这是为了避免因某个地区市场衰退而使投资者遭受重大损失。第四，将资金分散投资于不同的证券市场，可以避免同一证券市场的可分散风险。这是因为不同证券市场具有较强的独立性，即便在同一个国家，也可能出现一个市场强、一个市场弱的情况。在我国，深圳证券交易所和上海证券交易所有时就表现为一强一弱，同时在这两个证券市场上进行证券投资可以降低投资风险。

（四）期限搭配组合模式

期限搭配组合模式要求投资者根据未来的现金流量来安排各种不同投资期限的证券，进行长、中、短期相结合的投资组合。同时，投资者可以根据可用资金的期限来安排投资，长期不用的资金可以进行长期投资，以获取较多的投资收益；近期可能要使用的资金，最好投资于风险较小、易于变现的金融资产。

第四节 应收账款管理

应收账款管理是企业营运资金管理的一个重要组成部分。应收账款的产生主要有两个原因：一是由于企业销售和收款上的时间差而形成应收账款；二是企业在竞争机制的作用下，以各种手段扩大销售规模，其中就有赊销策略，从而形成应收账款。由竞争引起的应收账款是一种商业信用，是应收账款发生的主要原因。应收账款是否正常，既反映了企业的销售状况，也反映了企业现金的回收能力和营运资金的周转利用水平。

一、应收账款的功能、管理目标和管理内容

（一）应收账款的功能

应收账款的功能是指应收账款在生产经营中的作用，主要包括以下两个方面：

1.扩大销售规模

企业在销售产品时既可以采取现销，又可以采取赊销。显然，现销对销售方有利，赊销对客户有利。在竞争激烈的市场经济条件下，促销已经成为企业普遍采取的经营策略。企业促销的手段虽然多种多样，但在银根偏紧、市场疲软、资金短缺的情况下，赊销的促销作用是十分明显的。它既可以使购买者及时得到自己需要的商品，又可以暂不付款，减轻自己的资金压力，因而对顾客具有很大的吸引力。特别是在企业销售新产品、开拓新市

场时，赊销就具有更加重要的意义。

2.减少存货

赊销具有促销的功能，可以扩大产品的销售规模，降低库存商品数量，有利于加速存货周转，减少存货的管理费用、仓储费用和保险费用等支出。因此，无论是季节性经营企业还是非季节性经营企业，当库存压力增大时，一般都会采用较优惠的条件进行赊销，把存货转化为应收账款，减少库存，节约支出，效果普遍不错。

（二）应收账款管理的目标

应收账款具有两面性：一方面，企业通过提供商业信用，采取赊销、分期收款等销售方式，可以增加销售收入和利润；另一方面，较多的应收账款会导致较高的成本发生，同时也表明有大量资金被占用，从而影响企业资金的流动性和利用效率。因此，应收账款的管理目标在于：通过应收账款管理增加销售收入，提高企业市场竞争能力，同时尽可能降低在应收账款上的投资成本，并提高流动性。

（三）应收账款管理的内容

为达到应收账款的管理目标，必须加强对应收账款的管理，具体可以从以下几个方面进行：

1.确定信用政策

确定信用政策具体包括确定信用标准、信用期限、现金折扣和收账政策。

2.收集信用资料

收集的信用资料一般来自客户的财务报表、信用等级和信用报告，以及银行掌握的客户信用状况等。

3.控制信用规模

根据客户的信用状况作出给予信用的决策，并确定其额度。

4.实行信用监督

实行信用监督是根据给予客户的信用额度和信用期限，监督其履行情况。

二、应收账款的成本

持有应收账款要付出一定的代价，这种代价即持有应收账款的成本。这种成本有些是实际发生的，有些却不是直接发生的机会成本。持有应收账款的成本主要包括机会成本、管理成本和坏账成本。

（一）机会成本

应收账款的机会成本是指因资金被应收账款占用而丧失投资其他资产的机会，所损失的投资收益，如投资于有价证券所获得的利息收入和股息收入。这一成本的高低通常与企业维持赊销业务所需要的资金数量（即应收账款占用资金）、资金成本有关。其计算公式为：

$$\text{应收账款机会成本}=\frac{\text{年赊销收入}}{360}\times\text{应收账款平均收账期}\times\text{应收账款机会成本率}$$

从上述公式不难分析出，随着赊销业务的扩大，赊销收入增加越多，应收账款占用的资金就越多；而应收账款的收账期（即周转期）越短，应收账款占用的资金就越少。所以，提高应收账款的周转速度是减少应收账款机会成本的有效方法。

（二）管理成本

应收账款的管理成本是指企业为管理应收账款而发生的开支，包括从应收账款发生到收回期间所有与应收账款管理系统运行有关的费用。应收账款的管理成本主要包括：

（1）调查客户信用状况的费用；

（2）收集信用信息、分析潜在客户信用状况的费用；

（3）应收账款账簿记录费用；

（4）应收账款收款及催收费用；

（5）其他费用。

管理成本一般相对稳定，在应收账款低于一定规模时，其成本是基本固定的，只有在应收账款的规模超过一定水平后，应收账款管理成本才会跳跃到一个新的水平，然后再维持其固定状态。因此，在决策分析中管理成本可以作为非相关成本，不列入决策考察范畴。

（三）坏账成本

应收账款的坏账成本是指企业持有的应收账款因故不能收回而造成的损失。这是企业持有应收账款所承担的最大风险，不但不能取得收入和实现利润，而且连成本都不能收回。坏账成本的高低与客户的信用状况有直接关系，也与企业的管理水平相关。企业管理水平高，对客户信用状况的调查全面、仔细，对客户的监督和催收得力，则发生坏账损失的概率就低；反之，发生坏账损失的概率就高。坏账成本一般通过坏账损失率与赊销收入来计算，计算公式如下：

坏账成本 = 赊销收入 × 平均坏账损失率

三、信用政策的制定

信用政策是指企业在采用赊销方式时，为了对应收账款投资进行规划和控制而确定的基本原则与行为规范。信用政策具体包括信用标准、信用条件和收账政策三个方面的内容。

（一）信用标准

信用标准是企业同意向客户提供商业信用而要求对方必须具备的最低条件，通常以坏账损失率作为判别标准。

实行严格的信用标准，即只允许那些不付款可能性极小的客户暂不付款，会产生以下影响：

（1）会减少销售收入，从而减少扣除信用成本前的利润；

（2）实行严格的信用标准将减少赊销规模，减少在应收账款上的资金占用，从而降低机会成本；

（3）只对不付款可能性极小客户予以赊销，将有利于降低坏账成本；

（4）信用成本减少，将有利于增加扣除信用成本前的利润。

实行宽松的信用标准，即允许那些不付款可能性较大的客户暂不付款，会产生以下影响：

（1）将有利于增加销售收入，因而会增加扣除信用成本前的利润；

（2）将扩大赊销规模，增加在应收账款上的资金占用，从而增加机会成本；

（3）对不付款可能性较大的客户予以赊销，会增加坏账成本；

（4）信用成本增加，会减少扣除信用成本后的利润。

因此，应在权衡收益和成本的基础上确定信用标准。

【例8-7】H公司在现行信用政策下的经营情况见表8-4。

表8-4 **H公司现行信用政策内容表**

项目	数据
S_0：销售收入	200万元
P'：销售利润率	20%
$\overline{C_0}$：平均收账期	45天
$\overline{B_0}$：平均坏账损失率	6%
R_0：应收账款占用资金的机会成本率	15%

H公司现拟调整信用标准，有A、B两个方案：

A方案拟将信用标准提高到8%，预计销售额减少20万元。减少的销售额的平均收账期为90天，其余销售额的收账期为40天；减少的销售额的平均坏账损失率为8.7%，其余销售额的坏账损失率降低到5.8%。

B方案拟将信用标准降低到15%，预计销售额增加40万元。增加的销售额的平均收账期为90天，其余销售额的收账期不变；增加的销售额的平均坏账损失率为14%，其余销售额的坏账损失率不变。

要求：帮助H公司作出信用标准调整决策。

假设ΔS_A表示A方案变动的销售收入，ΔS_B表示B方案变动的销售收入，I_A表示A方案的机会成本，I_B表示B方案的机会成本，K_A表示A方案的坏账成本，K_B表示B方案的坏账成本，E_A表示A方案的净收益，E_B表示B方案的净收益。

以下对A、B两种方案应用总量法计算它们可能产生的净收益，并在此基础上进行决策。

（1）A方案的相关指标计算如下：

第一步，计算销售利润。

$$P_A = (S_0 + \Delta S_A) \times P' = (200 - 20) \times 20\% = 36(\text{万元})$$

第二步，计算应收账款的机会成本。

$$I_A = (S_0 + \Delta S_A) \times \frac{\overline{C_A}}{360} \times R_0 = (200 - 20) \times \frac{40}{360} \times 15\% = 3(\text{万元})$$

第三步，计算应收账款的坏账成本。

$$K_A = (S_0 + \Delta S_A) \times \overline{B_A} = (200 - 20) \times 5.8\% = 10.44(\text{万元})$$

第四步，计算净收益。

$$E_A = P_A - I_A - K_A = 36 - 3 - 10.44 = 22.56(\text{万元})$$

（2）B方案的相关指标计算如下：

第一步，计算销售利润。

$P_B = (S_0 + \Delta S_B) \times P' = (200 + 40) \times 20\% = 48$(万元)

第二步，计算应收账款的机会成本。

$I_B = (S_0 + \Delta S_B) \times \frac{\overline{C_B}}{360} \times R_0 = (200 \times \frac{45}{360} + 40 \times \frac{90}{360}) \times 15\% = 5.25$(万元)

第三步，计算应收账款的坏账成本。

$K_B = (S_0 + \Delta S_B) \times \overline{B_B} = 200 \times 6\% + 40 \times 14\% = 17.6$(万元)

第四步，计算净收益。

$E_B = P_B - I_B - K_B = 48 - 5.25 - 17.6 = 25.15$(万元)

（3）比较决策

以上计算过程表明，采用B方案的较宽松的信用标准，能使H公司获得较多的净收益，因此，应当采用B方案。

此外，常用的决策方法还有增量法，即通过比较不同信用政策所产生的增量收益来得出结论。在这种方法下，通常需要测算如下几个项目：①信用标准变化对销售利润的影响；②应收账款机会成本的变化；③坏账成本的变化；④管理成本的变化。

（二）信用条件

信用条件是指企业接受客户信用订单时所提出的付款要求，主要包括信用期限、折扣期限和现金折扣等。

1.信用期限

信用期限是指企业允许客户从购货到支付货款的时间间隔。通常，延长信用期限可以在一定程度上增加销售量。但不适当地延长信用期限，会给企业带来不良后果。过长的信用期限可能会给企业带来以下问题：其一，使应收账款的平均收账期延长，占用在应收账款上的资金也会相应增加，以致增加应收账款的机会成本；其二，增加企业的坏账损失和收账费用，因为赊销的时间越长，发生坏账的可能性就越大，收回账款的费用也会相应增加。

2.折扣期限

为了缩短客户的实际付款时间、加速资金的周转，同时减少坏账损失，企业通常可以给客户提供一个享受折扣的时间期限，这个期限称为折扣期限。

3.现金折扣

企业的客户在折扣期限内付款，则可以按销售货款的一定比率减少款项支付，该比率称为现金折扣。

信用条件的一般可以表示为“1/10，n/30”，即若客户在10天内付款，可以享受1%的现金折扣；若客户放弃现金折扣，则必须在30天内全额付款。此处的30天为信用期限，10天为折扣期限，2%为现金折扣百分比。然而，在实际工作中，也有很多企业不提供现金折扣，其信用条件的形式可以是“net 35”或“n/35”，表示客户必须在35天内全额付款，提前付款也没有任何折扣。

企业对现金折扣期限以及现金折扣优惠的核定，必须综合考虑信用期限及加速收款所得到的收益与付出的现金折扣。信用条件的选择与信用标准的选择相似，即先比较不同信用条件下的销售收入及相关成本，然后计算出各自的净收益，最后选择净收益最大的信用条件。

【例8-8】X公司采用赊销方式销售甲产品，甲产品的单位售价为20元，销售利润率为25%。目前X公司采用的信用条件为“n/45”，产品的年销售量为10万件，应收账款的平均收账期为45天，坏账损失率为2%。为了增加销售量，同时加速应收账款的回收，企业拟向客户提供的信用条件为“2/10，n/30”。估计采用这一新的信用条件后，销售量将增加20%，有60%的客户会在折扣期内付款，其余40%的客户会在信用期限内付款，坏账损失率将降至1%。另外，假设X公司的资金成本为20%，企业的生产能力和市场容量均可满足销售增长的需要。要求：为X公司确定适当的信用条件。

（1）目前信用条件下的相关指标计算

第一步，计算销售利润。

$P_0 = S_0 \times P' = 10 \times 20 \times 25\% = 50$(万元)

第二步，计算应收账款的机会成本。

$$I_0 = S_0 \times \frac{\overline{C_0}}{360} \times R_0 = 20 \times 10 \times \frac{45}{360} \times 20\% = 5(\text{万元})$$

第三步，计算应收账款的坏账成本。

$K_0 = S_0 \times \overline{B_0} = 20 \times 10 \times 2\% = 4$(万元)

第四步，计算现金折扣成本（用D_0表示）。

$D_0 = 0$

第五步，计算净收益。

$E_0 = P_0 - I_0 - K_0 - D_0 = 50 - 5 - 4 - 0 = 41$(万元)

（2）信用条件改变后的相关指标计算

第一步，计算销售利润。

$P_{变} = S_{变} \times P' = 10 \times 20 \times (1 + 20\%) \times 25\% = 60$(万元)

第二步，计算应收账款的机会成本。

$$I_{变} = S_{变} \times \frac{\overline{C_{变}}}{360} \times R_{变} = 20 \times 10 \times (1 + 20\%) \times (60\% \times \frac{10}{360} + 40\% \times \frac{30}{360}) \times 20\%$$
$$= 2.4(\text{万元})$$

第三步，计算应收账款的坏账成本。

$K_{变} = S_{变} \times \overline{B_{变}} = 20 \times 10 \times (1 + 20\%) \times 1\% = 2.4$(万元)

第四步，计算现金折扣成本（用D_0表示）。

$$D_{变} = S_{变} \times d_{变} = 20 \times 10 \times (1 + 20\%) \times 60\% \times 2\%$$
$$= 2.88(\text{万元})$$

第五步，计算净收益。

$$E_{变} = P_{变} - I_{变} - K_{变} - D_{变} = 60 - 2.4 - 2.4 - 2.88$$
$$= 52.32(\text{万元})$$

（3）比较决策

通过计算可知，新的信用条件使企业获得的净收益高于现有信用条件下的净收益，所以应采用新的信用条件。

（三）收账政策

收账政策是指当客户超过信用期限而仍未付款时，企业采取的收账措施。企业如果采取积极的收账政策，就会减少应收账款的坏账损失，但会增加收账成本；反之，如果收账不力，虽然可以减少收账费用，却会增加坏账损失。企业可以选择的收账方式主要有：

（1）定期向客户寄发账单；

（2）由训练有素的催款员用电话与客户联系；

（3）寄发纸质或电子催款邮件，说明客户拖欠货款的时间与金额，并要求付款；

（4）派员上门催款；

（5）对随后的发货采用预收货款方式；

（6）停止发货，直到客户还清大部分或全部货款为止；

（7）委托收账机构催收账款；

（8）向恶意拖欠的客户提起法律诉讼。

无论采取何种方式催收账款，都需要付出一定的代价，即产生收账费用。一般而言，收账费用支出越多，坏账损失就越少，但这两者并不一定存在线性关系，如图8-6所示。通常会出现的情况是：刚开始花费一些收账费用时，应收账款和坏账损失没有明显地减少；收账费用继续增加，应收账款和坏账损失将快速减少；收账费用达到某一限度后，应收账款和坏账损失的减少就不再明显了，这个限度称为饱和点（见图8-6中的点F）。在制定收账政策时，应权衡增加收账费用与减少应收账款机会成本和坏账损失之间的利弊。

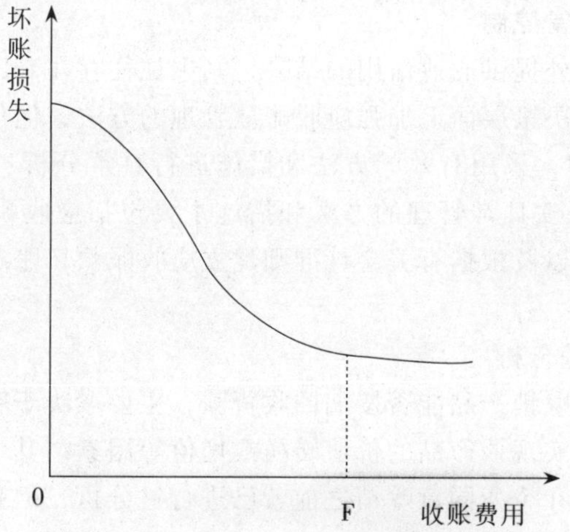

图8-6 收账费用与坏账损失间的关系图

【例8-9】假设X公司应收账款有两种收账政策可供选择，具体政策内容见表8-5。

表8-5 X公司收账政策备选方案表

项目	A方案	B方案
年收账费用	6万元	10万元
平均收账期	60天	30天
坏账损失率	3%	2%

X公司当年的赊销收入为480万元，收账政策对销售收入的影响忽略不计。该企业应

收账款的机会成本率为20%。现根据以上资料进行计算，见表8-6。

表8-6 **X公司收账政策分析评价表**

项目	A方案	B方案
应收账款平均余额	480×60÷360=80万元	480×30÷360=40万元
应收账款的机会成本	80×20%=16万元	40×20%=8万元
应收账款的坏账成本	480×3%=14.4万元	480×2%=9.6万元
年收账费用	6万元	10万元
收账总成本	116.4万元	67.6万元

计算结果表明，B方案收账政策的相关总成本低于A方案收账政策的相关总成本，因此，应该采用B方案的收账政策。

要制定最优的信用政策，应该将信用标准、信用条件和收账政策结合起来考虑，考察其综合变化对销售额、应收账款机会成本、坏账成本和收账成本的影响，决策的原则仍是赊销的总收益应大于因赊销带来的总成本。综合决策的计算相对复杂，计算中的几个变量都是预计的，有相当大的不确定性。因此，信用政策的制定不能只靠数量分析，在很大程度上还要凭管理者的经验来判断决策。

四、应收账款的日常控制

应收账款是企业对外提供商业信用的结果，其中往往存在着巨大的风险。前面介绍的信用政策的制定，是从决策层面上加强应收账款管理的方法，但仅此是不够的，还必须加强应收账款的日常管理，采用有效的方法和措施进行日常分析、控制，以便及时发现问题、解决问题。应收账款日常管理的方法和措施主要包括应收账款的追踪分析、账龄分析、收现保证率分析，以及根据有关会计准则建立应收账款坏账准备金制度、开展应收账款保理业务等。

（一）应收账款追踪分析

一般而言，向客户赊销产品能否按期回收货款，主要取决于客户的信用品质和财务状况，以及客户是否可以实现该产品的价值转换或增值等因素。其中，客户的信用品质和财务状况这两个因素尽管在企业同意赊销之前就已进行过分析，但是不能因此忽略对它们的关注。在赊销之后，企业仍然应进行追踪分析，因为这两个因素是有可能随时发生变化的。当发现客户的信用品质和财务状况发生变化的可能性时，企业应采取果断的措施，尽快地收回应收账款，哪怕只能暂时收回部分应收账款也应不遗余力。第三个因素对客户能否及时支付应收账款也具有重大的影响。如果客户可以实现该产品的价值转换，尤其是可以实现该产品的价值增值，那么客户就愿意及时付款——一方面是由于客户此时有付款的能力，另一方面是由于其希望建立良好的信誉，为以后的交易打下基础。从这个意义上说，应收账款问题并不仅仅是交易双方的问题，常常会涉及第三方。

在商品的流通过程中，有一个环节出了问题，就可能引发一系列的信用危机。所以，企业对应收账款的追踪分析应时刻关注客户及其交易关联方情况的变化，以便及时作出决策。当然，企业不可能也没有必要对全部的应收账款都进行追踪分析，而应该将主要精力集中于交易金额大、交易次数频繁或信用品质有疑问的客户。

（二）应收账款账龄分析

应收账款的账龄分析是指未收回的应收账款从其产生日起到目前为止的全部时间。企业已发生的应收账款的账龄有长有短，性质也有差异，有的尚处在信用期内，有的已逾期。企业进行应收账款账龄分析的重点对象是已逾期拖欠的应收账款。

一般而言，应收账款被拖欠的时间越长，催收的难度就越大，转化为坏账的可能性也就越高。美国邓白氏公司（Dun & Bradstreet）的一份调查数据显示，应收账款逾期的时间越长，追账的成功率就越低：当逾期一个月时，追账成功率为93.8%；当逾期半年时，追账的成功率急降至57.8%；而当逾期两年左右时，追账成功率只能达到13.5%。所以，开展应收账款账龄分析、将应收账款按账龄分类、密切关注应收账款的回收情况、适时地采取相应的对策和措施是加强应收账款日常管理的重要环节。

【例8-10】XY公司应收账款规模及账龄结构见表8-7。

表8-7 XY公司应收账款账龄分析表

应收账款账龄	金额（万元）	百分比（%）
信用期内	1 200	60
超过信用期1～20天	400	20
超过信用期21～40天	200	10
超过信用期41～60天	100	5
超过信用期61～100天	80	4
超过信用期100天以上	20	1
应收账款合计	2 000	100

通过账龄分析分析表，可以了解到XY公司的以下情况：

（1）尚在信用期内的应收账款额度。

XY公司有价值1 200万元的应收账款处在信用期内，占全部应收账款的60%。这些款项未到偿付期，欠款是正常的；但到期后能否收回，有待确定。故企业及时进行监督仍是必要的。

（2）超过信用期的欠款额度，不同逾期时间的应收账款比例，因拖欠时间太久而可能成为坏账的应收账款的额度。

XY公司有价值800万元的应收账款已超过了信用期，占全部应收账款的40%。不过，其中拖欠时间较短的（20天内）应收账款有400万元，占全部应收账款的20%，这部分应收账款收回的可能性很大；拖欠时间较长的（21～100天）应收账款有380万元，占应收账款的19%，这部分款项收回有一定难度；拖欠时间很长的（100天以上）应收账款有20万元，占全部应收账款的1%，这部分款项有可能成为坏账。对不同拖欠时间的款项，企业应采取不同的收账方法，制定经济可行的收账政策；对可能发生的坏账损失，则应提前做好准备，充分估计这一因素对企业损益的影响。

对企业应收账款的账龄进行分析以后，如果发现逾期的应收账款比重较大，首先应分析产生这种情况的原因，如果属于企业信用政策的问题，应立即进行信用政策的调整；其次，应具体分析拖欠客户的情况，分辨这些客户发生拖欠的原因；最后，针对不同的情况采取不同的收账方法，制定经济可行的收账政策。同时，对尚未逾期的应收账款也不应放松管理和账龄分析，防止发生新的逾期账款。

（三）应收账款收现保证率分析

应收账款收现保证率是指在一定会计期间内必须收现的应收账款占全部应收账款的比重。所谓必须收现的应收账款是指在一定会计期间内，为了保证企业正常的现金流转，特别是满足具有刚性约束的纳税及偿付不能展期的到期债务的需要，而必须通过应收账款收现来补充的现金，其数值等于当期必要现金支付总额与当期其他稳定可靠的现金流入总额之间的差额，即：

必须收现的应收账款=当期必要现金支付总额-当期其他稳定可靠的现金流入总额

应收账款收现保证率=必须收现的应收账款÷全部应收账款

其中，当期其他稳定可靠的现金流入总额是指除应收账款的收现以外，可以取得的其他稳定可靠的现金流入数额，主要包括短期有价证券变现净额、可动用的银行贷款指标等。

企业当期现金支付需要量与当期应收账款之间存在着密切的关系，企业应收账款的回收是企业现金的主要来源，但是应收账款的收现期往往不稳定，它与现金的需要时间也往往不一致。所以，必须确定一个应收账款收现的最低标准，以满足企业的现金需要。应收账款收现保证率的设置能较好地满足这种需要。

（四）建立应收账款坏账准备制度

只要有应收账款就有发生坏账的可能性。按照会计权责发生制和谨慎性原则的要求，必须对坏账发生的可能性预先进行估计，并计提相应的坏账准备金。坏账准备金的计提比例与应收账款的余额和账龄存在着密切的关系。应收账款坏账准备金的具体计提比例可以由企业根据自己的实际情况和以往的经验加以确定。

【例8-11】根据【例8-10】中的资料，XY公司已制定的应收账款坏账准备金提取比例见表8-8。

表8-8 **XY公司应收账款坏账准备金计提表**

应收账款账龄	金额（万元）	计提比例（%）	计提金额（万元）
信用期内	1 200	5	60
超过信用期1～20天	400	10	40
超过信用期21～40天	200	15	30
超过信用期41～60天	100	20	20
超过信用期61～100天	80	30	24
超过信用期100天以上	20	50	10
应收账款合计	2 000	—	184

（五）开展应收账款保理业务

应收账款保理业务是指企业把因赊销形成的应收账款有条件地转让给银行，银行为企业提供资金，并负责管理、催收应收账款和坏账担保等业务，企业可借此收回账款，加快资金周转。保理业务是一种集融资、结算、账务管理和风险担保于一体的综合性服务业务，对于销售企业而言，它能使供应企业免除管理应收账款的麻烦，提高应收账款的周转率。但保理业务在我国起步较晚，相关法律法规还不够健全，由此途径收回的应收账款的代价也较高，因此，目前此类业务的开展还不够普遍。

第五节 存货管理

存货指企业在生产经营过程中为生产或销售而储备的物资，包括在产品、半成品、产成品等。存货管理在整个投资决策中处于举足轻重的地位。这是因为存货是联系产品生产和销售的重要环节，存货控制或管理效率直接反映并决定着企业收益、风险、流动性的综合水平。对大多数企业而言，存货在营运资金中往往占有较大的比重，因此，它是企业营运资金管理的重要部分。

一、存货的功能和管理内容

（一）存货的功能

存货的功能是指存货在企业生存经营过程中的作用，具体有以下几个方面：

1.均衡生产经营

企业主要通过产品或商品的不断流转而获得利润。如果这种流转过程不顺畅、不连续，就会给企业造成经济损失。对于生产企业而言，如果原材料存货不足，必然会造成生产中断，停工待料；对于商业企业而言，如果商品库存不足，必然会失去销售良机；而对于生产或销售具有季节性的企业而言，持有一定数量的存货就有更加重要的意义。虽然随着自动化程度的提高，有些企业正在推行适时制，提出零库存管理的管理措施，但从目前的情况看，要真正做到这点并非易事。

2.降低存货成本

企业进行采购时，其进货的总成本与其采购物资的单位售价及采购的次数有密切的关系。许多企业为了鼓励客户购买其产品，往往给购货方提供较优厚的商业折扣，即当客户的采购量达到一定数量时，便可以在价格上享受相应的折扣。所以，企业往往会考虑以适当增加库存为代价来大批量地集中进货，以降低单位商品的买价。同时，由于采购总量一定，当采购批量较大时，采购次数就会减少，从而还可以降低采购费用。

3.保证销售顺畅

企业的产品一般是成批生产、成批销售的，对于客户而言，也有一个经济采购批量的问题。所以，企业保持一定的产成品库存是有利于销售的。否则，当碰到客户的大订单时，就可能丧失商机。进行存货管理，就是要尽力在各种存货成本与存货效益之间作出权衡，达到两者的最佳组合。

4.防止意外损失

企业留有各种存货的保险储备，可以防止意外事件造成的损失。在采购、运输、生产和销售过程中，都可能发生意外事故，保持必要的存货保险储备，可避免或减少损失。

(二) 存货管理

存货管理的内容主要包括：

1. 合理确定存货的经济批量，降低相关成本。

2. 明确存货管理目标，加强存货的保险储备和再订货点控制。

3. 加强存货的日常控制与监督，充分发挥存货的作用。

二、存货的成本

存货是企业必不可少的短期资产，但存货并非持有越多越好，因为储备存货是有代价的。存货发生的成本、费用主要包括订货成本、采购成本、储存成本和缺货成本。

(一) 订货成本

订货成本是指企业在组织货源过程中支付的费用，一般包括采购部门的日常经营费用(如采购人员的工资、入库搬运费和水电费等支出）和专门为订购存货发生的业务费用(如差旅费、邮电费等支出)。订货成本中有些是固定的，有些会随着订货次数的变化而变化，即订货次数越多，其订货成本越高。

(二) 采购成本

采购成本，也称购买成本，是指存货本身的价值，包括企业在存货采购过程中付出的代价，如存货的运费、保险费、途中合理损耗等。采购成本的多少取决于企业在一定时期内需要的存货数量和单价。在单价不随订购数量变动时，年采购成本在各种存货持有水平下是一致的。此时，采购成本的多少与存货持有水平无关。

(三) 储存成本

储存成本是企业为持有存货而发生的费用，包括存货资金占用费或机会成本、仓储费用、保险费用、存货残损霉变损失等。储存成本中有些是固定的，与存货水平高低无关，即固定性储存成本；有些则与存货持有水平有关，并随着存储时间的变化而变化，即变动性储存成本。

(四) 缺货成本

缺货成本是因存货供应中断而给企业造成的损失，包括由于材料供应中断造成的停工损失、复工时的生产准备费用、成品供应中断导致延误发货的信誉损失及丧失销售机会的损失等。如果企业为完成订单任务，而不得不采取紧急采购来获取原材料，超过正常采购支出的部分也是一种损失。

缺货成本能否作为决策的相关成本，应视企业是否允许出现存货短缺的情形而定。若允许缺货，则缺货成本与存货数量反向相关，即属于决策相关成本；反之，若企业不允许发生缺货情形，则此时缺货成本为零，也就无须加以考虑。

三、经济订货批量决策

存货的经济订货批量是指能够使企业一定时期内存货的总成本最低的存货每批采购数量。存货的订货成本、采购成本、储存成本和缺货成本中，有固定性成本，也有变动性成本。固定性成本不受每批采购数量的多少影响，因此，只有变动性成本才是与经济订货批量决策有关的成本。与经济订货批量决策相关的成本主要包括：变动性订货成本、变动性采购成本、变动性储存成本以及允许缺货时的缺货成本。以下针对基本经济订货批量模型、订货提前期，以及存货陆续供应和使用三种情况进行介绍。

（一）基本经济订货批量模型

基本经济订货批量模型是基于以下这些假设条件建立的：(1) 存货的提前期为零；(2) 每批订货一次到货；(3) 供应周期内陆续均衡的耗用；(4) 存货单位采购成本不变；(5) 不允许缺货，即不存在缺货成本；(6) 存货总需要量能准确地预测；(7) 企业现金充足，不会因现金短缺而影响进货。

一方面，不存在缺货成本；另一方面，由于存货的单位采购成本不变，也就是不管存货采购多少都没有折扣，所以采购成本也可以不考虑。这样，在影响存货的四项成本中，只需要考虑订货成本和储存成本。因此，经济订货批量是指一定时期内订货成本和储存成本总和最低的每批存货采购数量。

从基本经济订货批量模型假设可知，订货成本和储存成本的高低决定着经济订货批量的多少，而储存成本和订货成本与订货量之间具有相反的变动关系。订货批量越大，企业储存的存货就越多，使存货储存成本上升；与此同时，由于订货次数减少，总订货成本会降低。反之，降低订货批量能够降低储存成本，但由于订货次数的增加，订货成本会上升。图8-7说明了存货成本与订货量之间的关系。可见，随着订货批量的变化，存货的总成本也在发生变化，当订货成本等于储存成本的时候，存货总成本达到最低，此时的订货批量也就是经济订货批量。

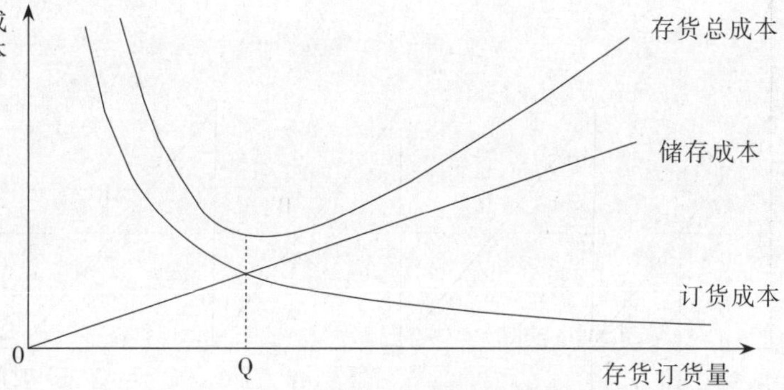

图8-7 存货成本与订货量之间的关系

假定，Q表示每批订货量（经济批量），A表示该存货全年需要量，F表示每批订货成本，C表示每单位存货年储存成本，TC表示每年与决策相关的存货总成本，N表示进货次数，则：

$$TC = \frac{Q}{2} \times C + \frac{A}{Q} \times F$$

使存货决策总成本TC最小的订货批量为经济订货批量，求T对Q的倒数，可以得到经济订货批量的计算公式：

$$Q = \sqrt{\frac{2AF}{C}}$$

存货决策总成本的计算公式为：

$TC = \sqrt{2AFC}$

每年最佳订货次数的计算公式为：

$N = \frac{A}{Q}$

【例8-12】某企业每年耗用甲材料3 600千克，该材料单位采购成本为10元，单位年储存成本为2元，每次订货费用为25元。要求：确定其经济订货批量、经济订货批量下的总成本和年最佳订货次数。

经济订货批量为：$Q = \sqrt{\frac{2AF}{C}} = \sqrt{\frac{2 \times 3\,600 \times 25}{2}} = 300$(千克)

存货总成本为：$TC = \sqrt{2AFC} = \sqrt{2 \times 3\,600 \times 25 \times 2} = 600$(元)

每年最佳订货次数为：$N = \frac{A}{Q} = \frac{3\,600}{300} = 12$(次)

以上计算表明，当进货批量为300千克时，进货成本与储存成本总额最低，此时，每次采购300千克的量，即为经济批量。

(二) 订货提前期

一般情况下，企业的存货不能做到随时补充，因此不能等到存货用完再去订货，而应在没有用完时提前订货。订货需要有提前期，即从发出订单到货物入库验收完毕为止的时间。在提前订货的情况下，企业再次发出订货单时，尚有存货的库存量，这个量称为再订货点，用R表示，它等于交货时间L和每日存货平均需要量d的乘积。再订货点如图8-8所示。

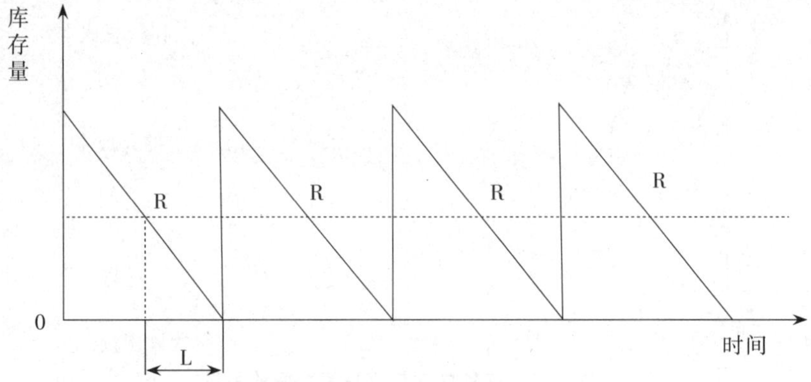

图8-8 再订货点示意图

再订货点的计算公式为：

$R = L \cdot d$

【例8-13】某公司每天正常耗用甲材料20件，企业从订货至到货的时间一般为10天，则再订货点为：

$R = L \cdot d = 20 \times 10 = 200$(件)

即企业在尚存200件存货时，就应再次订货，等到下批订货到达时（再次发出订货单10天后），原有库存刚好用完。此时，每次订货批量、订货次数、订货间隔时间等并无变化，仍然可以按照原经济订货批量进行采购。

（三）存货陆续供应和使用

在建立基本模型时，假设存货一次全部入库，故存货增加时存量变化为一条垂直的直线。事实上，各批存货可能陆续入库，使存量陆续增加，尤其是产成品入库和在产品的转移，几乎总是陆续供应和陆续耗用的。在这种情况下，需要对基本模型做一些修改。

假设每批订货量为Q，由于每日送货量为P，故该批存货全部送到所需日数为Q/P，称为送货期。假定零件每日耗用量为d，送货期内的全部耗用量为$\frac{Q}{P}\cdot d$。由于存货边进库边消耗，所以当每批存货送达时，存在如下库存量：

最高库存量为：

$$Q-\frac{Q}{P}\cdot d$$

最低库存量为：

$$(Q-\frac{Q}{P}\cdot d)\cdot\frac{1}{2}=\frac{Q}{2}\cdot(1-\frac{d}{P})$$

与批量有关的存货决策总成本为：

$$TC=\frac{A}{Q}\cdot F+\frac{Q}{2}\cdot(1-\frac{d}{P})\cdot C$$

当订货变动成本与储存变动成本相等时，TC为最小值，故存货陆续供应和使用的经济订货批量公式为：

$$Q=\sqrt{\frac{2AF}{C}\cdot(\frac{P}{P-d})}$$

将这一公式代入上述存货决策总成本公式，可得出存货陆续供应和使用的经济订货批量总成本公式：

$$TC=\sqrt{2AFC\cdot(1-\frac{d}{P})}$$

四、存货的日常控制管理

存货控制是指在日常生产经营过程中，按照存货计划的要求，对存货的使用和周转情况进行组织、调节和监督。

（一）存货的归口分级控制

存货的归口分级控制是加强存货日常管理的一种重要方法。其包括如下三项内容：

1.在企业管理层领导下，财务部门对存货资金实行统一管理

企业必须加强对存货资金的集中、统一管理，促进供、产、销互相协调，实行资金上的综合平衡，加快资金周转的速度。财务部门的统一管理主要包括如下几个方面的工作：

（1）根据国家财务制度和企业的具体情况，制定企业资金管理的各种制度。

（2）认真测算各种资金的占用数额，汇总编制存货资金计划。

（3）把有关计划指标进行分解，落实到有关单位和个人。

（4）对各单位的资金使用情况进行检查和分析，统一考核资金的使用情况。

2.实行资金的归口管理

根据使用资金和管理资金相结合、物资管理和资金管理相结合的原则，每项资金由哪个部门使用，就归哪个部门管理。各项资金归口管理的分工为：

（1）原材料、燃料、包装物等资金归供应部门管理。

（2）在产品和自制半成品占用的资金归生产部门管理。

（3）产成品资金归销售部门管理。

（4）工具用具占用的资金归工具部门管理。

（5）修理用备件占用的资金归设备动力部门管理。

3.实行资金分级管理

各归口的管理部门要根据具体情况将资金计划指标进行分解，分配给所属单位和个人，层层落实，实行分级管理。具体分解过程为：

（1）原材料资金计划指标可分配给供应计划、材料采购、仓库保管、整理准备等各业务组管理。

（2）在产品资金计划指标可分配给各车间、半成品库管理。

（3）成品资金计划指标可分配给销售、仓库保管、成品发运等各业务组管理。

（二）ABC分类控制法

ABC分类控制法又称巴雷托分析法或重点管理法。它是根据存货有关方面的特征，对其进行分类、排队，分清重点和一般，以有区别地实施管理的一种方法。ABC分类控制法由意大利数理经济学家、社会学家维尔雷多·巴雷托首创。1951年，管理学家戴克将其应用于库存管理，定名为ABC分类控制法。ABC分类控制法的基本原理可概括为"区别主次、分类管理"。它是将企业的各种存货按重要性程度分为A、B、C三类（或更多）区别对待，分别实行按品种重点管理、按类别一般控制和按总额灵活掌握的方法进行控制。其关键在于区分重要的少数存货和次要的多数存货。

ABC分类控制法的基本步骤是：

1.编制品种序列表

品种序列表是按存货金额或耗用额的大小从大到小排列存货的表格。由于存货品种很多，逐一排列可能非常麻烦，因此也可以将存货按照存货金额进行适当分层后，再按照金额大小从大到小进行排列。

【例8-14】HY公司存货分层后编制品种序列表，见表8-9。

表8-9 HY公司存货品种序列表

分层范围	品种数量	品种比例	金额（万元）	金额比例
10万元以上	15	3%	470	47%
5万～10万元	25	5%	180	18%
1万～5万元	80	16%	220	22%
0.5万～1万元	100	20%	80	8%
0.1万～0.5万元	150	30%	40	4%
0.1万元及以下	130	26%	10	1%
合计	500	100%	1 000	100%

2.划分A、B、C三类

对存货进行分类的标准有两个：金额标准和数量标准。其中，金额标准是主要的，数量标准作为参考。

A类存货的特点是金额巨大，但品种数量较少；B类存货的特点是金额一般，但品种数量相对较多；C类存货的特点是金额较少，但品种数量繁多。一般而言，A、B、C三类存货的金额比例大致为7∶2∶1，品种数量比例大致为1∶2∶7。

在品种序列表中自上而下依次找出A、B、C三类物资，其划分标准见表8-10。

表8-10 ABC类控制法的分类标准

类别	品种比例	金额比例
A	5%～10%	70%～75%
B	10%～20%	10%～20%
C	70%～75%	5%～10%

【例8-14】中HY公司把存货金额在5万元以上的存货作为A类存货，则品种比例为8%，金额比例为65%，基本上符合A类存货的特征，故将其作为A类存货；然后再向下找B类存货，如果把金额在1万～5万元之间的存货作为B类存货，则品种比例为16%，金额比例为22%，基本上符合B类存货的特征，故将存货额在1万～5万元之间的存货作为B类存货；其余的存货即为C类存货。HY公司的ABC分类表见表8-11。

表8-11 HY公司A、B、C三类存货划分表

类别	品 种	品种比例	金额比例
A	金额在5万元以上的存货	8%	65%
B	金额在1万～5万元之间的存货	16%	22%
C	金额在1万元以下的存货	76%	13%

3.确定管理标准

A类存货应作为管理的重点：在订货批量上应严格按照经济订货量组织订货；在核算上要按品种作金额和数量记录；在检查上要经常检查其库存数量，根据再订货点及时组织订货。

C类存货采取宽松的管理：无须逐项计算其经济订货量和再订货点，可增大每次订货量，减少订货次数，因为此类存货即使存货量多一些，对保持存货的成本影响也不大；在核算上可以按大类作金额记录；在检查上可以采取定期检查方式。

对于B类存货可以一般对待，有的可以宽松一些，有的可以严格一些。

【学习要点研讨】

1. 简要说明营运资金的概念、特点和管理原则。
2. 介绍资产组合的含义、策略类型及不同策略的影响。
3. 企业持有现金的动机有哪些？企业现金管理的内容又包括哪些？
4. 企业进行日常现金控制的方法有哪些？
5. 企业持有短期金融资产的管理原则是什么？其投资策略有哪些选择？
6. 简要介绍应收账款的功能、成本和管理目标。
7. 说明企业应收账款政策的内容及其决策的方法。
8. 介绍企业应收账款的日常控制方法。
9. 说明存货的功能、成本和管理目标，以及存货日常控制的基本内容。
10. 简述经济订货批量的确定方法。

【学思践悟拓展】

航天环宇的应收账款隐患

2023年6月1日，湖南航天环宇通信科技股份有限公司（以下简称航天环宇）披露了“首次公开发行股票科创板上市公告书”，称公司股票将于2023年6月2日在上海证券交易所科创板上市。

航天环宇主营业务为航空航天领域的宇航产品、航空航天工艺装备、航空产品和卫星通信及测控测试设备的研发和制造，主要为航空航天领域科研院所和总体单位的科研生产任务提供技术解决方案和产品制造的配套服务。从招股说明书来看，航天环宇是一家质地良好的企业，但由于业务性质和经营模式的限制，公司的弱点也非常明显。

在成长性方面，2020—2022年度航天环宇分别实现营业收入2.66亿元、3.06亿元和4.01亿元；营业收入分别实现同比增长31.38%、15.20%和31.22%。收入规模增长速度非常快，虽然增速波动较大，但成长性良好。在盈利能力方面，航天环宇2020—2022年度毛利率分别为69.92%、63.28%和59.91%。由于公司属于研制类企业，主要通过项目制开展任务承接、产品研制与销售活动，具有高度定制化特点，因此附加值很高，导致整体毛利率很高。

2020—2022年度，航天环宇毛利率虽然总体呈下降趋势，但主要原因是产品结构中附加值较低的生产制造部分占比有所上升、附加值较高的技术开发与服务部分占比有所下降，以及增加了新员工导致生产效率下降等。其产品竞争力并没有出现明显下降的迹象。2020—2022年度，航天环宇销售净利率分别为33.64%、27.76%和31.95%。与毛利率相比，其销售净利率波动较小，主要是2022年度期间费用占比下降所致。其加权平均净资产收益率表现也很优秀，2020—2022年度分别达到了17.44%、14.85%和18.81%。

航天环宇良好的盈利能力很大程度上取决于公司的业务性质和经营模式。由于公司主要为客户的科研生产任务提供技术解决方案和产品制造的配套服务，产品或服务具有高度定制化的特征，研发和技术服务在产品中占比较高，因此附加值很高。但航天环宇的业务性质和经营模式是把双刃剑，既带来了良好的盈利能力，也造成了公司很多先天性的不足。

航天环宇具有明显的研制类企业特点，无法像生产标准规格产品的企业那样，事先将产品生产出来再进行销售；同时，其对下游客户的议价能力极弱。因此，其业务主要取决于客户的特定需求，形成了“全年分批交付，客户一次性出具验收单”“上半年承接订单，下半年交付验收，四季度取得验收单”的业务模式，“先发货后签合同”的情形较为普遍。部分产品签订的合同为暂定价结算合同，根据我国军品相关价格管理办法，需军方审价后才能确定最终价格，若军方审价周期较长，最终价格迟迟不能确定，公司将无法及时收回全部销售款项，导致应收账款余额非常大。

2020—2022年，航天环宇应收票据和应收账款余额分别为1.84亿元、2.03亿元和2.98亿元，占总资产比重分别为21.88%、20.20%、23.30%。也就是说，航天环宇总资产中大约五分之一被应收账款占用。若客户信用状况发生重大不利变化，导致公司的应收账款无法收回，将对公司产生重大不利影响。

伴随着业务规模的不断扩大，航天环宇应收账款的规模也将不断增长，占用的流动资金也会越来越多。另外，在先发货、后签合同的情况下，由于公司已交付的产品或服务系高度定制化，无法进行第二次销售，可能导致公司在价格谈判中处于不利地位，从而导致公司有不能获得预期收益的风险。

资料来源：阿拉丁说财报．应收账款高企！客户高度集中！航天环宇成功上市后存在两大隐患！［EB/OL］．［2023-06-01］．https://baijiahao.baidu.com/s?id=1767488426441340549&wfr=spider&for=pc.

启发与拓展

（1）结合案例说明应收账款过高有何隐患，并探讨应收账款管理的重要意义。

（2）航天环宇的应收账款管理该如何改进？

第九章　短期筹资

【学习目标】

•理解短期筹资的概念、特征与分类。

•理解筹资组合的概念及组合的策略。

•理解信用筹资的特征与筹资优缺点，掌握其资金成本的计算。

•了解短期借款筹资的种类、程序及其决策因素，掌握短期借款筹资的优缺点。

•了解短期融资券的概念、特点及其发展历程，熟悉短期融资券的种类，掌握短期融资券筹资的优缺点。

【专业知识导引】

中交地产的短期借款危机

从2022年3月16日创下阶段性低点至发布年报的4月15日为止的21个交易日中，中交地产的股价有12个交易日涨停，有7个交易日连续涨停。其市值从不足50亿元直逼170亿元，将不少上市的千亿房企轻松甩在身后。

然而，中交地产关联方部分借款已经展期，短期借款又远超在手现金，踏错拿地节奏使得公司负债高企。原本踩了“两道红线”的中交地产在2021年年报发布后，“三道红线”全部超标。在公司借款中，来自控股股东的逾35亿元借款已经展期，且大股东还继续增加数十亿借款。2021年年末，公司净负债率为217.68%，剔除预收款后的负债率为82.04%，现金短债比为0.65，而在2020年年底和2021年上半年末，公司尚能保持现金短债比不超标，如今却全部超限。

不仅如此，2021年中交地产经营活动产生的现金流量净额为-44.52亿元，连续3年为负。2020—2021年，中交地产签约销售分别为533亿元和560亿元，同期拿地的土地总价为535.8亿元和388.02亿元，2020年拿地销售比超过100%，2021年也接近70%。这意味着如果继续之前的政策，中交地产的融资将进一步受到限制。

2020年年末，中交地产的2年以上借款已接近300亿元，占比超过65%；2021年年末，其2年以内的借款占比超过了60%，规模接近400亿元。这对于以长期资金需求为主的房地产企业而言并不是个好现象。短期借款越来越多，借款成本同样如此，高成本借款涨幅尤甚。

资料来源：杨现华．中交地产：危险的短债［J］．证券市场周刊，2022（16）：36-38.

思考：通过收集资料，了解“三道红线”政策，并思考作为新时代的会计工作者，应该如何了解和学习最新政策？企业的短期负债风险有何影响？

第一节 筹资组合政策

企业除了有长期资金需求外，还需要流动资金，流动资金主要是通过各种形式的短期筹资来满足。

一、短期筹资的特征和分类

短期筹资是指筹集在一年内或者超过一年的一个营业周期内到期的资金，通常是指短期负债筹资，即流动负债筹资。

（一）短期筹资的特征

短期筹资通常具有如下特征：

1.筹资速度快

由于短期筹资的期限较短，债权人承担的风险相对较小，往往顾虑较少，不需要像长期筹资一样对筹资方进行全面、复杂的财务调查，因此短期资金更容易较快地筹集到。

2.筹资弹性大

在筹集长期资金时，资金提供者出于资金安全方面的考虑通常会向筹资方提出较多的限制性条款或相关约束条件；短期筹资的相关限制和约束相对较少，而且不同期限的筹资更加便捷，使得筹资方在资金的使用和配置上更加灵活、富有弹性。

3.筹资成本低

当筹资期限较短时，债权人所承担的利率风险相对较小，因此向筹资方索取的报酬，即债务人的资金使用成本也相对较低。

4.筹资风险高

短期筹资通常需要在短期内偿还，因而要求筹资方在短期内拿出足够的资金偿还债务，这对筹资方的资金营运和配置提出了较高的要求，如果筹资企业的资金到期时不能及时偿还，就有陷入资金链断裂危机的可能。此外，短期负债利率通常波动较大，无法在较长时期内将筹资成本锁定在某个较低的水平，有可能高于长期负债的利率水平。因此，短期筹资的风险较高。

（二）短期筹资的分类

按不同标准可将短期筹资分为不同类型，其最常见的分类方式有以下几种：

1.按应付金额是否确定分类

应付金额确定的短期负债，是指根据合同或法律规定，到期必须偿还，并且在事先（借入时或偿还前）可以确定金额的短期负债，如短期借款、应付票据、应付账款等。

应付金额不确定的短期负债，是指根据公司生产经营状况到一定时期才能确定的短期负债，或应付金额需要估计的短期负债，如应交所得税、应付股利等。这种负债往往事先很难精准地确定偿还金额。

2.按短期负债形成情况分类

自然性短期负债，又称自发性短期负债，是指企业在生产经营过程中不需要正式安排，由于结算程序等原因而自然形成一部分款项的支付时间晚于形成时间的流动负债，如应付账款、应付票据、应付职工薪酬等。

临时性短期负债，又称人为性短期负债，是指财务人员根据企业生产经营的需求作出真实安排才能获得的流动负债，如短期借款、短期融资券等。

二、影响企业筹资组合政策的因素

在确定资产组合的前提下，如何配置相关的资金，是营运资金管理的一项重要内容。筹资组合政策是指企业在筹资决策中，筹集资金的期限结构应该适应其资产的寿命周期，将不同寿命期限的资产分别用短期资金筹集方式和长期资金筹集方式予以满足的策略。影响企业筹资组合政策的因素主要有风险与成本、企业所处的行业、企业的规模和市场利率水平等。

（一）风险和成本

一般而言，长期资金的利率高，相应的资金成本高，由于资金到期时间较长（如权益资金无须归还），其财务风险相对较低；短期资金的利率低，其资金成本较低，但资金到期时间短，财务风险相对较高。因此，筹资组合实质上是对风险与成本之间的权衡。

（二）企业所处的行业

企业所处的行业不同，生产经营的性质和范围不同，其资产的期限构成也有着较大的差异。因此，企业在进行筹资组合决策时，要考虑本行业应用临时性短期负债和自然性短期负债的不同水平。例如，商品流通企业的自然性短期负债较多，临时性短期负债较少；而制造企业虽然也有较多的自然性短期负债，但当其处于产销旺季或者取得追加订单时，将使用更多的临时性短期负债。

（三）企业的规模

企业资产规模不同也会影响其筹资组合政策。一般而言，企业的规模越大，对短期资金的需求就越少，而且管理比较规范，能够更多地使用自然性短期负债和长期筹资，较少地利用风险较高的临时性短期负债。相比之下，小规模企业的管理水平较低，可能在采购过程中较难利用商业信用筹资，使得其自然性短期负债较少，在产销高峰时需要更多地利用临时性短期负债。

（四）市场利率差异

企业的筹资组合政策选择要考虑市场利率差异的大小，具体而言是要考察长期资金利率水平与短期资金利率水平的差距：当两者之间差距较大时，尽可能地选择短期资金，此时可能会提高企业的经营风险，但只要加强资金合理调度、提高管理水平，是可以降低风险的；如果两者之间差距不大，则可以适当增加长期资金，当然，还要提高资产的利用效率，以降低总体成本。

三、筹资组合政策的类型

企业的筹资组合也就是对临时性短期资产、永久性短期资产和长期资产的来源进行管理，通常有配合型筹资政策、激进型筹资政策和稳健型筹资政策可供公司选择。

（一）配合型筹资政策

配合型筹资政策是将临时性短期资产所需资金用临时性短期负债来筹集，将永久性短期资产和长期资产所需资金用自然性短期负债和长期筹资来满足，如图9–1所示。

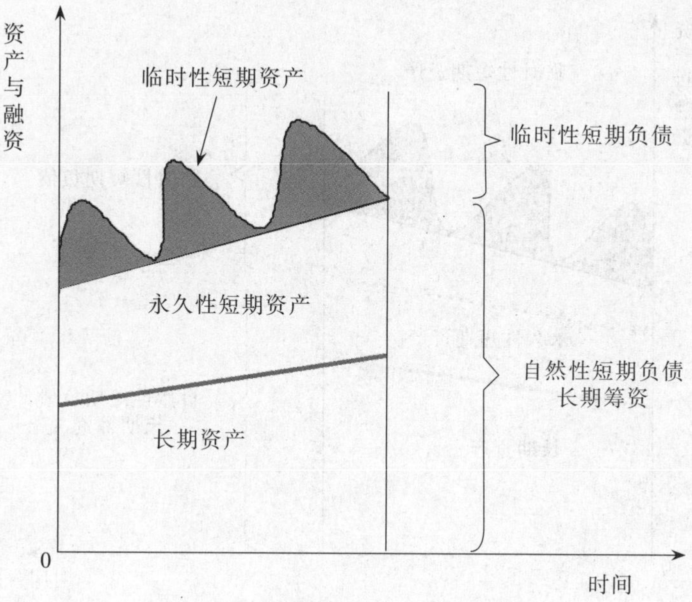

图 9-1 配合型筹资组合示意图

在配合型筹资政策下，公司将资产和资金来源在期限和数额上相匹配，以降低公司不能偿还到期债务的风险，同时，采用较多的短期负债筹资也可以降低公司的资金成本。

配合型筹资政策可用以下关系式表示资产和筹资之间的关系：

临时性短期资产=临时性短期负债

永久性短期资产+长期资产=自然性短期负债+长期筹资

在配合型筹资政策下，只要公司短期筹资计划严密，实现现金流动与预期安排一致，则在经营不力时，公司仅有自然性短期负债，没有其他短期负债；而在经营较好时，公司才筹措临时性短期负债。但是，公司在经营活动中，由于现金流动和各类资产使用寿命的不确定性，往往做不到资产与负债的完全配合，一旦公司的销售和经营下滑，未能取得预期的现金收入，便会发生难以偿还临时性负债的情况。因此，配合型筹资政策是一种理想的筹资模式，在实际财务管理工作中较难实现。

（二）激进型筹资政策

在激进型筹资政策下，临时性短期负债不但要满足临时性短期资产的需要，还要满足一部分永久性短期资产的需要，最为激进的措施是将全部短期资产都用临时性短期负债来筹集，如图 9-2 所示。

激进型筹资政策可用以下关系式表示资产和筹资之间的关系：

临时性短期资产+部分永久性短期资产=临时性短期负债

剩余部分永久性短期资产+长期资产=自然性短期负债+长期筹资

由于临时性短期负债的资金成本相对于长期筹资的长期债务和股权资本而言一般较低，而激进型筹资政策中临时性短期负债占较大比重，使得公司的资金成本低于配合型筹资政策。但公司为了满足永久性短期资产对长期且稳定的资金的需要，必然要在临时性短期负债到期后借入新债或申请债务展期，不断地举债和还债，提升了公司的财务风险水平。因此，激进型筹资政策是一种报酬多、风险大的筹资组合。

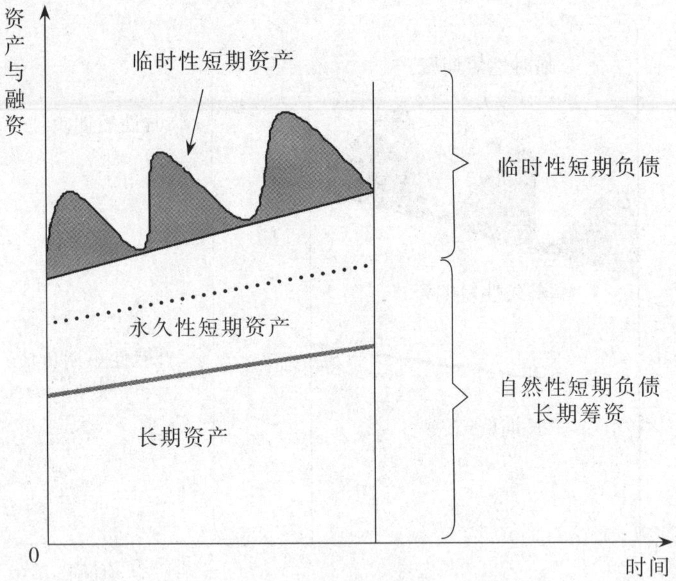

图 9-2 激进型筹资组合示意图

（三）稳健型筹资政策

稳健型筹资政策是指临时性短期负债只满足部分临时性短期资产的需要，其他短期资产和长期资产用自然性短期负债、长期筹资来满足，如图 9-3 所示。

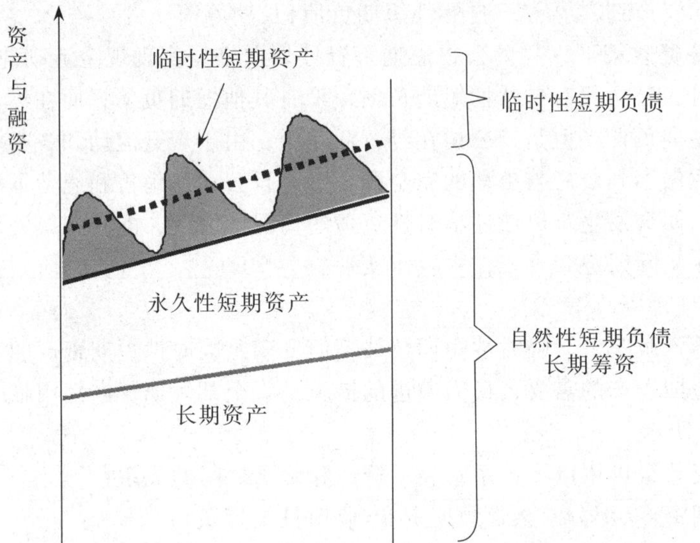

图 9-3 稳健型筹资组合示意图

稳健型筹资政策可用以下关系式表示资产和筹资之间的关系：

部分临时性短期资产=临时性短期负债

剩余部分临时性短期资产+永久性短期资产+长期资产=自然性短期负债+长期筹资

在稳健型筹资政策下，临时性短期负债在公司的全部资金来源中所占比例较小，公司保留较多的营运资金，可减少无法偿还到期债务的风险，蒙受短期利率变动损失的风险也比较小。但降低风险水平的同时也降低了公司的报酬率，因为长期筹资的长期负债和股权资本在公司的资金来源中占有较大的比重，并且长期筹资的资金成本高于临时性短期负债的资金成本，在生产经营淡季，公司仍要负担长期债务的利息成本。即使将过剩的长期资金投资于短期有价证券，其投资收益一般也会低于长期负债的利息。因此，稳健型筹资政策是一种风险小、报酬也较少的筹资政策。

四、资产组合政策与筹资组合政策的配合

资产组合的三种政策与筹资组合的三种政策之间存在着紧密的联系，相互协调配合。当公司采用某种资产组合政策时，要选择与之相适应的筹资组合，形成一个完整的资金运转体系，如图9-4所示。

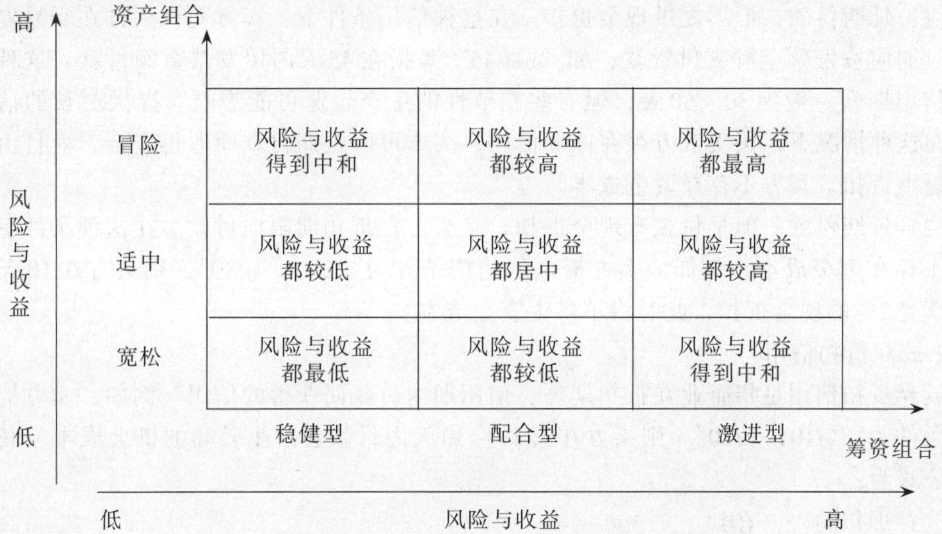

图9-4 资产组合政策和筹资组合政策的配合效应

一般而言，如果公司对营运资金的使用游刃有余，则有利的筹资组合就是收益和风险相匹配的配合型筹资组合。

第二节 商业信用筹资

商业信用是指商品交易过程中以延期付款或预收货款进行购销活动而形成的企业之间的自然借贷关系。在商品交易中，由于货币与商品在时间和空间上的分离而形成的企业之间的直接信用行为，属于自然融资。当今商品经济高度发达，竞争日趋激烈，商业信用得到了广泛的发展，成为企业普遍运用的筹资手段。商业信用主要有赊购商品和预收货款两种形式。

一、赊购商品

赊购商品是一种最典型、最常见的商业信用形式。在此种形式下，买卖双方发生商品交易，买方收到商品后不立即支付现金，可延迟到一定时期以后付款。赊购商品根据交易时是否签发商业票据，可分为应付账款和应付票据两种具体形式。

（一）应付账款

应付账款是指在采购商品物资时先收到商品物资，货款延期到双方约定的时间支付。卖方为了尽快收回货款，往往在交易时规定信用条件，即信用期限、现金折扣及折扣期限，如“2/10，n/30”。应付账款信用按信用条件可分为无成本信用、放弃折扣信用和展期信用。

1.无成本信用

无成本信用，是指企业在以下两种条件下享受没有资金成本的商业信用：

（1）延期付款，但不提供现金折扣。在这种信用条件下，卖方允许买方在交易发生后一定时期内按发票金额支付货款，如“net 45”是指在45天内按发票金额付款。这种条件下的信用期间一般为30~60天，但有些季节性的生产企业可能为顾客提供更长的信用期间。在这种情况下，买卖双方存在商业信用，买方可因延期付款而取得资金，而且由于卖方未提供折扣，买方不存在资金成本。

（2）延期付款，但早付款有现金折扣，且买方在折扣期限内付款。在这种条件下，买方也不存在资金成本。例如，卖方提供的信用条件为“2/10，n/30”，则买方在10天内付款将享受2%的现金折扣，此时将不产生资金成本。

2.放弃折扣信用

放弃折扣信用是指企业在折扣期外、信用期内付款而获得的信用。例如，卖方提供的信用条件为“2/10，n/30”，则买方在第11~30天内付款会产生较高的机会成本。其成本计算公式为：

$$\text{放弃折扣的资金成本率}=\frac{CD}{1-CD}\times\frac{360}{C-D}$$

式中，CD表示现金折扣的百分比，C表示信用期限的天数，D表示折扣期限的天数。

【例9-1】Z公司按“2/10，n/30”的条件购进了一批商品，假定商品价款为1 000万元。要求：计算不同情况下Z公司所承受的商业信用成本。

如果公司在10天内付款，便可享受10天的免费信用期间，并获得2%的现金折扣，免费信用额为980万元（1 000−1 000×2%）。

如果公司在10天后、30天内付款，则将承受因放弃现金折扣而造成的机会成本，计算如下：

$$\text{放弃折扣的资金成本率}=\frac{CD}{1-CD}\times\frac{360}{N}=\frac{2\%}{1-2\%}\times\frac{360}{30-10}=36.73\%$$

可见，公司放弃现金折扣的机会成本是较高的。如果公司不能在放弃现金折扣的信用期间内获得高于这一成本率的报酬率，那么放弃现金折扣是不理性的选择，即公司应该选择在10天内付款。

3.展期信用

展期信用是企业在规定的信用期满后推迟付款强制取得的信用。然而，在卖方提供现金折扣的条件下，仍然会存在与放弃现金折扣相同的机会成本。而且，该方式常常会损害企业的商业信誉，给日后交易带来不利影响。

（二）应付票据

应付票据是企业在采购商品物资时以商业汇票作为结算手段而推迟付款所获得的一种商业信用。商业汇票是交易双方根据购销合同的规定在进行延期付款的商品交易时，由出票人开出的反映购销双方债权债务关系的票据。商业汇票开出之后，须由承兑人承兑，并交给持票人；当票据到期时，付款人应无条件支付票款本息。根据承兑人的不同，商业汇票可分为商业承兑汇票和银行承兑汇票两种。

对于购货企业而言，应付票据是一种短期筹资方式。这种筹资方式是由商品交易而产生的，具有方便、灵活的特点。但是，利用商业汇票所筹资金的使用期限普遍较短，如我国有关法律规定，商业汇票的付款期限由交易双方商定，但最长不得超过6个月。商业汇票可以是无息票据，也可以是带息票据。在采用无息商业汇票时，购货企业等于得到一笔无息贷款，不需承担资金成本。与应付账款相比，商业汇票相当于付款人给收款人出具的一份书面承诺，因此，其信用会更好一些。如果付款人在汇票到期时未能支付票款，对其信誉会产生严重的损害。

二、预收货款

预收货款是指卖方按合同或协议的规定，在交付商品之前向买方预收部分或全部货款的信用方式。通常，买方对于紧俏商品乐意采用这种结算方式办理货款结算；对于生产周期长、售价高的商品，生产者（卖方）也经常要向订货方（买方）分次预收货款，以缓和企业经营收支不平的矛盾。

此外，企业在生产经营活动中往往会形成一些应付费用，如应付工资、应交税费、应付利息、应付水电费等。对于这些费用项目，企业受益在先、支付在后，支付期晚于发生期，因此它们也属于“自然筹资”的范围。由于这些应付项目的支付具有时间规定性，其负债额度较为稳定，企业习惯上称之为“定额负债”。

三、商业信用筹资的优缺点

（一）商业信用筹资的优点

1.筹资最为便捷

商业信用与商品买卖同时进行，属于一种自然性筹资，不用进行非常正规的安排，且不需办理手续，一般也不附加条件，使用权可由买方自行控制。买方何时需要、需要多少数量，在限定的额度内由其自行决定。

2.限制条件少

商业信用比其他筹资方式条件宽松，不需要担保或抵押，选择余地较大。

3.资金成本低

大多数商业信用都是由卖方免费提供的，当卖方不提供现金折扣，或者卖方提供现金折扣而买方享受折扣时，属于无成本信用，因此与其他筹资方式相比，其资金成本较低。

（二）商业信用筹资的缺点

1.期限较短

商业信用筹资的期限通常较短，企业应当在销售方给予的信用期限内支付货款，否则会给企业带来信誉上的损失。在卖方提供现金折扣的条件下，如果企业想取得现金折扣，必须在折扣期限内支付款项，则筹资的期限会更短。

2.存在资金成本较高的可能性

若企业放弃现金折扣，在信用期内付款，将产生较高的资金成本。

3.易使企业陷入过度商业信用

商业信用的自然性容易使企业大量使用应付账款等筹资形式，导致企业陷入过度利用商业信用的危机，令企业在商业信用期满时无力支付，造成企业之间相互拖欠。过度利用商业信用不仅影响企业的资金运转，也会严重影响企业信誉，从而进一步影响企业以后的筹资能力。

第三节　短期借款筹资

短期借款筹资通常是指银行短期借款，又称银行流动资金借款，是企业为解决短期资金需求而向银行申请借入的款项，是筹集短期资金的重要方式。

一、短期借款的种类

企业短期借款通常包括信用借款、担保借款和票据贴现三类。

（一）信用借款

信用借款，又称无担保借款，是指不用保证人担保或没有财产作抵押，仅凭借款人的信用而取得的借款。信用借款一般由贷款人给予借款人一定的信用额度或双方签订循环贷款协议。

1.信用额度借款

信用额度借款是商业银行与企业之间商定的在未来一段时间内银行能向企业提供无最高限额的担保贷款。信用额度一般是银行对企业信用状况进行详细调查后确定的。信用额度借款一般有如下规定：

（1）信用额度的期限：一般一年建立一次，也有短于一年的。

（2）信用额度的数量，即银行能贷款给企业的最高限额：如果信用额度的数量是1 000万元，企业已经从该银行借入资金600万元，尚未归还，但因为有信用额度，企业最多还能从银行借入400万元。

（3）应支付的利率和其他条款。

2.循环协议借款

循环协议借款是一种特殊的信用额度借款，在此借款协议下，企业和银行之间协商确定贷款的最高限额，在最高限额内，企业可以借款、还款、再借款、再还款，不停地周转使用借款。

循环协议借款与信用额度借款的区别主要在于以下三个方面：

（1）持续时间不同。信用额度借款的有效期一般为一年，而循环协议借款可超过一年，在实际应用中，很多协议是无限期的，因为只要银行和企业之间遵守协议，贷款可一再延长。

（2）法律约束力不同。信用额度借款一般不具有法律约束力，不构成银行必须为企业提供贷款的法律义务；而循环协议借款具有法律约束力，银行要承担限额内的贷款提供义务。

（3）费用支付不同。企业采用循环协议借款，除支付利息外，还要支付协议费。协议费是对循环贷款限额中未使用的部分收取的费用，这些收取的协议费是因为银行承担了为企业提供资金的法定义务。信用额度借款一般无须支付协议费。

（二）担保借款

担保借款是指有一定的保证人担保或利用一定的财产作抵押或质押而取得的借款。担保借款又分为以下三类：

1.保证借款

保证借款是指按我国法律规定的保证方式，以第三人承诺在借款人不能偿还借款时按约定承担一般保证责任或连带责任而取得的借款。

2.抵押借款

抵押借款是指按我国法律规定的抵押方式，以借款人或第三人的财产作为抵押物而取得的借款。它是银行的一种放款形式，抵押品通常包括有价证券、国债、各种股票、房地产，以及货物的提单、账单或其他各种证明物品所有权的单据。贷款到期时，借款者必须如数归还，否则，银行有权处理抵押品以获得补偿。

3.质押借款

质押借款是指按我国法律规定的质押方式，以借款人或第三人的动产或权利作为质押物而取得的借款。质押物包括国库券（国家有特殊规定的除外）、国家重点建设债券、金融债券、AAA级企业债券、储蓄存单等有价证券。出质人应将权利凭证交与贷款人。一般以银行汇票、银行承兑汇票、支票、本票、存款单、国库券等有价证券质押的，质押率最高不得超过90%；以动产、依法可以转让的股份（股票）、商业承兑汇票、仓单、提单等质押的，质押率最高不得超过70%；以其他动产或权利质押的，质押率最高不得超过50%。《质押合同》自权利凭证交付之日起生效。以个人储蓄存单出质的，应提供开户行的鉴定证明及停止支付证明。

（三）票据贴现

票据贴现是商业票据的持有人把未到期的商业票据转让给银行，贴付一定利息以取得银行资金的一种借贷行为。票据贴现是商业信用发展的产物，实际上是一种银行信用。银行在贴现商业票据时，所付金额要低于票面金额，其差额为贴息。贴息与票面价值的比率就是贴息率。银行通过贴现把款项贷给销货单位（持票人），到期向购货单位收款（出票人），所以要收取利息。

企业采用票据贴现，一方面给购买单位提供临时资金融通，另一方面在本身需要资金时又可及时得到资金，有利于企业把业务盘活、更加合理地安排资金。

二、影响短期借款筹资的因素

在进行短期借款决策时，主要考虑短期银行借款的成本和贷款银行的选择。

（一）短期银行借款的成本

短期银行借款的成本表现为借款利率。按照国际惯例，短期银行借款的利率会因借款公司的类型、借款金额及时间的不同而不同。例如，银行向信用好、贷款风险小的公司只收取较低的利率；反之，银行向信用差、贷款风险大的公司则收取较高的利率。此外，银行贷款利率有单利、复利、贴现利率和附加利率等种类。因此，公司应根据不同情况确定短期借款的成本，以便作出选择。

1.单利

单利的计算取决于所借款项或贷款的金额（本金）、资金借用时间的长短及市场一般利率水平等因素。按照单利计算方法，只要本金在贷款期限中获得利息，不管时间多长，所生利息均不加入本金重复计算利息。多数银行通常按单利计算收取短期贷款利息，公司通常也按单利比较不同银行的借款成本。若利息在借款到期日随本金一并支付，则合同利率就是实际利率。

2.复利

以复利计息意味着存在对利息计息的情况。按照复利计算利息，借款人实际负担的利率——有效年利率——要高于简单年利率（名义利率）。在贷款到期以前，定期付息的次数越多，有效利率高出名义利率的部分就越大。

3.贴现利率

在贴现利率的条件下，银行会在发放贷款时先扣除贷款的贴现利息，再把贷款面值与贴现利息的差额贷给企业。因此，借款人拿到的金额低于借款面值，当然，当贷款到期时也不用支付利息。当采用贴现利率的方式贷款时，借款人的借款实际利率也会高于名义利率，并且高出的程度远远大于复利贷款。

4.附加利率

附加利率是指即使是分期偿还贷款，银行也按贷款总额和名义利率来计算收取利息。在附加利率方式下，虽然借款企业可以利用的借款逐期减少，但利息并不减少，故实际负担的利息费用较高。

（二）贷款银行的选择

企业在短期银行借款筹资过程中，必须对贷款银行作出选择。在完善的金融市场中，选择合适的银行，对于企业生产经营业务的长期稳定发展具有特别重要的意义。企业应该注意银行间的以下区别：

1.银行的风险控制政策

不同银行的风险控制政策不一样，一些银行偏好保守的信贷政策，另一些银行则喜欢开展一些“创新性业务”。这些政策在一定程度上反映了银行管理者的个性和银行存款的特征。业务范围大、分支机构多的银行能够很好地分散风险，而一些专业化的小银行能够接受的信用风险要小得多。

2.银行的咨询服务业务

在企业贷款过程中，部分银行能够提供咨询服务，而另一些银行甚至设有专门机构向客户提供建议和咨询。

3.银行的客户忠诚度

此处的银行客户忠诚度是指在借款人的困难时期，银行提供支持的行为。不同的银行对客户的忠诚度是不同的。一些银行要求企业无论遇到何种困难，都必须无条件地偿还贷款；而另一些银行则非常重视维护老客户，即使自己遇到困难，也要千方百计地支持那些与自己有多年业务关系的企业，帮助它们获得更有利的发展条件。

4.银行的专业化程度

银行在贷款专业化方面有着极大的差异。大银行有专门的部门负责不同类型的针对行业特征的专业化贷款；小银行则比较注重公司生产经营所处的经济环境。借款人可以从经营业务十分熟悉并且经验丰富的银行那里获得更主动的支持和更有创新性的合作。因此，企业应该慎重地选择贷款银行。

此外，企业在贷款时还需要考虑银行的规模、对外汇的管理水平等因素。

三、短期借款筹资的基本程序

短期银行借款与长期银行借款的筹资程序基本相同，现结合流动资金借款的特点说明如下：

（一）企业提出申请

向银行借入短期借款时，必须在批准的资金计划占用额范围内，按生产经营的需要，逐笔向银行提出申请。企业在申请书上应写明借款种类、借款数额、借款用途、借款原因、还款日期。另外，还要详细写明流动资金的占用额、借款限额、预计销售额、销售收入资金率等有关内容。

（二）银行对企业申请进行审查

银行接到企业提出的借款申请书后，应对申请书进行认真的审查：审查借款的用途和原因，作出是否贷款的决策；审查企业的产品销售和物资保障情况，决定贷款的数额；审查企业的资金周转和物资耗用状况，确定贷款的期限。

（三）签订借款合同

为了维护借贷双方的合法权益、保证资金的合理使用，企业向银行借入流动资金时，双方应签订借款合同。借款合同主要包括基本条款、保证条款、违约条款和其他附属条款等四项内容。

（四）企业取得借款

借款合同签订后，若无特殊原因，银行应按合同规定的时间向企业提供贷款，企业便可取得借款。

（五）归还短期借款

借款企业应按借款合同的规定按时、足额支付借款本息。贷款银行在短期贷款到期一周之前，应向借款企业发送还本付息通知单，借款企业应及时筹备资金，按期还本付息。

不能按期还本付息的，借款人应当在借款到期日之前向贷款人申请贷款展期，但是否同意展期应由贷款人视情况而定。申请保证借款、抵押借款、质押借款展期的，还应当由保证人、抵押人、出质人出具同意的书面证明。

四、短期借款筹资的优缺点

（一）短期借款筹资的优点

1.筹资较便利

银行资金充足，实力雄厚，能随时为企业提供短期贷款。对于季节性和临时性的资金需求，采用银行短期借款尤为方便。那些规模大、信誉好的大企业，更可以借入利率较低的资金。

2.弹性较好

银行短期借款具有较好的弹性，企业可在资金需求增加时借款，在资金需求减少时还款。

（二）短期借款筹资的缺点

1.资金成本较高

短期借款的成本比较高，不仅不能与商业信用相比，与短期融资券相比也高出许多，而抵押借款因需要支付管理和服务费用，成本更高。

2.限制较多

银行要先对企业的经营和财务状况进行调查才能决定是否贷款，有些银行还要求对企业有一定的控制权，要求企业把流动比率、速动比率维持在一定的范围之内，这些都会构成对企业的限制。

第四节　短期融资券筹资

短期融资券（Commercial Paper）又称商业票据、短期债券、商业本票，是由大型工商企业或金融企业发行的短期无担保本票，是一种新兴的短期资金筹集方式。

一、短期融资券的发展历程

（一）短期融资券在西方的发展历程

短期融资券起源于商业票据。商业票据是一种古老的商业信用工具，产生于18世纪。它最初是随商品和劳务交易而签发的一种债务凭证。例如，一笔交易不采用现金，而是采用票据方式进行结算，当货物运走后，买方按合同规定的时间、地点、金额开出一张远期付款票据给卖方，卖方持有票据，直至到期日再向买方收取现金。

这种商业票据是随商品、劳务交易而产生的商业信用。商业票据是一种双名票据，即票据上列明收款方和付款方的名称。持有商业票据的公司如在约定的付款期之前需要现金，可以向商业银行或贴现公司贴现。这种方式使办理贴现的银行或贴现公司得到了利息，又收回了本金，是一种很好的短期投资方式。于是，有的投资人便比照这种贴现方式，从持票人手中买下商业票据，待票据到期后持票向付款方收回资金。有时，贴现票据的银行因为资金短缺，也将贴现的票据重新卖出，由新的购买人到期收取款项。

一些大公司发现了商业票据的这一特点，便凭借自己的信誉，开始脱离商品交易过程来签发商业票据，以筹措短期资金。20世纪20年代，美国汽车制造业及其他高档耐用商品开始盛行，相关企业为增加销售量，一般都采用赊销、分期付款等方式向外销售，这样就在应收账款上进行了大量投资，因而感到资金不足。在向银行借款受到多重限制的情况下，企业开始大量发行商业票据筹集短期资金。这样，商业票据与商品、劳务的交易相分离，演变成一种在货币市场上融资的票据，发行人与投资者之间形成一种单纯的债务、债权关系，而不是商品买卖或劳务供应关系。商业票据上不必列明收款人，只需列明付款人，成为单名票据。为了与传统商业票据相区别，人们通常把这种专门用于融资的票据称为短期融资券或短期商业债券。

20世纪60年代以后，工商界普遍认为发行短期融资券向金融市场筹措资金比向银行借款方便，利率也更低，且不受银行信贷干预，因此，短期融资券数额急剧增加。以美国为例，1962年12月短期融资券仅有60亿美元，1985年就增加至3 000亿美元。20世纪70年代，位于伦敦的欧洲短期融资券市场也开始形成，短期融资券市场不断扩大。目前，短期融资券已成为西方各类公司融通短期资金的重要方式。

（二）短期融资券在我国的发展历程

20世纪80年代中后期，我国有些企业为解决流动资金的不足，开始采用短期融资券筹集资金。1989年，中国人民银行下发了《关于发行短期融资券有关问题的通知》，以文件的形式肯定了各地发行融资券的做法。这一举措对于拓宽企业筹资渠道、优化企业短期资金来源、加快社会资金周转速度、优化资金投向具有重要意义。

为了规范短期融资券市场、提升社会资金配置效率，中国人民银行发布了相关文件，对短期融资券的发行、登记、托管、交易、结算、兑付、信息披露、监督管理等作出了明确规定，极大地促进了短期融资券的发行。

二、短期融资券的种类

按不同的标准，可对短期融资券进行不同的分类。

（一）按发行方式分类

1.经纪人代销的融资券

经纪人代销的融资券，又称间接销售融资券，它是指先由发行人卖给经纪人，然后由经纪人再卖给投资者的融资券。经纪人主要有银行、投资信托公司、证券公司等。企业委托经纪人发行融资券，要支付一定数额的手续费。

2.直接销售的融资券

直接销售的融资券是指发行人直接销售给最终投资者的融资券。直接发行融资券的公司通常是经营金融业务的公司或有附属金融机构的公司，它们有自己的分支网点，有专门的金融人才，因此，有力量自己组织推销工作，从而节省了间接发行时应付给经纪人的手续费。

（二）按发行人分类

1.金融企业的融资券

金融企业的融资券主要指各大公司所属的财务公司、投资信托公司、银行控股公司等发行的融资券。这类融资券一般采用直接放行方式。

2.非金融企业的融资券

非金融企业的融资券是指那些没有设立财务公司的工商企业所发行的融资券。这类企业一般规模不大，多数采用间接方式发行融资券。

（三）按发行和流通的范围分类

1.国内融资券

国内融资券是一国发行者在其国内金融市场上发行的融资券。发行这种融资券一般只要遵循本国法律和金融市场惯例即可。

2.国际融资券

国际融资券是一国发行者在其本国以外的金融市场上发行的融资券。发行这种融资券必须遵循有关国家的法律和国际金融市场上的惯例。在美国货币市场和欧洲货币市场上，这种国际短期融资券较常见。

三、短期融资券的发行程序

企业发行短期融资券，一般要按如下程序进行。

（一）公司作出发行融资券的决策

公司财务人员对金融市场状况和企业筹资条件进行认真分析后，若认为采用发行短期融资券筹资比较合适，便可以提出申请，报总经理或董事会作出最后决策。

（二）评估融资券的信用评级

信用评级是由专家、学者组成专门的机构，运用科学的综合分析方法，对企业的财务状况和信用情况进行评定和估计。短期融资券的评估程序如下：

（1）申请评估的企业应与评估机构签订委托协议书，并按规定在3天内提供所需全部资料。

（2）协议书签订后，评估机构即组织高级经济师、注册会计师以及有关行业专家建立评估小组，负责具体的评估工作，在若干天内进行调查和研究，写初评报告。

（3）评估机构根据企业经营的业务性质，组织有关专家和部分评委对评估报告进行论证和审议，并以定量计分的方式对该企业融资券的信用等级作出评定。

（4）评估机构在此基础上，进一步综合分析有关情况，并确定该企业的融资券等级。国际上，融资券一般分为四等七级，分别是A、A-1、A-2、A-3、B、C、D。各等级的含义分别是：A级，信用程度最好，风险最小，发展前景最好；A-1级，信用程度好，风险很小，发展前景好；A-2级，信用程度好，风险小，发展前景较好；A-3级，信用程度好，风险较小，发展前景尚好；B级，信用程度一般，有一定风险，尚有一定发展前景；C级，信用程度还可以，风险大，无发展前景；D级，信用程度最差，不准发行。

（5）委托人在接到评估机构的融资券资信等级通知书后3天内如无异议，则评级成立。委托人如果对评估结果有异议，应在接到信用评级通知书3天内申诉理由，提供补充材料，并申请复评，经评估机构认可，即可重新组织评估。

（三）向有关审批机关提出发行融资券的申请

中国人民银行总行及所辖各分行是我国企业发行融资券的审批、管理机关。企业发行融资券，必须向各级人民银行的金融管理部门提出申请，经过批准后才能发行。

（四）审批机关对企业的申请进行审查和批准

中国人民银行的金融管理部门接到企业申请后，要对如下内容进行认真审查：

（1）对发行资格进行审查：审查发行单位是否在市场监督管理部门登记并领有营业执照；审查发行单位是否有足够的自有资产；审查发行单位是否有可靠的还款来源；审查信用担保人的资格和担保契约书的内容。

（2）对资金用途进行审查。企业发行融资券所筹集的资金只能用于解决企业临时性、季节性流动资金不足，不能用于企业资金的长期周转和固定资产投资。

（3）审查会计报表的内容：审查会计报表是否经注册会计师审计签字；审查会计报表中的资金来源和资金占用是否合理；审查企业盈利情况如何；审查企业的主要财务比率是否健全。

（4）审查融资券的票面内容。融资券票面一般要载明如下内容：企业名称、地址；票面金额、票面利率；还本期限和方式；利息支付方式；融资券的发行日期和编号；发行企业签章和企业法人代表签章等。

（五）正式发行融资券，取得资金

融资券经审查机关审查同意后，便可正式发行。

如果企业自己直接发行融资券，则须公告发行的数量、价格、时间等，以便让投资者了解一些基本情况。之后，投资人还要与发行人洽谈买卖条件，如果双方认为条件可以，则投资者买入融资券，发行人取得资金。

如果企业采用间接方式发行融资券，则要按如下步骤进行：（1）发行融资券的企业与经纪人协商融资券的有关事项，并签订委托发行协议；（2）经纪人按协议中的有关条件和承销方式，发布公告并进行其他宣传活动；（3）投资者购买融资券，资金存入经纪人账户；（4）经纪人将资金划转至发行融资券的企业的账户中，并按协议中的规定处理未售完的融资券。

四、短期融资券的筹资优缺点

（一）短期融资券的筹资优点

1.筹资成本低

在西方国家，短期融资券的利率加上发行成本通常要低于银行的同期贷款利率。这是因为在采用短期融资券筹资时，筹资者与投资者直接接洽，绕开了银行中介，节省了一笔原应付给银行的筹资费用。但目前我国短期融资券的利率一般要比银行借款利率高，这主要是因为我国短期融资券市场刚刚建立，投资者对短期融资券缺乏了解。随着短期融资券市场的不断完善，短期融资券的利率会逐渐接近银行贷款利率，直至略低于银行贷款利率。

2.筹资数额较大

银行一般不会向企业贷放巨额的流动资金，比如，西方国家的商业银行贷给个别公司的最大金额不能超过该公司资本的10%。因而，对于需要巨额资金的企业，短期融资券这一方式尤为适用。

3.能提高企业的信誉

由于能在货币市场上发行短期融资券的公司都是著名的大公司，因此能发行短期融资资券说明该公司的信誉良好。

（二）短期融资券的筹资缺点

1.筹资风险较大

短期融资券到期必须归还，一般不会有展期的可能。若企业到期不归还，会产生严重后果。

2.弹性较小

只有当企业的资金需求达到一定数量时才能使用短期融资券，如果数量少，则不宜采用短期融资券筹资。另外，短期融资券一般不能提前偿还，因此，即使公司资金比较宽裕，也要到期才能偿还。

3.发行条件严格

并不是任何公司都能发行短期融资券，必须是信誉好、实力强、效益高的企业才能采用这种筹资方式。

【学习要点研讨】

1. 说明短期筹资的含义和类别。
2. 筹资组合政策的类型主要有哪些？这些政策与资产组合政策之间的关系如何？
3. 简述商业信用筹资的具体方式、成本和优缺点。
4. 简述短期借款的种类、信用条件和筹资优缺点。
5. 简述短期融资券筹资的类别、程序和筹资优缺点。

【学思践悟拓展】

“三支箭”背景下的房企商业信用融资

近日，多家房企抛出大手笔融资方案，其中部分房企单笔融资规模超百亿元，涉及股权融资及短期债券融资等，整体融资环境呈现向好迹象。中指研究院统计数据显示，2023年一季度，房企非银融资1 874.9亿元，同比下降19.6%，其中，信用债融资1 297.3亿元，同比增长11.6%。此外，2023年3月份，房地产行业信用债融资667.7亿元，同比上升15.9%。

伴随着“三支箭”等融资利好政策的持续释放，当前房企融资环境正在回暖，特别是境内信用债恢复较快，一季度信用债月度发行额同比实现由负转正，累计发行额同比增长11.6%。但海外债、信托、ABS等渠道的发行规模仍处于下降通道，特别是信托等非标渠道，投放规模持续下降。这表明投资人对行业风险仍有顾虑和考量，多数投资人仍在持续观察销售市场复苏进度。由于当前销售市场复苏的结构性，投资人对民企发债的各项要求仍然存在，拉高了民企发债的实际成本。

整体融资结构有待进一步修复。整体来看，在房地产政策端的持续发力下，房企融资的“至暗时刻”已经过去，一季度展现出好转迹象。但整体融资结构还有待进一步修复，民营房企融资规模尚处于低位，仍需改善。从3月份上市房企的融资表现来看，华润置地、保利发展、首开股份等央企、国企仍旧是债券发行主力军，而滨江集团及雅居乐等民营房企也取得进展。进入4月份以来，多家央企、国企融资继续呈现较为积极的态势。

一季度民营房企发债融资有所改善，但仍相对困难。当前民营房企发行信用债，多数还是要在增信工具的帮助下才能成功。A股上市房企的股权融资进程也引发市场关注。公开统计数据显示，截至目前，约有30家房企陆续发布股权融资公告，已获受理的定增预案规模超450亿元，包括万科A、保利发展等多家头部房企。

优质房企定增募资成功概率大。据统计，截至目前，有3家央企、12家地方国企、2家混合所有制企业及20家民营房企申请股权融资。例如，2023年4月5日，中南建设发布向特定对象发行A股股票募集资金的说明书，拟向特定对象发行股票数量不超过11.47亿股，募集资金总额不超过28亿元（含发行费用），扣除发行费用后的募集资金净额将用于两个项目的建设，并补充流动资金。从目前的情况来看，优质房企的定增募资方案获批的可能性相对较大。能否获批的核心还是要看企业的财务状况、资产质量、盈利能力等。当前房企股权融资的难点主要聚焦于三个方面：一是定增价格与中小股东利益的博弈；二是房企在资本市场的公信力及影响力；三是部分市场投资者对房地产资产风险仍持较高警惕心理。

上市房企呈现融资难的共性特征：一是房地产市场回升有限，除个别一、二线城市交易活跃外，大部分城市需求释放不足，一季度市场成交规模仍为近几年同期较低水平。据统计，一季度TOP 100房企的销售总额为17 589.5亿元，仅为2021年同期规模的六成左右，尽管相比去年有所增长，但相比之前的几年，总体规模仍处于低位水平。二是企业业绩分化明显，民企表现仍较弱。一季度，央企、国企销售增速较快，多数企业销售额增速超过50%。销售额TOP 50的企业中，31家企业为正增长，其中有21家央企、国企，4家混合所有制企业，6家民营房企。三是民营房企融资相对较难。尽管房地产市场在企稳回升，但民营房企业绩表现相对较弱，金融机构对房地产发展的信心虽有提升，但对民营房企的发展仍存有疑虑。

当前房地产市场整体的基本面处于稳步修复状态，金融机构等投资者对房地产市场的投资信心逐步增强，这对房企推进融资等具有积极作用，预计下半年的融资环境会进一步好转。

资料来源：王丽新．一季度房企非银融资1 875亿元 境内信用债发行恢复较快［N］．证券日报，2023-04-12.

启发与拓展

（1）查阅资料了解“三道红线”和“三支箭”政策。

（2）分析商业信用融资在实际工作中的其他具体应用形式。

（3）2022年3月29日，中共中央办公厅、国务院办公厅印发了《关于推进社会信用体系建设高质量发展促进形成新发展格局的意见》，可见信用越来越重要，而信用融资自然也需要信用的支持，请谈谈对于新时代信用的理解。

第十章　利润分配管理

【学习目标】

- 熟悉利润分配的基本原则和影响因素。
- 掌握利润分配的程序。
- 掌握股利种类及股利的发放程序。
- 理解股利理论的主要观点。
- 掌握股利政策的内容和不同的政策类型。
- 理解股票回购的动机与方式。
- 了解股票分割与股利的区别。

【专业知识导引】

注册制大背景下上市公司的利润分配

同花顺数据显示，截至2023年2月28日，沪深两市已有22家上市公司披露了2022年利润分配方案，从利润分配内容来看，现金分红成为主流。22家上市公司均提出了额度不等的现金分红预案，此外，有4家公司拟同时进行转增股份。

多位分析师表示，上市公司不再“取巧”式地用“高送转”分红，转向注重现金分红回馈投资者，有利于遏制二级市场的炒作风气，对形成价值投资理念有促进作用。

从整体来看，上述22家上市公司中，有3家公司的每股派息金额在0.5元以上，分别为同花顺、焦点科技和新瀚新材。其中，同花顺拟分红金额最高。同花顺2022年年报显示，公司拟向全体股东每10股派发现金红利25.00元(含税)。焦点科技年报称，拟向全体股东每10股派发现金红利9元(含税)。新瀚新材则在年报中提及，拟向全体股东每10股派发现金红利6元(含税)，以资本公积金向全体股东每10股转增3股。对于上市公司积极推出现金分红方案，广科咨询首席策略师沈萌对《证券日报》记者表示，近年来，监管部门倡议上市公司加大现金分红力度，希望更多投资者树立长期投资的理念，并获得稳定的回报。

此外，浙江大学国际联合商学院数字经济与金融创新研究中心联席主任盘和林也告诉《证券日报》的记者，上市公司进行现金分红有利于完善公司的股东回报机制，吸引更多价值投资者。“全面实施注册制之后，市场的优胜劣汰效应会加大，企业要想吸引投资者，得拿出‘真金白银’，高股息形成的稳定回报对于投资者的吸引力会更大。”

在推出现金分红方案的公司中，也有部分上市公司单独发布了利润分配公告，解释分红方案的合理性。有的上市公司在利润分配公告中明确表示，鉴于公司目前经营情况良好，为了保障股东合理的投资回报，根据证监会鼓励上市公司现金分红的政策和《公司章程》等有关规定，在保证公司正常发展的前提下，综合考虑投资者的合理回报和公司的长远发展需要，提出了相关利润分配方案。

此外，还有一些公司的独董对利润分配方案发表意见，认为公司2022年度利润分配方案综合考虑了公司持续发展及全体股东的长远利益等因素，有利于公司的持续稳定健康发展，不存在损害股东特别是中小股东利益的情形。

加大现金分红力度，能让投资者的投资观念从找"嚎头"转向看重企业的持续经营能力。对于上市公司而言，在注册制大背景下，长期、稳定的现金分红能吸引部分基石投资者，对于稳定公司市值有很好的促进作用。

资料来源：桂小笋.22家上市公司发布利润分配预案 现金分红成主流［N］.证券日报，2023-03-01.

思考：通过阅读案例，思考利润分配的意义。收集资料，思考在中国式现代化背景下，现金分红的重要意义。

第一节　利润分配概述

公司通过经营活动赚取收益，并将其在相关各方之间进行分配。公司的利润分配有广义和狭义之分。广义的利润分配是指对公司收入和收益总额进行分配的过程；狭义的利润分配则是指对公司净利润的分配。本章内容主要针对净利润分配。

一、利润分配的基本原则

公司的利润分配涉及所有者、债权人、员工、社会等各个利益主体的切身利益，为维护社会秩序、充分发挥公司这一经济组织的优越性，平衡各方面的利益冲突，各国法律法规均对其分配原则和分配顺序作出了严格规定。我国《公司法》规定的公司税后利润的分配原则可以概括为以下几个方面：

（一）依法分配原则

国家有关利润分配的法律和法规主要有《中华人民共和国公司法》《中华人民共和国外商投资法》等，公司在利润分配中必须切实执行上述法律、法规。公司利润分配的资金是在一定会计期间内实现的税后利润。税后利润是公司投资者拥有的权益，对这部分权益的处置与分配，有关法律都有明确的规定和要求，充分反映了国家制度对利润分配的各种限制，并制定了缴税、提留、分红的基本程序。公司的税前利润首先应按国家规定作出相应调整，增减应纳税所得额，然后依法缴纳所得税；对于税后的净利润也应按法律规定的顺序分配。

（二）权益对等原则

公司在利润分配中应遵守公平、公正、公开的原则：公司的投资者在公司中以其股权比例享有合法权益，不得谋取私利；公司的获利情况应当向所有的投资人及时公开，利润的分配方案应交股东会讨论，并充分考虑小股东的意见；利润分配的方式应当对所有股东一视同仁，即公司在股利分配中应该遵守同股同权、同股同利的权益对等原则。

（三）利益兼顾原则

利益机制是制约机制的核心，而利润分配的合理与否是利益机制最终能否持续发挥作用的关键。利润分配涉及投资者、经营者、职工等多方利益，公司必须兼顾，并尽可能地保持稳定的利润分配。利益兼顾原则是指在公司的利润分配过程中不仅要考虑股东的利益，还要充分保护债权人的利益。按照风险承担的顺序及合同契约的规定，公司必须在利润分配之前偿清所有债权人的到期债务，否则不能进行利润分配。同时，在利润分配之后，公司还应保持一定的偿债能力，以免产生财务风险，危及公司生存。此外，公司在与债权人签订某些长期债务契约的情况下，其利润分配政策须征得债权人的同意或审核。

（四）稳定股价原则

股票在市场上的价格过高或过低都不利于公司的正常经营和稳定发展。股价过高会影响股票的流动性，并留下股价急剧下跌的隐患；股价过低必将影响公司声誉，不利于今后公司的增长扩股或举债融资，还可能引发被收购和兼并的风险。所以，稳定股价对于公司的正常生产经营具有重要的意义。股利分配对股票价格有着直接的影响，维持股利政策的连续性和稳定性有利于维持公司股票价格的合理定位。

（五）长远发展原则

股利分配的核心是股利支付比率，即公司的收益中用于支付股利和留存收益的比例各为多少。就公司发展而言，提高留存收益比例有利于公司当前的财务运作、减少外部融资、降低融资成本；但也意味着降低股利支付率，减少股东的当前收益，从而影响公司形象和投资者信心，增大公司未来的融资成本和融资难度。因此，股利政策的基本任务是通过股利分配平衡公司和股东面临的现实利益与未来利益、短期利益与长远利益、分配与增长的三大矛盾，有效地增强公司的发展后劲，促进公司的长远发展。

公司的利润分配只有在遵循这些原则的前提下，制定相关的策略，才能最大限度地保证公司价值最大化，满足财务管理目标的要求。

二、影响利润分配的因素

公司的利润分配需要考虑法律因素、公司因素、股东因素和其他因素等几个方面的影响，合理地确定利润分配政策。

（一）法律因素

为了保护国家、所有者、债权人和职工等各方的利益，有关法规对公司的股利分配有如下限制。

1.资本保全约束

资本保全约束是指公司不能用资本金发放股利。该规定要求公司不能因支付股利而引起资本金减少，目的在于保证公司有完整的资本基础，保护债权人的利益。任何导致资本金减少的股利发放都是违反法律规定的。这样就避免了公司在经营不力时，利用资本金发放股利以转移资产，起到了保护债权人利益的作用。

2.无利不分约束

无利不分约束是指公司当年没有盈余就不得分配利润。该原则强调的是公司向所有者分配利润的前提条件，目的是维护公司的财产基础及资信能力。股东会、股东大会或者董事会违反规定，在公司弥补亏损和提取法定盈余公积金之前向股东分配利润的，股东必须将违反规定分配的利润退还公司。然而，为了维护公司的信誉，避免股票价格大幅度的波动，我国法律规定股份有限公司若当年无利润，可以经股东大会特别决议，用盈余公积金分配股利，分配的股利不得高于股票面值的6%，盈余公积金分配完股利后不得低于公司注册资本金的25%。

3.积累优先约束

积累优先约束是要求公司必须按照一定的比例和基数提取各种公积金，股利只能从公司的可供分配利润中支付，公司当期的净利润按照规定提取各种公积金后和过去积累的未分配利润形成公司的可供分配利润。

4.偿债能力约束

偿债能力是指公司按时足额偿还各种到期债务的能力，是公司确定利润分配政策时要考虑的一个基本因素。美国有些州的法律规定，禁止缺乏偿债能力的公司支付现金股利。无偿债能力包括两种含义：一是公司的负债总额超过了资产的公允价值总额，即资不抵债；二是公司不能向债权人偿还到期债务。由于公司清偿债务的能力取决于公司资产的流动性，而不是资产的多少，所以第二种含义的无偿债能力约束给予了债权人更大程度上的保护。公司现金股利引起的大量现金流出会影响公司的偿债能力。因此，公司在确定股利分配数量时，一定要考虑现金股利分配对公司偿债能力的影响，保证在现金股利分配后公司仍能保持较强的偿债能力，以维护公司的信誉和借贷能力，从而保证公司的正常资金周转。

5.累积利润约束

由于股东接受现金股利缴纳的所得税税率高于其进行股票交易的资本利得税率，公司通过留存收益来提高其股票价格，则可使股东达到避税的目的。于是很多国家规定公司不得超额累积利润，一旦公司的留存收益超过法律许可的水平，将被加征额外税收。例如，美国《国内收入法》规定，如果国内税务局能够查实公司是故意压低股利支付率以帮助股东逃避缴纳个人所得税，就可以对公司的累积盈余处以惩罚性的税率。我国法律目前对此尚未作出规定。

（二）公司因素

企业资金的灵活周转是企业生产经营得以正常进行的必要条件。因此，企业长期发展和短期经营活动对现金的需求便成为对股利的最重要的约束因素。

1.资产的流动性

企业现金股利的分配，应以一定的资产流动性为前提。企业的资产流动性越好，说明其变现能力越强，股利支付能力也就越强。高速成长的营利性企业，其资产可能缺乏流动性，因为其大部分资金投资于固定资产和永久性流动资产，这类企业当期利润虽然多，但资产变现能力差，企业的股利支付能力就弱。

2.投资机会

有着良好投资机会的企业需要有强大的资金支持，因而往往较少发放现金股利，将大部分收益留存下来进行再投资；缺乏良好投资机会的企业，保留大量收益的结果必然是大量资金闲置，于是倾向于支付较高的现金股利。所以，处于成长中的企业，一般因具有较多的良好投资机会而多采取低股利政策；许多处于经营收缩期的企业，则因缺少良好的投资机会而多采取高股利政策。

3.筹资能力

如果企业规模大、经营好、利润丰厚，其筹资能力一般很强，那么在决定股利支付数额时，有较大的选择余地。那些规模小、新创办、风险大的企业，其筹资能力有限，应尽量减少现金股利支付，而将利润更多地留存，作为内部筹资。

4.盈利的稳定性

企业的现金股利来源于税后利润。盈利相对稳定的企业，有可能支付较高股利；而盈利不稳定的企业，一般采用低股利政策。这是因为，对于盈利不稳定的企业，低股利政策可以减少因盈利下降而造成的股利无法支付、企业形象受损、股价急剧下降的风险，还可以将更多的盈利用于再投资，以提高企业的权益资金比重，减少财务风险。

5.资金成本

留存收益是企业内部筹资的一种重要方式，它与发行新股相比具有实际筹资成本较低的优点。因此，很多企业在确定利润分配政策时，往往将企业的净收益作为首要考虑的筹资渠道，特别是在负债资金较多、资金结构欠佳的时期。

6.其他因素

企业利润分配政策的确定还受其他公司因素的影响。例如，上市公司所处行业也会影响其股利政策。一般而言，朝阳行业的公司处于超速成长期，甚至能以数倍于经济发展速度的水平发展，因此可能进行较高比例的股利支付；而夕阳产业的公司由于处于发展的衰退期，会随着经济的高增长而萎缩，难以进行高比例的分配；对公用事业行业的公司而言，其往往有及时、充裕的现金来源，而且可选择的投资机会有限，所以发放现金股利的可能性较大。另外，企业可能有意地多发股利而使股价上升，使已发行的可转换债券尽快实现转换，从而达到调整资金结构或兼并、反收购的目的。

（三）股东因素

1.规避所得税

公司的股利政策会受股东对税赋因素考虑的影响。一般而言，股利收入的税率高于资本利得的税率，很多股东会出于规避所得税的考虑而偏好低股利支付水平。因此，低股利政策会使他们获得更多节约所得税的利益。在我国，由于现金股利收入的税率是20%（2012年证监会有所调整，主要是为了鼓励长期持股，持股1个月以内的税率是20%，持股1个月～1年的税率是10%，持股1年以上的税率是5%），而股票交易尚未被征收资本利得税，因此，低股利支付政策可以给股东带来更多的资本利得收入，达到避税目的。

2.规避风险

在一部分投资者看来，股利的风险小于资本利得的风险，当期股利的支付解除了投资者心中的不确定性。因此，他们往往会要求企业支付较多的股利，从而减少股东的投资风险。

3.追求稳定收入

有的股东依赖公司发放的现金股利维持生活，如低收入阶层以及养老基金等机构投资者，他们往往要求公司能够支付稳定的股利，反对公司留存过多的收益。

4.保障控制权

收益分配政策也会受到现有股东对控制权要求的影响。以现有股东为基础组成的董事会，在长期的经营中可能形成了一定的有效控制格局，他们往往会将股利政策作为维持其控制地位的工具。当公司为有利可图的投资机会筹集所需资金，而外部又无合适的筹资渠道可以利用时，为避免增发新股产生新的股东加入公司，而打破目前已经形成的控制格局，原股东就会倾向于较低的股利支付水平，以便从内部的留存收益中取得所需资金。

（四）其他因素

影响股利政策的其他因素主要包括不属于法规的债务合同约束以及因通货膨胀带来的企业对重置实物资产的特殊考虑等。

1.债务合同约束

一般而言，股利支付水平越高，留存收益就越少，公司的破产风险加大，就越有可能损害到债权人的利益。因此，为了保证自己的利益不受损害，债权人通常会在公司借款合同、债券契约及租赁合约中加入关于借款公司股利政策的条款，以限制公司股利的发放。

这些限制条款通常包括以下几个方面的内容：①未来的股利只能以签订合同之后的收益来发放，即不能以过去的留存收益来发放股利；②营运资金低于某一特定金额时不得发放股利；③将利润的一部分以偿债基金的形式留存下来；④已获利息倍数低于一定水平不得发放股利。

2.通货膨胀的影响

通货膨胀会导致货币购买力水平下降、固定资产重置资金不足。此时，企业往往不得不考虑留用一定的利润，以弥补由货币购买力水平下降造成的固定资产重置的资金缺口。因此，在通货膨胀时期，企业一般会采取偏紧的利润分配政策。

三、利润分配的程序

按照我国法律规范，企业的利润首先应按国家规定进行相应的调整，增减有关收支项目，然后依法缴纳所得税。按照我国《公司法》的有关规定，企业缴纳所得税后的净利润应按以下顺序分配：

（一）抵补罚没损失

税后净利润分配的第一步是支付被没收财物的损失和违反税法规定而须缴纳的滞纳金和罚款。滞纳金、罚款和没收财物等具有赔偿性和惩罚性，是企业因经营管理不善而形成的支出，而不是生产经营活动中应该发生的费用，因而不能计入成本冲减当期损益。为了维护国家法纪，这种惩罚性支出必须在税后利润中开支，以增强企业的法治观念。

（二）弥补以前年度亏损

根据现行法律法规，公司发生年度亏损，可以用下一年度的税前利润弥补；下一年度的税前利润不足弥补时，可以在5年内延续弥补；5年内仍然未弥补完的亏损，可用税后利润弥补。此处就是指最后的税后利润弥补。

（三）计提法定盈余公积金

盈余公积金是从税后利润中提取的积累资金，是企业用于防范和抵御风险、保证企业稳定经营和长期发展的必要措施和手段。现行制度规定，根据税后利润扣除前述两项分配数额后余额的10%提取盈余公积金，主要用于弥补企业亏损、补充投资者分利不足，以及按规定转增资本金。在补充投资分利或转增资本金后，企业留存的法定盈余公积金不得低于企业注册资本金的25%。企业的法定盈余公积金达到注册资本金的50%时可不再提取。

（四）支付优先股股利

优先股是股份公司发行的分配红利和剩余财产时比普通股具有优先权的股份。一般优先股按事先约定的股息率取得股息，不受企业盈利与否或盈利多少的影响。根据我国法律规定，公司的普通股股利的分配要以付清当年或积欠的优先股股利为条件。

（五）计提任意盈余公积金

股份有限公司除提取法定盈余公积金外，还要按公司章程或董事会决议提取任意盈余公积金，并按董事会决定的用途安排使用，以满足企业生产经营的需要。

（六）支付普通股股利

企业当年实现的税后利润，在弥补亏损、计提盈余公积金、支付优先股股利后，可以用于向普通股股东发放股利。企业以前年度的未分配利润可以并入本年度向投资者分配。

企业的利润分配必须严格按照上述顺序依次进行，凡是上一步骤内容未分配完成的，不得进行下一步骤的分配。

四、股利发放的程序

股利发放程序的确定属于股利政策的具体实施阶段。由于股份公司的股东人数一般较多，而且因股权可以自由转让，股东人数经常变动，所以，股利发放有一定的过程。通常，股份公司的股利分配方案由公司董事会决定并宣布，必要时要经股东大会或股东代表大会批准后方能实施。不同国家的不同公司每年发放股利的次数可以各不相同。比如，我国的股份公司多为1年发放一次股利，而美国公司多为1季度发放一次股利。股份公司向股东发放股利的过程有以下几个重要的日期：宣布日、股权登记日、除息日和股利支付日。

（一）宣布日

股份公司董事会根据发放股利的周期举行董事会会议，讨论并提出股利分配方案，由公司股东大会讨论通过后，正式宣布股利发放方案。宣布股利发放方案的那一天为宣布日。在宣布日，股份公司应登记有关股利负债，即应付股利。在宣布的股利发放方案中，应明确股利分配的年度、范围、形式，以及拟分配的现金股利金额或股票股利的数量，并公布股权登记日、除息日和股利支付日等信息。

（二）股权登记日

股权登记日是对有权领取股利的股东资格登记截止日期。只有在股权登记日前在公司股东名册上登记的股东，才有权分享股利。由于工作和实施方面的原因，自公司宣布发放股利至公司实际将股利发出有一定的时间间隔。上市公司的股票在此时间间隔内处在不停交易之中，公司股东会随股票交易而不断更换。为了明确股利的归属，公司确定有股权登记日，凡在股权登记日当日列于公司股东名单上的股东，都将获得此次发放的股利，而在这一天之后或之前登记在册的股东，将得不到此次发放的股利。在信息技术环境下，股权登记极其方便、快捷，一般在股权登记日交易结束的当天即可打印出股东名册。

（三）除息日

除息日，也称除权日，指领取股利的权利与股票相互分离的日期。在除息日前，股利获取权从属于股票，持有股票者即享有领取股利的权利。从除息日开始，股利获取权与股票相分离，新购入股票的人不能享有股利。除息日的确定是由证券市场交割方式决定的，因为股票买卖的交接、过户需要一定的时间。在美国，当股票交割方式采用例行日交割时，股票在成交后的第5个营业日才办理交割，即在股票登记日的4个营业日以前购入股票的新股东才有资格领取股利。在我国，由于采用次日交割方式，即“T+1”交易制度，则除息日与登记日只差一个工作日。

（四）股利支付日

股利支付日是公司将股利正式支付给股东的日期。在这一天，公司应通过邮寄等方式将股利支付给股东。目前在我国，公司可以通过中央结算登记系统将股利直接转入股东在证券公司开立的保证金账户。

【例10-1】2021年9月13日，宝山钢铁股份有限公司（股票交易代码600019）第四次临时股东大会审议通过了《关于2021年半年度利润分配的预案》。股东大会决议公告刊登在2021年9月15日的《上海证券报》、《中国证券报》、《证券时报》及上海证券交易所网站，具体如下：

（1）发放年度：2021年半年度。

（2）发放范围：截至股权登记日下午上海证券交易所收市后，在中国证券登记结算有限责任公司上海分公司（以下简称“中国结算上海分公司”）登记在册的本公司全体股东（公司回购专用账户除外）。

（3）利润分配方案：本次利润分配以21 847 484 215股为基数，每股派现金红利人民币0.35元（含税）。

证券代码：600019。

证券简称：宝钢股份。

公告编号：临2021-078。

共计派发现金红利7 646 619 475.25元。

2021年半年度公司不实施资本公积金转增股本等其他形式的分配方案。

（4）相关日期。

股权登记日：2021年10月14日。

除息日：2021年10月15日。

现金红利发放日：2021年10月15日。

（5）分派对象。

截至2021年10月14日（股权登记日）下午上海证券交易所收市后，在中国证券登记结算有限责任公司上海分公司登记在册的公司全体股东（公司回购专用账户除外）。

（6）利润分配方案实施办法。

公司股东宝钢集团有限公司的现金红利由本公司直接发放。

除由本公司自行发放红利的股东外，公司其他无限售条件流通股股东以及有限售条件流通股股东的红利由公司委托中国结算上海分公司通过其资金清算系统向股权登记日上海证券交易所收市后登记在册并在上海证券交易所各会员办理了指定交易的股东派发。已办理指定交易的投资者可于红利发放日在其指定的证券营业部领取现金红利，未办理指定交易的股东红利暂由中国结算上海分公司保管，待办理指定交易后再进行派发。

宝钢股份2021年半年度股利发放程序如图10-1所示。

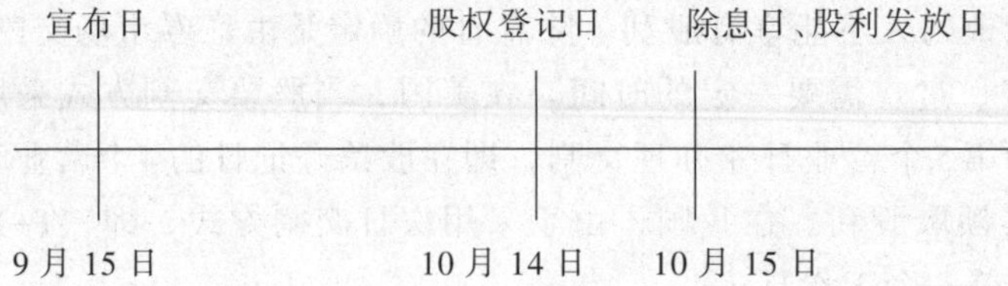

图10-1 宝钢股份2021年半年度股利发放程序图

五、股利的种类

公司通常以多种形式发放股利，股利支付形式一般有现金股利、股票股利、财产股利和负债股利等，其中最为常见的是现金股利和股票股利。我国有关法律规定，股份有限公司只能采用现金股利和股票股利两种形式。

（一）现金股利

现金股利（Cash Dividend）是股份有限公司以现金的形式从公司净利润中分配给股东的投资报酬，也称“红利”或“股息”。现金股利是股份有限公司最常用的股利分配形式。优先股通常有固定的股息率，在公司经营正常并有足够利润的情况下，优先股的年股利额是固定的。例如，某公司发行的优先股面值为1元，固定股息率为10%，那么在正常情况下，每股优先股可分得0.1元的现金股利。普通股没有固定的股息率，发放现金股利的次数和金额主要取决于公司的股利政策和经营业绩等因素。由于现金股利是从公司实现的净利润中支付给股东的，支付现金股利会减少公司的留存收益，因此发放现金股利并不会增加股东的财富总额。但是，不同的股东对现金股利的偏好是不同的，有的股东希望公司发放较多的现金股利，有的股东则不愿意公司发放过多的现金股利。

现金股利的发放会对股票价格产生直接的影响，在除息日之后，股票价格一般会下跌。例如，【例10-1】中的宝钢股份有限公司宣布每股发放0.18元现金股利，在股权登记日20×5年5月13日，宝钢股份的收盘价为8.58元/股，而在除息日20×5年5月14日，宝钢股份的收盘价为8.50元/股，在下一个交易日5月15日，宝钢股份的收盘价为8.16元/股。

（二）股票股利

股票股利（Stock Dividend）是股份公司以股票的形式从公司净利润中分配给股东的股利。股份有限公司发放股票股利，须经股东大会表决通过，根据股权登记日的股东持股比例将可供分配利润转为股本，并按持股比例无偿地向各个股东分派股票，增加股东的持股数量。发放股票股利不会改变公司的股东权益总额，也不影响股东的持股比例，只是公司的股东权益结构发生了变化，未分配利润转为股本，因此会增加公司的股本总额。股票股利的影响和意义将在本章第4节中详细介绍。

（三）财产股利

财产股利是以现金以外的资产支付的股利，主要是以公司所拥有的其他企业的有价证券，如债券、股票，作为股利支付给股东。

（四）负债股利

负债股利是公司以负债形式支付的股利，通常以公司的应付票据等负债证券代替现金的发放。对股东而言，负债股利虽然推迟了收到现金的时间，但可以得到相应的利息补偿；对公司而言，负债股利则解决了暂时的现金短缺问题。但需注意的是，负债股利同时带来了负债的增加及留存收益的减少，会相应增加公司的财务风险。

第二节 股利理论

股利理论主要研究两个问题：一是股利的支付是否影响企业价值；二是股利的支付若影响企业价值，使企业价值最大化的股利支付率是多少。在这个问题上存在着不同的观点，由此形成了不同的股利理论。

一、股利政策无关论

股利政策无关论是由美国财务学家莫迪格莱尼和米勒于1961年提出的，故也被称为MM股利无关论。关于资金结构与企业价值的MM资金结构理论指出，在满足一定假设的前提下，企业的资金结构与企业价值无关。实际上，MM资金结构理论同时还指出，在满足类似假设的前提下，企业的股利政策（即无论用剩余现金流量支付的股利是多还是少）同样与其价值无关。

MM股利无关理论以4个基本假设为前提：

（1）不存在个人和公司所得税，即股票价格上涨的资本利得和股票股利的现金所得的所得税无差异。

（2）不存在股票发行费用和交易费用，证券市场是完全有效的资本市场，投资者和管理者一样可以公平地免费获得相同的信息，各种证券无限分散，任何投资者都不可能控制证券价格。

（3）公司的投资政策独立于股利政策。

（4）关于未来的投资机会，投资者和企业管理者的信息是对称的。

在这些特定的假设条件下，MM股利无关理论认为，假如某一公司发放给股东较高的股利，那么其就必须发行更多的股票，其数额正好等于公司的股利。也就是说，在不改变投资决策和目标资金结构的条件下，公司若要增发股利，唯一的方法是靠增发新股的方式筹得投资所需资金。在完善的市场条件下，新股东购买股票愿意支付的价格必须与企业价值相一致。因此，这个活动的结果是新老股东之间的价值转移，即老股东将自己拥有的一部分资产转让给新股东，新股东则把同等价值的现金交付给老股东，企业价值保持不变。

MM股利无关理论认为：

（1）在有关假设基础上，投资者不会关心公司的股利分配，公司的股利政策不会对公司的资产价值产生影响。

（2）公司股票的价格主要反映公司的投资方案和获利能力，与股利政策无关。

（3）公司用于投资的留存收益越多，公司发展越快，投资效益越好，股价上涨得越快。因此，股东出售股票可获取丰厚的资本收益。

（4）股东的财富由分得的股利和股价升值而形成的资本利得两部分组成。股利的分派将导致公司价值增长的减退，进而引起股价的下跌。因此，股东从分派股利中得到的好处正好被股价下跌而导致的损失所抵消，股利分配不影响股东财富的数量。

综上所述，对理性投资者而言，在股利和资本利得的选择上并无明显的偏好，无论从公司的角度还是股东的角度来看，根本不存在最佳股利政策，公司的价值完全取决于投资决策的成败。虽然MM股利无关理论与实际情况相距甚远，但它为股利理论研究奠定了基础。

二、股利政策相关论

MM股利无关理论关于股利政策与公司价值无关的讨论与其关于资金结构与公司价值无关的讨论一样，都是建立在一系列理想的假设之上的。但现实世界与MM理论假设的理想情景有很大的差异，一些假设得不到很好的满足，事实上股利政策可能对公司价值产生某种程度的影响。对此，财务学者和研究人员进行了许多讨论，主要形成以下四种理论。

（一）“在手之鸟”理论

“在手之鸟”理论来源于英国的格言“双鸟在林，不如一鸟在手”。该理论认为，投资者对于股利与资本利得这两种形式的收入具有不同的偏好，投资者更喜欢近期有确定收入的股利，而不喜欢远期且不确定的资本利得。股利可视为投资者的既得利益，好比在手之鸟；而股票价格的升降具有很大的不确定性，犹如林中之鸟，不一定能得到。因此，资本利得的风险要远远高于股利收入的风险。为此，投资者更愿意购买派发高股利的股票，从而导致该类股票价格上涨。

“在手之鸟”理论的主要研究者有戈登、杜兰特和林特纳等。戈登指出，由于股利是定期、确定的报酬，而未来的资本利得缺乏确定性，因此，风险厌恶型的股东更喜欢股利，对未来资本利得的兴趣不大。据此，戈登认为，股利的支付可以减少投资者的不确定性，并使他们愿意按较低的普通股必要报酬率来对公司的未来盈利贴现，从而使公司的价值得到提高。相反地，不发放股利或降低股利支付率，而更多地留存公司的盈利进行再投资，以获得更多未来的资本利得，会增大投资者的不确定性。因此，戈登和林特纳主张，就像还停留在丛林中尚未被抓到的两只小鸟比不上一只已抓在手中的鸟一样，发生在未来的资本利得的风险高于目前已握在手中的股利的风险。所以，为了使资金成本能降到最低、企业价值最大，公司应维持高股利支付率的股利政策。

但这一理论对股利政策的解释存在一定的疑问。从长远来看，无论是现金股利，还是资本利得，都需要有企业的实际业绩支撑才能真正实现。因此，尽管企业可以在短期内依靠资金的调度和安排满足既定数额的现金股利发放，但如果没有长期盈利的业绩支持，必然会在某一时期无法保证优于以往的现金股利发放。相反，如果企业能够长期保持良好的盈利业绩，尽管市场在一段时间内可能未能充分估计公司股票的价值而导致其价格被低估，但从长远看，公司的实际价值一定会在股票价格上表现出来。因此，如果股票市场在较长时期内是一个有效率的市场，就不存在现金股利的风险一定低于资本利得的风险的结论，现金股利也就不一定优于资本利得。

（二）信号传递理论

MM股利无关理论关于股利政策与公司价值的讨论得以成立的基本假设之一，是投资者和公司的管理人员对公司的未来发展和收益情况有相同的了解和预期。但实际上，投资者对公司的实际状况和未来前途的了解远不如公司管理人员清晰，在这两者之间存在着信息不对称的情况。

信号传递理论认为，在信息不对称的情况下，公司可以通过股利政策向市场传递有关公司未来盈利能力的信息。一般说来，高质量的公司往往愿意通过相对较高的股利支付率把自己同低质量的公司区别开来，以吸引更多的投资者。对市场上的投资者而言，股利政策的差异或许是反映公司质量差异的极有价值的信号。如果公司连续保持较为稳定的股利支付率，那么，投资者就可能对公司未来的盈利能力与现金流量抱有较为乐观的预期。

不过，公司以支付现金股利的方式向市场传递信息，通常也要付出较为高昂的代价。这些代价包括：①较高的所得税负担；②一旦公司因分派现金股利造成现金流量短缺，就可能被迫重返资本市场发行新股，而这一方面会产生必不可少的交易成本，另一方面又会扩大股本，摊薄每股的税后盈利，对公司的市场价值产生不利影响；③如果公司因分派现金股利造成投资不足，并丧失有利的投资机会，还会产生一定的机会成本。尽管以分派现金股利的方式向市场传递利好信号需要付出很高的成本，为什么公司仍要选择其作为公司股利支付的主要方式呢？这个难以破解的理论问题被布莱克（Black，1976）称为“股利分配之谜”。

围绕“股利分配之谜”，经济学家们作出了各种各样的解释。其中，较有说服力的观点有四种：

（1）声誉激励理论。该理论认为，由于公司未来的现金流量具有很大的不确定性，因此，为了在将来能够以较为有利的条件在资本市场上融资，公司必须事先建立起不剥夺股东利益的良好声誉。建立“善待股东”这一良好声誉的有效方式之一就是派发现金股利。

（2）逆向选择理论。该理论认为，相对于现金股利而言，股票回购的主要缺陷在于，如果某些股东拥有关于公司实际价值的信息，那么，他们就可能在股票回购过程中充分利用这一信息优势。当股票的实际价值低于公司的回购价格时，他们就会极力回避价值被高估的股票，于是便产生了逆向选择问题，而派发现金股利则不存在这类问题。

（3）交易成本理论。该理论认为，市场上有相当一部分投资者出于消费等原因，希望从投资中定期获得稳定的现金流量。对于这类投资者而言，选择稳定派现的股票也许是达到上述目的最廉价的方式。这是因为，倘若投资者以出售所持股票的方式来套现，就可能因时机选择不当而蒙受损失。况且，选择在何时以何种价位出售股票还需要投入许多时间和精力，这些交易成本的存在使得投资者更加偏好现金股利。

（4）制度约束理论。该理论认为，公司之所以选择支付现金股利，是出于降低风险的考虑，法律通常要求信托基金、保险基金、养老基金等机构投资者只能持有支付现金股利的股票，并获得股利收入。如果公司不派现，那么这种股票就会被排除在机构投资者的投资对象之外。

虽然股利分配的信号传递理论已为人们广泛接受，但也有一些学者对此持不同看法。他们的主要观点是：第一，公司目前的股利分配并不能帮助投资者预测公司未来的盈利能力；第二，高派现的公司向市场传递的并不是公司具有较好前景的利好消息，而是公司当前没有正现值的投资项目，或公司缺乏较好投资机会的利空消息。不过，由于上述反对意见缺乏实证考察的支持，因此未能引起人们的过多关注。

（三）税收差别理论

在不存在税收因素的情况下，公司选择何种股利支付方式并不重要。但是，如果对现金红利和来自股票出售的资本利得征收不同的税赋（如现金股利的税赋高于资本利得的税赋），那么，在公司及投资者看来，支付现金股利就不再是最优的股利分配政策。由此可见，在存在差别税赋的前提下，公司选择不同的股利支付方式，不仅会对公司的市场价值产生不同的影响，也会使公司（及个人）的税收负担出现差异。诚然如此，从逻辑上讲，一个好的股利政策除了应使融资成本和代理成本最小化之外，还应使税收成本最小化。在国外，投资者取得的股利和资本利得这两种形式的收入所适用的所得税税率是不同的，资本利得的个人所得税税率通常要低于股利收入的税率（在我国，目前个人投资股票所获得的资本利得无须缴纳个人所得税），这就使得公司留存收益对投资者更有利，因此税收差别理论认为公司应当采取低支付率的股利政策，以实现资金成本最小化和企业价值最大化。此外，资本利得税要递延到股票真正出售时才发生，实际上是在公司留存收益而不支付股利的时候，给了投资者一个有价值的时机选择权，使其可以获得延迟纳税的好处。因此，即使政府对股利和资本利得这两种所得征收的税率相同，实际上资本利得税率（以现值形式）也比股利收入税率要低。

税收差别理论的结论主要有两点：一是股票价格与股利支付率成反比；二是权益资金成本与股利支付率成正比。按照税收差别理论，企业在制定股利政策时必须采取低股利支付率政策，才能使企业价值最大化。

但是，这种理论也存在缺陷。因国外的投资者家庭年收入不同，其个人所得税税率也有很大的差异，低收入家庭的现金股利可能只需要缴纳税率很低的个人所得税，甚至无须缴纳个人所得税，因此，个人所得税税率较低的投资者就愿意选择发放现金股利较多的公司进行投资，而个人所得税税率较高的投资者则愿意选择发放较少甚至不发放现金股利的公司进行投资。只要各类投资者的数量足够多，大家就可以找到合适的投资对象，企业也可以找到相应稳定的筹资对象。如果是这样，就不存在现金股利与资本利得孰优孰劣的问题。

在我国，上市公司向股东派发现金股利要按照5%～20%税率代扣代缴个人所得税。因此，股东得到现金股利必须缴纳个人所得税。由于目前我国尚未建立针对资本利得征收个人所得税的税收规定，股东出售股票获得资本利得只需支付必要的交易费用和印花税，不必缴纳个人所得税。因此，从税收的角度讲，在我国向股东分派现金股利对股东而言是不利的。

（四）代理理论

代理理论认为，股利政策实际上体现的是公司内部人与外部股东之间的代理问题。在存在代理问题的前提下，适当的股利政策有助于保证经理们按照股东的利益行事。所谓适当的股利政策，是指公司的利润应当更多地支付给股东；否则，这些利润就有可能被公司的内部人所滥用。较多地派发现金股利至少具有以下几点好处：一是公司管理者要将公司的很大一部分盈利返还给投资者，于是他自身可以支配的“闲余现金流量”就相应减少了，而这又可以在一定程度上抑制公司管理者过度地扩大投资或进行特权消费，进而保护外部投资者的利益。二是较多地派发现金股利，可能迫使公司重返资本市场进行新的融资，如再次发行股票。这一方面使得公司更容易受到市场参与者的广泛监督，另一方面也为外部投资者借股份结构的变化对“内部人”进行控制提供了可能。而且，再次发行股票后，公司的每股收益被摊薄，公司要维持较高的股利支付率，就需要付出更大的努力。因此，高水平的股利分配政策有助于缓解代理问题，并降低代理成本，但同时也增加了企业的外部融资成本。

一般而言，保持股利的稳定，并根据收益状况增加股利发放，可以使投资者加强对企业的信任，有利于提高企业的财务形象，从而引起股价的上升；反之，则会引起股价的下跌。一般投资者根据股价变动来判断是否对企业进行投资，因而股价的升降会对企业产生重大影响，股利政策实际上将影响企业价值。

第三节 股利政策

股利政策是确定公司净利润如何分配的方针和策略。公司的净利润是公司从事生产经营活动所取得的剩余收益，是股东对公司进行投资应得的投资报酬。从权益上讲，公司实现的净利润属于全体股东的权益，无论是以现金股利的形式给股东分红，还是作为留存收益留在公司内部，都属于股东的财富。公司将净利润以现金股利的形式分配给股东，股东可以用这些现金进行其他投资或者用于消费；公司将净利润留存在公司内部，实际上是股东对公司进行再投资。因此，无论如何分配都没有改变净利润是股东财富的性质。但是，通过前面的股利理论可知，公司如何分配利润对股东财富具有现实的影响。这样，股利政策就成为公司财务管理的一项重要政策。

在实践中，公司的股利政策主要包括以下几个方面的内容：股利分配形式的确定；股利支付率的确定；每股股利的确定；股利分配时间的确定。其中，每股股利与股利支付率的确定是股利政策的核心内容，它决定了公司的净利润中有多少以现金股利的形式发放给股东，有多少作为留存收益对公司进行再投资。一般而言，投资者对每股股利的变动会比较敏感，如果公司各年度之间的每股股利相差较大，就向市场传递了公司经营业绩不稳定的信号，不利于公司股票价格的稳定。

股份公司常用的股利政策主要有五种：剩余股利政策、固定股利政策、稳定增长股利政策、固定股利支付率和低正常股利加额外股利政策。

一、剩余股利政策

剩余股利政策是在公司有良好投资机会时，根据公司设定的最佳资金结构，测算出投资所需的权益资金，先最大限度地使用留存收益来满足投资方案所需的权益资金，然后将剩余的收益作为股利发放给股东。这种股利政策的基本特点是：企业如果有盈余，优先考虑投资的需要，如果满足投资需要后还有剩余，就用来发放股利，否则就不发放股利。“剩余”意味着只能用收益的“多余部分”来支付股利。

剩余股利政策可以按照以下步骤实施：

（1）设定目标资金结构，即确定权益资金与债务资金的比率，在此资金结构下，加权平均资金成本将达到最低水平。

（2）确定公司下一年度的资金需要量。

（3）确定目标资金结构下投资所需的股东权益数额。

（4）最大限度地使用留存收益来满足投资方案所需的权益资金数额。

（5）投资方案所需权益资金已经满足后若有剩余盈余，再将其作为股利发放给股东。

【例10-2】某公司上一年度税后利润为800万元，今年年初公司讨论决定股利分配的金额。预计今年需要增加投资资金1 000万元。公司的目标资金结构是权益资金占60%，债务资金占40%。公司采用剩余股利政策。筹资的优先顺序是留存收益、借款和增发股份。要求：计算公司可用于分配现金股利的净额。

公司应筹集的留存收益=1 000×60%=600（万元）

股利可分配金额=800-600=200（万元）

【例10-3】某企业遵循剩余股利政策，其目标资金结构为资产负债率60%。要求：（1）如果该年的税后利润为60万元，在没有增发新股的情况下，计算企业可以用于投资的最大支出。（2）如果企业下一年度拟投资100万元，计算企业将支付的股利。

（1）企业最大的投资支出=60÷（1-60%）=150（万元）

（2）企业支付股利=60-100×（1-60%）=20（万元）

剩余股利政策成立的基础是：大多数投资者认为，如果企业再投资的报酬率高于投资者在同样风险下进行其他投资的报酬率，他们宁愿把利润保留下来用于企业再投资，而不是用于支付股利。例如，企业有投资报酬率达12%的再投资机会，而股东取得股息后再投资的报酬率只有10%，则此时股东们愿意选择将利润保留于企业。股东取得股利再投资的10%的报酬率，就是企业利润留存的成本。如果投资者能够找到其他投资机会，使得投资收益大于企业利用留存收益再投资的收益，则投资者更喜欢发放现金股利。这意味着投资者对于盈利的留存或发放股利毫无偏好，关键是企业投资项目的净现值必须大于零。

剩余股利政策的优点在于，可以最大限度地满足企业对再投资的权益资金的需要，保持理想的资金结构，并使综合资金成本最低。在【例10-2】中，如果公司不按剩余股利政策发放股利，将可向股东分配的800万元全部留作投资（这样当年将不发放股利），或全部作为股利发放给股东，然后再去筹借债务，都会破坏目标资金结构，导致加权平均资金成本的提高，不利于提高公司的价值（股票价格）。

剩余股利政策也存在缺点：首先，其忽略了不同股东对资本利得与股利的不同偏好，损害那些偏好现金股利的股东的利益，从而可能影响股东对企业的信心。其次，企业采用剩余股利政策是以投资的未来收益为前提的，由于企业管理层与股东之间存在信息不对称，股东不一定了解企业投资的未来收益水平，也会影响股东对企业的信心。再次，如果彻底地执行剩余股利政策，股利发放额就会每年随投资机会和盈利水平的波动而波动，即使在盈利水平不变的情况下，股利也将与投资机会的多寡呈反方向变动。也就是说，投资机会越多，股利越少；而投资机会越少，股利发放越多。在投资机会维持不变的情况下，股利发放额将随公司每年盈利的波动而同方向波动。因此，剩余股利政策不利于投资者安排收入与支出，也不利于公司树立良好的形象，一般适用于处于初创期的公司。

二、固定股利政策

固定股利政策即每股股利支付额固定。其基本特征是：无论经济情况如何、企业经营好坏，不降低股利的发放额，将企业每年的每股股利支付额稳定在某一特定水平上保持不变，只有企业管理当局认为企业的盈利确已增加，而且未来的盈利足以支付更多的股利时，企业才会提高每股股利支付额。

固定股利政策的优点有：

(1) 固定的股利向市场传递公司正常发展的信息，有利于树立公司的良好形象，增强投资者对公司的信心，稳定股票的价格。

(2) 固定的股利额有利于投资者安排股利收入和支出，对于那些对股利有着很高依赖性的股东更是如此。股利忽高忽低的股票，则不会受到这些股东的欢迎，股票价格会因此而下降。

(3) 固定股利政策可能不符合剩余股利理论，但考虑到股票市场会受到多种因素的影响，包括股东的心理状态和其他要求，因此为了使股利维持在稳定的水平上，即使推迟某些投资方案或者暂时偏离目标资金结构，也可能要比降低股利或降低股利增长率更为有利。

固定股利政策的缺点是会造成公司较高的财务负担。固定支付的股利与盈余脱节，当盈余较少时仍要支付固定股利，可能导致资金短缺、财务状况恶化，同时不能像剩余股利政策那样保持较低的资金成本。这种股利政策适用于盈利稳定或处于成长期的企业。

三、稳定增长股利政策

稳定增长股利政策是指在一定的时期内保持公司的每股股利稳定增长的股利政策。采用这种股利政策的公司一般会随着公司盈利的增加，保持每股股利平稳地增加。公司确定一个稳定的股利增长幅度，实际上是向投资者传递该公司经营业绩稳定增长的信号，可以降低投资者对公司经营风险的担心，从而有利于股票价格上涨。公司在采取稳定增长股利政策时，要使股利增长幅度等于或略低于企业的利润增长幅度，这样才能保证股利增长具有可持续性。

此外，行业特点和公司经营风险也是影响公司是否应当采用稳定增长股利政策的重要因素。通常，公共事业行业的公司经营活动比较稳定，受经济周期影响较小，比较适合采用稳定增长股利政策；而一些竞争非常激烈的行业，由于公司经营风险较大，经营业绩变化较快，一般不适合采用这种股利政策。

稳定增长股利政策的优点和缺点类似于固定股利政策，二者具有同样的财务效应，因此，较多学者倾向于把这两种政策作为一类来进行介绍。

稳定增长股利政策适合处在成长或成熟阶段的公司，处在初创阶段或衰退阶段的公司则不适合采用这种股利政策。

四、固定股利支付率政策

固定股利支付率政策，是将公司每年盈利的某一固定百分比额度作为股利分配给股东。这一百分比通常称为股利支付率，股利支付率一经确定，一般不得随意变更。固定股利支付率越高，公司留存的净收益越少。在这一股利政策下，只要公司的税后利润一经计算确定，所应派发的股利也就相应确定了。

固定股利支付率政策的优点有：第一，股利与公司盈余紧密配合，体现了多赚多分、少赚少分的股利分配原则；第二，由于公司的获利能力在年度间是经常变动的，因此，每年的股利也随着公司收益的变动而变动，并保持分配与留存收益间的一定比例关系。采用固定股利支付率政策的公司每年按固定的比例从税后利润中支付现金股利，从企业支付能力的角度看，有利于降低财务风险。

固定股利支付率政策的主要缺点有：

(1) 传递的信息容易成为对公司不利的因素。大多数公司每年的收益很难保持稳定不变，如果公司每年收益状况不同，固定支付率的股利政策将导致公司每年股利分配额的频繁变化。股利通常被视作公司未来发展前景的信号，那么波动的股利向市场传递的信号就是公司未来收益前景不明确、不可靠等，很容易给投资者留下公司经营状况不稳定、投资风险较大的不良印象。

(2) 容易使公司面临一定的财务压力。因为公司实现的盈利越多，固定支付比率下派发的股利就越多，但公司实现的盈利多并不代表公司有充足的现金派发股利，只能表明公司盈利状况较好而已。如果公司的现金流量状况并不好，却还要按固定比率派发股利，就很容易给公司造成一定的财务压力。

(3) 缺乏财务弹性。股利支付率是公司股利政策的主要内容，模式的选择、政策的制定是公司的财务手段和方法。在不同阶段，根据财务状况制定不同的股利政策，会更有效地实现公司的财务目标。但在固定股利支付率政策下，公司丧失了利用股利政策的财务选择权，缺乏财务弹性。

(4) 合适的固定股利支付率的确定难度较大。如果固定股利支付率定得较低，不能满足投资者对投资收益的要求；而固定股利支付率定得较高，当没有足够的现金派发股利时，会给公司带来巨大的财务压力，当公司需要大量资金时，也要受其制约。

由于公司每年面临的投资机会、筹资渠道都不同，而这些都会影响公司的股利分派，因此，固定股利支付率政策只适用于那些发展状态与财务状况比较稳定的公司，一成不变地奉行固定股利支付率政策的公司在实际中并不多见。

五、低正常股利加额外股利政策

低正常股利加额外股利政策是介于固定股利与固定股利支付率之间的一种股利政策。其特征是：企业一般每年都支付较低的固定股利，当盈利增长较多时，再根据实际情况加付额外股利。也就是说，当企业盈余较少或现金投资较多时，可维持较低的固定股利，而当企业盈利有较大幅度增加时，则加付额外股利。

这种分配政策的优点有：第一，吸收了稳定股利的优点，同时又摒弃了其不足，使公司在股利发放上留有余地并保持弹性。当公司盈余较少或投资需用较多资金时，维持设定得较低但正常的股利，股东不会有股利跌落感；而当盈余有较大幅度增加时，可适度增发股利，把增长的部分利益分配给股东，使他们增强对公司的信心，有利于稳定股票的价格。因此，该政策是灵活性最大的股利政策。第二，可使那些依靠股利度日的股东每年得到虽然较低但比较稳定的股利收入，从而留住这部分股东。

低正常股利加额外股利政策也存在缺点：其一，公司在盈利较少或无盈利时，仍需支付股利。尽管所付的正常股利数额可能不大，但毕竟股利的支付会增加公司资金的流出，这对于本来资金就很紧张的公司而言，无疑是“雪上加霜”。其二，如果公司经营状态良好，盈利较多，并持续地支付额外股利，又很容易提高股东对股利的期望值，从而将额外股利视为“正常”股利，一旦公司盈利下降而减少额外股利时，便会招致股东极大的不满。

低正常股利加额外股利政策适用于盈利与现金流量波动且不够稳定的企业，因而也被大多数企业所采用。

以上各种股利政策各有所长，公司在分配股利时应借鉴其基本决策理念，根据实际情况制定一套适合公司的股利政策。

第四节 股票股利、股票分割与股票回购

一、股票股利

股票股利即公司以发放的股票作为股利的支付方式。发放股票股利的具体办法有送股与配股两种。

送股是指公司将未分配利润或盈余公积金转为股本，按增加的股票比例派送给股东，如“10送4”的股票股利是指持有100股的股东可无偿分到40股。

配股是指公司在增发股票时，将股票以一定比例按优惠价格出售给原股东。配股有时也可以作为公司再次筹资发行新股的方式。

配股和送股的区别在于：①配股是有偿的，送股是无偿的；②配股成功会使公司现金增加；③配股实质上是给予原有股东的补偿，是给予他们的优惠购买股票的权利，这种做法的目的在于保护原有股东对公司的控制权。

（一）股票股利的意义

股票股利尽管不直接增加股东的财富，也不增加企业的价值，但对股东和企业都有特殊意义。

1.股票股利对股东的意义

（1）股东获得股票价值相对上升的利益。公司发放股票股利后其股价并不会成比例地下降，在发放少量股票股利（如2%～3%）后，一般不会立即引起股价的变化，可使股东获得股票价值相对上升的收益，即填权收益，否则就会发生贴权。成长或发展中的公司在发放股票股利的同时还结合现金股利，股东会因所持股数增加而得到更多的现金。因此，发放股票股利能为投资者带来获得更多收益的这种心理影响，往往有利于股价的上升。

【例10-4】某公司宣布发放10%的股票股利，然后每股再支付现金股利2元，某投资者拥有100股。要求：计算其可获得的现金股利金额。

2×100×（1+10%）=220（元）

若不发放股票股利，该股东所得现金股利只有200元。

（2）发放股票股利通常是处于成长阶段的公司所采用的利润分配形式，因此投资者往往认为发放股票股利预示着公司会有较大发展，利润将大幅度增长，足以抵消增发股票带

来的消极影响，这种心理会带来稳定股价甚至提升股价的效应。

（3）在股东需要现金时，还可以将分得的股票股利出售，大部分国家的税法规定出售股票所需承担的税率比收到现金股利所需承担的税率低，这使得股东可以从中获得节税收益。

（4）发放股票股利后，由于增加了股份数，每股净资产会下降。与此同时，如果股票市场价格下跌幅度大于每股净资产下降的幅度，则会给股东造成实质性的损失，这就是股票股利对股东而言的最大缺点。

2.股票股利对公司的意义

（1）发放股票股利使公司可以留存利润，也就避免了大量现金的流出，便于公司进行再投资，有利于公司的长远发展。

（2）发放股票股利可以降低每股股票的市场价格，在企业盈利和现金股利不变的情况下，会吸引更多的投资者。

（3）发放股票股利往往会向投资者传递公司会继续发展的信息，从而提高投资者对企业的信心，在一定程度上稳定股票价格。

（4）股票股利对公司而言的主要缺点是：其管理费用比现金股利高得多，从理论角度而言，这笔管理费用是股东的损失，因为如果公司不以股票股利支付形式进行股利分配，节约的管理费用就会使公司的利润增加；另外，公司采用股票股利形式，有可能传递公司现金周转不灵的信息，当公司财务报表所反映的投资报酬率低于投资者的预期或投资项目运转不良时尤其如此，从而会影响公司的财务形象和再筹资能力，降低投资者对企业的信心，导致公司股价下跌。

（二）股票股利对公司权益的影响

股票股利不直接增加股东的财富，不导致公司资产的流出或负债的增加，也不增加公司的财产，但是会引起股东权益各项目的结构发生变化。

【例10-5】HM公司在发放股票股利前，股东权益情况见表10-1。

表10-1 HM公司发放股票股利前股东权益情况表

项　目	金　额
普通股（面额1元，已发行20万股）	20万元
资本公积	40万元
未分配利润	200万元
股东权益合计	260万元

假定HM公司宣布按市价发放10%的股票股利，即发放2万股普通股，并规定现有股东每持10股可得1股新发放股票。若该股票当时市价为20元，随着股票股利的发放，需从“未分配利润”项目转出的资金为：

20×20×10%=40（万元）

由于股票面额（1元）不变，发放2万股普通股，只应增加“普通股”项目2万元，其余的38万元（40-2）应作为股票溢价转至“资本公积”项目，而公司股东权益总额保持不变。发放股票股利后，公司股东权益各项目见表10-2。

表10-2　　HM公司发放股票股利后股东权益情况表

项　目	金　额
普通股（面额1元，已发行22万股）	22万元
资本公积	78万元
未分配利润	160万元
股东权益合计	260万元

可见，发放股票股利不会对公司股东权益总额产生影响，但会发生资金在各股东权益项目间的再分配。

【例10-6】FD上市公司在2016年发放股票股利前，其资产负债表中的股东权益账户情况见表10-3。

表10-3　　FD上市公司发放股票股利前股东权益情况表

项　目	金　额
普通股（面额1元，已发行2 000万股）	2 000万元
资本公积	4 000万元
盈余公积	2 000万元
未分配利润	3 000万元
股东权益合计	11 000万元

假设FD公司宣布按面值发放30%的股票股利，现有股东每持有10股，即可获得赠送的3股普通股。FD公司发放的股票股利为600万股。随着股票股利的发放，未分配利润中有600万元的资金要转移至普通股的账户，因而普通股股本由原来的2 000万元增加到2 600万元，而未分配利润的余额由3 000万元减少至2 400万元，但FD公司的股东权益总额并未发生改变，仍是11 000万元，股票股利发放之后的资产负债中的股东权益部分见表10-4。

表10-4　　FD上市公司发放股票股利后股东权益情况表

项　目	金　额
普通股（面额1元，已发行2 600万股）	2 600万元
资本公积	4 000万元
盈余公积	2 000万元
未分配利润	2 400万元
股东权益合计	11 000万元

假设某位股东派发股票股利之前持有公司的普通股3 000股，那么，他拥有的股权比例为：

股权比例=3 000÷20 000 000=0.015%。

派发股利之后，他拥有的股票数量和股权比例为：

股票数量=3 000+900=3 900（股）

股权比例=3 900÷26 000 000=0.015%

通过【例10-6】可知，由于公司的净资产不变，股利股票派发前后每一位股东的持股比例也不发生变化，因此他们各自持股所代表的净资产也不会改变。

需要指出的是，【例10-4】中以市价计算股票股利价格的做法，是很多西方国家所通行的。除此之外，也可以按股票面值计算股票股利，我国目前即采用这种做法，如【例10-5】所示。

发放股票股利后，如果盈利总额和市盈率不变，普通股股数增加会引起每股收益和每股市价下降；但由于股东所持股份的比例不变，每位股东所持股票的市场价值总额仍保持不变。

（三）股票股利对股价的影响

在上市公司分红时，我国股票投资者普遍都偏好送股。对于股东而言，采取送股的形式分配利润将优于不分配利润。这种方式不会改变股东的持股比例，也不增减股票的含金量，但送股有可能提高股票投资者的收益，其依据如下：

（1）按照我国的现行法律规定，上市公司的股东不论是自然人还是法人都要依法承担纳税义务，持股人必须缴纳股票收益（股利）所得税，缴纳额为股利的5%～20%，而上市公司发放股票股利时，股东不必承担纳税义务。

（2）在股票供不应求阶段，送股增加了股东所持股票数量，在市场炒作下有利于股价的上涨，从而提高投资者的价差收入（资本利得）。

（3）送股以后，股票的数量增加了，同时由于除权降低了股票的价格，就降低了购买这种股票的门槛，改变了股票的供求关系。

【例10-7】某股票在股权登记日的收盘价为15元，拟定的分配方案为每10股送8股。要求：计算该股票的除权价。

$$\text{除权价} = \frac{\text{股权登记日的收盘价}}{1 + \text{每股送股率}} = \frac{15}{1 + 0.8} = 8.33(\text{元})$$

该股票除权日的开盘价基数理论上由15元降到8.33元，股东如果需要现金，可以通过卖出股票获得。如果该股票的股价由8.33元继续上涨，称为股价填权。虽然绝对股价下降，但相对股价上升，如果上升至15元，则称填满权。如果该股票的股价由8.33元下降，则称作股价贴权。

由此可见，发放股票股利能达到降低公司绝对股价的目的。

二、股票分割

（一）股票分割的概念

股票分割又称拆股，是指股份公司用某一特定数额的新股按一定比例交换一定数额的流通在外的股份的行为。例如，将原来的1股股票交换成10股股票。股票分割不属于利润分配的方式，但其所产生的效果与发放股票股利近似。

从会计角度而言，股票分割对公司的资金结构、资产的账面价值、股东权益各账户（普通股、资本公积、盈余公积、未分配利润等）都不产生影响，只会使公司发行在外的股票总数增加、每股股票代表的账面价值降低，因此，股票分割与发放股票股利的作用非常相似，都是在不增加股东权益的情况下增加股票的数量。不同的是，股票分割导致的股票的增加数量可以远远大于发放股票股利，而且两种政策的会计处理也有所不同。

从实务角度看，由于股票分割与股票股利非常接近，所以一般要根据证券管理部门的具体规定对两者加以区分。有的国家证券管理部门规定，发放25%以上的股票股利即属于股票分割。

（二）股票分割的意义

1.降低公司股票价格

股票分割是在不增加股东权益的情况下增加流通中的股票数量，分割后每股股票所代表的股东权益的价值将降低，每股股票的市场价格也将相应降低。当股票的市场价格过高时，股票交易会因每手交易所需的资金量过大而受到影响，特别是许多小户、散户因资金实力有限而难以入市交易，使这类股票的流通性降低、股东人数减少。因此，许多公司在其股价过高时采用股票分割的方法降低股票的交易价格，提高公司股票的流通性，使公司的股东范围更为广泛。

2.传递公司远期良好的信号

一般而言，股票分割往往是成长中的公司所为，因此，企业进行股票分割往往被视为一种利好消息而影响其股票价格，这样公司股东就能从股份数量和股票价格中获得相对收益。

3.增加股东的现金股利

股票分割在有些情况下也会增加股东的现金股利。尽管股票分割后各股东持有的股数增加，但持股比例不变，持有股票的总价值不变。不过，只要股票分割后每股现金股利的下降幅度小于股票分割幅度，股东仍能获得更多的现金股利。例如，假定某企业股票分割前每股现金股利为3元，某股东持有100股，可分得现金股利300元。当企业按1∶2的比例进行股票分割后，该股东股数增为200股，若现金股利降为每股1.8元，该股东可得现金股利360元，多于其股票分割前所得的现金股利。

4.有利于公司购并的实施

一家公司在购并另一家公司之前，首先对自己公司的股票进行分割，可以提高对被购并方股东的吸引力。

5.为新股发行做准备

在新股发行之前利用股票分割降低股价，有利于提高股票的可转让性并促进市场交易活动，由此增加投资者对股票的兴趣，促进新发行股票的销售。

与股票分割相反，企业有时也进行股票合并操作。股票合并又称合股、逆向分割或反分割，即公司1股新股换取1股以上的旧股。显然，股票合并将减少流通在外的股票数量，提高每股股票的面值和其所代表的净资产的数额，进而提高股票的市场价格。

股票合并通常是一些业绩不佳、股价过低的公司进行的，它们希望通过这种操作来提高股票价格，使之达到一个合理的交易价格水平。公司实行股票合并一般会传递出公司处于财务困境的信息，因此，在实际工作中，除公司兼并之外，很少有股票合并的现象。

（三）股票分割与股票股利的比较

1.股票分割与股票股利对公司的影响

二者对公司影响的共同之处在于公司股东权益总额均不会发生变化。

二者对公司的影响也存在不同之处：股票股利将使股本总数扩大，公司留存收益减少，每股面值不变；而股票分割则不影响公司的股本总额和留存收益，仅使公司股票的每股面额下降。

2.股票分割与股票股利对市场的影响

两者对市场影响的共同点在于，对投资者传递了较为积极的信号。

两者对市场的影响也存在不同之处：股票分割必然会促使股票市价下降，而股票股利则不一定。一般而言，股票股利的数额较大时，才可能使股票市价大幅下降。因此，只有在公司股价急剧上涨且预期难以下降时，才会采用股票分割的方法降低股价；而在公司股价上涨幅度不大时，通常采用发放股票股利的方法将股价维持在理想的范围之内。

三、股票回购

(一）股票回购的概念

股票回购是指上市公司从股票市场上购回本公司一定数额的发行在外的股票的行为。公司在股票回购完成后可以将所回购的股票注销，但在绝大多数情况下，公司将回购的股份作为“库藏股”保留，仍属于已发行的股份，但不参与每股收益的计算和收益分配。库藏股可以用于员工激励方案、发行可转换债券等，或在需要资金时将其出售。

股票回购既是一项重要的股利政策，也是完善公司治理结构、优化公司资金结构的重要途径。股票回购作为成熟证券市场上一个常见的公司财务活动，不仅对市场参与各方产生一定的影响，而且为上市公司本身带来显著的财务效应。

股票回购最早产生于美国，起源于公司规避政府对现金红利的限制。1974年前后，美国政府对公司支付现金红利施加了限制条款，许多公司转而采用股票回购方式向股东分配收益。在相对成熟的美国证券市场上，股票回购的方式主要有以下几种：

(1）公开市场回购。公司在股票的公开交易市场上回购股票，这种方法的缺点是在公开市场购买股票时会推高股价，从而增加回购成本。另外，交易税和交易佣金也是不可忽视的成本。

(2）要约回购。公司以事先确定的价格向市场要约回购股票，为吸引投资者出售持有的股票，要约价格一般会略高于市价。如果愿意售回的股票多于要约数量，公司按一定的配购比例向股东配购。

(3）协议回购。当公司欲从一个或几个主要股东处回购股票时，一般会采用协议回购。但这种交易需要制定合理价格，防止大股东借此高价向公司售回股票，损害未售回股份股东的利益。

股票回购必须遵守国家的有关法律法规。我国法律规定，公司一般不得收购本公司股票，但是，有下列情形之一的除外：①减少公司注册资本；②与持有本公司股份的其他公司合并；③将股份奖励给本公司员工；④股东因对股东大会作出的公司合并、分立决议持异议，要求公司收购其股份的。公司因上述第①～③项原因收购本公司股份的，应当经股东大会决议。公司依照上述规定收购本公司股份后，属于第①项情形的，该股份应当自收购之日起10日内注销；属于第②和第④项情形的，该股份应当在6个月内转让或者注销。

（二）股票回购的意义

1.可以作为一种反收购措施

股票回购在国外一般是一种重要的反收购措施，此举有助于公司管理者避开竞争对手企图收购的威胁。股票回购导致股价上升和公司流通在外的股票数量减少，从而使收购方要获得控制公司的法定股份比例变得更为困难；股票回购后，公司流通在外的股份少了，可以防止浮动股票落入进攻企业手中（不过，由于回购的股票无表决权，回购后进攻企业持股比例也会有所上升，因此公司需将回购股票再卖给稳定股东，才能起到反收购的作用）；在反收购战中，目标公司通常在股价已上升后实施股票回购，此举使得目标公司流动资金减少，财务状况恶化，减弱了本公司作为被收购目标的吸引力。

2.有利于公司调整资金结构，获得财务杠杆利益

当公司管理当局认为，其权益资金在整个公司资金结构中所占比例过高、资产负债率过低时，就有可能利用留存收益或通过对外举债来回购企业发行在外的普通股。实践证明，该方法有利于迅速提高公司的资产负债率。

无论是用现金还是负债回购股份，都会改变公司的资金结构，提高财务杠杆比例。在现金回购方式下，假定公司中长期负债规模不变，则伴随股票回购而来的是股权资金在公司资金结构中的比重下降，公司财务杠杆比例提高；在用增加债务回购股份的方式下，公司中长期负债增加，股权资金比重下降，财务杠杆比例提高。公司资金结构中权益资金比重的下降和公司财务杠杆比例的提高，一般而言会导致两个相互联系的结果：一是公司加权平均资金成本的变化；二是公司财务风险可能随债务比重增大到一定点之后而增大。所以，公司进行股票回购必须考虑优化其资金结构，合理发挥财务杠杆作用。

3.有利于稳定股价

过低的股价，无疑将对公司经营造成严重影响。股价过低，使人们对公司的信心下降，使消费者对公司的产品产生怀疑，削弱公司出售产品、开拓市场的能力。在这种情况下，公司回购本公司股票以支撑公司股价，有利于改善公司的市场形象。股价在上升过程中，投资者又重新关注公司的运营情况，消费者对公司产品的信任增加，公司也有了进一步配股融资的可能。因此，在股价过低时回购股票是维护公司形象的有力途径。在西方国家，股份回购也是政府稳定股市的重要手段之一。无论是在美国1987年的“黑色星期一”、1997年的亚洲金融危机期间，还是在“9·11”事件发生后，在股票市场暴跌、出现恐慌时，监管部门为保持市场的稳定，一般会放松管制，允许上市公司动用资金，甚至向上市公司提供低息优惠贷款，鼓励其购买股票，以防止股市出现崩盘。

4.有助于股东获得节税收益

在美国，现金股利要按普通收入所得税税率纳税，而资本利得可以享有较低的优惠税率。股东通过回购股票得到的现金只有在回购价格超出股东的购买价格时才须纳税，并且是按照较低的优惠税率缴纳的。股票回购使得股东能够以较低的资本利得税取代现金股利必须缴纳的较高的普通个人所得税。由于个人资本利得税低于股利收入税，且可以延期支付，因此加大了公司以股票回购来代替现金股利支付的动力。我国股利的个人所得税税率为5%～20%，而股票转让所得的个人所得税还未征收，卖出股票换取现金时只需付出成交额一定比例的佣金、过户费和印花税。因此，通过股票回购，用提高股价的方式代替向股东支付现金股利，对公司和股东均有好处。

5.有助于配置公司超额现金

如果公司的现金超过其投资机会的需要量，又没有较好的投资机会可以使用该笔现金，最好的选择是分配股利。但出于股东避税、控股等多种因素的考虑，公司可能选择股票回购而非分配现金股利。这是因为，股票回购会引起每股收益和每股市价的上升，假定市盈率不变，则股东所持有的股份的总价值会随之增加，从而起到分配超额现金的作用。

6.可作为实施股权激励计划的股票来源

如果公司要实施管理层或者员工股票期权计划，直接发行新股会稀释原有股东权益，而回购股份再将该股份配置给员工则既满足了员工的持股需求，又不影响原有股东的权益。

（三）股票回购对公司利润的影响

当一个公司实现股票回购时，股价将发生变化，这种变化是两种效应的叠加：一是股票回购后公司股票的每股净资产将发生变化。在净资产收益率和市盈率都不变的情况下，股票的净资产和股价存在一个不变的参数关系，即净资产倍数。因此，股价将随着每股净资产的变化而发生相应的变化，而股票回购中净资产的变化可能是向上的，也可能是向下的。二是公司的回购行为及投资者对此的心理预期，将促使市场看好该股而使该股股价上升，这种影响一般是向上的。

【例10-8】假设A公司股本为1亿股，全部为可流通股，每股净资产为2元，在不同情况下回购股票，对公司有不同的影响。

（1）股票价格低于净资产。假设股票价格为1.5元，在这种情况下，如果回购30%即3 000万股流通股，回购后公司净资产总额为1.55亿元，回购后总股本为7 000万股，则每股净资产上升至2.21元，将引起股价上升。

（2）股票价格高于净资产，但股权融资成本仍高于银行利率。在这种情况下，公司进行回购仍是有利可图的，可以降低融资成本、提高每股收益。假设A公司每年利润为3 000万元，全部派发为红利，银行一年期贷款利率为10%，股价为2.5元。公司股权融资成本为12%，高于银行利率10%。若公司用银行贷款来回购30%的公司股票，则公司利润变为2 250万元（3 000-10 000×30%×2.5×10%，未考虑税收因素），公司股本变为7 000万股，每股收益上升至0.321元，较回购前的0.3元上升了0.021元。

（3）其他情况。在非上述情况下回购股票，无疑将使每股收益下降，损害公司股东（指回购后的剩余股东）的利益。因此，这时股票回购只能作为股市大跌时稳定股价、增强投资者信心的手段，或者是反收购战中消耗公司剩余资金的“焦土战术”。这种措施并不是在任何情况下都适用，因为短期内股价也许会上升，但从长期来看，由于每股收益的下降，公司股价的上升只是暂时现象。因此若非为了应对非常状况，一般无须采用股票回购。

（四）股票回购的负面效应

股票回购是一把双刃剑，在正确认识股票回购的积极意义的基础上，必须对股票回购可能带来的负面效应保持清醒的头脑。

1.股票回购会带来财务风险

一般而言，股票回购会减少总股本，在利润预期不变的情况下，可以增加每股收益，从而使股价上升。但具体到某一公司，如果利用债务资金回购股票，会使资产负债率提高、公司债务负担增加、财务风险加大。尤其是当公司总资产报酬率小于借款利率时，公司净资产收益率会低于总资产报酬率。随着资产负债率的提高，公司净资产收益率会加速降低，公司将为此承担较大的财务风险。所以，在一般情况下，上市公司不应仅仅为了追求财务杠杆效应而进行股票回购，高资产负债率的企业应该特别注意这一点。

2.股票回购会产生支付风险

由于股票回购需要大量的现金支出，因此不可避免地会对上市公司形成很大的支付压力。例如，如果用于股票回购的现金支出高于上市公司可供分配利润和经营活动产生的现金净流量，即使公司的流动比率和速动比率较高，具有良好的支付能力，但一次性支付巨额资金用于股票回购仍会对企业的资金运营带来一定的影响，使之面临严峻的支付风险。

3.股票回购容易导致内幕交易进而操纵股价

公司可能利用股票回购操纵股价，误导投资者，导致证券管理混乱，损害中小股东的利益。

【例10-9】某公司2016年的有关资料如下：

①息税前利润为800万元；

②所得税税率为25%；

③总负债为200万元，负债平均成本率为10%；

④普通股预期报酬率为15%；

⑤发行普通股，股数为60万股（每股面值1元），账面价值10元。

现该公司可以增加400万元债务，以便以现行市价购回股票。假设该项措施使得公司负债平均成本率上升至12%，普通股预期报酬率上升1%，则该方案是否可行？

（1）根据以上资料，实施股票回购方案前的计算如下：

税前利润=800-200×10%=780（万元）

税后净利润=780×（1-25%）=585（万元）

每股利润=585÷60=9.75（元）

股票市价=9.75÷15%=65（元）

（2）若实施了该股票回购方案，则：

税前利润=800-（200+400）×12%=728（万元）

税后净利润=728×（1-25%）=546（万元）

剩余的股份数额=600 000-（4 000 000÷65）=538 462（股）

每股利润=5 460 000÷538 462=10.14（元）

股票市价=10.14÷（15%+1%）=63.38（元）

显然，公司回购股票会使股票的价格即公司的总价值降低，所以该方案是不可行的。

总之，虽然从各种法规的角度而言，股票回购不一定可行，但是从理论上讲，它确实是股份公司可以采用的一种便于股利支付、筹集资金、调整资金结构、企业兼并和掌握控制权的有效方法。

【学习要点研讨】

1. 请简述企业税后利润分配应该遵循的法定程序。
2. 企业利润分配的原则有哪些?
3. 企业股利支付的方式有哪几种?企业应当如何选择?
4. 请简要说明股利支付的程序。
5. 企业在制定股利政策时应该考虑的因素有哪些?
6. 目前主要的股利相关论的代表性观点有哪些?
7. 简述不同股利政策的内容和特点。
8. 请比较现金股利和股票股利对企业财务状况的不同影响。
9. 请说明股票股利和股票分割的异同。
10. 请介绍股票回购的含义和意义。

【学思践悟拓展】

建设银行的利润分配方案

中国建设银行股份有限公司2022年度利润分配方案为：每股派发现金股息人民币0.389元（含税）。中国建设银行2022年度具体利润分配方案如下：

（1）以中国建设银行2022年税后利润人民币3 195.59亿元为基数，按10%的比例提取法定公积金人民币319.56亿元。

（2）根据财政部《金融企业准备金计提管理办法》（财金〔2012〕20号），计提一般准备金人民币585.86亿元。

（3）集团口径下归属于中国建设银行股东的2022年税后利润为人民币3 238.61亿元，向全体普通股股东（于2023年7月13日收市后名列股东名册的股东）派发现金股息人民币972.54亿元，每股现金股息人民币0.389元（含税），分红比例为30%。

（4）2022年度，中国建设银行不实施资本公积金转增股本。中国建设银行股份有限公司近5年的现金分红情况见表10-5。

表10-5 中国建设银行股份有限公司近5年的现金分红情况 金额单位：亿元

	2018年	2019年	2020年	2021年	2022年
现金分红	765.03	800.04	815.04	910.04	972.54
归属于上市公司股东的净利润	2 546.55	2 667.33	2 710.50	3 025.13	3 238.61
派息率	30.04%	29.99%	30.07%	30.08%	30.03%
资产负债率	14.04%	13.18%	12.12%	12.55%	12.27%

资料来源：根据中国建设银行股份有限公司官网资料整理。

启发与拓展

（1）请说明中国建设银行股份有限公司2022年的利润分配方案采用的是什么样的股利分配政策。

（2）请收集资料并根据中国建设银行股份有限公司的业绩情况评价其2022年利润分配方案。

（3）请分析中国建设银行股份有限公司近5年的现金分红情况，并讨论其变化的原因。

参考文献

[1] 王化成，刘俊彦，荆新.财务管理学［M］.9版.北京：首都经济贸易大学出版社，2022.

[2] 闫华红，侯德帅.财务管理学［M］.2版.北京：首都经济贸易大学出版社，2022.

[3] 张涛.财务管理学［M］.5版.北京：经济科学出版社，2022.

[4] 裘益政，竺素娥.财务管理案例［M］.4版.大连：东北财经大学出版社，2022.

[5] 李秀娟，王琴.财务管理学［M］.北京：清华大学出版社，2021.

[6] 刘玉平，马海涛，李小荣.财务管理学［M］.5版.北京：中国人民大学出版社，2019.

[7] 刘淑莲，牛彦秀.公司理财［M］.5版.大连：东北财经大学出版社，2020.

[8] 李园园，邹亚新，王桂莲.公司理财：理论·实务·案例·实训［M］.上海：上海财经大学出版社，2018.

[9] 杨雄胜，熊焰韧.高级财务管理理论与案例［M］.4版.大连：东北财经大学出版社，2022.

[10] 王诗才.高级财务管理：理论与案例［M］.武汉：华中科技大学出版社，2021.

[11] 李志学，张泓波.高级财务管理理论与实务［M］.上海：复旦大学出版社，2022.

[12] 彭浪，胡世红，刘衡.高级财务管理学［M］.北京：经济管理出版社，2010.

[13] 陈国欣.财务管理学［M］.2版.天津：南开大学出版社，2011.

[14] 张强.大型企业集团财务危机预警研究——以海航和恒大为例［J］.审计研究，2023（1）：48-56.

[15] 卢家仪.财务管理［M］.4版.北京：清华大学出版社，2011.

[16] 陈玉菁.财务管理实务与案例［M］.北京：中国人民大学出版社，2001.

[17] 许慧.财务管理学［M］.杭州：浙江大学出版社，2016.

[18] 张丹.公司财务管理［M］.武汉：华中科技大学出版社，2013.

[19] 史琪.财务管理案例实训［M］.武汉：华中科技大学出版社，2019.

[20] 罗斯，威斯特菲尔德，乔丹.公司理财［M］.精要版·原书第12版.北京：机械工业出版社，2020.

附录

表1

复利终值系数表（FVIF表）

n/i	1%	2%	3%	4%	5%	6%	7%	8%	9%	10%	11%	12%	13%	14%	15%	16%	17%	18%	19%	20%	25%
1	1.010	1.020	1.030	1.040	1.050	1.060	1.070	1.080	1.090	1.100	1.110	1.120	1.130	1.140	1.150	1.160	1.170	1.180	1.190	1.200	1.250
2	1.020	1.040	1.061	1.082	1.103	1.124	1.145	1.166	1.188	1.210	1.232	1.254	1.277	1.300	1.323	1.346	1.369	1.392	1.416	1.440	1.563
3	1.030	1.061	1.093	1.125	1.158	1.191	1.225	1.260	1.295	1.331	1.368	1.405	1.443	1.482	1.521	1.561	1.602	1.643	1.685	1.728	1.953
4	1.041	1.082	1.126	1.170	1.216	1.262	1.311	1.360	1.412	1.464	1.518	1.574	1.630	1.689	1.749	1.811	1.874	1.939	2.005	2.074	2.441
5	1.051	1.104	1.159	1.217	1.276	1.338	1.403	1.469	1.539	1.611	1.685	1.762	1.842	1.925	2.011	2.100	2.192	2.288	2.386	2.488	3.052
6	1.062	1.126	1.194	1.265	1.340	1.419	1.501	1.587	1.677	1.772	1.870	1.974	2.082	2.195	2.313	2.436	2.565	2.700	2.840	2.986	3.815
7	1.072	1.149	1.230	1.316	1.407	1.504	1.606	1.714	1.828	1.949	2.076	2.211	2.353	2.502	2.660	2.826	3.001	3.185	3.379	3.583	4.768
8	1.083	1.172	1.267	1.369	1.477	1.594	1.718	1.851	1.993	2.144	2.305	2.476	2.658	2.853	3.059	3.278	3.511	3.759	4.021	4.300	5.960
9	1.094	1.195	1.305	1.423	1.551	1.689	1.838	1.999	2.172	2.358	2.558	2.773	3.004	3.252	3.518	3.803	4.108	4.435	4.785	5.160	7.451
10	1.105	1.219	1.344	1.480	1.629	1.791	1.967	2.159	2.367	2.594	2.839	3.106	3.395	3.707	4.046	4.411	4.807	5.234	5.696	6.192	9.313
11	1.116	1.243	1.384	1.539	1.710	1.898	2.105	2.332	2.580	2.853	3.152	3.479	3.836	4.226	4.652	5.117	5.624	6.176	6.777	7.430	11.642
12	1.127	1.268	1.426	1.601	1.796	2.012	2.252	2.518	2.813	3.138	3.498	3.896	4.335	4.818	5.350	5.936	6.580	7.288	8.064	8.916	14.552
13	1.138	1.294	1.469	1.665	1.886	2.133	2.410	2.720	3.066	3.452	3.883	4.363	4.898	5.492	6.153	6.886	7.699	8.599	9.596	10.699	18.190
14	1.149	1.319	1.513	1.732	1.980	2.261	2.579	2.937	3.342	3.797	4.310	4.887	5.535	6.261	7.076	7.988	9.007	10.147	11.420	12.839	22.737
15	1.161	1.346	1.558	1.801	2.079	2.397	2.759	3.172	3.642	4.177	4.785	5.474	6.254	7.138	8.137	9.266	10.539	11.974	13.590	15.407	28.422
16	1.173	1.373	1.605	1.873	2.183	2.540	2.952	3.426	3.970	4.595	5.311	6.130	7.067	8.137	9.358	10.748	12.330	14.129	16.172	18.488	35.527
17	1.184	1.400	1.653	1.948	2.292	2.693	3.159	3.700	4.328	5.054	5.895	6.866	7.986	9.276	10.761	12.468	14.426	16.672	19.244	22.186	44.409
18	1.196	1.428	1.702	2.206	2.407	2.854	3.380	3.996	4.717	5.560	6.544	7.690	9.024	10.575	12.375	14.463	16.879	19.673	22.091	26.623	55.511
19	1.208	1.457	1.754	2.107	2.527	3.026	3.617	4.316	5.142	6.116	7.263	8.613	10.197	12.056	14.232	16.777	19.748	23.214	27.252	31.948	69.389
20	1.220	1.486	1.806	2.191	2.653	3.207	3.870	4.661	5.604	6.727	8.062	9.646	11.523	13.743	16.367	19.461	23.106	27.393	32.429	38.338	86.736
25	1.282	1.641	2.094	2.666	3.386	4.292	5.427	6.848	8.623	10.835	13.585	17.000	21.231	26.462	32.919	40.874	50.658	62.669	77.388	95.396	264.70
30	1.348	1.811	2.427	3.243	4.322	5.743	7.612	10.063	13.268	17.449	22.892	29.960	39.116	50.950	66.212	85.850	111.07	143.37	184.68	237.38	807.79

表 2

复利现值系数表（PVIF表）

n/i	1%	2%	3%	4%	5%	6%	7%	8%	9%	10%	11%	12%	13%	14%	15%	16%	17%	18%	19%	20%	25%	30%
1	0.990	0.980	0.971	0.962	0.952	0.943	0.935	0.926	0.917	0.909	0.901	0.893	0.885	0.877	0.870	0.862	0.855	0.847	0.840	0.833	0.800	0.769
2	0.980	0.961	0.943	0.925	0.907	0.890	0.873	0.857	0.842	0.826	0.812	0.797	0.783	0.769	0.756	0.743	0.731	0.718	0.706	0.694	0.640	0.592
3	0.971	0.942	0.915	0.889	0.864	0.840	0.816	0.794	0.772	0.751	0.731	0.712	0.693	0.675	0.658	0.641	0.624	0.609	0.593	0.579	0.512	0.455
4	0.961	0.924	0.888	0.855	0.823	0.792	0.763	0.735	0.708	0.683	0.659	0.636	0.613	0.592	0.572	0.552	0.534	0.516	0.499	0.482	0.410	0.350
5	0.951	0.906	0.863	0.822	0.784	0.747	0.713	0.681	0.650	0.621	0.593	0.567	0.543	0.519	0.497	0.476	0.456	0.437	0.419	0.402	0.320	0.269
6	0.942	0.888	0.837	0.790	0.746	0.705	0.666	0.630	0.596	0.564	0.535	0.507	0.480	0.456	0.432	0.410	0.390	0.370	0.352	0.335	0.262	0.207
7	0.933	0.871	0.813	0.760	0.711	0.665	0.623	0.583	0.547	0.513	0.482	0.452	0.425	0.400	0.376	0.354	0.333	0.314	0.296	0.279	0.210	0.159
8	0.923	0.853	0.789	0.731	0.677	0.627	0.582	0.540	0.502	0.467	0.434	0.404	0.376	0.351	0.327	0.305	0.285	0.266	0.249	0.233	0.168	0.123
9	0.914	0.837	0.766	0.703	0.645	0.592	0.544	0.500	0.460	0.424	0.391	0.361	0.333	0.300	0.284	0.263	0.243	0.225	0.209	0.194	0.134	0.094
10	0.905	0.820	0.744	0.676	0.614	0.558	0.508	0.463	0.422	0.386	0.352	0.322	0.295	0.270	0.247	0.227	0.208	0.191	0.176	0.162	0.107	0.073
11	0.896	0.804	0.722	0.650	0.585	0.527	0.475	0.429	0.388	0.350	0.317	0.287	0.261	0.237	0.215	0.195	0.178	0.162	0.148	0.135	0.086	0.056
12	0.887	0.788	0.701	0.625	0.557	0.497	0.444	0.397	0.356	0.319	0.286	0.257	0.231	0.208	0.187	0.168	0.152	0.137	0.124	0.112	0.069	0.043
13	0.879	0.773	0.681	0.601	0.530	0.469	0.415	0.368	0.326	0.290	0.258	0.229	0.204	0.182	0.163	0.145	0.130	0.116	0.104	0.093	0.055	0.033
14	0.870	0.758	0.661	0.577	0.505	0.442	0.388	0.340	0.299	0.263	0.232	0.205	0.181	0.160	0.141	0.125	0.111	0.099	0.088	0.078	0.044	0.025
15	0.861	0.743	0.642	0.555	0.481	0.417	0.362	0.315	0.275	0.239	0.209	0.183	0.160	0.140	0.123	0.108	0.095	0.084	0.074	0.065	0.035	0.020
16	0.853	0.728	0.623	0.534	0.458	0.394	0.339	0.292	0.252	0.218	0.188	0.163	0.141	0.123	0.107	0.093	0.081	0.071	0.062	0.054	0.028	0.015
17	0.844	0.714	0.605	0.513	0.436	0.371	0.317	0.270	0.231	0.198	0.170	0.146	0.125	0.108	0.093	0.080	0.069	0.060	0.052	0.045	0.023	0.012
18	0.836	0.700	0.587	0.494	0.416	0.350	0.296	0.250	0.212	0.180	0.153	0.130	0.111	0.095	0.081	0.069	0.059	0.051	0.044	0.038	0.018	0.009
19	0.828	0.686	0.570	0.475	0.396	0.331	0.277	0.232	0.194	0.164	0.138	0.116	0.098	0.083	0.070	0.060	0.051	0.043	0.037	0.031	0.014	0.007
20	0.820	0.673	0.554	0.456	0.377	0.312	0.258	0.215	0.178	0.149	0.124	0.104	0.087	0.073	0.061	0.051	0.043	0.037	0.031	0.026	0.012	0.005
25	0.780	0.610	0.478	0.375	0.295	0.233	0.184	0.146	0.116	0.092	0.074	0.059	0.047	0.038	0.030	0.024	0.020	0.016	0.013	0.010	0.004	0.001
30	0.742	0.552	0.412	0.308	0.231	0.174	0.131	0.099	0.075	0.057	0.044	0.033	0.026	0.020	0.015	0.012	0.009	0.007	0.005	0.004	0.001	0
40	0.672	0.453	0.307	0.208	0.142	0.097	0.067	0.046	0.032	0.022	0.015	0.011	0.008	0.005	0.004	0.003	0.002	0.001	0.001	0.001	0	0
50	0.608	0.372	0.228	0.141	0.087	0.054	0.034	0.021	0.013	0.009	0.005	0.003	0.002	0.001	0.001	0.001	0	0	0	0	0	0

表 3 年金终值系数表（FVIFA表）

n/i	1%	2%	3%	4%	5%	6%	7%	8%	9%	10%	11%	12%	13%	14%	15%	16%	17%	18%	19%	20%	25%
1	1.000	1.000	1.000	1.000	1.000	1.000	1.000	1.000	1.000	1.000	1.000	1.000	1.000	1.000	1.000	1.000	1.000	1.000	1.000	1.000	1.000
2	2.010	2.020	2.030	2.040	2.050	2.060	2.070	2.080	2.090	2.100	2.110	2.120	2.130	2.140	2.150	2.160	2.170	2.180	2.190	2.200	2.250
3	3.030	3.060	3.091	3.122	3.153	3.184	3.215	3.246	3.278	3.310	3.342	3.374	3.407	3.440	3.473	3.506	3.539	3.572	3.606	3.640	3.813
4	4.060	4.122	4.184	4.246	4.310	4.375	4.440	4.506	4.573	4.641	4.710	4.779	4.850	4.921	4.993	5.066	5.141	5.215	5.291	5.368	5.766
5	5.101	5.204	5.309	5.416	5.526	5.637	5.751	5.867	5.985	6.105	6.228	6.353	6.480	6.610	6.742	6.877	7.014	7.154	7.297	7.442	8.207
6	6.152	6.308	6.468	6.633	6.802	6.975	7.153	7.336	7.523	7.716	7.913	8.115	8.323	8.536	8.754	8.977	9.207	9.442	9.683	9.930	11.259
7	7.214	7.434	7.662	7.898	8.142	8.394	8.654	8.923	9.200	9.487	9.783	10.089	10.405	10.730	11.067	11.414	11.772	12.142	12.523	12.916	15.073
8	8.286	8.583	8.892	9.214	9.549	9.897	10.260	10.637	11.028	11.436	11.859	12.300	12.757	13.233	13.727	14.240	14.773	15.327	15.902	16.499	19.842
9	9.369	9.755	10.159	10.583	11.027	11.491	11.978	12.488	13.021	13.579	14.164	14.776	15.416	16.085	16.786	17.519	18.285	19.086	19.923	20.799	25.802
10	10.462	10.950	11.464	12.006	12.578	13.181	13.816	14.487	15.193	15.937	16.722	17.549	18.420	19.337	20.304	21.321	22.393	23.521	24.701	25.959	33.253
11	11.567	12.169	12.808	13.486	14.207	14.972	15.784	16.645	17.560	18.531	19.561	20.655	21.814	23.045	24.349	25.733	27.200	28.755	30.404	32.150	42.566
12	12.683	13.412	14.192	15.026	15.917	16.870	17.888	18.977	20.141	21.384	22.713	24.133	25.650	27.271	29.002	30.850	32.824	34.931	37.180	39.581	54.208
13	13.809	14.680	15.618	16.627	17.713	18.882	20.141	21.495	22.953	24.523	26.212	28.029	29.985	32.089	34.352	36.786	39.404	42.219	45.244	48.497	68.760
14	14.947	15.974	17.086	18.292	19.599	21.015	22.550	24.215	26.019	27.975	30.095	32.393	34.883	37.581	40.505	43.672	47.103	50.818	54.841	59.196	86.949
15	16.097	17.293	18.599	20.024	21.579	23.276	25.129	27.152	29.361	31.772	34.405	37.280	40.417	43.842	47.580	51.660	56.110	60.965	66.261	72.035	109.69
16	17.528	18.639	20.157	21.825	23.657	25.673	27.888	30.324	33.003	35.950	39.190	42.753	46.672	50.980	55.717	60.925	66.649	72.939	79.850	87.442	138.11
17	18.430	20.012	21.762	23.698	25.840	28.213	30.840	33.750	36.974	40.545	44.501	48.884	53.739	59.118	65.075	71.673	78.979	87.068	96.022	105.93	173.64
18	19.615	21.412	23.414	25.645	28.132	30.906	33.999	37.450	41.301	45.599	50.396	55.750	61.725	68.394	75.836	84.141	93.406	103.74	115.27	128.12	218.05
19	20.811	22.841	25.117	27.671	30.539	33.760	37.379	41.446	46.018	51.159	56.939	63.440	70.749	78.969	88.212	98.603	110.29	123.41	138.17	154.74	273.56
20	22.019	24.297	26.870	29.778	33.066	36.786	40.995	45.762	51.160	57.275	64.203	72.052	80.947	91.025	102.44	115.38	130.03	146.63	165.42	186.69	342.95
25	28.243	32.030	36.459	41.646	47.727	54.865	63.249	73.106	84.701	98.347	114.41	133.33	155.62	181.87	212.79	249.21	292.11	342.60	402.04	471.98	1 054.8
30	34.785	40.588	47.575	56.085	66.439	79.058	94.461	113.28	136.31	164.49	199.02	241.33	293.20	356.79	434.75	530.31	647.44	790.95	966.70	1181.9	3 227.2

表4

年金现值系数表（PVIFA表）

n/i	1%	2%	3%	4%	5%	6%	7%	8%	9%	10%	11%	12%	13%	14%	15%	16%	17%	18%	19%	20%	25%
1	0.990	0.980	0.971	0.962	0.952	0.943	0.935	0.926	0.917	0.909	0.901	0.893	0.885	0.877	0.870	0.862	0.855	0.847	0.840	0.833	0.800
2	1.970	1.942	1.913	1.886	1.859	1.833	1.808	1.783	1.759	1.736	1.713	1.690	1.668	1.647	1.626	1.605	1.585	1.566	1.547	1.528	1.440
3	2.941	2.884	2.829	2.775	2.723	2.673	2.624	2.577	2.531	2.487	2.444	2.402	2.361	2.322	2.283	2.246	2.210	2.174	2.140	2.106	1.952
4	3.902	3.808	3.717	3.630	3.546	3.465	3.387	3.312	3.240	3.170	3.102	3.037	2.974	2.914	2.855	2.798	2.743	2.690	2.639	2.589	2.362
5	4.853	4.713	4.580	4.452	4.329	4.212	4.100	3.993	3.890	3.791	3.696	3.605	3.517	3.433	3.352	3.274	3.199	3.127	3.058	2.991	2.689
6	5.795	5.601	5.417	5.242	5.076	4.917	4.767	4.623	4.486	4.355	4.231	4.111	3.998	3.889	3.784	3.685	3.589	3.498	3.410	3.326	2.951
7	6.728	6.472	6.230	6.002	5.786	5.582	5.389	5.206	5.033	4.868	4.712	4.564	4.423	4.288	4.160	4.039	3.922	3.812	3.706	3.605	3.161
8	7.652	7.325	7.020	6.733	6.463	6.210	5.971	5.747	5.535	5.335	5.146	4.968	4.799	4.639	4.487	4.344	4.207	4.078	3.954	3.837	3.329
9	8.566	8.162	7.786	7.435	7.108	6.802	6.515	6.247	5.995	5.759	5.537	5.328	5.132	4.946	4.472	4.607	4.451	4.303	4.163	4.031	3.463
10	9.471	8.983	8.530	8.111	7.722	7.360	7.024	6.710	6.418	6.145	5.889	5.650	5.426	5.216	5.019	4.833	4.659	4.494	4.339	4.192	3.571
11	10.368	9.787	9.253	8.760	8.306	7.887	7.499	7.139	6.805	6.495	6.207	5.938	5.687	5.453	5.234	5.029	4.836	4.656	4.486	4.327	3.656
12	11.255	10.575	9.954	9.385	8.863	8.384	7.943	7.536	7.161	6.814	6.492	6.194	5.918	5.660	5.421	5.197	4.988	4.793	4.611	4.439	3.725
13	12.134	11.348	10.635	9.986	9.394	8.853	8.358	7.904	7.487	7.103	6.750	6.424	6.122	5.842	5.583	5.342	5.118	4.910	4.715	4.533	3.780
14	13.004	12.106	11.296	10.563	9.899	9.295	8.745	8.244	7.786	7.367	6.982	6.628	6.302	6.002	5.724	5.468	5.229	5.008	4.802	4.611	3.824
15	13.865	12.849	11.938	11.118	10.380	9.712	9.108	8.559	8.061	7.606	7.191	6.811	6.462	6.142	5.847	5.575	5.324	5.092	4.876	4.675	3.859
16	14.718	13.578	12.561	11.652	10.838	10.106	9.447	8.851	8.313	7.824	7.379	6.974	6.604	6.265	5.954	5.668	5.405	5.162	4.938	4.730	3.887
17	15.562	14.292	13.166	12.166	11.274	10.477	9.763	9.122	8.544	8.022	7.549	7.102	6.729	6.373	6.047	5.749	5.475	5.222	4.988	4.775	3.910
18	16.398	14.992	13.754	12.659	11.690	10.828	10.059	9.372	8.756	8.201	7.702	7.250	6.840	6.467	6.128	5.818	5.534	5.273	5.033	4.812	3.928
19	17.226	15.678	14.324	13.134	12.085	11.158	10.336	9.604	8.950	8.365	7.839	7.366	6.938	6.550	6.198	5.877	5.584	5.316	5.070	4.843	3.942
20	18.046	16.351	14.877	13.590	12.462	11.470	10.594	9.818	9.129	8.514	7.963	7.469	7.025	6.623	6.259	5.929	5.628	5.353	5.101	4.870	3.954
25	22.023	19.523	17.413	15.622	14.094	12.783	11.654	10.675	9.823	9.077	8.422	7.843	7.330	6.873	6.464	6.097	5.766	5.467	5.195	4.948	3.985
30	25.808	22.396	19.600	17.292	15.372	13.765	12.409	11.258	10.274	9.427	8.694	8.055	7.496	7.003	6.566	6.177	5.829	5.517	5.235	4.979	3.995
40	32.835	27.355	23.115	19.793	17.159	15.046	13.332	11.925	10.757	9.779	8.951	8.244	7.634	7.105	6.642	6.233	5.871	5.548	5.258	4.997	3.999
50	39.196	31.424	25.730	21.482	18.256	15.762	13.801	12.233	10.962	9.915	9.042	8.304	7.675	7.133	6.661	6.246	5.880	5.554	5.262	4.999	4.000